VERLAG
FRITZ
MOLDEN

Das Buch

Hélène Carrère d'Encausse, eine international anerkannte Spezialistin für die Sowjetunion, beschwört das Erwachen der hundert sowjetischen Nationen herauf, das die Existenz der UdSSR bedroht. Ihre Sprache, ihre Kultur, ihre Geschichte sind unterschiedlich. Sie sind auf der Suche nach ihrem Erbe und ihrer Identität, anstatt sich im Schmelztiegel Breschnews aufzulösen. Die europäischen Russen kontrollieren zwar die Armee, das Politbüro, den Unterricht, die Medien, die Polizei, aber ihre Bevölkerungszahl geht zurück, während sich jene der zentralasiatischen Republik verdreifacht.

Weiß man, daß die 50 Millionen Mohammedaner der UdSSR bald auf 80 Millionen ansteigen werden? Ihre fest zusammenhaltende Gruppe macht mehr als ein Fünftel der sowjetischen Bevölkerung aus. Sie erkennen Kinder aus standesamtlichen Trauungen nicht als legitim an. Sie folgen nicht nur den Gesetzen des Islam, sondern bekehren auch noch die Bergnomaden an der Grenze zum Iran. Sie glauben, daß Marx nur eine Mischung aus Buddha und Jesus ist.

Desgleichen tolerieren die früheren Mongolen, die Tataren, die Völker des Kaukasus, die Kalmücken, die Samoyeden, die 37 Millionen Ukrainer etc. immer weniger die autoritäre Haltung der europäischen Russen. Diese Nationen fordern ihr Recht auf Autonomie, während sie ein tiefes Bewußtsein für ihre Geschichte und ihre Tradition entwickeln. Desgleichen erhebt die Jugend den jüdischen, orthodoxen oder islamischen Glauben zu neuer Blüte.

Dieses Gären stellt einen Unsicherheitsfaktor dar. Die Zentralmacht steht dieser irreversiblen feindlichen Bewegung der Provinzen machtlos gegenüber. Von allen Problemen, mit denen das sowjetische Regime konfrontiert ist, läßt sich dieses am schwierigsten lösen. Vielleicht ist das der Grund, warum sich die Sowjetmacht im Inneren verhärtet, während sich das sowjetische Reich in Afrika auszudehnen sucht.

Die Autorin

Hélène Carrère d'Encausse ist russischer Abstammung mit georgischen und baltischen Vorfahren; sie spricht fließend Russisch und hat jahrelang mit einem Forschungsauftrag der Universität Paris Material für ihr Buch gesammelt. Derzeit ist sie Professor am Institut d'études sciences politique de Paris. Im November 1978 erhielt sie als erste Frau den Prix Aujourd'hui für ihr Buch »L'empire éclaté«.

Hélène Carrère d'Encausse

RISSE IM ROTEN IMPERIUM

Das Nationalitätenproblem in der Sowjetunion

VERLAG FRITZ MOLDEN
WIEN–MÜNCHEN–ZÜRICH–INNSBRUCK

Aus dem Französischen übertragen von
KARIN LINHUBER und JOHANNES EIDLITZ

Titel der französischen Originalausgabe:
L'EMPIRE ECLATE
La Révolte des Nations en U.R.S.S.

1. Auflage · 1979

Verlegt vom Verlag Fritz Molden München GmbH
Schutzumschlag: Hans Schaumberger, Wien
Lektor: Johannes Eidlitz
Technischer Betreuer: Dieter Lidl, München
Satz: IBV Lichtsatz KG, Berlin
Druck und Bindung: Wiener Verlag, Österreich

ISBN 3-217-00393-4

»Die Usbeken, Gleiche unter Gleichen, wie alle unsere Völker, haben einen großen Bruder – das große russische Volk.«

S. RASCHIDOW – auf dem XXV. Parteikongreß der KPdSU
Pravda, 27. 2. 1976

»Genossen, man nennt Georgien das Land der Sonne. Für uns aber ist die wahre Sonne nicht im Osten, sondern im Norden, in Rußland, aufgegangen; die Sonne der Ideen Lenins.«

E. SCHEVARNADSE – auf dem XXV. Kongreß der KPdSU
Pravda, 27. 2. 1976

Einleitung

Die Sowjetunion läßt sich mit keinem anderen Land vergleichen. Sie ist nahezu ein eigener Kontinent, in dem Europa und Asien sich begegnen. Die Sowjetunion ist auch mit keinem anderen Staat vergleichbar. Sie ist ein Imperium in einer Welt, in der es keine Imperien mehr gibt. Und sie entspricht als Staat auch nicht ihrem eigenen Mythos. Denn diesem zufolge ist sie ein Staat der Arbeiter, Handwerker und Bauern. Aber in Wirklichkeit ist die UdSSR vor allem ein Vielvölkerstaat.

Mehr als hundert Nationen und Nationalitäten[1] leben in der UdSSR. Sie sprechen mehr als hundert verschiedene Sprachen und unterscheiden sich in nahezu allem: Geschichte, Rassen, Traditionen, Religionen. Die Bevölkerung der Sowjetunion ist eine bunte, vielgliedrige Gemeinschaft, die dem Typus und der Kultur nach höchst verschiedenartige Menschen vereint. An der Grenze Europas findet man hier den Balten, an der Grenze zu China den Uiguren; dazwischen den Russen, der solch unterschiedlichen Einflüssen ausgesetzt war; den Georgier im Süden; den Eskimo im hohen Norden; die Nomaden der Kasachen-Steppe; und noch viele andere.

Eine bewegte Geschichte, Invasionen, Kämpfe und beharrliche Rückeroberungen haben im Laufe der Jahrhunderte diese nicht definierbare und so verschiedenartige Bevölkerung geformt. Die Geschichte Rußlands begreift man, wenn man sich seinen Raum vergegenwärtigt: In diesem nach allen Seiten offenen, endlosen Kontinent haben sich alle Eroberer zu Tode gelaufen und manchmal, wie »Timur der Lahme« (Tamerlan) zur letzten Ruhe gelegt. Aber die Invasoren haben ihre Bräuche, ihre Religionen und ihre Ideen mitgebracht.

Heute leben die Nachkommen der Eroberer und der Eroberten mit- und nebeneinander. Sie alle sind ihren Pässen zufolge Sowjetbürger, Kinder der Revolution der Arbeiter von 1917. Wie konnte ein Staat, geboren aus der Revolution der Arbeiterklasse und Träger einer Ideologie, nach der alle Menschen, gegenüber Arbeit und Kapital gleich, sich in sozialen Klassen integrieren, all diese Menschen so verschiedener Herkunft innerhalb seiner Grenzen halten und ihr friedliches Zusammenleben bewirken? Hatte die marxistische Ideologie, die die Gleichheit der Menschen betont, die Vielschichtigkeit der Gesellschaft überwinden und in ihr, als sie an die Macht kam, zum ersten Mal in der Geschichte Wurzeln schlagen können? Mit anderen Worten: Ist der

Sowjetstaat ein Staat der Arbeiter? Oder setzt er nur ein Imperium fort? Hat der Marxismus sein Ziel erreicht und eine neue Gesellschaft geschaffen, die alle Klassenunterschiede überwindet und ihre Schicksalsgemeinschaft erkennt? Oder hat im Gegenteil die Verschiedenartigkeit der Völker, des geschichtlichen Erbes und der Mentalitäten über eine Ideologie und eine politische Macht triumphiert, die nur eine über alle Grenzen ethnischer und kultureller Unterschiede hinweg brüderlich verbundene Arbeiterklasse kennen will?

Der sowjetische Staat besteht schon lange genug, um eine Bilanz ziehen zu können. Schon zwei Generationen sind herangewachsen, die keine andere Gesellschaftsform kennen. Er hatte die Möglichkeit, die Menschen nach seinen Vorstellungen zu formen. Also muß man diese Menschen befragen, muß sie betrachten, um zu erfahren, ob sie im Begriff sind, eine neue Welt zu errichten oder ob sie, ungeachtet der radikalen Zäsur von 1917 und der folgenden Zeit, in der UdSSR eine Gesellschaft bilden, die nur wieder jener ihrer Väter ähnelt. Eine Gesellschaft, in der die nationalen Unterschiede über die Uniformiertheit der Ideen triumphieren.

Republiken, Autonome Republiken, Autonome Gebiete und Autonome Distrikte

Die Union der Sozialistischen Sowjetrepubliken (UdSSR) besteht aus der
Russischen Sozialistischen Föderativen Sowjetrepublik (RSFSR),
weiteren 14 sogenannten Unionsrepubliken (SSR), die theoretisch mit der RSFSR gleichberechtigt sind:

SSR Ukraine, SSR Weißrußland, SSR Usbekistan, SSR Kasachstan, SSR Georgien, SSR Aserbaidschan, SSR Litauen, SSR Moldau, SSR Lettland, SSR Estland, SSR Kirgisien, SSR Tadschikistan, SSR Armenien, SSR Turkmenien.

Der RSFSR sowie einigen anderen SSR sind 20 autonome Republiken (ASSR) sowie acht autonome Gebiete und zehn autonome (nationale) Distrikte angegliedert:

Autonome Sozialistische Sowjetrepubliken in der RSFSR: Karelische ASSR, Komi-ASSR, ASSR der Mari, ASSR der Tschuwaschen, ASSR der Mordwinen, Udmurtische ASSR, Tatarische ASSR, Baschkirische ASSR, Kalmückische ASSR, ASSR der Tschetschenen u. Inguschen, Kabardinische ASSR, Nord-Ossetische ASSR, Tuwinische ASSR, Burjätische ASSR, Jakutische ASSR und ASSR Dagestan.

SSR Georgien: Abchasische ASSR, Adscharische ASSR.

SSR Aserbaidschan: ASSR Nachitschewan.

SSR Usbekistan: ASSR der Karakalpaken.

Autonome Gebiete:

RSFSR: Gebiet der Adigen, des Hohen Altai, Birobidschan, der Karatschai-Tscherkessen, der Khakassen.

SSR Georgien: Süd-Ossetien.

SSR Aserbaidschan: Ober-Karabag

SSR Tadschikistan: Gorno-Badachschan.

Autonome Distrikte (seit 1977: Nationale Distrikte): (Alle in der RSFSR) der Aga-Burjäten, der Komi-Permjaken, der Korjaken, der Nenzen, der Taimyren, der Ust-Orda (Burjäten), der Kanty-Mansy, der Tschuktschen, der Ewenken, der Jamal-Nenzen.

Die sowjetischen Unionsrepubliken

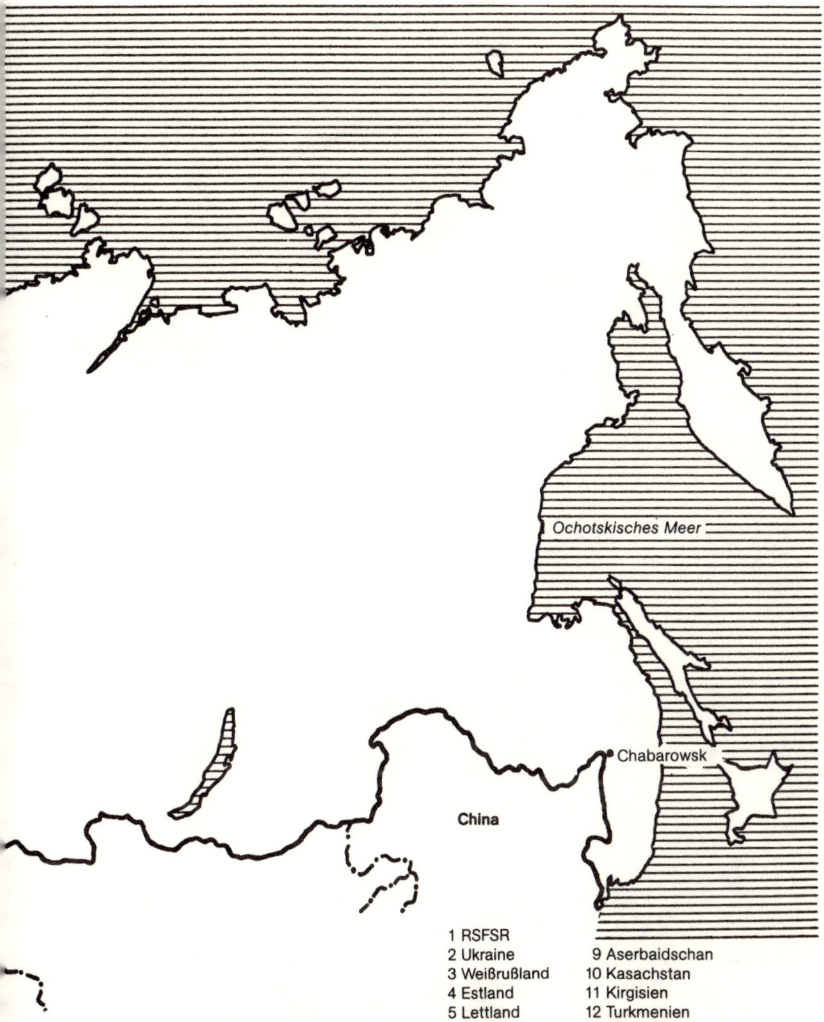

1 RSFSR
2 Ukraine
3 Weißrußland
4 Estland
5 Lettland
6 Litauen
7 Armenien
8 Georgien
9 Aserbaidschan
10 Kasachstan
11 Kirgisien
12 Turkmenien
13 Usbekistan
14 Tadschikistan
15 Moldau

I. KAPITEL

Die Öffnung des »Völkerkerkers«

In der offiziellen Geschichte der Sowjetunion ist zu lesen, daß das Zarenreich ein »Völkerkerker« war, dessen Tore Lenin gesprengt habe. Das Russische Reich hatte schon zu Beginn des 20. Jahrhunderts Schwäche gezeigt, als die vielen unterdrückten Völker an ihren Ketten zu rütteln begannen und nach Möglichkeiten suchten, sich vom russischen Joch zu befreien. Lenins Genialität zeigte sich darin, daß er die Kraft dieses Freiheitswillens der Völker erkannte und begriff, daß er mit Hilfe dieser Bewegung, die nichts mit dem Proletariat zu tun hatte, den Sieg der Arbeiterklasse sichern könne. Es gab in Rußland nur verhältnismäßig wenig Arbeiter, rund drei Millionen, angesichts einer Bevölkerung von 140 Millionen. Doch das störte den leidenschaftlichen Revolutionär Lenin nicht, er wollte vielmehr die Revolution zu dem ihm am günstigsten scheinenden Zeitpunkt auslösen, nicht aber darauf warten, daß die Revolution von selbst ausbrach.

Während der Weltkrieg Europa verwüstete, setzte Lenin schon den Freiheitsdrang der Nationalitäten des Zarenreiches als Hilfstruppe für die kleine Armee der Proletarier im Kampf um die Revolution ein. So fügte er dem klassischen Appell der Marxisten »Proletarier aller Länder vereinigt euch« eine weitere Parole hinzu, die heute eine weit stärkere Anziehungskraft ausübt: »Unterdrückte Völker, erhebt euch!«

Lenin war das Schicksal der Völker, die er zur Revolution aufrief, in Wirklichkeit recht gleichgültig[1]. Sie waren für ihn Handlanger, deren er sich bediente. Aber die Geschichte spielt jenen, die ihr Gewalt antun wollen, oft seltsame Streiche. So ging es auch Lenin: Die versklavten Völker hatten seinen Ruf gehört. Das Russische Reich, durch den Weltkrieg erschüttert, ging im Chaos der von Lenin entfesselten Kräfte zugrunde. Nun entstand auf den Ruinen des noch kurz zuvor so mächtigen Zaren-Imperiums der Sowjetstaat als erster Erfolg der Revolution. Es kümmerte Lenin wenig, daß – während sich sein Sowjetstaat mit dem Russischen Reich identifizierte – rundum in den früher unterworfenen Ländern sich nun unabhängige Regierungen bildeten, von denen manche kommunistisch, andere aber auch entschieden antikommunistisch waren.

Der Machtbereich der Sowjets war zunächst noch sehr begrenzt. Doch Lenin war der Überzeugung, daß er die Revolution sehr bald über ganz Europa ausdehnen werde können. Darum störte es ihn wenig, daß

Rußland nach dem Friedensschluß mit den Mittelmächten 1918 nicht mehr die Dimensionen eines Kontinents besaß. Ohne sich durch all die Erschütterungen, die schon die mit Rußland verbundenen Völker heimsuchten, beirren zu lassen, wartete Lenin drei Jahre lang auf den Sieg der Revolution – deren Gralshüter er war – auch außerhalb Rußlands. Er wartete, daß die Arbeiter sich ihm anschließen und dadurch den Sowjetstaat vergrößern würden. Nach einer Reihe fehlgeschlagener Revolutionen in Europa mußte er jedoch 1920 die Wahrheit erkennen: Das europäische Proletariat blieb für seine Parolen taub und die Revolution auf Rußland beschränkt. Es war also eine Revolution in einem einzigen Land, dessen Territorium und damit auch dessen Bevölkerungszahl geschrumpft war, das seine wirtschaftlichen Ressourcen zerstört hatte und unfähig schien zu überleben. Was konnte geschehen, um die Revolution zu retten? Um erfolgreich zu sein, mußte sich eine Revolution über die Landesgrenzen ausbreiten und einen großen Raum erfassen. Wie Marx und alle seine Nachfolger war auch Lenin davon überzeugt, daß die Revolution zu einer Weltrevolution werden müsse, sollte sie nicht zum Scheitern verurteilt sein. Konnte man aber die Revolution nicht nach Europa tragen, so schien es doch möglich, die Dynamik des Freiheitswillens der unterdrückten Völker auszunutzen, die schon den Triumph der russischen Revolution gesichert hatte. Man mußte sich an die Kolonialvölker als die wahrhaft unterdrückten Nationen wenden und sie zur Erhebung aufrufen. Lenin erwog diesen Plan. Im September 1920 berief er unter dem Aushängeschild der Komintern einen Kongreß der unterdrückten Völker des Orients ein. Dort sollten die Möglichkeiten einer Revolution diskutiert werden, die gleichzeitig antikolonialistisch und sozial sein würde. Vor allem aber konnte eine den Orient erfassende Revolution die russische Revolution vor Isolierung und Niederlage retten. Der Kongreß von Baku aber nahm schließlich einen ganz anderen Ausgang[2].

Zum ersten Mal mit der Revolution des Orients, den Vorstellungen der »Nationalkommunisten« oder »kommunistischen Nationalen« der östlichen und der Welt des früheren Zarenreiches konfrontiert, gerieten die Führer der Komintern geradezu in Panik. Sie entdeckten, nach einigen Tagen dramatischer Debatten in Baku, daß die einst oder gegenwärtig unterdrückten Völker, deren Freiheitsdrang Lenin genutzt hatte, um den Erfolg der Revolution zu sichern, nicht Instrument der Bolschewiken, nicht die Handlanger der europäischen Revolution, sondern vielmehr Herren ihres eigenen Schicksals zu sein wünschten und im eigenen Interesse handeln wollten. Der Komintern wurden solche Forderungen von früheren russischen Untertanen vorgetragen, von

Männern, deren Namen die Führer der europäischen Arbeiterbewegung nie auch nur gehört hatten. Es waren Kasachen oder Usbeken, die aus dem fernen Zentralasien kamen und seltsame und beunruhigende Forderungen aufstellten. Diese Männer – Narbutabekow, Rysulow und andere, die fünfzehn Jahre später Stalin ermorden ließ – sprachen im Namen der unterdrückten Völker zu den Europäern. Sie erklärten, die Revolution sei nicht ausschließlich für Europa und dessen Proletariat bestimmt. Vielmehr gäbe es eine Welt der von Europa versklavten Völker, die fürchteten, der europäischen Revolution ebenso ausgeliefert zu sein, wie zuvor dem Imperialismus.

Revolution und Marxismus bedeuteten für diese Völker nationale Befreiung, nicht aber Klassenkampf.

In Baku sah sich das Europa des Proletariats einer nicht-europäischen Welt gegenüber, die im Namen Lenins proklamierte, die Revolution in Europa habe mit jener außerhalb Europas nichts gemeinsam. Die weltweite Befreiung der unterdrückten Völker sei die wahre Revolution. In naher Zukunft sollten andere Stimmen der unterdrückten Welt sich erheben, um dasselbe auszusagen. Ihr bekanntester Vertreter wird Mao Tse-tung sein. Doch 1920 in Baku hatte noch niemand von ihm gehört.

Die die Dritte Welt betreffenden Ideen, von unbekannten Turkestanis vorgetragen, konfrontierten die Bolschewiken mit einer unerwarteten Realität und einem unvorhergesehenen Dilemma. Die Revolution im Orient voranzutreiben konnte zwar ohne Zweifel die Errichtung von Sowjetstaaten bedeuten, hieß aber keineswegs, die Revolution verbreiten. Im Gegenteil, man mußte damit rechnen, in einem Rußland, das der Vorkämpfer der europäischen Revolution sein wollte, Revolutionen antieuropäischer Natur auszulösen, die von der europäischen Arbeiterbewegung die Anerkennung ihrer Rechte forderten.

In Baku zeichneten sich zwei Konzepte der Revolution ab: Jenes von Marx und Lenin, die brüderliche, unbegrenzte Revolution des Weltproletariats. Aber ferner auch die Revolution der unterdrückten Völker, die keine anderen als die unterdrückten Nationen anerkennen will und für die die Proletarier Europas zuerst einmal Europäer und daher selbst Unterdrücker sind. So standen einander das internationale Proletariat und eine Internationale der unterdrückten Völker gegenüber.

Lenin konnte und wollte eine solche Umfunktionierung der revolutionären Idee, der er sein Leben gewidmet hatte, nicht riskieren. Deshalb wandte er sich bewußt von den Ideen der nationalen Revolution ab. Obgleich und gerade weil er die Möglichkeiten und Gefahren der kolonialen Revolutionen erahnte, kehrte er ihr den Rücken. Er beschloß zu retten, was noch zu retten war, nämlich die Revolution in einem einzigen Land, dort, wo er sie herbeigeführt hatte, in Rußland.

Im September 1920 geht der revolutionäre Zyklus, der drei Jahre zuvor in St. Petersburg begonnen hatte, zu Ende. Die Bolschewiken hatten es aufgegeben, auf Revolutionen in Europa zu warten, die nicht und nicht ausbrechen wollten.

Diese Revolutionen erschienen übrigens eher gefährlich als wünschenswert. Doch blieb es ihre Aufgabe für die Zukunft, dem Sowjetstaat Leben einzuflößen und ihm die Mittel zu verschaffen, in einer feindlichen Welt bestehen zu können. Doch dieser Staat war in seinem damaligen Zustand nicht lebensfähig. Es fehlte ihm an Raum, der ihm als Schutzzone dienen konnte. Es fehlte ihm das Getreide und das Eisen der Ukraine[3], das Erdöl des Kaukasus, die Baumwolle Zentralasiens.

Die Bolschewiken hatten 1917 begonnen, mit den als unabhängige Republiken organisierten Nationen des alten Zarenreiches normale Beziehungen anzuknüpfen. 1920 begriffen sie, daß, um zu überleben, die normalen gutnachbarlichen Beziehungen in ein engeres, vertraglich festgelegtes Verhältnis umgewandelt und zu der 1917 verlorengegangenen Einheit zurückgekehrt werden mußte. Wie war das aber zu erreichen? Wie die befreiten Völker zurückgewinnen, ohne den »Völkerkerker« wieder einzurichten? Lenin war mit der Regierung Rußlands beschäftigt und später durch seine Krankheit behindert, so wurde Stalin als Fachmann für nationale Fragen[4] der wahre Organisator der Wiedererrichtung des Vielvölkerstaates der Sowjetunion. Nach und nach fanden sich jene Völker wieder Seite an Seite, die schon einst dem Zarenimperium angehört hatten.

Von nationaler Zersplitterung zur Union der Nationen

Betrachtet man, was im Jahre 1920 aus dem einstigen Zarenreich geworden war, so mochte die bunte Vielfalt in Staunen versetzen. Für einige Nationen war die während der Revolution errungene Unabhängigkeit eine feststehende Tatsache. Das galt vor allem für die Länder an der Westgrenze der Sowjetunion, die ihre Unabhängigkeit ausländischer Hilfe verdankten, so etwa für Finnland, die Staaten des Baltikum und Polen, das einen am Ende siegreichen Krieg gegen die Sowjets geführt hatte. Aber auch Georgien[5], in dem die Sozialdemokraten (Menschewiken) regierten, gehörte in diese Gruppe.

Die unabhängigen sozialistischen Sowjetrepubliken, wie die Ukraine, Weißrußland, Aserbaidschan, Armenien, die fernöstliche Republik, sowie Buchara und Chiwa wurden ihrer Unabhängigkeit auch nicht so recht froh. Nach Beendigung des Bürgerkrieges und der alliierten Intervention hatte die Sowjetunion ihre Macht und ihren Einfluß über das eigentliche Rußland hinaus auf Gebiete ausgedehnt, die im allgemeinen nun eine auf innere Angelegenheiten begrenzte Autonomie genossen.

Wie sollte man aus dieser so heterogenen Mischung einen lebensfähigen und regierbaren Staat machen? Wie die unabhängigen Sowjetrepubliken zum Wiederanschluß bringen? Die Antwort lautete: Durch schrittweisen Abbau ihrer Unabhängigkeit. In den Jahren 1920 und 1921 schloß der Sowjetstaat als »Russische Sozialistische Föderative Sowjetrepublik« (RSFSR) mit all ihren ebenfalls sowjetischen Nachbarrepubliken bilaterale Verträge. Die Vertragspartner gingen enge wirtschaftliche und militärische Bindungen ein. Die gemeinsamen Angelegenheiten wurden von Kommissariaten (Ministerien) der Russischen Republik verwaltet. Diese Verträge waren völkerrechtlich gesehen Abkommen zwischen Gleichgestellten. Aber unter diesen Gleichen befand sich einer, der, um Orwell zu zitieren, »Gleicher ist als die anderen«, nämlich Rußland. Sichtbar wurde diese Ungleichheit besonders im militärischen Bereich. Dort wurde die Einheit durch die Rote Armee erreicht und bekräftigt. Ähnlich war die diplomatische Praxis. Staatsrecht und Wirklichkeit klafften sehr bald weit auseinander. Während zwar staatsrechtlich jeder der Sowjetstaaten seine eigenen Institutionen weiterhin behalten sollte, verfügte doch nur die Ukraine, wenigstens für einige Zeit noch, über eigene diplomatische Vertretungen. Dies wurde besonders deutlich, als bei der Unterzeichnung des Vertrages von Riga im Jahre 1921 die Sowjetrepubliken überhaupt nicht mehr vertreten waren. Ebenso bei der Konferenz von Genua 1922, wo nur noch die Russische Sozialistische Föderative Sowjetrepublik als einzige eingeladen war und im Namen ihrer Partnerländer sprach. In der Ukraine wurde die Unzufriedenheit über diesen Zustand offen geäußert, dort wurde betont, es handle sich um eine Verletzung der Souveränität mit ernsten Konsequenzen.

Zur gleichen Zeit, als sich diese Entwicklung abzeichnete, die auch schon Elemente einer Integration enthielt, wurde das Schicksal Georgiens besiegelt. Georgien war eine Republik, in der die Menschewiken (Mehrheitssozialisten) regierten: Die Sozialisten des Westens feierten Georgien als das »Vaterland des wahren Sozialismus«.

Georgien hatte sich zu einer Herausforderung der Bolschewiken entwickelt, die ja mit den Menschewiken längst gebrochen hatten. Außerdem bildete diese Kaukasusrepublik an einer strategisch wichtigen Grenze scheinbar einen Vorposten der Entente. 1921 wurde diese Situation für die Bolschewiken unerträglich. Stalin erklärte ohne jede Zurückhaltung: Die den Nationen im Jahre 1917 versprochene Selbstbestimmung sei eine überholte Phase. Die Stunde gehöre nun der Union, und dies gelte auch für Georgien. Da sich nun Georgien sowohl als lebensfähig als auch als »unbelehrbar« erwies, mußte es mit Gewalt zur Union gezwungen werden. Ein Vorgang, den Lenin immer verurteilt hatte. Im Februar 1921 drang die Rote Armee in Georgien ein. Lenin hatte den Bolschewiken im Kaukasus empfohlen, mit den Menschewiken und ganz allgemein mit der nationalen Intelligenz nachsichtig umzugehen. Ihm ging es vor allem darum, die Konsequenzen dieser militärischen Rückeroberung im Inneren zu begrenzen und die internationale Öffentlichkeit zu beschwichtigen. Im Grunde hegte er aber keinen Zweifel an der Notwendigkeit dieses Unternehmens. Am 21. Mai 1921 war Georgien, nun von den Bolschewiken regiert, wie die anderen Republiken bereit, einen Bündnisvertrag mit der Russischen Sozialistischen Föderativen Sowjetrepublik zu unterzeichnen.

1921 sind dank der bilateralen Verträge alle Nationen des alten Zarenreiches – nach kurzer Trennung – wiedervereinigt und zwar durch ein Bündel vertraglicher Bindungen, die eine gewisse Aktionsgemeinschaft sicherten. Allerdings genügten diese Bindungen noch nicht, um auch eine geistige Gemeinsamkeit zu schaffen, um die Gegensätzlichkeiten zu überwinden, die Nation von Nation trennten. Ganz im Gegenteil wandten sich innerhalb und außerhalb der KP die nationalen Eliten gegen die von den Führern der RSFSR verfolgte Politik. Sie verurteilten mit immer größerem Nachdruck eine hegemonistische Politik, die sich mit der Fahne des Internationalismus tarnte. Sie verglichen den Sowjetstaat mit dem Zarenreich, an dessen Stelle er getreten sei. In den Augen der Bolschewiken gab es keinen Zweifel, daß die 1920 entstandene Übergangssituation – unabhängige Nationalstaaten, durch eine Unzahl von Abmachungen mit der RSFSR verbunden – Spannungen begünstigte und verhinderte, eine neue Nation zu schaffen, die durch die sozialistischen Ideale zusammengehalten wurde.

Deshalb gingen die Bolschewiken im Jahre 1922 zu der zweiten Phase der Organisation ihres Staates über, indem sie das Projekt einer alle Nationen umfassenden Föderation realisierten. Diese Föderation war für Lenin schon ein beträchtliches Zugeständnis. Bis 1917 war er stets ein Gegner föderativer Lösungen gewesen, die, wie er sagte, die nationalen Differenzen verewigten. Da er aber die zentrifugalen Kräfte, die im Zarenreich vorhanden waren, in ihrem Ausmaß erkannte, begann er, seine Haltung zu revidieren. Um Rußland nicht bis zum äußersten zu schwächen, räumte er ein, daß jene Nationen, die sich von ihm nicht trennen wollten, sich nach dem föderativen Prinzip organisieren könnten. Waren von 1918 bis 1921 von dieser Änderung nur jene Nationen betroffen, die Enklaven innerhalb des eigentlichen Rußlands bildeten, so wurde nun von 1922 an diese Vorstellung auch auf alle früheren Besitzungen des Zarenreiches ausgedehnt. Die föderative Organisation sicherte die Gleichheit zwischen der russischen Nation und den nichtrussischen Völkerschaften: Sie war der große Unterschied zwischen dem »Völkerkerker« und dem Egalitarismus der Sowjets. Jedoch waren die Vorstellungen der Bolschewiken hinsichtlich der Art der Föderation nicht völlig gleichartig[6]. Beauftragt über das Verfassungsprojekt zu referieren, drückte sich Stalin sehr klar aus: Die sowjetische Föderation sollte als Vorbild die RSFSR haben und wiederum das Modell für eine Weltföderation der Sozialistischen Staaten der Zukunft sein. Indem er die Russische Sozialistische Sowjetrepublik als Vorbild hinstellte, demaskierte Stalin sein Konzept der Föderation. Die Föderative Republik Rußland, nach der Verfassung des Jahres 1918, umfaßte acht autonome Republiken und 13 autonome Regionen. Dennoch charakterisierte sie ein sehr hohes Maß an Zentralisation: autonome Regierungsstellen mit Kompetenzen gab es so gut wie gar nicht. Das Ausmaß der Zentralisierung in der RSFSR, zumindest innerhalb der Partei und im Rat der Volkskommissare (Ministerrat), ist ein solches, daß im März 1919 ein Delegierter zum VIII. Parteikongreß erklärte: »In England gibt es ein Sprichwort: Das Parlament kann alles, mit Ausnahme eine Frau in einen Mann umzuwandeln. Bei uns kann der Rat der Volkskommissäre alles, und könnte sogar – so scheint es – eine Frau in einen Mann verwandeln.«

Unter solchen Umständen die Sowjetrepublik Rußland als Vorbild für die Föderation vorzuschlagen, hieß eine Erweiterung der Zentralisierung auf ein ganz anderes Gebiet zu predigen. Lenin schlug das Konzept der Föderation von 1918 vor, als er sagte: »Das Beispiel der russischen Sowjetrepublik zeigt, daß die Föderation, die wir schaffen, ein Schritt auf dem Weg zur Einheit der verschiedenen Nationalitäten Rußlands in einem einzigen demokratischen und zentralisierten Sowjetstaat sein wird.«

Wenn die Bolschewiken zu Beginn der zwanziger Jahre von einer Föderation sprachen, so hatten sie wohl ein ganz bestimmtes Projekt vor Augen: Eine Organisation der Völker, die bis zu einem gewissen

Grad die nationale Eigenheit bestehen läßt, sie aber durch zentrale Institutionen korrigiert, die den Zusammenhalt des Ganzen sichern. Diese zweifellos einfache und allgemein akzeptierte Vorstellung entsprach den Entwürfen, und damit wird verständlich, warum Stalin in der am 10. August 1922 geschaffenen Kommission, deren Aufgabe es war, die Verfassung der Föderation auszuarbeiten, eine hervorragende Stellung einnahm. So erklärt sich auch, warum das von Stalin persönlich ausgearbeitete Projekt als Vorbild die RSFSR zeichnet[7]. Die Föderation sollte durch den Anschluß der noch unabhängigen Republiken an die RSFSR zustande kommen.

Durch den Eintritt in die RSFSR hätten die Republiken den Status der »Autonomie« (nicht etwa den »souveräner Staaten«) erhalten und als Regierungsorgane der Föderation jene der RSFSR anerkannt. Daher handelt es sich eindeutig um eine räumliche Vergrößerung der Russischen Republik und nicht um einen neuen Staat.

Das Eingreifen Lenins und die Erarbeitung einer echten Bundesverfassung

Der Entwurf Stalins war den Zentralkomitees der Kommunistischen Parteien der verschiedenen Republiken zugesandt worden. Die gelehrigsten Schüler, nämlich Aserbaidschan und Armenien, stimmten zu, in der Ukraine aber stieß der Entwurf auf eine gewisse Kritik. Dort klammerte man sich noch an die Aufrechterhaltung der zweiseitigen Beziehungen. In Georgien jedoch gab es offenen Widerstand[8]. Der Konflikt mit den Kommunistenführern Georgiens war um so heftiger, als ja noch die bilateralen Verträge die Beziehungen zwischen der Sowjetrepublik Rußland und ihren Verbündeten regelten. Als nun Stalin den georgischen Führern kühl mitteilte, die Entschlüsse der obersten Gremien der Sowjetrepublik Rußland müßten ohne Diskussion von den unabhängigen Republiken akzeptiert werden, entstand bei den Georgiern der Eindruck, es seien die Zeiten des Zwanges und der Unterdrückung wiedergekehrt. Sie wollten nun ihre Entschlossenheit zeigen, die Unabhängigkeit mit allen Mitteln zu verteidigen. Doch die Opposition der Georgier und das Zögern der Ukrainer genügten nicht als Bremse: Die Verfassungskommission, in der Stalin über eine Mehrheit verfügte, stimmte dem Projekt zu. Doch als Lenin von der gesamten Angelegenheit Kenntnis erhielt, verurteilte er den Verfassungsentwurf.

Im Herbst 1922 war Lenin schon schwer krank. Er hatte sich Ende 1921 sehr geschwächt für mehrere Wochen aus dem öffentlichen Leben zurückziehen müssen. Als er zurückkehrte, war seine Arbeitskraft verringert. Sein Zustand verschlechterte sich laufend. Am 25. Mai 1922 erlitt er einen ersten Schlaganfall. Rechtsseitig gelähmt, zeitweise der Sprache beraubt, mußte er bis zum Herbst warten, um wieder arbeiten zu können. Doch von da an war er nur mehr ein Schatten seiner selbst. Die Genossen, die Lenin im November 1922 auf dem IV. Kongreß der Komintern sahen – einen Monat bevor ein neuer Schlaganfall ihn für immer aus dem politischen Leben verbannte –, waren entsetzt, wie verändert er erschien.

Doch in den letzten Wochen dieses so aktiven Lebens war die Nationalitätenfrage eine von Lenins größten Sorgen. Er sah mit Klarheit und Verzweiflung die kommenden Probleme voraus. Während seiner vorübergehenden Genesung ließ sich Lenin über das Verfassungsprojekt informieren und war bestürzt. Er sah die Opposition, die es hervorrufen mußte, klar voraus. Er begriff auch, daß dieses Projekt, weit davon entfernt, zum Fortschritt des Internationalismus beizutragen, die nationalen Leidenschaften erst recht anheizen mußte. Andererseits blieb sein Denken – wie schon sein ganzes Leben lang – einer internationalistischen Vision des Sowjetstaates verhaftet. Was er wollte, war der Übergang der Nationen in eine neue Gemeinschaft, nicht aber den Nationalismus zu verewigen. Die Revolution und die ihr folgenden Jahre hatten ihm unwiderlegbar gezeigt, daß sich das soziale Bewußtsein in seinem eigenen Rhythmus und nach seinen eigenen Gesetzen entwikkelt, nicht aber durch Zwang und durch Einrichtungen, die seinen Wünschen fremd sind.

In vier Jahren hatte Lenin, der Willensmensch, entdecken müssen, daß der bloße Willen einer Partei, und wäre sie auch die Partei des Stoßtrupps des Proletariats, nicht genügt, um die Mentalität der Menschen zu ändern. Die Umstände hatten eine Zeitlang dieses Wollen begünstigt und es ihm ermöglicht, Nutzen aus dem Chaos zu ziehen, um die Revolution ausbrechen zu lassen. Aber nachdem einmal die Revolution da war, fanden sich die Bolschewiken und der von ihnen gegründete Staat dem sozialen Bewußtsein weit voraus, das nach Grund und Boden, nach Frieden im Lande und nationaler Unabhängigkeit strebte. Von 1922 an begriff Lenin, daß nur eine lange Periode der Erziehung die Mentalität der Menschen ändern werde können. Und daß es viel Zeit, viel Vertrauen und noch viel mehr an Takt bedürfen werde, um das nationale Denken in ein internationales Bewußtsein zu verändern. Angesichts dieser im wesentlichen erzieherischen Vorstellung von der bevorstehenden Veränderung mußte – sicherlich auch durch die Krankheit und die Zurückgezogenheit Lenins beeinflußt – der Entwurf Stalins auf ihn wie eine Bombe wirken. Der Widerstand gegen diese Pläne, von denen man Lenin berichtete, schien ihm eine Bestätigung seiner Meinung, wonach man mit den Mentalitäten der Menschen zwar rechnen, aber nicht mit ihnen spielen dürfe, weil man sonst Gefahr lief, die nationalen Differenzen zu verewigen. Dies ist der Grund, warum Lenin sich mit allen Kräften gegen den Entwurf wandte, der »Wasser auf die Mühlen der Independisten lenkt«.

Er warf Stalin vor, »es viel zu eilig zu haben« und außerdem die wirklichen Gefühle der Menschen nicht in Betracht zu ziehen.

Dieser Konstruktion stellte er eine andere entgegen, die mit den nationalen Empfindlichkeiten schonender umging. Der Sowjetstaat sollte danach eine Neukonstruktion sein, die auf der Basis der Gleichheit alle Republiken vereinte – die Republik Rußland ebenso wie die anderen. Die Gleichheit ist ab jetzt das Schlüsselwort im Denken Lenins. Die nationalen Unterschiede, die Eifersüchteleien, können nur durch Gleichheit überwunden werden, die jeder Nation garantiert, daß nichts von der früheren auf Ungleichheit begründeten Hegemonie weiter existieren wird. Man sieht hier, wie sehr das Denken Lenins seit 1918 durch die Ereignisse beeinflußt worden ist. Sich selbst getreu, versuchte er niemals die Hindernisse, die er entdeckte, im Sturm zu nehmen, sondern bemühte sich, sie zu umgehen. 1922 waren die Unterschiede zwischen den Völkern ein solches Hindernis. Deshalb maß er dieser Frage so hohe Bedeutung zu, weil er wußte, daß die im Augenblick zu treffende Entscheidung alle künftigen Beziehungen der Nationen des Sowjetstaates untereinander festlegen werde. Außerdem mußte diese Entscheidung auch für die Revolutionen der Zukunft richtungsweisend sein, weil der Sowjetstaat als einziger in der Welt ein Modell darstellen konnte.

Lenin war nicht der einzige, der daran glaubte, daß dieses Problem entscheidend war. Stalin, der bis dahin nur die zweite Geige gespielt hatte, rebellierte nun offen. Er wendete sich an die Mitglieder des Politbüros, kritisierte die Haltung Lenins und klagte ihn des »nationalen Liberalismus« an. Aber diese Revolte war nur kurz. Als er feststellen mußte, daß ihm auf diesen Weg niemand folgte, ordnete er sich unter und entwarf ein neues Projekt, das den Wünschen Lenins entsprach und für das er sich nun auch einsetzte, so als ob der neue Entwurf keineswegs das Ergebnis eines Konfliktes sei[9].

Das auf solche Art umgearbeitete Projekt wurde nun von den nationalen Kommunistischen Parteien angenommen, mit Ausnahme der

Georgier, die bis zum letzten kämpften, um zu erreichen, daß ihr Eintritt in die Föderation auf der Basis einer echten Gleichberechtigung erfolge[10].

Ihr Kampf verschmolz nun mit jener Auseinandersetzung, die plötzlich, aber endgültig Lenin und Stalin zu Gegnern machte. Stalin hatte in der Frage der verfassungsrechtlichen Organisation der Föderation nachgegeben. Aber er hatte nicht die Absicht, in der Frage der konkreten Verwirklichung dieser Föderation nachzugeben. In diesem Konflikt ging es um die tatsächliche Anwendung des Gleichheitsprinzips zwischen den Nationen. Lenin, der in dieser Frage bis zum Ende Stalin opponierte, hatte glücklicherweise die Krankheit ganz besonderes Einfühlungsvermögen verliehen. Er entdeckte nun, welcher Art die wirklichen Beziehungen zwischen der Zentrale in Moskau und den Nationalrepubliken waren. Es handelte sich kurz und einfach um eine Hegemonie, um russischen Chauvinismus. Zu diesem Zeitpunkt sieht Lenin schon die Ausmaße des Mißerfolges, der sich vorbereitet, voraus. Seine engsten Mitarbeiter sind durch die Macht korrumpiert. Seine Partei wurde zu einer Mafia. Der wiederauferstandene Chauvinismus wird überall durch die Frechheit der Mächtigsten von allen, durch den Chauvinismus der Russen ermutigt. In den wenigen Wochen, die Lenin noch bleiben, bevor ein neuer Schlaganfall ihn von der Welt der Lebenden völlig abschneidet, redigiert er einen Text, dessen Ton zeigt, wie hellsichtig er gegenüber dem Ernst des nationalen Problems geworden ist, und wie sehr er daran verzweifelt, Mittel zu finden, um die Probleme zu lösen. Der Text ist zunächst einmal ein Geständnis: »Ich fühle mich vor den Arbeitern Rußlands zutiefst schuldig, mich nicht mit genügender Energie um die bekannte Frage der ›Autonomisierung‹ gekümmert zu haben, die offiziell Union der Sozialistischen Sowjetrepubliken genannt wird.« Doch wurde dies am 30. Dezember 1922 geschrieben, zu einem Zeitpunkt, als durch die Annahme des Verfassungsentwurfes Lenins Ideen triumphierten. Warum also fühlte er sich schuldig? Der Grund war, daß er sich der Zwiespältigkeit der Situation, die er zurückließ, bewußt war[11].

Am 30. Dezember 1922 hatte der III. Kongreß der Sowjets der UdSSR den Vertrag über die Bildung der Union der Sozialistischen Sowjetrepubliken gebilligt, den die Russische Sozialistische Föderative Sowjetrepublik mit den Sozialistischen Sowjetrepubliken der Ukraine und Weißrußlands, sowie mit der Föderativen Republik Transkaukasien – mit Gewalt den Georgiern aufgezwungen – abgeschlossen hatte. Dieser Vertrag bildete die Basis für die sowjetische Verfassung von 1924. Die nun geborene Föderation war ebenjene staatsrechtlich neue

Gemeinschaft, die Lenin gewollt hatte, und deren Institutionen besonderer Art waren und sich von jenen der RSFSR unterschieden.

Aber Lenin sah klar voraus, daß Verfassungsparagraphen ungenügend waren, um einen Ausgleich für die machtmäßigen Realitäten zu bilden. Auch Stalin hatte dieses Ungleichgewicht zwischen Recht und Tatsachen begriffen. Dies ist auch der Grund, warum er sich so leicht nach einem Anfall übler Laune umstellte und sein Autonomieprojekt in ein Föderationsprojekt umwandelte. Für Stalin war es leicht, die Realität zu erkennen. Die Vorrangstellung der Russischen Sozialistischen Föderativen Sowjetrepublik – sowohl nach der Zahl der Bevölkerung wie nach politischem Gewicht – war unleugbar. Ihre Befähigung, durch die verschiedensten Institutionen wie Partei, Wirtschaftsorgane und die Armee die Staatsgebilde der anderen Volksgruppen zu kontrollieren, war offensichtlich. Zweifellos hatte Stalin daran gedacht, daß die idealste Verfassung jene wäre, die die Realität widerspiegelt. Daher sein Projekt für die Autonomisierung. Aber von Lenin gezwungen, dieses Projekt aufzugeben, tat er dies ohne Widerstand bis zum äußersten zu leisten, weil er fest daran glaubte – und die Zukunft sollte zeigen, daß er recht hatte –, daß die Tatsachen über die Paragraphen triumphieren würden. Es spielte keine Rolle, wenn die Union nun das Gleichheitsprinzip aufrechterhielt, die RSFSR würde doch ihr Herz sein. Lenin war sich dieser unvermeidbaren Konsequenz der Unausgeglichenheit zwischen der Realität und dem Verfassungsrecht bewußt. Aber er führte sie auf eine bestimmte Ursache zurück, nämlich »dieses hundertprozentig russische Produkt, der großrussische Chauvinismus, der den russischen Bürokraten kennzeichnet«. Und dieser russische Bürokrat wird – Lenin spürt das – auch beim Kommunisten durchbrechen. Deshalb glaubt er kaum mehr an die Wirksamkeit von Verfassungstexten, weil, wie er schreibt, die gefundene Lösung »die Freiheit, die Union zu verlassen, die unsere Rechtfertigung wäre, zu einem Fetzen Papier reduziert«.

Lenin hat in seinem letzten Kampf gegen Stalin, den er verliert (denn es gelingt ihm nicht, Stalin, wie er es empfiehlt, von der Macht fernzuhalten; Trotzki aber kümmert sich nicht um die Aufgabe, die Lenin ihm vererbt, nämlich sich der Verteidigung der Völkerschaften anzunehmen), das Ausmaß des Nationalitätenproblems erkannt, seine Tiefgründigkeit und den Mißerfolg seiner Politik. Hat dies aber seine Ansichten grundlegend geändert? Keineswegs. Sein letztes Ziel bleibt das Verschwinden der Nationen zu Gunsten einer neuen Gemeinschaft, die durch die Solidarität der arbeitenden Klasse geeint wird. Nur die Methoden und der Rhythmus haben sich verändert. Nun sind es die Erziehung, die Gleichheit der Rechte, das Vertrauen und die Zeit, von denen er hofft, daß sie diese neue Gemeinschaft herbeiführen werden. Das Wunschdenken macht der Aufmerksamkeit Platz, die man der Realität schenkt, und die Ungeduld einer großen Geduld. So klar er einerseits das Ausmaß des Problems der Nationalitäten sieht, so widersprüchlich ist doch wieder die Hartnäckigkeit, mit der er an seiner Vision einer Zukunft festhält, in der es kein Nationalitätenproblem mehr gibt. Dieser Widerspruch erklärt, warum die letzten Weisungen Lenins nur in Sackgassen geführt haben.

Die Dialektik der Gleichheit und der Kontrolle

Die staatsrechtliche Ordnung der Sowjets, 1922 eingeführt, wurde in dem Pakt vom Dezember 1922 »föderativer Staat« genannt. Aber dieser Pakt selbst legte das Schwergewicht auf alles, was »gemeinsam« war, nämlich die Kompetenzen, die Institutionen, und schob alles, was tatsächlich republikanisch, das heißt also den einzelnen föderativen Republiken zugeordnet war, in den Hintergrund[12]. Jedoch war die Gleichheit der Völker, die in der zur selben Zeit angenommenen Unionsdeklaration proklamiert wurde und die eines der beiden Elemente des Grundgesetzes der Union der Sozialistischen Sowjetrepubliken bildet, keineswegs nur ein leeres Wort. Der Wille zur Gleichheit charakterisiert in jener Epoche die sowjetische Ideologie hinsichtlich der Beziehungen zwischen den Nationen, und wenn auch Lenin und Stalin in der Frage der politischen Gleichheit nicht ganz übereinstimmten, so machte sie Stalin doch später zu einem Grundpfeiler der Nationalitätenpolitik der Sowjetunion. Wie Lenin, so wußte auch er, daß eine Lösung des Nationalitätenproblems nur durch Befriedung erreicht werden konnte. Dies schloß aber Zugeständnisse an alle Völkerschaften ein, die der UdSSR angehörten. Wenn auch Stalins politische Lösung dem Grunde nach zentralistisch war, so sollte sie doch als Bestandteil einer egalitären Ideologie, zusammen mit einer ganzen Serie von Paragraphen, beweisen, daß die Grundlage der Union der Sowjetrepubliken die Gleichheit zwischen den einzelnen Völkerschaften ist.

Die Gleichheitsideologie ist in der Verfassung verankert. Die Föderation macht einem Statut Platz, das außerordentlich kompliziert ist und im Prinzip die verschiedensten Situationen berücksichtigt. Die »Nationen« werden als »souveräne Staaten« organisiert: die Föderierten Republiken (Unionsrepubliken). Die kleineren Nationen oder jene, die nicht alle Bedingungen erfüllen, die für die Souveränität Voraussetzung wären, erhalten ebenfalls eine staatliche Organisation, die aber nicht souverän ist: die Autonome Republik. Schließlich die Nationalitäten, Volksgruppen kleinerer Art als die Nationen, auch sogenannte Splittergruppen erhalten eine Anerkennung ihrer kulturellen Eigenart und verfügen über nationale Gebietsorganisationen, nämlich Autonome Regionen und Nationale Distrikte, die ihre eigenen kulturellen Rechte garantieren. Die innere Organisation des Sowjetstaates widerspiegelt die ethnische Komplexität seiner Gesellschaft und das Bestehen in ihrem Schoße von menschlichen Gemeinschaften, deren politische und kulturelle Entwicklung weit davon entfernt ist, einheitlich zu sein. Die Republiken sind dem Recht nach gleich, vereint durch ihren bloßen Willen, zusammen zu leben, frei, sich jederzeit wieder zu trennen. Wenn es auch niemandem einfällt, dieses Sezessionsrecht auszuprobieren – die Erfahrung der Georgier zeigt, daß die Union ein kategorischer Imperativ ist –, so besitzt dennoch die Gleichheit der Nationen einen politischen und kulturellen Inhalt.

Diese Gleichheit ist ein politischer Inhalt, wie es das Schlagwort von der Nationalisierung aller Führungskader auf allen Ebenen zeigt[13]. Die nationalen Republiken sollen ihr Schicksal selbst in die Hand nehmen und dazu von ihren eigenen Führungskadern gelenkt werden. Die Kommunistische Partei legte diese Richtlinien für die gesamte Union fest. Und zwar um nationale Zwistigkeiten auszuschalten und zugleich, weil es sich um eine Notwendigkeit handelte. Die Revolution hatte Rußland seiner alten Elite beraubt. Der Sowjetstaat konnte allein mit Hilfe der neu gebildeten russischen Führung dieses gewaltige Reich nicht lenken. Die Knappheit der russischen Führungskräfte verschärfte die politischen Schwierigkeiten und drängte die Nachfolger Lenins dazu, auf dem von ihm vorgezeigten Weg zu folgen. Es war dies übrigens kein einfacher Weg. Die Republiken in den Randgebieten und die autonomen Staatsgebilde innerhalb der russischen Sowjetrepublik hatten dieselben Führungsschwierigkeiten wie die Russen. Woher sollte man nun die Führer für die Partei, für die Verwaltung, für die Bildung und für die Wirtschaft nehmen[14]? Die Auswahl war klein. Altgediente Kommunisten gab es nicht allzu viele. Es blieben die alten Nationaleliten übrig, oder die nur wenig gebildeten Bauern, die mit dem Bolschewismus und dessen Zielen kaum vertraut waren. Die neuen Eliten, die das Funktionieren der Institutionen und die Erfassung der Gesellschaft sichern sollten, umfaßten diese drei Elemente. In Rußland war die Arbeiterklasse an sich schon nicht sehr zahlreich und durch den Bürgerkrieg dezimiert, sie stellte die notwendige Führungsschicht schlecht und recht zur Verfügung. In den nationalen Staaten nahm das neue Regime alle jene in seine Reihen auf, die bereit waren, ihm zu helfen. Aber diese Politik der Nationalisierung um jeden Preis hatte zwei Konsequenzen: sie erforderte eine Förderung der nationalen Kulturen und die ständige Kontrolle der Führungskader so verschiedenen Ursprungs. Der originellste und faszinierendste Aspekt der sowjetischen Politik dieser Zeit ist ohne Zweifel die Förderung der nationalen Kultur. Hier wirkten Ideologie und Notwendigkeit zusammen, um zu einem solchen Ziel zu gelangen.

Die Sowjetunion der zwanziger Jahre war weiterhin von der revolutionären Utopie charakterisiert. Es ist dies eine Tatsache, die man nicht vergessen darf. Trotz aller Schläge, die dieser Utopie zugefügt wurden (die gewaltsame Einverleibung von Völkern ist ein solcher schwerer Schlag), blieben die Bolschewiken doch insgesamt einer egalitären Vision der Gesellschaft treu. Sobald die Gleichheit der Völker politisch in Angriff genommen wird, verschiebt sie sich auf das kulturelle Gebiet[15]. Schon zu Beginn des Jahrhunderts hatte Otto Bauer in seinem Wunsch, die österreichisch-ungarische Monarchie aufrechtzuerhalten, sehr wohl als das wichtigste Anliegen der Nationen erkannt, ihre eigene Kultur und darüber hinaus ihre Sprachen zu erhalten und zu entwikkeln. Deshalb besteht das Nationalitätenprogramm der zwanziger Jahre auf der Förderung aller nationalen Kulturen auf der Basis der Gleichheit. Dabei steht an erster Stelle die Förderung der nationalen Sprachen[16].

Die durch die Nationalisierungspolitik geforderten nationalen Führungskräfte waren die Träger der Kultur ihrer Nation. Diese Politik hatte übrigens auch groteske Aspekte. Manche Nation, die durch die Verfassungsbestimmungen der zwanziger Jahre etabliert wurde, besaß nicht einmal eine eigene Sprache oder benützte die Sprache eines anderen Volkes. Die Sowjetmacht zwang aber jede Volksgruppe, die eine eigene Verwaltungseinheit bildete, auch eine eigene Sprache zu haben und diese auch zu gebrauchen. So geschah es etwa in der Republik Weißrußland, wo mehrere Sprachen nebeneinander verwendet wurden, daß von Amts wegen eine offizielle weißrussische Sprache eingeführt wurde, obgleich der größere Teil der Bevölkerung erst in die Schule gehen mußte, um sie zu erlernen[17]. Noch grotesker war vielleicht, daß verschiedene Sprachwissenschaftler aufgefordert wurden, die Dialekte, die von kleinen Volksgruppen, manchmal nur von einigen Hundert Menschen gesprochen wurden, in Schriftsprachen umzuwandeln[18].

Trotz seiner Armut widmete der Sowjetstaat beträchtliche Summen dieser Förderung der Kultur, die manchmal so weit ging, die Kultur zu erfinden. Um so rasch als möglich und auf einfachstem Wege Schriften einzuführen, wendete man Zeit und unendliche Mühe auf, Alphabete zu drucken und entsprechende Lehrbücher herzustellen, die oft nur einige Hundert Leser hatten, und Lehrer heranzubilden, die imstande waren, die künftigen Leser zu unterrichten[19]. Aber so war eben die Parteilinie festgelegt. Jede nationale Gruppe hatte das Recht auf ihre Kultur und auf ihre Sprache. Der Egalitarismus, der dieser Linie zugrunde liegt, wird noch durch politische Zielsetzungen verstärkt.

Die jeder Nation zuerkannte Gleichheit der kulturellen Rechte machte es dann auch möglich, einige größere Volksgruppen, die sich durch eine spezielle Solidarität vereinigt hatten, wieder auseinanderzubrechen.

So geschieht es bei den mohammedanischen Völkern im Kaukasus und in Zentralasien[20], die schon seit Beginn des Jahrhunderts versucht hatten, sich auf Basis ihrer gemeinsamen Sprache auch politisch zu vereinigen[21]. Die neue Verfassung fordert, daß innerhalb festgelegter Grenzen jede Nation eine eigene Sprache gebrauchen muß. Diese kulturelle Gleichmacherei setzt derart allen pantürkischen und panislamischen Träumen ein Ende. Wären diese Hoffnungen der Turkvölker in einer allrussischen Föderation verwirklicht worden, so hätten sich im Gegensatz zum politischen Zentralismus stehende menschliche Gemeinschaften und deren Kulturen von gefährlichem Gewicht gebildet.

Die Förderung der nationalen Kulturen führte auch zu ernsthaften Schwierigkeiten. Eine rein nationale Erziehung muß das Nationalgefühl stärken und dem Endziel, nämlich der Zentralisation entgegenstehen. Deshalb ist die sogenannte »nationale Kultur« nicht ein einfaches Konzept, sondern vielmehr ein doppeltes, das Stalin außerordentlich genau definiert hat. Diese Kulturen sind vor allem in ihrer »Form« national, in erster Linie was die Sprache anlangt. Sie sind aber zur gleichen Zeit durch ihren »Inhalt« sozialistisch[22]. Was die nationalen Sprachen vermitteln sollen, ist nicht so sehr das Erbe einer jeden Nation, sondern ein neues, allen gemeinsames Erbteil, nämlich der Sozialismus, dessen Werte und dessen Ziele. Nur auf diese Weise können nationale Kulturen die ihnen zugedachte Funktion erfüllen. Sie beschwichtigen, ja sie befriedigen die nationalen Ansprüche. Aber sie entwickeln sie auch ständig weiter zu einem neuen, allgemeinen Bewußtsein. Diesen kulturellen Kompromiß, dessen Baumeister Stalin war, hätte Lenin gewiß nicht abgelehnt. Tatsächlich vereinigte er die Notwendigkeiten des Augenblickes, die nationalen Gefühle zu befriedigen und zu gleicher Zeit die großen pannationalen Solidaritäten zu zerstören und das zukünftige Ziel anzusteuern: die ständig wachsende Zugehörigkeit zu einer gemeinsamen politischen Kultur. Hier weicht die Gewalt zugunsten des Erfolges des Unterrichts, und auch in diesem Punkt hat Stalin die Warnungen Lenins befolgt.

Dieser kulturelle Egalitarismus wirkt natürlich nicht, ohne daß politische Kontrolle ausgeübt wird. Die nationalen Parteikader und die nationale Kulturförderung müssen im Prinzip die nationalen Forderungen befriedigen, aber sie immer mehr verringern. Diese Elemente konnten auch zu vollkommen entgegengesetzten Ergebnissen, nämlich zu einer Erregung der nationalen Gefühle führen. Um die Zugeständnisse an Gleichheit auf rein pädagogische Funktionen zu beschränken, hat die Sowjetmacht sie im Verlauf der zwanziger Jahre durch eine Vielzahl von Kontrollen kompensiert: Kontrolle der internationalistischen Partei über den Staat, der Träger der nationalen Interessen ist. Vorrang des Bundesstaates über die verbündeten Einzelstaaten. Wirtschaftliche Kontrolle, die die Bindungen zwischen Zentrum und den Randgebieten vervielfältigt, und schließlich und vor allem eine kulturelle Kontrolle. Diese letztere Kontrolle wird von der höchsten Autorität in allen Kulturfragen ausgeübt, nämlich von der zentralistischen Kommunistischen Partei. Ferner werden alle Wertsysteme und Regeln, die jede einzelne Gesellschaft lenken, durch ein gemeinsames, zentral definiertes Wertsystem ersetzt[23]. Die Nationalitätenpolitik der Sowjetunion in den zwanziger Jahren, eine Mischung aus Liberalismus und Kontrolle, war der Versuch, eine neue Gesellschaft zu schmieden, eine sowjetische, proletarische Nation, die bezeugen sollte, daß die Klassensolidarität über das nationale Bewußtsein den Sieg davontragen kann.

Der stalinistische Föderalismus, die Kontrolle ohne Gleichheit

Die Gleichheit der Völker, Basis des föderativen Gleichgewichtes in den zwanziger Jahren, sollte im Prinzip die »Freundschaft der Volker«, die zusammenlebten, begründen. Über das Gemeinschaftsgefühl hinaus, das langsam die Mentalität der Völker ändern sollte, war es Aufgabe dieses Prinzips, die Bildung einer neuen Elite zu ermöglichen. Ebendiese Elite sollte nach dem Vorbild der Kultur in ihrer Form national sein, aber doch in einer Republik wie in der anderen eine sowjetische Elite sein, verbunden dem System, das sie hervorgebracht hatte: eine Brücke zwischen den verschiedenen Traditionen der Vergangenheit und der gemeinsamen Zukunft. Aber von 1930 an schien es, daß die Ergebnisse dieser Kulturrevolution innerhalb der Grenzen des sowjetischen Staates vieldeutiger wurden, als ihre Schöpfer es beabsichtigt hatten. Überall entstanden neue Eliten und ersetzten Schritt für Schritt die alten, im nationalistischen Geist versteinerten Eliten. Aber überall mußte man auch feststellen, daß diese von der kommunistischen Partei geförderten neuen Eliten ihrerseits nun den nationalen Geist, den sie zum Verschwinden bringen sollten, selbst übernahmen. Das deutlichste Beispiel hierfür ist das der weißrussischen Elite. Es hatte großer Ausdauer von Seiten des Regimes bedurft, um die Menschen Weißrußlands an ihre – ihnen »verliehene« – eigene Sprache zu gewöhnen. Eine Volkszählung des Jahres 1926 hatte die Grenzen gezeigt. Von 4000000 Weißrussen betrachtete immer noch ein Viertel Russisch als seine Muttersprache[24].

In ebendiesem Milieu, das von der Durchdringung durch die russische Kultur charakterisiert war, erklärte die Elite damals, daß es für den Klassenkampf keinen Platz gäbe, weil die weißrussische Nation keinerlei Bourgeoisie besitze. In dieser Atmosphäre entstanden prowestliche Ideen: man wollte nicht zur ostslawischen Welt zählen. Zu Anfang der dreißiger Jahre entdeckte Moskau, daß die weißrussische Elite ein »nationales Zentrum« gebildet hatte, dessen Ziel es war, Weißrußland aus der Sowjetunion herauszulösen[25]. Es spielte keine Rolle, ob dieses Zentrum nun für die Einheit der Sowjetunion gefährliche Aktivitäten setzte oder nicht. Aber seine Existenz bewies, daß die Eliten traditionellen Werten anhingen, die der sowjetischen Gesellschaft fremd waren. Diese Bewegung war um so beunruhigender, als der sowjetische Staat feststellen mußte, daß auch an anderen Orten nationale Eliten, die vor der Revolution eine Rolle gespielt hatten, nun wieder auflebten.

In Zentralasien versuchte ein Führer der nationalen Bewegung, Faisullah Chodschajew, der zu einer Spitzenposition der kommunistischen Hierarchie befördert worden war, die wirtschaftliche Integration der Region in das Gesamtgefüge der Sowjetunion zu verlangsamen, indem er nach außen die Rolle des für den Kommunismus gewonnenen nationalen Führers spielte. Und dem Regime gelang es nicht, den Untergrundkrieg gegen die »Basmatschen« (die Bloßfüßigen) zu Ende zu bringen, muselmanische Untergrundkämpfer, die mit der stillschweigenden Zustimmung der Bevölkerung mehr als zehn Jahre lang Widerstand leisteten[26].

Zu Beginn der dreißiger Jahre konnte Stalin, der sich nun all seiner Gegner entledigt hatte, endlich seine Vorstellungen über das Nationalitätenproblem in die Tat umsetzen. Aus früheren Erfahrungen klug geworden, behielt er die Kompromißlösung auf kulturellem Gebiet und einen verbesserten Föderalismus bei. Die Verfassung des Jahres 1936 ist im Gegensatz zu dem Grundgesetz des Jahres 1924 eine tatsächlich föderative. Viele Nationalitäten-Staatsgebilde entstehen in dieser Epoche, und es wurde eindeutig die Hierarchie der Nationen und Nationalitäten mit allen Rechten und theoretischen Kompetenzen festgelegt[27]. Aber gleichzeitig mit dieser theoretischen Anerkennung der föderativen Strukturen begann Stalin eine Vernichtungsoperation zur Verwandlung der Gesellschaft, an deren Ende der Nationalismus, so dachte er, seine Existenzberechtigung verloren haben mußte. Die Nationen der Sowjetunion waren im wesentlichen Bauernvölker, manche von ihnen auch noch Nomaden. Die Kollektivierung aller und die Seßhaftmachung der Nomaden mußte im Nationalitätenmilieu doppelte Wirkung haben: die Unterdrückung des Bauern, seines Individualismus, seines Wertsystems, das der neuen Gesellschaft fremd war; aber auch, für den Nichtrussen, die Unterdrückung aller Wurzeln der eigenen Traditionen jedes Volkes, die das ländliche Leben besonders gut zu konservieren gestattet hatte. Auf nationaler Ebene verlieh Anhänglichkeit an besondere nicht-russische Werte dem Widerstand gegen die Kollektivierung eine zusätzliche verzweifelte Kraft.

Die gesellschaftliche Veränderung, deren eines Ziel die Ausmerzung aller nationalen Besonderheiten und aller Arten eigenständigen Lebens ist, vollzieht sich überall nur mit Gewaltanwendung. Diese Gewaltanwendung ist charakteristisch für die Art, wie Stalin das Problem angeht. Das Vertrauen Lenins auf den pädagogischen Effekt des Internationalismus hat Stalin niemals geteilt. Zu Beginn der dreißiger Jahre ersetzt er die Erziehung durch die nackte Gewalt. Nachdem er die traditionellen Lebensbedingungen für die Gesamtheit der Gesellschaft zerstört hat, vernichtet er im Verlauf der Säuberungen, die für ewig mit seinem Namen verbunden sind, alle nationalen Eliten der zwanziger Jahre, die das unverzeihliche Verbrechen begangen hatten, sich das Nationalbewußtsein erhalten zu haben. Wenn auch in der gesamten Sowjetunion diese Säuberungen ein Blindes-um-sich-Schlagen zu sein schienen, so waren sie doch in den Randgebieten eindeutig zielbewußt. Sie galten der systematischen Zerstörung der alten Eliten und auch jener Eliten, die in den zwanziger Jahren an deren Platz gestellt worden waren. Am Vorabend des Krieges waren die Folgen dieser Säuberungen klar. Stalin hatte reinen Tisch gemacht für eine neue Elite, die nun eine neue Konzeption der Beziehungen zwischen den Nationen der Sowjetunion verkörperte. Diese Konzeption bedeutete offen die Ungleichheit und war nichts als ein Rückschritt zum Zarismus.

Doch mußte man bis 1945 warten, bis dieses Konzept der Föderation der Ungleichen auch offiziell in Erscheinung trat.

Aber schon gegen Ende der dreißiger Jahre kündigt sich diese neue Linie an. Dazu gehört zum Beispiel die allgemeine Einführung des zyrillischen Alphabets. In den zwanziger Jahren hatte es viele Sprachgruppen in der UdSSR gegeben, die andere Schriften verwendeten, das Arabische, das Mongolische etwa. Es gab auch Völker, die gar keine Schrift besaßen. Diesen bekamen damals die lateinische Schrift[28]. Die Notwendigkeit eines raschen Ausbildungsprozesses der Bevölkerung, die Armut der Sowjetmacht und schließlich Erfahrungen aus dem Ausland (die Türkei unter Mustafa Kemal [Kemal Atatürk] hatte die lateinische Schrift zu einem Instrument der Modernisierung gemacht) rechtfertigten diese Entwicklung. Da ja die lateinische Schrift in Rußland selbst nicht in Gebrauch war, so hatte diese Neuerung auch den Vorteil, daß sie der Änderung der intellektuellen Tradition keinerlei Anstrich eines Imperialismus gab. Gegen Ende der dreißiger Jahre bezeichnet dann die rasche Ablösung der lateinischen Schrift durch die zyrillische[29] den Willen, die diversen Sprachen der russischen Sprache anzunähern, zumindest was das Schriftliche anlangt, und macht deutlich, daß sich ein allgemeiner Prozeß der kulturellen Russifizierung abspielte.

Auf diese Art beginnt man auch Ende der dreißiger Jahre in der Sowjetunion, die Geschichte des Zarenreiches in einer Richtung zu revidieren, die die fortdauernde Ungleichheit der Nationen noch unterstreicht. Am Vorabend der Revolution hatten die Bolschewiken die imperialistische Hegemonie als verdammenswert erklärt. Sie hatten alles, was damit zusammenhing, verworfen und bekräftigt, daß der Widerstand der unterworfenen Nationen gegen die russischen Okkupanten ein fortschrittlicher und historischer Akt gewesen sei, wer auch immer ihre Führer waren. Religiöse Führer wie etwa der Imam Schamil in Kaukasien, Stammesführer wie Khan Kennesary Kasymow, der ein Jahrhundert zuvor der unversöhnliche Feind der Russen in den Steppen Kasachstans gewesen war. Am Vorabend des Krieges schien die Erinnerung an die Vergangenheit den Gegensatz zwischen einer Hegemonie Rußlands und den legitimen nationalen Unabhängigkeitsbewegungen nicht mehr so klar herauszustellen[30].

Schon die Verfassung von 1936 zeigt diese Wende an. Der Sowjetstaat erklärt sich implizite als Erbe des Zarenreiches, sowohl was das Territorium, als auch was die historische Vergangenheit anlangt[31]. Auf Befehl Stalins entdecken die Historiker wiederum die positive historische Rolle, die Fürsten als »Vereiniger der russischen Länder« gespielt hatten, die Rolle der orthodoxen Kirche und auch des Mönchtums als Träger der byzantinischen Zivilisation. Während sie die autoritären Züge des Zarenreiches beklagten, begannen die Historiker in diesen Jahren auch dessen Tugenden zu entdecken, deren erste die Macht des Staates war, die es Rußland ermöglicht hatte, das Bollwerk Europas gegen Invasionen aus dem Osten zu bilden. Nach und nach gelangte die Geschichte Rußlands wieder zu ihrem Recht[32]. Aber nicht nur die Geschichte des Volkes, sondern auch jene der Herrscher, die die Nation im Kampf gegen die Feinde von außen geschmiedet haben. Das Kino kommt diesem neuen historischen Bewußtsein zu Hilfe, indem es Peter den Großen und Alexander Newski feiert. Neben den Herrschern sind es die militärischen Führer, die nun wiederum in das Pantheon der Geschichte aufgenommen werden, und vor allem jene, die gegen Napoleon gekämpft haben. Und dies gestattet nun auch, das Gedenken an die Schlacht von Borodino zu feiern. So findet das russische Volk, seit 1917 daran gewöhnt, seine Vergangenheit zu verleugnen, langsam zu sich selbst zurück.

Aber diese Rehabilitierung der russischen Geschichte bringt auch das große Problem der Geschichte der anderen Völker der Sowjetunion mit sich. Auch hier muß sich die seit der Revolution gepflegte Geschichtsbetrachtung allmählich wandeln. Der revolutionäre Egalitarismus führte zur Glorifizierung aller nationaler Widerstände gegen die als das absolute Übel betrachtete Unterdrückung. Im Verlauf der dreißiger Jahre begannen die Historiker, dies in Frage zu stellen. Ohne Zweifel war die Unterdrückung durch den Zaren verdammenswert. Aber waren ihre Auswirkungen nicht segensreich? Dank der Kolonialherrschaft waren die Völker des Zarenreiches zur selben Zeit wie das russische Volk revolutionär geworden, indem sie die so schmerzliche historische Etappe des Kapitalismus übersprungen hatten. Sind also letztlich die Vorteile des Kolonialismus nicht mindestens ebenso groß gewesen wie seine Nachteile? Und so wurde die Unterwerfung der Völker, die bis dahin als das absolute Übel gegolten hatte, durch die postrevolutionäre Geschichtsschreibung zu einem relativen Übel umgeformt.

Schritt für Schritt gingen diese Überlegungen noch weiter. Die sowjetischen Geschichtsschreiber entdeckten, daß die zahlreichen von Rußland unterworfenen Völker nicht die Wahl zwischen Kolonialismus und Freiheit gehabt hatten, sondern nur zwischen zwei Kolonialismen. Zum Beispiel waren die Georgier zugleich von den Türken bedroht gewesen, die ihre Kultur vernichtet hätten, und von den Russen, die diese Kultur bewahrt und ihnen den Sozialismus zugestanden hatten. Von nun an wird die Kolonialisierung zum »kleineren Übel«[33]. Unter dieser Perspektive wird das Wirken der nationalen Widerstandsbewegung mehr und mehr als von überholten Überlegungen geleitet eingeschätzt, die den wahren Interessen der betroffenen Völker kaum Rechnung tragen. Die Geschichtsbücher füllen sich mit neuen Helden. Zu den weisen Herrschern Rußlands – die gewiß Autokraten waren, aber denen diese historische Rolle aufgedrängt wurde – fügte man nun die Helden der Geschichte der Nationalitäten hinzu, die die Notwendigkeit der Vereinigung mit Rußland verstanden hatten, die Notwendigkeit, das »kleinere Übel« zu akzeptieren. Es ist wahr, es gab ihrer nicht viele; am Vorabend des Krieges war die einzige große Persönlichkeit, auf die diese Charakteristik zutraf, der Kosaken-Hetman Bogdan Chmelnizkij, der 1654 in Perejaslaw einen Vertrag mit dem Zaren über den Anschluß der Ukraine an Moskau einging[34].

Bis 1941 waren diese Veränderungen noch etwas verworren. Die sowjetische Gesellschaft, die aus dem Alptraum der Kollektivierung und der Säuberung erwachte, sah vielleicht noch nicht alle Konsequenzen der neuen Anschauungsweise der Vergangenheit der Völker der Sowjetunion. Es war der Krieg, der »der Freundschaft der Völker« eine definitive Wendung in die stalinistische Richtung gab. Der Krieg zeigte zunächst, auf wie schwachen Füßen dieses multinationale Gebilde in Wirklichkeit stand. Der blitzartige Vorstoß der deutschen Armeen wurde dadurch begünstigt, daß das eroberte Gebiet von Völkern bewohnt wurde, die eben keine Russen waren. Die Einwohner dieser Länder – wie etwa die Balten – hatten ihre häufig erst in jüngster Zeit erfolgte Eingliederung in die UdSSR nur mit großem Widerwillen hingenommen. Die Haltung der Ukrainer angesichts des Vormarsches der Deutschen enthüllte die Tiefe des nationalen Hasses. Die deutsche Politik schürte natürlich diese Gegensätze nach besten Kräften[35].

Vor dem 22. Juni 1941 hatte Alfred Rosenberg, der Autor des »Mythus des XX. Jahrhunderts«, einen phantastischen Plan der Zerstückelung der Sowjetunion entworfen. Im Bewußtsein des Explosiv-Potentials eines Vielvölkerstaates, überdies des einzigen, der in Europa noch bestand, schlug Rosenberg vor, Deutschland solle, um die Sowjetunion zu erledigen, die Karte des Nationalismus ausspielen. Rußland sollte zu einem Rumpfstaat reduziert und, nach dem Osten abgedrängt, seiner asiatischen Berufung wiedergegeben werden. Ein Netz nationaler Staaten, von Deutschland geschaffen und von ihm abhängig, sollte Rußland einschließen. Die Umsetzung des Rosenberg-Programms in einigen Fällen in die Praxis trug zu den militärischen Schwierigkeiten der Sowjetmacht bei, denn es war dadurch gelungen, die nationalen

Leidenschaften wieder zu erwecken. Der Kaukasus war ein besonderer Fall, Schauplatz eines solchen Experiments: Die deutsche Wehrmacht unterstützte nationale Regierungen. Sie traten an die Stelle der sowjetischen Behörden, die mit der Roten Armee abgezogen waren. So geschah es, als der Bauer Kadi Bairamukow eine nationale Regierung der Karatschai-Tscherkessen errichtete und daranging, die traditionellen gesellschaftlichen und religiösen Einrichtungen wiederherzustellen sowie die Landwirtschaft zu entkollektivisieren.

Hätte die deutsche Wehrmacht das kaukasische Experiment in allen besetzten Gebieten wiederholt, so wäre die Sowjetunion ins Nichts zurückgestoßen worden. Aber die Ideen Rosenbergs wurden von zwei Seiten bekämpft. Einerseits von einem Teil der Generalität unter dem Stabschef Jodl, der der Meinung war, die vielen nationalen Splittergruppen zu unterstützen, bedeute den Widerstand der wichtigsten Nationalität, nämlich des russischen Volkes herauszufordern. Er hielt dafür, der vernünftigste Weg, den Sowjetstaat von innen her zu zerstören, wäre, sich an das russische Volk zu wenden und es von seiner Führung zu trennen. Andererseits waren die Pläne Hitlers durchaus negativer Art. Für ihn stand fest, daß der gesamte Raum der Sowjetunion ohne Unterschied von Deutschland kolonisiert werden müsse. Die Bildung nationaler Regierungen konnte nur eine Belastung für die Zukunft darstellen und die Aufgabe der künftigen Siedler erschweren. Für Hitler waren alle Sowjetbürger, ob sie nun Ukrainer oder Russen waren, Untermenschen. Warum also Unterschiede machen?

Diese Widerstände haben die Politik der Unterstützung der Nationalitäten in der UdSSR gelähmt. Das Resultat war, daß sich die Völker, entsetzt von den Grausamkeiten der Deutschen im Osten, wieder der Sowjetunion zuwandten.

Aber die einzelnen Ereignisse hatten doch mehrfache Konsequenzen. Sie zeigten Stalin, daß der Unionsstaat, so wie er bisher existiert hatte, außerordentlich zerbrechlich war und man ihn kräftigen mußte. Unter dem Druck der deutschen Wehrmacht konnte es sich dabei nur um Zugeständnisse an das Nationalgefühl handeln. Es ging darum, die Deutschen dort, wo sie die nationale Karte ausspielten, so schnell wie möglich zu schlagen. Denn angesichts der Niederlagen des Jahres 1941 wurde klar, daß es nicht mehr genügte, an die Werte des Kommunismus zu appellieren. Es zeigte sich, daß die Namen der Helden, die in der Vergangenheit das Vaterland verteidigt hatten, unendlich mehr zu bewirken imstande waren als die Namen von Marx und Lenin. Auf lange Sicht wollte Stalin das gesamte Verhältnis zwischen den Völkern in neuer Art festlegen. Aber dies konnte erst nach dem Krieg geschehen, sobald er die Geschicke seines Landes wieder fest in der Hand hatte. Als zweite Konsequenz ergab sich eine Weiterentwicklung oder besser eine Befreiung der nationalen Gefühle, die in der tragischen Periode der dreißiger Jahre in den Hintergrund gedrängt worden waren. Die Jahre des Krieges schienen nationale Spannungen neu zu gebären, die jenen entsprachen, die schon zum Zusammenbruch des Zarenreiches geführt hatten. Daran hatte ein Vierteljahrhundert sozialistischer und föderativer Erziehung nichts geändert.

Der Krieg hatte der Sowjetmacht auch gezeigt, daß die Sowjetunion in ihren Randgebieten verwundbar war. Und daß diese Verwundbarkeit in einer Situation internationaler Spannung für das gesamte System eine tödliche Bedrohung bedeuten konnte. Schließlich hatte Stalin feststellen müssen, wie schwach das Echo auf die Appelle an die internationale Solidarität gewesen war. Nun mußte er sie durch den Appell an die Solidarität einer anderen Ordnung, nämlich der Solidarität der Geschichte, der Nation und der Religion ersetzen[36]. Hierdurch führte Stalin in die sowjetische Ideologie neue Elemente ein, die sie von Grund auf verändern sollten.

Die Rehabilitierung des »älteren Bruders«: Ein neues imperialistisches System

Der Sieg zeigte das Ausmaß der moralischen Veränderungen, die der Krieg in der UdSSR herbeigeführt, aber auch die Lehren, die Stalin daraus gezogen hatte. In diesem Land, in dem die Nationalgefühle zur Siedehitze gesteigert waren, verzichtete er nun völlig auf den Egalitarismus der Vorkriegszeit und schuf eine Art Hierarchie des nationalen Empfindens, in der die russische Nation, ihre Traditionen, ihre Kultur den allerersten Platz einnahmen. Der Krieg lieferte ihm hierfür einen ausgezeichneten Vorwand.

Sobald die deutsche Wehrmacht sich aus den Gebieten, in denen autonomistische Tendenzen aufgetreten waren, zurückgezogen hatte, griff Stalin hart durch. Zwischen Oktober 1943 und Juni 1944 wurden sechs kleine Volksgruppen unter der Anklage des Verrates aus ihrer Heimat vertrieben und entweder nach Zentralasien oder nach Sibirien deportiert. Sie erlitten das gleiche Schicksal wie die Wolgadeutschen, die schon 1941 deportiert worden waren. Auf diese Weise sind mindestens eine Million Menschen (nach der Volkszählung von 1939 407 690 Tschetschenen, 92 074 Inguschen, 75 737 Karatschai-Tscherkessen, 42666 Balkaren, 134271 Kalmücken, über 200000 Krimtataren und 380000 Wolgadeutsche) kollektiver Verbrechen beschuldigt worden, die den ganzen Nationen angelastet wurden[37]. 1946 wurde eine Verordnung erlassen, wonach die nationalen Gebiete der Tschetschenen, Inguschen und Tataren abgeschafft wurden. Durch zehn Jahre hindurch besaßen diese Volksgruppen weder eine legale Existenz, noch eine Vertretung im Nationalitätensowjet. Sie wurden nicht einmal mehr erwähnt.

Indem Stalin ganze Völker und nicht nur einzelne Personen angriff, wollte er ohne Zweifel Exempel statuieren. Vor allem aber verfolgte er ein klares Ziel. Er wollte innerhalb des sowjetischen Machtbereiches eine Rangskala der Volksgruppen aufstellen. Es gab schlimme Völker, und es gab Vorzugsschüler. Natürlich ist die ausgezeichneteste Nation das russische Volk. Als Stalin am 24. Mai 1945 den Sieg feierte, begrüßte er das »russische Volk« und nicht das Sowjetvolk, weil, wie er sagte, »dies die führende Nation der UdSSR ist...« »Sie hat in diesem Krieg sich das Recht erworben, als Führer der gesamten Union anerkannt zu werden.« Als vorherrschende Merkmale besitzt sie »die Klarheit des Geistes, die Festigkeit des Charakters und die Geduld«. Gegenüber den anderen Völkern, die alle im Krieg Schwäche gezeigt hatten (»Wenn ich wirklich strafen hätte wollen«, sagte Stalin, »so hätte ich das ganze ukrainische Volk deportieren müssen«), bewies das russische Volk, daß ihm der erste Platz zustand. Der bisher aufrechterhaltene Grundsatz der Gleichheit verschwand nun zugunsten einer Gemeinschaft von Völkern, die sich rund um einen »älteren Bruder«, nämlich das russische Volk, scharten, der für alle verantwortlich war und alle anführte[38].

Die Vergangenheit wurde durch das Licht der Gegenwart verklärt. Rußland, das imstande gewesen war, die Revolution im Jahre 1917 zu machen, konnte das nur, weil es durch seine ganze Vergangenheit zu dieser Rolle des Pioniers prädestiniert war. Im neunten Jahrhundert, zur Zeit des Reiches von Kiew, war dieses ebenso entwickelt wie der karolingische Staat, und sein Einfluß war in Osteuropa bedeutend. Im 19. Jahrhundert war Rußland – und hier korrigierte Stalin Engels – weit davon entfernt, ein Bollwerk der Reaktion zu sein, sondern befand sich auf dem Wege zur Revolution. Überdies war für die eroberten Völker die russische Herrschaft zunächst ein »absolutes Übel«, dann ein »relatives Übel«, schließlich das »geringere Übel« und zuletzt das »absolute Gute«[39]. Diese Haltung wurde durch einen führenden Kommunisten aus Aserbaidschan namens Bagirow klar definiert, der im Jahre 1951 schrieb: »Ohne den reaktionären Charakter der kolonialen Politik des Zarenreiches unterschätzen zu wollen, darf man doch nicht vergessen, daß die Annexion der Völker durch Rußland für sie der einzige Ausweg war und einen einzigartig günstigen Einfluß auf ihr künftiges Geschick ausübte.«

Sobald die Eroberung etwas »absolut Gutes« geworden ist, steht natürlich jenen, die gegen sie gekämpft haben, keinerlei Glorienschein mehr zu. All die nationalen Helden, die Führer der Widerstandsbewegungen gegen die Kolonisierung, wurden in den Hades der Geschichte verbannt. Und trotz der leidenschaftlichen Zuneigung, die die Nationaleliten ihren Helden, wie etwa dem Imam Schamil, darbrachten, wurde doch ihr Widerstand als eine Manifestation des feudalen Obskurantismus verdammt. Den nichtrussischen Völkern mutete man zu, von ihrer Vergangenheit nur das im Gedächtnis zu behalten, was die Annäherung an Rußland zum Inhalt hat. Beraubt einer eigenen Vergangenheit, bleibt ihnen nichts übrig, als sich geschichtlich mit dem russischen Volk zu identifizieren, wie dies ebenfalls Bagirow darstellt: »Die lebende Kraft, die unsere Völker vereint, zementiert und führt, ist unser älterer Bruder, das große russische Volk. Durch seine Tugenden verdient er das Vertrauen, den Respekt und die Liebe aller anderen Völker.«

Die tatsächliche Ungleichheit innerhalb der sowjetischen Föderation, die sich noch 1918 aus der zahlenmäßigen Überlegenheit des russischen Volkes, seiner zentralen Lage und einem Vorsprung gegenüber der Mehrheit der Völker, die es umgaben, herleitete, ist nach dem Krieg, durch die ältere und die jüngere Geschichte gerechtfertigt, das fundamentale Prinzip der Beziehungen zwischen den Nationen geworden. Die Föderation, wie das Zarenreich vor ihr, ordnet die zahlreichen Völker dem führenden Volk unter.

Zu der historischen Legitimation der Vorrangrolle, die nun der russischen Nation zugeteilt wird, fügt sich auch noch in der gleichen Zeit der Versuch einer kulturellen Assimilierung, der einen totalen Bruch mit dem früheren kulturellen Kompromiß bedeutet[40]. Die Nationalkulturen werden plötzlich angeklagt, einmal eine Spaltung des nationalen Bewußtseins statt einer Annäherung herbeizuführen, zum anderen weil Stalin in ihnen Symbole des Rückschrittes sieht. Alle nationalen Kulturdenkmäler – Heldengedichte, Volksgedichte usw. – sind nun Ziel eines unerbittlichen Angriffs, mit dem Resultat, daß sie verboten werden. Aber Stalin bleibt nicht bei den Kulturdenkmälern der Vergangenheit stehen. Er greift jede Äußerung, selbst sehr moderne der nationalen Kulturen an und unterdrückt sie. Die Literatur wird angeklagt, einen Wortschatz und Konzepte der Vergangenheit mit sich zu schleppen. Die nationalen Sprachen dürfen nur die Welt des sozialistischen Realismus illustrieren – jene des Traktors und der Melkmaschine –, mit einem Wort die Technik, aber auf keinen Fall die speziellen Traditionen. Diese Revision der Kulturpolitik legt es den Nationen auf, sich für immer nach einem Einheitskulturmodell auszurichten und als nationale Formen nichts anderes zu bewahren als Worte. Wenn es in den nationalen Sprachen an Ausdrücken für technische Begriffe mangelt, so sind sie aus der russischen Sprache zu übernehmen. Lassen sich Grammatik und Syntax schlecht in solche starre Formen pressen, so hat die russische Sprache als Vorbild zu dienen.

Während also die nationalen Kulturen auf ein Minimum, nur mehr auf eine äußere Hülle der Worte reduziert werden, blüht im Gegensatz dazu die russische Kultur auf und bietet sich an, die verurteilten Kulturen zu ersetzen. Den nichtrussischen Völkern, die auf ihre eigene Vergangenheit verzichten sollen, wird nahegelegt, das reiche Erbe der russischen Volkskunst und Vergangenheit zu übernehmen.

Lenin hatte geglaubt, daß eines Tages die nichtrussischen Völker aus Gründen der Nützlichkeit und weil ihnen die Freiheit gelassen worden war, ihre eigenen Kulturen zu entwickeln, die russische Sprache freiwillig übernehmen würden. 1952 hatte sich die Gemeinschaft der Völker der Sowjetunion der russischen Kultur zugekehrt, weil es keine andere Wahl gab. Gleichgültig gegenüber seinen Minderheiten, hatte sich das Zarenreich niemals um eine so systematische Russifizierung seiner Untertanen bemüht. Dagegen war die Sowjetunion 1952 ein wahres Imperium, in dem der Vorrang des russischen Volkes ebenso gerechtfertigt wurde wie in den Kolonialreichen der Vergangenheit jener der Herrennation als einer überlegenen Kultur, die den Fortschritt bedeutete und die Richtung, in welche man die Untertanen führen müsse. Den »Völkerkerker« gibt es nicht mehr. Aber die Union ist eine vollkommen ungleiche Gemeinschaft, in der der »ältere Bruder« führt und zu assimilieren sucht. Stalin hat auf das Aufflammen des Nationalismus in den Kriegsjahren geantwortet, indem er den Völkern eine brutale Lösung aufzwang: die rasche Russifizierung.

Nach Stalin: Rückkehr zur Utopie

Stalin hat stets an den Fortbestand der Nationen geglaubt. Um die nationalen Gegensätze zu verringern, konnte er sich keine andere Lösung vorstellen als die Vorherrschaft des einen Volkes über das andere. So sah aber auch seine Vision der internationalen Verhältnisse aus. Als er daher nach dem Krieg, soweit er dazu imstande war, außerhalb der Sowjetunion in Osteuropa revolutionäre Regime zu installieren begann, übertrug er in die neuen sozialistischen Staaten die in der Sowjetunion schon ausprobierten Lösungen: die Kontrolle und systematische Eliminierung der nationalen Eliten. Der Monolith in Osteuropa ist eine ganz genaue Wiederholung des sowjetischen Monolithen. Aber der Tod Stalins bedeutet eine radikale Veränderung für die Nationen. Seine Nachfolger können auf dem Weg, den er eingeschlagen hatte, nicht nachfolgen. Sie spüren die Erschöpfung ihres Landes. Sie wissen um die Notwendigkeit neuer Lösungen und sehen, daß die Außenwelt, der man sich anpassen müssen wird, sich verändert hat. Alles läuft daher auf eine Änderung des Ganzen hinaus, wozu die Anfänge im Jahre 1953 gemacht werden. Der Höhepunkt wird im Jahre 1955 während des XX. Parteikongresses erreicht.

In gewissem Maße gab der Kampf um Stalins Nachfolge den nötigen Impuls für diese Wende. Der Personenkult wird von der kollektiven Führung abgelöst. Die Warnung war nicht umsonst. Die führenden Männer spüren, in Erinnerung an den Krieg, daß die Ruhe in den nichtrussischen Randgebieten täuscht.

Auch die außenpolitische Entwicklung trägt zu einer Revision der Beziehungen der Völker bei. 1955 reist Chruschtschow nach Belgrad, um einen Konflikt, der seit 1948 die Sowjetunion und Jugoslawien getrennt hat, zu beenden. Er meint, sein Kommen zum Gegner, diese psychologische Friedensgeste werde genügen, um alle Probleme zu regeln. Aber was als ein großzügiges Verzeihen Moskaus gedacht war, verwandelt sich in einen Canossagang. Chruschtschow muß, damit seine Reise Früchte trägt, anerkennen, daß die Sowjetunion ihre Macht mißbraucht und sozialistische Solidarität mit Herrschsucht verwechselt hat. Er muß auch einräumen, daß jede sozialistische Nation das Recht besitzt, ihren eigenen Weg zu wählen. Der Nationalkommunismus, so lange in der Sowjetunion bekämpft, erhält nun eine außerordentliche Anerkennung. Gewiß war Jugoslawien immer schon von der Sowjetunion unabhängig, und die Prinzipien, die nun seine Beziehungen mit Moskau regelten, waren daher nicht auf die innere Situation in der Sowjetunion übertragbar. Aber die Bedeutung dieser Änderung wurde in der Sowjetunion sehr wohl wahrgenommen.

Der Sinn ist klar: es geht um die Rehabilitierung der Nationen, um die Beziehungen auf Basis der Gleichheit zwischen den Völkern, selbst im Stadium des Sozialismus. Es ist auch ein stillschweigender Widerruf der These Moskaus von seiner Unfehlbarkeit und seinem Primat. Wenn auch diese Folgen der Reise Chruschtschows nach Belgrad nicht sofort in ihrem ganzen Gewicht klar wurden, so waren sie doch als latente Kräfte einer unglaublichen Erschütterung der sozialistischen Welt vorhanden.

Es gab aber für die sozialistische Welt auch äußere Motive, die die Veränderungen im Inneren unausweichlich machten. Im Jahre 1955 hatte die außenpolitische Erbschaft Stalins, eine Politik des Rückzugs und des Mißtrauens, die Sowjetunion buchstäblich in eine Art Belagerungszustand geführt. An den Grenzen des Ostblocks hatten die Vereinigten Staaten, deren Macht sich von Tag zu Tag mehr bestätigte, ein Netz von Bündnissen geschaffen, mit dem Ziel, die Sowjetunion »einzudämmen«. Stalin hatte schon 1952 gespürt, welche Veränderungen in der Welt vor sich gingen, daß der Kapitalismus festen Boden unter den Füßen besaß und sein Land sich dieser Entwicklung anpassen mußte, indem es zu einer Politik des friedlichen Wettbewerbes überging. Wenn Stalin auch aus vielerlei Gründen diese Erkenntnisse nicht in die Realität umsetzen konnte, so war Chruschtschow um so besser dazu imstande. Ihm war bewußt, daß die geeignetsten Stellen für einen sowjetischen Durchbruch die benachbarten Gebiete waren: Indien und der Mittlere Osten. Für diesen Durchbruch brauchte er als Verbündete die nationalen Bewegungen, die sich dort überall entwickelten. Chruschtschow kehrte hier wieder zu den Lehren Lenins vom Jahre 1916 zurück, der in einer noch nicht industriellen Welt die nationalen Kräfte für die Kräfte der Geschichte, die am Werk waren, hielt. Aber wie schon Lenin wußte auch Chruschtschow, daß eine Politik, die sich im Ausland mit den nationalen Kräften verbündet, im Inneren nicht die Nationalitäten unterdrücken kann, ohne Gefahr zu laufen, interne Krisen unvorhersehbaren Ausmaßes auszulösen.

Der XX. Parteikongreß der KPdSU diente der Ausarbeitung dieser Überlegungen und machte sie allgemein bekannt. Die Sowjetunion kündigte offiziell ihre Unterstützung für die nationalen Bewegungen der Dritten Welt an und beteuerte, im Inneren ein Modell der nationalen Emanzipation zu sein. Chruschtschow prangerte alle Verbrechen, die unter Stalin in bezug auf die Nationalitäten begangen worden waren, an: die Liquidierung der nationalen Eliten; das Übermaß an Zentralisation; den Willen zur Russifizierung; die Rehabilitierung des Kolonialismus und die erzwungenen neuen Bindungen auf der Basis der Ungleichheit. Chruschtschow verurteilte die imperialistische Politik und rief die Völker auf, ihre kulturellen Rechte wahrzunehmen und ihre eigenen Traditionen zu entfalten. Jene Unterscheidung zwischen den Volksgruppen, die nach dem Ende des Krieges entsprechend dem Grad ihrer Treue zur Sowjetunion gemacht worden war, wird nun weitgehend durch die offizielle Rehabilitierung (Dekret des Obersten Sowjet vom 9. Januar 1957) von fünf Volksgruppen wieder abgeschafft, die während des Krieges wegen Verrates deportiert worden waren, sowie durch die Wiederherstellung ihrer einstigen Verwaltungsgebiete.

Wenn auch die Tschetschenen, Inguschen, Karatschais, Balkaren und Kalmücken die nationale Eigenexistenz wiedererlangten und damit auch das Recht, in ihre alte Heimat zurückzukehren, so blieben doch zwei andere Volksgruppen, die deren Schicksal geteilt hatten, nämlich die Deutschen und die Tataren, von dieser Wiedergutmachung ausgeschlossen.

Die Kommunistische Partei war zweifellos sehr klug, als sie begann, die Verbrechen Stalins darzulegen. Sie gab zwar im allgemeinen die Vernichtung der nationalen Eliten zu, war aber doch bemüht, die Erinnerungen an einzelne nationale Führer nicht wiederzuerwecken, wohl um zu vermeiden, daß sich eine Debatte über die grundlegenden Probleme des Zentralismus und der nationalen Selbständigkeit entwikkelte. Gewiß sollte auch vermieden werden, den Nationalitäten nationalkommunistische Helden als Vorbilder zu geben. Dies erklärt, warum die Rehabilitierung von Personen relativ selten war oder doch nur auf jene beschränkt blieb, die keine nach wie vor als ketzerisch angesehene Thesen vertraten.

Nun kommt auch wieder die Vergangenheit zu ihrem Recht. Die Historiker werden aufgefordert, die Geschichte erneut umzuschreiben, und zwar in einem nuancierteren Sinn, als sie das in den zwanziger Jahren getan hatten, und außerdem auch im Gegensatz zu der sogenannten stalinistischen Geschichtsauffassung. Es geht darum, mit der Rechtfertigung der russischen Vorherrschaft, die nun wiederum ein »Übel« geworden ist, zu brechen. Es geht auch ferner darum, jenen, die die Unabhängigkeit der Völker verteidigt haben, ihren historischen Platz einzuräumen. Hier ist das Symbol der Revision der Imam Schamil, um den sich die großen historischen Debatten gegen Ende der fünfziger Jahre drehten[41]. Schamil, das bedeutete den Kampf des Islams gegen die Ungläubigen. Nation und Religion verschmolzen hier ineinander.

Dies erklärt, warum die Debatte über die Einschätzung der Bewegung Schamils nach dem XX. Parteikongreß begonnen hatte und die Historiker der Sowjetunion in verschiedene Lager teilte. Es erklärt auch, warum diese Debatte mit solcher Leidenschaft von den nationalen Eliten geführt wurde und die Auseinandersetzung sich mit so vielen wechselseitigen Angriffen und Rückzügen auf intellektueller Ebene abspielte. Die nationale Intelligenz im Kaukasus wollte etwa die absolute Legitimität des Widerstandes des Imam Schamil gegen die Russen bestätigt sehen. Im ideologischen Schrifttum der Partei dagegen sollte nur eine teilweise Rehabilitierung stattfinden. Man gab zwar zu, daß der nationale Widerstand zu seiner Zeit ohne Zweifel gerechtfertigt war, betonte aber, daß dennoch der Imam Schamil an der Spitze einer politisch reaktionären Bewegung stand, deren Sieg den Kaukasus dem historischen Fortschritt verschlossen hätte.

Diese Streitigkeiten führten zu einer zwiespältigen These[42]. Das Übel des Kolonialismus war durch die nachrevolutionäre Geschichtsschreibung zwar nicht in etwas Gutes verwandelt, aber doch in seiner Bedeutung gemildert worden. Die neuen Führer der Sowjetunion gaben zwar den Völkern ihre Geschichte und ihre Ehre wieder, aber sie trachteten zu verhindern, daß die Vergangenheit dazu diente, einen neuen Nationalismus hervorzubringen. Die vierzig Jahre eines gemeinsamen Lebens unter dem Banner des Sozialismus müßten zu der Geburt einer neuen menschlichen Gesellschaft, eines sowjetischen Volkes, beigetragen haben. Chruschtschow zeigt hier wie Lenin einen gewissen Optimismus. Er glaubt an die pädagogischen Tugenden von Konzessionen, die in seiner Ära in Verfolgung des Bruches mit der stalinistischen Politik gemacht worden sind. Er will aber nicht auf das in einer langen gemeinsamen Geschichte Erworbene verzichten, wenn es auch Unterdrückung und Irrtümer gegeben hat (und nicht erst nach 1917). Chruschtschow glaubt daran, daß bei den Nationen der Sowjetunion ein gemeinsames Bewußtsein eines gemeinsamen Schicksals vorhanden ist und weigert sich daher, die Union der Völker mit Rußland einfach zu verdammen. Die historische Kontinuität stellt für Chruschtschow ein Element des Fortschritts der Gesinnungen dar. An die Rehabilitierung der Volksgruppen, der Geschichte und der Kultur schließt sich auch die Revision in der Praxis des föderalistischen Systems an. Chruschtschow ist bemüht, um dem Sowjetsystem Leben einzuhauchen und es effektiv zu machen, das Wirtschaftsleben zu dezentralisieren. Er will alle territorialen und nationalen Gemeinschaften auf einer neuen organisatorischen Basis zusammenschließen. Diesem Entflechtungswunsch entspricht die Reform der »Sowchosen« (Staatsgüter)[43].

Diese Entwicklung wird am 30. Mai 1956 mit einer gemeinsamen Entschließung des Zentralkomitees der Partei und des Ministerrates der Sowjetunion eingeleitet, wonach an die Unionsrepubliken (SSR) eine Reihe von Unternehmungen übertragen werden, die bis dahin den Unionsministerien (UdSSR) unterstanden hatten. Im Februar 1957 wird die Zuständigkeit der Republiken in Sachen der Organisation der Gerichtsbarkeit und der Gesetzgebung beträchtlich erweitert. Schließlich werden durch Beschlüsse des Ministerrates der Sowjetunion vom 29. August 1957 und vom 22. Juni 1959 die Kompetenzen der Ministerräte der Unionsrepubliken wesentlich erweitert[44].

Auch hier folgt Chruschtschow den Spuren Lenins. Um den Reformen einen wahren Sinn zu geben, muß man auch den nationalen Führungsschichten einen echten Platz einräumen. Man gelangt damit zu der Politik der Forderung der nationalen Belange aus den zwanziger Jahren zurück. Auf allen Ebenen, in allen Bereichen wächst gegen Ende der fünfziger Jahre die Zahl der nationalen Führungskräfte an, dagegen geht die Anzahl der Vertreter der Zentralmacht in den Einzelrepubliken zurück. Darüber hinaus treten nun auch Repräsentanten der nationalen Eliten in der Außenpolitik der Sowjetunion in Erscheinung.

Bis 1956 war diese Teilnahme an der Außenpolitik auf die Repräsentation in internationalen Organisationen auf die zwei Unionsrepubliken, Ukraine und Weißrußland, beschränkt. Aber die Präsenz dieser beiden Republiken auf internationaler Ebene bedeutete noch keineswegs irgendwelche Privilegien im Inneren. Nach dem Ende des Krieges war jedoch, um den Anspruch auf eigene Sitze für die Ukraine und Weißrußland bei den Vereinten Nationen zuuntermauern, die Verfassung von 1936 durch zwei Artikel, nämlich 18a und 18b erweitert worden. Diese Artikel geben den Republiken das Recht, eigene Streitkräfte und eigene diplomatische Vertretungen zu unterhalten[45]. Ab 1956 betrieb die Sowjetunion innerhalb der Dritten Welt und ganz besonders im Mittleren Osten eine außerordentlich aktive Politik. Sie wandte sich dort in einer begrenzten Form an die nationalen Eliten. 1955 reisten Chruschtschow und Bulganin nach Indien, begleitet von Vertretern des tadschikischen und des usbekischen Volkes. Im folgenden Jahr gehörte das geistliche Oberhaupt der Mohammedaner von Zentralasien einer sowjetischen Delegation in Damaskus an, das sich im Namen ihrer mohammedanischen Brüder in der Sowjetunion an seine Gastgeber in arabischer Sprache wandte. Einige Diplomaten, die aus den muselmanischen Randgebieten stammten, erhielten Posten in den sowjetischen Botschaften im Mittleren und Nahen Osten, und

Glaubensgenossen bekamen Positionen im Rahmen der technischen Hilfe der Sowjetunion an die Nachbarländer.

Das Bild der Sowjetunion, das Chruschtschow jenen Ländern zeigen wollte, in denen er nationale Regierungen unterstützte, stellt eine Viel-Völker-Gemeinschaft dar, in der die einzelnen Nationen untereinander durch Gleichheit und Entfaltung ihrer nationalen Rechte ausgesöhnt sind. Und es ist wahr, daß diese Konzessionen, die Dezentralisierung der Macht, ein euphorisches Klima erzeugten: An den Grenzen der Sowjetunion öffneten sich Türen weit genug, um Gäste aus den jungen Nationen nach Zentralasien oder in den Kaukasus einzulassen und sie dort Beispiele für Modernisierung finden zu lassen, die den Respekt vor eigenständigen Kulturen und Traditionen mit dem Zugang zur modernen Technik und dem materiellen Fortschritt verbanden.

Es besteht kein Zweifel, daß die Entstalinisierung die nationalen Ansprüche ermutigte, statt zu einem Fortschritt des Internationalismus zu führen. Ein Beispiel: am 21. August 1956 verkündete der Oberste Sowjet von Aserbaidschan, daß nur die Aseri-Sprache als offizielle Sprache der Republik zu gelten habe. Die Koexistenz der nationalen Kulturen und der russischen Kultur schien in Frage gestellt zu sein.

Auch auf dem wirtschaftlichen Gebiet zeigten kleinere Konflikte, daß die Machthaber in den Volksgruppen über das, was ihnen ohnehin schon zugestanden worden war, hinausgehen wollten. Auf dem XXI. Parteikongreß im Jahr 1959 prangerte Chruschtschow diese Erscheinungen als beunruhigenden »lokalen Chauvinismus« an[46]. Die Entstalinisierung hätte doch ein gemeinsames Bewußtsein fördern sollen. Das Wiederaufleben der nationalen Ansprüche, ermutigt durch die Zugeständnisse und eine Außenpolitik, die auf den Nationalismus setzt, drängte Chruschtschow, diese Entwicklung der Sowjetgesellschaft zu beenden und zur internationalistischen Utopie zurückzukehren.

Der XXII. Parteikongreß im Jahre 1961 gab ihm die Gelegenheit dazu. Hier verkündete er den Anbruch einer neuen sowjetischen Gesellschaft, nämlich der kommunistischen Gesellschaft[47]. Konnte sich der Kommunismus mit einer in nationale Gruppen aufgespaltenen und vergangenheitsbezogenen Traditionen anhängenden Gesellschaft abfinden? Die Antwort Chruschtschows war klar. Die sowjetische Gesellschaft, die mit Riesenschritten – zwanzig Jahre werden dafür genügen – auf das Ziel zueilt, das Marx als das Reich beschrieben hat, in dem es keinerlei Mangel mehr gibt, hat keinerlei Ähnlichkeit mit der Viel-Völkergesellschaft von 1917. Sie ist von Grund auf verändert und dies hat sie geeint, statt sie zu trennen.

Verwaltungsmäßige Gebietsaufteilung der Natione

nd Nationalitäten der UdSSR

1 Armenier
2 Aserbaidschaner
3 Weißrussen
4 Esten
5 Georgier
6 Kasachen
7 Kirgisen
8 Letten
9 Litauer
10 Moldauer
11 *Russische Republik*
12 Tadschiken
13 Türkmenen
14 Ukrainer
15 Usbeken
16 Abchasen
17 Adscharen
18 Baschkiren
19 Burjaten
20 Tschetschenen – Inguschen
21 Tschuwaschen
22 Völker des Dagestan
23 Kabardino – Balkaren
24 Kalmücken
25 Karakalpaken
26 Karelier
27 Komi
28 Mari
29 Mordwinen
30 Nachitschewan
31 Nord-Osseten
32 Kasantataren
33 Tuwinen
34 Udmurten
35 Jakuten
36 Adygeischen
37 Völker des Hohen Altai
38 Völker des Hohen Badachschan
39 Karatschai-Tscherkassen
40 Kakaschen
41 Völker des Hohen Karabag
42 Juden aus Birobidschan
43 Süd-Osseten
44 Aga-Burjaten
45 Tschuktschen
46 Ewenken
47 Kanty – Mansy
48 Komi-Permjaken
49 Korjaken
50 Nenzen
51 Taimyren
52 Ust – Ordynskij-Burjaten
53 Jamal-Nenzen

Der Fortschritt der Kultur und der Wirtschaft haben Neues geschaffen. Die sowjetische Gesellschaft wird von den sechziger Jahren an ein hohes Bildungsniveau besitzen. Sie wird doppelsprachig sein: man beherrscht die Sprache der eigenen Kindheit und das Russische. Diese künftig allen gemeinsame Sprache wird so perfekt beherrscht werden, daß sie wie eine zweite Muttersprache wirkt und ein kraftvolles Bindemittel der Einheit darstellt.

Das zweite Element einer qualitativen Veränderung im Status der Völker ist der wirtschaftliche Fortschritt, der das Gebiet der Sowjetunion zu einer Einheit macht und große Wanderungsbewegungen entstehen läßt, entsprechend dem Wachstum neuer Industrieorte, dem Bedarf an Arbeitskräften sowie der beruflichen Fähigkeit der Werktätigen. Dazu werden der Fortschritt in der Ausbildung und die Beherrschung der gemeinsamen Sprache entscheidend beitragen. In diesem neuen Konzept haben die nationalen Gebietsgrenzen nur mehr einen Erinnerungswert. Die Beweglichkeit und die Mischung der Völker stellen die Tendenzen der Zukunft dar[48].

Chruschtschow faßte in drei entscheidenden Punkten die Geschichte der Völker der Sowjetunion und die vom sowjetischen Regime bewältigten Aufgaben zusammen. Die egalitäre Politik Lenins habe zur *Entfaltung* der Volksgruppen, ihres nationalen und kulturellen Bewußtseins geführt. Der wirtschaftliche und der kulturelle Fortschritt, das durch die Politik Lenins hergestellte Vertrauen hätten eine *Annäherung* der Völker herbeigeführt. Der Marsch in Richtung auf den Kommunismus führt durch die *Verschmelzung* der Völker zu einer einzigen Gemeinschaft eines neuen Typs, der sowohl die Erinnerung an die frühere Ungleichheit wie an vergangenes Unrecht fehlen wird[49].

In welchem rechtlichen Rahmen wird diese neue Gesellschaft entstehen? Darüber hat Chruschtschow sich nicht geäußert, aber man kann annehmen, daß auch der Rahmen ein neuer sein sollte. Ab 1961 betont er, daß der Sowjetstaat seinen Charakter geändert habe und zu einem Staat des ganzen Volkes geworden sei. Er kündigte außerdem die Ausarbeitung einer neuen Verfassung an, die den tiefgreifenden Veränderungen der Gesellschaft Rechnung tragen werde. Dazu gehöre selbstverständlich die verfassungsrechtliche Festschreibung des Übergangs einer Viel-Völkergesellschaft in eine Gesellschaft der Völker-Verschmelzung, in der die kulturellen Unterschiede wie auch jene der Lebensweise angesichts der Einheit der politischen Kultur, der Sprachgemeinschaft und der immer loser werdenden Bindungen des Menschen an sein Geburtsland verschwinden. In der Rede Chruschtschows auf dem XXII. Parteitag betonte der Sowjetführer, daß die Gewißheit Lenins, wonach die soziale Solidarität den Sieg über den nationalen Patriotismus davontragen werde, gerechtfertigt sei. Die von Lenin 1922 als nationale Politik geforderte Linie der Entfaltung der Nationen und des Egalitarismus schien die notwendigen Voraussetzungen geschaffen zu haben, um die nationalen Vorurteile und Leidenschaften zu überwinden. Dies war zumindest die Überzeugung Chruschtschows. Und dies sollte auch Teil der ansonsten sehr umstrittenen Erbschaft sein, die seine Nachfolger übernahmen.

*

Die Nationalitätenpolitik der Sowjetunion verfolgte von 1917–1964 keineswegs einen einheitlichen Kurs. Die Umstände und die führenden Persönlichkeiten zwangen zu Umwegen, zu Brüchen, die keineswegs zum Verständnis beitragen, wie die Sowjetunion diese Probleme lösen und welche Ziele sie erreichen wollte. Dennoch sind in dieser sehr komplexen Geschichte mehrere Konstanten feststellbar. Man hat seit 1917 stets das nationale Problem unterschätzt und seine Konsequenzen nicht genügend begriffen. Lenin hatte geglaubt, daß es ihm gelingen werde, »die Kräfte des Chaos«, die er gegen den Zarismus entfesselt hatte, zu beherrschen. Er hatte jedoch die autonomen Kräfte des nationalen Wollens aufs schwerste unterschätzt ebenso wie den russischen Nationalismus, der eine Reduzierung Rußlands auf den gleichen Rang wie die Staaten, die es bis dahin beherrscht hatte, nicht hinzunehmen bereit war.

Diese Unterschätzung ist nur durch den Mangel an Interesse Lenins für die Völker erklärbar. Er interessierte sich für eine Nation nur als Instrument im Waffenarsenal der Revolution, keineswegs aber für die Probleme der Nation selbst oder ihre Wünsche. Er erkannte die Realitäten der russischen Randgebiete ebensowenig wie die wirklichen Umstände des Zusammenlebens verschiedener Gemeinschaften. Diese Unwissenheit erklärt die Irrtümer in der Einschätzung und in der Taktik durch die Bolschewiken.

Stalin verfügte im Gegensatz zu Lenin und zu seinen Nachfolgern über ein sehr starkes Bewußtsein für die Nichtbewältigbarkeit des nationalen Problems, allerdings besaß er doch auch in dieser Hinsicht keine klaren Erkenntnisse. Er glaubte, daß – unter dem Aspekt der Machtverhältnisse und vor allem der Macht der Zentralgewalt – das Problem nicht von Grund auf gelöst werden könne, aber doch das politische Leben der Sowjetunion immer weniger belasten werde. Die Tatsachen straften diese Meinung aber Lügen. Im Verlauf des Krieges erwiesen sich die nationalen Randgebiete als das »schwächste Kettenglied« des sowjetischen Systems.

Chruschtschow war bemüht, an die nationalen Probleme wiederum mit einem egalitären Konzept heranzugehen. Aber wie Lenin entdeckte er, daß zwar Ungerechtigkeit und Gewalt das nationale Wollen aufs höchste verbittern, daß aber auch Zugeständnisse es ermutigen. Deshalb wandte er sich nach einem Versuch, den nationalen Spannungen durch eine Rückkehr zum Gleichheitsprinzip der zwanziger Jahre beizukommen, wiederum einer utopischen Lösung zu – der in kurzer Zeit umzuwandelnden kommunistischen Gesellschaft. Er zog dabei weder die Wirklichkeit in Betracht, noch analysierte er sie zumindest aus seiner eigenen Perspektive.

Man sieht hier, was allen Sowjetführern seit 1917 gemeinsam war. Sie hielten das Nationalitätenproblem für eine Frage gleicher Art wie viele andere, für ein Erbteil der Vergangenheit oder für das Ergebnis einer falschen Politik. Sie glaubten, daß entsprechende Lösungen ihnen gestatten würden, das gesamte Problem für immer aus der Welt zu schaffen. Erst später haben sie die realen dauernden Dimensionen der Frage und deren Gefahr für das ganze Sowjetsystem erkannt.

Allen Sowjetführern gemeinsam war auch die Meinung, die einzige Art das Nationalitätenproblem zu lösen, sei die Unterdrückung der nationalen Unterschiede. Nur die Methoden wechselten. Lenin verließ sich zur Erreichung dieses Zieles auf die Erziehung, Stalin auf die Gewalt und Chruschtschow auf den Bruch mit den stalinistischen Methoden und auf die Suche nach einer politischen und wirtschaftlichen Vernunft. Hier aber zeigte sich ein bedeutender Unterschied. Lenin und Stalin hatten schließlich erkannt, daß es ihnen nicht gelungen war, die bedrohlichen Schwierigkeiten in den Beziehungen zwischen den Volksgruppen zu verringern. Im Gegensatz dazu hatte Chruschtschow nach seinem Sturz seinen Nachfolgern eine Situation hinterlassen, die – zumindest dem Anschein nach – viel einfacher war als jene, mit der Lenin und Stalin zu tun hatten. Die Früchte der Revolution schienen endlich zu reifen. Mehr als ein halbes Jahrhundert war seit 1917 vergangen. Nahezu zwei Generationen hatten nichts anderes gekannt als das Sowjetsystem, dessen Ideologie und dessen Institutionen. Deshalb hatte Chruschtschow erklärt, die Vergangenheit sei endgültig vorbei. Die Union war endlich voll in ihre Rechte eingetreten und hatte die ihr vorgeschriebene historische Aufgabe erfüllt, alle Spuren ungleicher Beziehungen, die ein Erbteil des von den Bolschewiken geöffneten »Völkerkerkers« waren, zu beseitigen. Nun lag es an den Nachfolgern, die neue Gemeinschaft der Menschen, die sozialistische Gesellschaft sich voll entfalten zu lassen an Stelle der in sich zerfallenen und gegnerischen Gesellschaft nationaler Gruppen. Es begann die Ära des sowjetischen Volkes[50].

II. KAPITEL

Ein Sowjetvolk oder Völker der Sowjetunion? Die demographische Revolution

Das Sowjetvolk ist eine höchst beachtliche Gemeinschaft: im Jahre 1978 waren es 261,2 Millionen Menschen[1]. Die Sowjetmacht hatte bis in die jüngste Zeit die Entwicklung der Bevölkerung aus zwei Gründen für gesichert erachtet: einerseits weil es sich um eine umfassende Gemeinschaft handelt, deren Evolution, Verhalten sowie Bevölkerungsentwicklung ein unzertrennliches Ganzes bilden. Zweifellos existieren, wie in jeder Gesellschaft, regionale Variationen. Jedoch garantiert die wirtschaftliche und intellektuelle Entwicklung eine Annäherung des demographischen Verhaltens, nicht aber eine dauernde Differenzierung. Andererseits meint die Sowjetführung, daß eine sozialistische Gesellschaft die Macht innehat, »sichere ein regelmäßiges Anwachsen der Bevölkerung, weil die geplante Bewältigung der wirtschaftlichen Entwicklung es gestattet, das ökonomische Potential auf ein optimales Niveau zu bringen, das für ein solches regelmäßiges Wachstum notwendig ist«. Diesen beiden Überzeugungen hat sich im Lauf der Jahrzehnte die Gewißheit hinzugesellt, daß es auch in der Sowjetunion einen ständigen Fortschritt in der Bevölkerungsentwicklung gibt und daß sie daher vor jenen Bevölkerungsproblemen gefeit ist, die zumindest nach dem Ersten Weltkrieg die Industrieländer befallen hatten.

Jedoch hat die Bevölkerung der Sowjetunion eine Geschichte durchgemacht, die tragischer und erschütternder ist als jene irgendwelcher anderer Völker. Da gab es zunächst Katastrophen durch Naturphänomene: eine hohe Kindersterblichkeit, Epidemien und Hungersnöte. Sodann politische Phänomene: Kriege, Kollektivierung und Säuberungen. Schließlich territoriale Veränderungen: nach dem Ersten Weltkrieg die Verluste der westlichen Randgebiete. Dazu gehörten nach dem Frieden von Brest-Litowsk: Georgien und die Ukraine (wenn auch nur für kurze Zeit), Polen, Litauen, Lettland, Estland und Finnland.

Das Ende des Zweiten Weltkrieges brachte der Sowjetunion jedoch wiederum großen Gebietszuwachs im Westen, nämlich die Wiedereingliederung der baltischen Staaten, Westkarelien, einen Teil von Ostpreußen, Ostpolen, die Karpatho-Ukraine und Bessarabien (Moldau). Innerhalb der Sowjetunion hat sich dann ein tiefe Erschütterungen auslösender Prozeß der Umgliederung durch rasche Industrialisierung, Urbanisierung abgespielt, für den der Rückgang der Bevölkerung in den Landwirtschaftsgebieten typisch ist. Dies alles erschwert die Darstellung genauer Tendenzen in der Bevölkerungsbewegung.

Die demographische Geschichte der Sowjetunion gleicht jedoch auf lange Sicht jener anderer großer menschlicher Gemeinwesen, die vom Beginn des 18. Jahrhunderts an bis zum Ende des 19. Jahrhunderts rasches Wachstum erlebt haben. Dies hat schon Basile Kerblay in seinem Werk »La société soviétique contemporaine« (Paris 1977) hervorgehoben. Im 18. Jahrhundert und einem Großteil des 19. Jahrhunderts konnte man in Rußland noch eine jährliche Bevölkerungszuwachsrate von 0,8% feststellen. Zwischen 1887 und 1913 kommt es aber zu einer Bevölkerungsexplosion, nämlich 1,7% jährlicher Zuwachs, dem nach der Revolution eine gewisse Verlangsamung folgt[2].

Alles deutet darauf hin, daß die UdSSR sich auch heute mehr oder weniger auf ähnlichen Bahnen der Bevölkerungsbewegung befindet wie die westliche Gesellschaft: Geburtenrückgang kompensiert durch eine rasche Verringerung der Kindersterblichkeit, sowie eine Verlängerung der Lebenserwartung. Die Volkszählung von 1970 – von besonderer Bedeutung, weil sie die erste Friedensperiode, die die Sowjetunion gekannt hat, betrifft – hat alle Annahmen der Sowjetführer und alle bis dahin als feststehend geltenden Annahmen über die Bevölkerungsentwicklung über den Haufen geworfen. Sie wies nach, daß die Sowjetunion genauso Bevölkerungsprobleme kennt wie andere Staaten, daß das sozialistische System keineswegs so ohne weiteres imstande ist, ein regelmäßiges und geplantes Bevölkerungswachstum zu sichern. Der Zensus zeigte auch, daß die Sowjetgesellschaft keineswegs eine einzige homogene Nation ist. Die nationalen Unterschiede haben sich in den demographischen Unterschieden verewigt. Sie haben ein Ungleichgewicht geschaffen, das in einer nahen Zukunft ein bedeutendes Problem bilden könnte. Die nationale Frage, die Chruschtschow für gelöst erklärte, besteht und ist vor allem eine demographische Frage.

Die Bevölkerung der Sowjetunion zwischen zwei Volkszählungen

Es liegen drei vollständige Volkszählungen vor, nämlich von 1897, 1959 und 1970, die außerordentlich reiches Informationsmaterial enthalten. Dazwischen gab es einige unvollständige Volkszählungen, unterbrochen durch den Ersten Weltkrieg oder abgebrochen von den Machthabern aus Bestürzung über den Unterschied zwischen ihren Annahmen und der Wirklichkeit (1937). Außerdem gab es noch Teilzählungen: in den Städten (Anfang der zwanziger Jahre), Anzahl der Geburten- und Sterbefälle im Jahre 1950 usw. Manchmal ist auch im nachhinein eine Zählung berichtigt worden, so etwa 1926 und 1939[3]. Außerdem wurden bei den verschiedenen Volkszählungen auch verschiedene Fragen gestellt.

Jedenfalls ist es unmöglich, diesen Zahlen absolut zu vertrauen. Es ist wahrscheinlich besser, sie als Gradmesser einer Tendenz zu erachten. Unter dieser Voraussetzung sagen sie sehr viel aus. Sie zeigen eine tragische Entwicklung, die erst in der Zeit von 1959 bis 1970 sichtbar eine Unterbrechung gefunden hat. In den Tabellen auf S. 54 ist der Versuch unternommen worden, die Bevölkerungszahlen jeweils auf dasselbe Gebiet zu beziehen, denn nur dadurch kann einigermaßen die Entwicklung klar gemacht werden.

Diese beiden Tabellen geben ein Bild der allgemeinen Entwicklung der sowjetischen Bevölkerung, bedürfen jedoch einiger Erläuterungen. Vor allem kann die Periode nach 1917 als eine Zeit der Verlangsamung des Bevölkerungswachstums und der Dynamik interpretiert werden. Verglichen mit den USA, wo die Bevölkerung von 76 Millionen zu Beginn des Jahrhunderts auf 200 Millionen zu Beginn der siebziger Jahre anwuchs, scheint die Bevölkerungsentwicklung in der Sowjetunion negativen Charakter zu haben. Aber verglichen mit Westeuropa erzielte die Sowjetbevölkerung in diesem Zeitraum einen nicht unbedeutenden Fortschritt.

Um die Bevölkerungsentwicklung in der Sowjetunion richtig einzuschätzen, muß man auch die Verluste an Bevölkerung in Betracht ziehen. Es ist die Frage, ob man diese Verluste mit einiger Sicherheit schätzen kann[5]? Es sind die einander widersprechendsten und auch phantastischsten Zahlen genannt worden. Es ist schwierig, ernsthaft einen Streit zu entscheiden, wenn die Differenzen die Größenordnung mehrerer Millionen betragen. Man kann aber zu einer annähernden Schätzung gelangen, die die Ursachen der Bevölkerungsverluste diffe-

Bevölkerungsbewegung[4]

Jahr	Art der Zählung	Bevölkerung
1897	Volkszählung	125 000 000
1926	unvollständig	167 676 000
1939	unvollständig	193 077 000
1950	Teilzählungen	181 700 000
1959	Volkszählung	208 827 000
1970	Volkszählung	241 720 000

Bevölkerungszuwachs

Zeit	Ereignis	prozentuelles Wachstum	Jahres-wachstum
1897–1926	russisch-japanischer Krieg Erster Weltkrieg Revolution Bürgerkrieg	34,1	0,98
1926–1939	Kollektivierung Industrialisierung Urbanisierung Säuberungen	15,1	1,19
1939–1950	Zweiter Weltkrieg und Wiederaufbau	–5,9	–0,49
1950–1959	Wiederaufbau	14,9	1,76
1959–1970	Zeit des völligen Friedens	15,8	1,34

renziert: Krieg, Hungersnot, Epidemien, Säuberungen, Rückgang der Geburtenzahl als Folge anderer bevölkerungspolitischer Umstände, Gesetzgebung, die die Abtreibung zuließ usw.

Die Kriege haben immer schwerere Verluste gebracht. Hatte der russisch-japanische Krieg dem Zarenreich 46 000 Tote gekostet, so der Erste Weltkrieg schon rund drei Millionen (davon eine Million Soldaten und über zwei Millionen Zivilisten). Der Zweite Weltkrieg aber forderte das Leben von zwanzig Millionen, davon sieben Millionen Soldaten. Zu diesen schon gewaltigen Verlusten kamen noch große Einbußen, deren Ursachen verschiedenartig waren. So hat der Bürgerkrieg mehr als sieben Millionen Tote gekostet. 1921 forderte eine Hungersnot fünf Millionen Menschen. Rechnet man dieser tragischen Bilanz noch jene zwei Millionen Emigranten hinzu, die vor der Revolution flohen, und die um achteinhalb Millionen geringere Geburtenzahlen, so kann man feststellen, daß 1921 der Bevölkerungsverlust der vorangegangenen sieben Jahre an die 26 Millionen Menschen betrug[6].

Erlaubte zunächst die NEP-Periode dem Sowjetvolk aufzuatmen und im wiedergefundenen inneren Frieden neuen Lebensmut zu schöpfen, so begann mit dem Anfang der dreißiger Jahre eine neue Phase der Rückschläge. Chruschtschow hat die Verluste an Menschenleben global auf zehn Millionen geschätzt, aber die Wirklichkeit übertraf ohne Zweifel diese Annahme. Die Volkszählung vom Jahre 1937 deckte auf, daß zwischen den im Fünfjahresplan für den 1. Januar 1937 angenommenen Bevölkerungszahlen und der tatsächlich lebenden Bevölkerung ein Defizit von 16,7 Millionen bestand[7].

Das Fehlen von 16 Millionen Menschen in der Statistik läßt sich verhältnismäßig leicht erklären. Die gewaltsame Kollektivierung hatte, sei es durch Deportation, sei es durch Liquidierung, das Verschwinden einer großen Anzahl von Bauern zur Folge, für die es keinerlei genaue Statistiken gibt. Kerblay hebt sehr richtig hervor, daß selbst heute noch die sowjetischen Historiker besser über die Verluste des Viehbestandes Bescheid wissen, als über die Zahl der Menschen, die in jenen tragischen Jahren entweder als Kulaken (Großbauern) oder später als Regimegegner liquidiert worden sind[8].

Aber gewisse Detailzahlen erlauben es, das Bild abzurunden. So hat die Hungersnot der Jahre 1933 und 1934 mehr als drei Millionen Kleinkinder als Opfer gefordert. Die Seßhaftmachung, die bei den nomadischen Völkern eine Begleiterscheinung der Kollektivierung war, kostete allein einer Million Kasachen das Leben, was einem Viertel der Gesamtbevölkerung entsprach. Zu den registrierten Toten kommen aber noch die gewaltigen Mengen der Deportierten, die entweder in den Straflagern oder in Arbeitslagern starben, wo ihre Arbeitsleistung – nahezu ohne Bezahlung – den Erfolg der Fünfjahres-Pläne Stalins sichern sollte. Die bäuerliche Bevölkerung hat in dieser gewaltigen Anstrengung zu einer Umwandlung vor allem jene geopfert, die die schwächsten waren: Kinder und alte Leute. Dazu kommen ferner alle jene, die eine blinde Unterdrückung mehr oder weniger legal liquidiert hat.

Diese gewaltigen Verluste hatten entsprechende Geburtenrückgänge zur Folge. Die gesetzlich zugelassene Abtreibung trug das ihrige bei. Die Verluste des Zweiten Weltkrieges allerdings wurden durch Gebietsannexionen ausgeglichen, die der Sowjetunion 1945 einen Zuwachs von zwanzig Millionen Einwohnern eintrugen.

Dennoch wird man trotz dieses Bevölkerungserwerbes und einer Politik, die nach 1936 wiederum geburtenfreundlich ist, doch bis 1955 warten müssen: erst zu diesem Zeitpunkt erreicht die sowjetische Bevölkerung wiederum das Vorkriegsniveau. Zwischen 1914 und 1946 betrug das demographische Passivum der Sowjetunion an die sechzig Millionen Menschen. Es wurde freilich durch die Eingliederung der baltischen Staaten, Bessarabiens, Kareliens, Ostpreußens, der Bukowina, der Karpatho-Ukraine und Ostpolens etwas verringert. Sechzig Millionen Menschen zumindest: das heißt ein Drittel der Bevölkerung der Sowjetunion in der Nachkriegszeit. Selbst wenn diese Zahlen dank der Gebietsannexionen auf vierzig Millionen reduziert werden, selbst wenn man feststellt, daß es sich nicht nur um Verluste an Menschenleben, sondern auch um Geburtenausfall handelt, sind diese Zahlen doch Zeugnisse einer erschütternden Tragödie, die die sowjetische Gesellschaft in ihrer Gesamtheit durchleben mußte[9]. Aber diese Zahlen beweisen auch die Vitalität dieser Gesellschaft, die sich in dem Bevölkerungswachstum in den schwierigen Jahren des Wiederaufbaues von 1946 bis 1959 widerspiegelt.

Gegenwärtige Tendenzen der sowjetischen Bevölkerungsentwicklung

Der Fortschritt in der Bevölkerungszunahme wurde vor allem vor 1959 herbeigeführt, in welchem Zeitraum eine verhältnismäßig hohe Geburtenziffer es erlaubte, die schrecklichen Verluste der Vergangenheit auszugleichen. Dies ist besonders deutlich für die Zeit nach dem Zweiten Weltkrieg, aber gilt auch für die Jahre 1926 bis 1939.

Im Gegensatz dazu nimmt in jüngster Zeit die Geburtenfreudigkeit deutlich ab.

Die Bevölkerungszunahme zwischen 1959 und 1970 ist ungefähr mit jener vergleichbar, die zwischen 1926 und 1939 eintrat. Bedenkt man aber, daß in dieser jüngsten Periode in der Sowjetunion zum ersten Mal völliger Frieden herrschte, daß es zum ersten Mal eine deutliche Besserung der Existenzbedingungen gab, daß der Fortschritt der Medizin und der Erziehung Früchte trug, so müssen wir daraus den Schluß ziehen, daß die Bevölkerung der Sowjetunion in eine Phase der Reduzierung eingetreten ist, die sich seit 1959 kontinuierlich beschleunigt. Ein Vergleich des jährlichen Zuwachses macht dies deutlich. Die folgende Tabelle zeigt es:

Jahre	Bevölkerung (in Millionen)	Prozent des jährlichen Zuwachses
1959	208,8	—
1960	212,3	1,68
1961	216,2	1,83
1962	220,0	1,70
1963	223,4	1,56
1964	226,6	1,43
1965	229,6	1,30
1966	232,2	1,13
1967	234,8	1,10
1968	237,1	0,95
1969	239,4	0,97
1970	241,7	0,94

Im Jahre 1976 betrug die Bevölkerung der UdSSR 255,5 Millionen[10], also in sechs Jahren ein Zuwachs von 13,8 Millionen. Das heißt, eine jährliche Zuwachsrate von etwas weniger als 0,93%. Diese Entwicklung hatte als erste Konsequenz eine deutliche Veränderung der Alterspyramide. Die Überalterung der Bevölkerung ist aus den Statistiken deutlich zu ersehen. Ein Vergleich der gegenwärtigen Situation mit jener aus der Zeit des Zarenreiches oder auch den schwersten Zeiten des Stalinismus zeigt uns:

Verhältnis der Altersgruppen zur Gesamtbevölkerung[11]

Altersgruppe	1897	1939	1959	1970
0–19	48,4	49,3	37,4	38,0
20–59	44,8	44,0	53,2	50,0
60 und darüber	6,8	6,7	9,4	11,8

Um die Überalterung zu verstehen, muß man diese Entwicklung mit den Geburten und den Todesfällen während der gesamten Periode vergleichen. Hier zeigt eine Gegenüberstellung der Zahlen ein ernstes Ungleichgewicht. Man nimmt an, daß alle Länder auf dem Wege zum modernen Industriestaat bestimmte Tendenzen gemeinsam haben: Rückgang der Geburtenziffer, demgegenüber aber ein ständiger Rückgang der Sterbeziffer, vor allem der Kindersterblichkeit. Im Fall der Sowjetunion ist es klar, daß die schrecklichen Jahre der Kollektivierung, der Hungersnöte und der Kriege eine dramatische Verringerung jener Bevölkerungsgruppen, die am verwundbarsten oder am gefährdetsten

Geburtenrate, Todesfälle, natürliches Wachstum der sowjetischen Bevölkerung[12]

Jahre	Auf 100 Einwohner Geburten	Todesfälle	Natürliches Wachstum	Todesfälle von Kindern unter einem Jahr bei 1000 Geburten
1913				
a) in Grenzen vor 1939	47,0	30,2	16,8	273
b) in Grenzen nach 1945	45,5	29,1	16,4	269
1926	44,0	20,3	23,7	174
1928	44,3	23,3	21,0	182
1937	38,7	18,9	19,8	170
1938	37,5	17,5	20,0	161
1939	36,5	17,3	19,2	167
1940	31,2	18,0	13,2	182
1950	26,7	9,7	17,0	81
1955	25,7	8,2	17,5	60
1956	25,2	7,6	17,6	47
1957	25,4	7,8	17,6	45
1958	25,3	7,2	18,1	41
1959	25,0	7,6	17,4	41
1960	24,9	7,1	17,8	35
1961	23,8	7,2	16,6	32
1962	22,4	7,5	14,9	32
1963	21,1	7,2	13,9	31
1964	19,5	6,9	12,6	29
1965	18,4	7,3	11,1	27
1966	18,2	7,3	10,9	26
1967	17,3	7,6	9,7	26
1968	17,2	7,7	9,5	26
1969	17,0	8,1	8,9	26
1970	17,4	8,2	9,2	25
1971	17,8	8,2	9,6	23
1972	17,8	8,5	9,3	24
1973	17,6	8,6	9,0	26

sind, hervorgerufen haben: der Alten und der Kinder in jenen Zeitabschnitten, in denen die materiellen Schwierigkeiten am größten waren, und der jungen Männer in Kriegszeiten. Die folgende Tabelle zeigt hier gewisse Tendenzen, aber auch bestimmte Sonderentwicklungen.

Diese Tabelle macht verschiedene Trends deutlich. Vor allem, daß der Wirtschaftsentwicklung ab 1929, der Industrialisierung und Urbanisierung der Sowjetunion so wie in anderen Ländern ein ständiger

Rückgang der Geburten gefolgt ist. Die Geburtenziffer ist bis 1969 rückläufig und scheint sich seither zu stabilisieren. Wenn die Wachstumsrate der Bevölkerung zwischen 1930 und 1960 durch die Abnahme der Geburten nicht betroffen zu sein scheint, so ist der Grund dafür doch nur ein deutlicher Rückgang der Rate der Sterbefälle, vor allem was die Säuglings- und Kleinkindersterblichkeit betrifft. Unmittelbar nach dem Zweiten Weltkrieg zeigt sich, daß die Bemühungen des Regimes zur Förderung der Geburtenfreudigkeit und zur Herabsetzung der Kindersterblichkeit sich bezahlt gemacht haben. Diese positive Entwicklung dauert bis zum Beginn der siebziger Jahre an, zu welchem Zeitpunkt der Prozentsatz der Kindersterblichkeit sich auf einem sehr niederen Niveau stabilisiert.

Dagegen beginnt die Zahl der Sterbefälle allgemein im Verhältnis zur Gesamtbevölkerung nach einem Tiefpunkt am Ende der fünfziger und Beginn der sechziger Jahre, etwa vom Jahr 1967 an wieder anzusteigen. Leichte Erhöhungen etwa in den Jahren 1957, 1959 und 1962 werden von den sowjetischen Demographen auf Grippeepidemien zurückgeführt[13]. Das Wiederansteigen der Todesfälle, zahlenmäßig erst gegen Ende der sechziger Jahre ausgewiesen, hat in Wirklichkeit schon einige Jahre früher begonnen. Die Ziffern werden nämlich durch die dauernde Abnahme der Kindersterblichkeit beeinflußt. Die Gründe dafür sind offenkundig: Trotz des Fortschrittes der Medizin und der allgemeinen Verlängerung der Lebenserwartung werden in einer überalterten Sowjetbevölkerung die Todesfälle häufiger.

Diese ungünstige Entwicklung ist eine der Überraschungen der Volkszählung von 1970 gewesen. Vorher hatte man auf Grund der Volkszählung von 1959 eine ganz andere Entwicklung der Bevölkerungskurve erwartet[14]: Nämlich mehr als 250 Millionen Sowjetbürger. Nun zeigte die Volkszählung, daß etwa zehn Millionen fehlten. Gab es Möglichkeiten, diese Tendenz zu korrigieren? Angesichts verbesserter sanitärer Verhältnisse und der Überalterung der Bevölkerung kann eine Zunahme nur als Folge einer Steigerung der Geburtenrate, nicht aber aus einem Rückgang der Sterbeziffern kommen. Die Erhöhung der Geburtenziffer muß um so beständiger sein, als sie immer höhere Sterbeziffern auszugleichen hat. Sie muß überdies geraume Zeit andauern.

In welchem Umfang läßt die Struktur der sowjetischen Gesellschaft nach Alter und Geschlecht ernsthaft ein Wachstum erwarten? Dafür sind vor allem zwei Faktoren in Betracht zu ziehen: erstens die Zahl der gebärfähigen Frauen zwischen 16 und 49 Jahren, ganz besonders der Frauen unter 40 Jahren. Zweitens die Zahl der verheirateten Frauen.

A) Gebärfähige Frauen (in % der sowjetischen Bevölkerung)[15]

	Zahl der Frauen (in Millionen)			% der Bevölkerung der UdSSR		
	1939	1959	1970	1939	1959	1970
Gesamtzahl der Frauen von 16–49 Jahren	48,4	58,5	60,8	25,4	28,0	25,2
davon 16–29 Jahre	24,3	26,9	23,9	12,7	12,9	9,9
davon 30–49 Jahre	24,1	31,6	36,9	12,7	15,1	1,3

B) Zahl der verheirateten Frauen (auf 1000)[16]

Altersgruppen	1939	1959	1970
16–19 Jahre	140	112	105
20–24 Jahre	614	501	559
25–29 Jahre	787	759	827
30–34 Jahre	818	776	853
35–39 Jahre	800	725	839
40–44 Jahre	759	623	790
45–49 Jahre	688	549	719
50–54 Jahre	593	483	603
55–59 Jahre	497	433	501
60–69 Jahre	363	361	371
70 Jahre und darüber	168	169	196

Die Tabelle B zeigt deutlich einen für das Anwachsen der Geburten günstigen Faktor: das Anwachsen der Zahl der verheirateten Frauen in der Altersstufe der Gebärfähigkeit. Diese Entwicklung ist das Ergebnis einer gewissen Verschiebung des Gleichgewichts zwischen den Geschlechtern. Der Zweite Weltkrieg hatte die männliche Bevölkerung der Sowjetunion dezimiert und ganz besonders jene Jahrgänge junger Leute, die im heiratsfähigen Alter gewesen wären. Dadurch wurde auch zugleich eine spektakuläre Veränderung der Bevölkerungsentwicklung unmöglich gemacht. Dennoch haben diese Verluste an Männern ein verhältnismäßig starkes Ansteigen der Geburtenrate in der Nachkriegszeit nicht verhindern können. Die Frauen, die im Jahre 1959 zwischen 35 und 50 Jahren alt waren, waren zu Ende des Krieges 20–35 Jahre alt. Sie überwogen an Zahl die gleichaltrigen Männer, deren Jahrgänge durch die Kriegsverluste schwer angeschlagen waren. Verglichen mit den Frauen der gleichen Altersgruppen in den siebziger

Jahren befanden sie sich in einer weit ungünstigeren Position. Dennoch erwies sich ihre Fruchtbarkeit als weit größer als jene der verheirateten Frauen der Gegenwart.

Die Tabelle zeigt noch eine weitere Tendenz, die zur Verringerung der Geburten beiträgt: Man heiratet später, und dadurch ist wahrscheinlich auch die Fruchtbarkeitsperiode verkürzt.

Eine Erklärung der Bevölkerungsprobleme der Sowjetunion findet sich aber vor allem in der Tabelle A. Zwar ist der Anteil der gebärfähigen Frauen seit 1939 konstant (sie bilden 25% der Bevölkerung), doch macht sich auch hier die allgemeine Überalterung bemerkbar. Die Zahl der Frauen im günstigsten Alter für die Mutterschaft, nämlich zwischen 16 und 30 Jahren, nimmt sowohl im Verhältnis zur Gesamtbevölkerung als auch zur Gesamtzahl der Frauen in der Sowjetunion ab. 1926 waren 56,7% der Frauen der Sowjetunion im Alter zwischen 16 und 29, im Jahre 1939 war diese Ziffer auf 50,2% gefallen und 1959 auf 46%. 1970 waren es nur noch 39,3%.

Die Verringerung der Zahl der jungen Frauen, späte Ehen, Verringerung der Kinderzahl pro Familie, all das wirkt zusammen, um zu erklären, warum sich die Bevölkerung der Sowjetunion nicht den ursprünglichen Voraussagen entsprechend vermehrt hat. In welchem Maß kann nun die Regierung der Sowjetunion diese ungünstige Tendenz durch eine geburtenfreundliche Politik ausgleichen?

Seit 1936 wußte Stalin um die Notwendigkeit, die Gebärfreudigkeit der Frauen zu ermuntern. Das mußte aber eine Abkehr von der totalen Freiheit bedeuten, die den Frauen auf diesem Gebiet nach der Revolution eingeräumt worden war. Seit damals hebt die Kulturpolitik der Sowjetunion nicht nur ständig die Rolle der Frau in der Gesellschaft hervor, sondern stellt auch einer Frau, die völlige Gleichstellung mit dem Mann genießt, das Bild der Mutter gegenüber, der Frau, die sich der Berufung zur Mutterschaft bewußt ist. Konkret zeigt sich diese Aufwertung der Mutterschaft durch Maßnahmen, die jedoch sehr vage im Vergleich mit der sozialen Gesetzgebung der westlichen Staaten erscheinen.

Frauen, die viele Kinder haben, werden Orden und Titel verliehen, so etwa der Titel der »Heldin Mutter«, der Orden »Ruhm der Mutterschaft«, die »Medaille der Mutterschaft«. Die Kinderfreundigkeit soll durch Schwangerschaftsbeihilfen, Förderbeihilfen für Familien, die aber gering sind, und eine ständige Unterstützung für Mütter mit zahlreichen Kindern ermutigt werden. Aber weder die schön klingenden Titel noch die eher lächerlichen Unterstützungen können an der Realität etwas ändern.

In dem städtischen Milieu sind es die viel zu kleinen Wohnungen, das Fehlen von Säuglingsheimen und Kindergärten, der ständig wachsende Wunsch nach einem besseren Leben, die den Sowjetbürger dazu bringen, die Kinderzahl klein zu halten. Auch im ländlichen Milieu begünstigen die Lebensbedingungen der Frauen keineswegs eine große Familie, obgleich hier die Frauen noch mehr Kinder haben.

In einem Roman von Iwan Below wird das Leben einer Frau in einer Kolchose beschrieben, die Mutter vieler Kinder ist[17]. Da das Buch in der Sowjetunion veröffentlicht wurde, enthält es, so darf man annehmen, keinerlei antisowjetische Tendenzen. Die unglückliche Frau, die sich um ihre Kinder kümmern muß, steht noch vor Tagesanbruch auf und legt sich erst mit Einbruch der Nacht wieder nieder. Sie arbeitet bis zum Augenblick ihrer Wehen und beginnt wieder mit der Arbeit, sobald sie aus dem Spital herauskommt. Sie stirbt schließlich unmittelbar vor einer letzten Geburt. Die vielen Kinder dieser Mutter-Heldin werden von einer Großmutter gehütet, dann wieder von einem betrunkenen Vater, so, daß sie gerade nicht vor Hunger sterben. Das absolute Elend des Zustandes der Frauen, der Alkoholismus des Vaters (ein soziales Übel, das von der Sowjetmacht als besonders ernst betrachtet wird), das Bild des täglichen Lebens einer Familienmutter in einer Kolchose findet sein Spiegelbild in der abgehetzten Städterin, die den ganzen Tag zwischen der Arbeitsstätte, den endlosen Anstellschlangen – wo sie sich bemühen muß, die Nahrung für ihre Familie zu ergattern – und einem Heim hin und her rennt, in dem die schlecht behüteten Kinder auf sie warten. Man begreift, daß diese Art einer glücklichen Mutterschaft für die sowjetischen Frauen nur wenig anziehend ist.

Man versteht auch, warum die Demographen der Sowjetunion für die Zukunft nun mit ihren Voraussagen etwas vorsichtiger sind. Sie haben daher die Schätzung der Zahl der Sowjetbürger für das Jahr 2000, die von der Presse vielfach schon vor 1970 mit 350 Millionen angegeben wurde, nun vorsichtigerweise auf 300 bis 310 Millionen gesenkt[18]. Der Pessimismus, der diese Voraussicht beherrscht, ist tatsächlich sehr groß. Weit davon entfernt zu erwarten, daß die Geburtenrate ansteigen oder sich auch nur stabilisieren wird, erwarten die Demographen eine Beschleunigung der gegenwärtigen abnehmenden Tendenz.

Die politische Führung zeigt sich überzeugt, daß eine Förderung des Bevölkerungswachstums notwendig ist. Hier zeigt sich aber ein deutlicher Unterschied zwischen dem politischen Aspekt des Problems und einer wissenschaftlichen Betrachtung. Um die Gründe hierfür zu begreifen, muß man gegenwärtig die Bevölkerung der Sowjetunion nicht als eine homogene Einheit betrachten, sondern als eine Zusammenfassung vieler Gruppen, verschieden je nach Siedlungsgebieten, nach Nationen und wahrscheinlich auch nach der Kultur.

Zwei Welten: Die Europäer der Sowjetunion und die »Anderen«

Die wichtigste Erkenntnis auf Grund der Volkszählung von 1970 war ohne Zweifel, daß die Bevölkerungsentwicklung entsprechend den verschiedenen Gebieten auch völlig verschieden ist. Dies gilt vor allem für die Geburtenrate und die Zuwachsraten, nicht aber für die Rate der Sterbefälle, die dazu tendiert, von einer Region zur anderen sich anzugleichen. Vergleicht man die Ergebnisse der Volkszählung von 1970 mit anderen Volkszählungen, so kann man drei Feststellungen machen: Die Unterschiede zwischen den einzelnen nationalen Gebieten wachsen ständig. Die traditionellen Bevölkerungstendenzen, die sowohl im Zarenreich als auch in der Sowjetunion bis zum Jahre 1950 vorherrschten, beginnen sich umzukehren. Schließlich tritt eine totale Verschiebung des Bevölkerungsgleichgewichtes ein.

Diese Veränderungen sind das Ergebnis zweier demographischer Vorgänge, die scheinbar einander widersprechen. Einerseits besteht bei einer Anzahl von Völkern der Sowjetunion, die früher sehr unterschiedliche Bevölkerungsverhaltensweisen zeigten, eine Tendenz, sich einander immer mehr anzugleichen. Andererseits hebt sich eine bestimmte Gruppe durch eine völlig verschiedene Verhaltensweise immer mehr von der Bevölkerung der Sowjetunion ab. Ein Blick auf die Tabelle auf S. 64 macht die Ergebnisse der Volkszählung in dieser Hinsicht besonders deutlich.

Der Beweis für diese Unterschiede springt bei der Betrachtung der Tabelle sofort ins Auge. Der Bruch, der sich offensichtlich durch die Bevölkerungstendenzen zieht, wird ganz deutlich. Alle westlichen Republiken (mit Ausnahme von Moldau) und zwar sowohl die slawischen, wie Rußland, die Ukraine und Weißrußland, aber auch die baltische Gruppe Lettland, Litauen und Estland sind deutlich hinter dem durchschnittlichen Wachstum zurückgeblieben. Die westliche Sowjetunion stellt sich als eine Zone des Bevölkerungsrückganges dar, der sogar sehr gleichmäßig ist, wenn man bedenkt, daß sich in all diesen Republiken der Wachstumsindex in den Jahren 1959–1970 zwischen 111 und 113 bewegt, wobei 100 auf das Jahr 1959 Bezug nimmt. Ganz im Gegensatz dazu bildet die östliche Sowjetunion, also Zentralasien und

Entwicklung der Bevölkerung (in Tausend) der Republiken (derzeitige Grenzen der UdSSR)[19]

Republiken	1913	1939 (Schätzungen)	1959	1970	1970 (% im Verhältnis zu 1959)
UdSSR	159 153	190 678	208 827	241 720	116
RSFSR	89 902	108 377	117 534	130 079	111
Ukraine	35 210	40 469	41 869	47 126	113
Weißrußland	6 899	8 912	8 056	9 002	112
Usbekistan	4 334	6 347	8 119	11 800	145
Kasachstan	5 597	6 082	9 295	13 009	140
Georgien	2 601	3 540	4 044	4 686	116
Aserbaidschan	2 339	3 205	3 698	5 117	138
Litauen	2 828	2 880	2 711	3 128	115
Moldau	2 056	2 452	2 885	3 569	124
Lettland	2 493	1 885	2 093	2 364	113
Kirgisien	864	1 458	2 066	2 933	142
Tadschikistan	1 034	1 485	1 981	2 900	146
Armenien	1 000	1 282	1 763	2 492	141
Turkmenien	1 042	1 252	1 516	2 159	142
Estland	954	1 052	1 197	1 356	113

der Kaukasus, einen sehr homogenen Raum, der durch ein rasches Ansteigen des Bevölkerungswachstums charakterisiert ist.

Man muß sich nun mit den einzelnen Volksgruppen befassen und nicht nur mit den Republiken, deren multinationale Bevölkerung die Gefahr mit sich bringt, daß man das Gesamtbild der Sowjetunion durchaus falsch sieht.

Verhältnis der ethnischen Gruppen zur Gesamtbevölkerung (in %)[20]

Ethnische Gruppen	1897	1926	1959	1970
Russen	44,4	47,5	54,6	53,4
Ukrainer	19,4	21,4	17,8	16,9
Weißrussen	4,5	3,6	3,8	3,7
Tataren	1,9	1,7	2,4	2,5
Türkisch-moham. Gruppe	12,1	10,1	10,3	12,9
Juden	3,5	2,4	1,1	0,9
Europäische Völker (Georgier, Armenier, Letten, Esten)	3,9	3,6	3,8	3,8
Litauer	1,3	1,2	1,1	1,1
Finnische Völker	2,3	2,2	1,5	1,4
Moldauer (Rumänen)	1,0	1,2	1,1	1,2

Diese Tabelle zeigt, daß von 1897 bis 1959 nur das russische Volk seinen Anteil an der Gesamtheit der Bevölkerung vergrößert hat. Alle anderen Gruppen haben Rückgangsphasen gekannt. Die letzte Volkszählung zeigt nun, daß diese oft lange andauernden Tendenzen ein Ende gefunden haben. Das geschieht einerseits auf Kosten des russischen Volkes, dessen Anteil an der Gesamtbevölkerung zurückgeht, wenn es auch immer noch die Mehrheit der Bevölkerung stellt, andererseits auf Kosten der anderen slawischen, der europäischen, jüdischen und finnischen Volksgruppen, deren Rückgang oder Stagnation andauert, jedoch zu Gunsten der mohammedanischen Völker, die ab 1959 alle einen spektakulären Anstieg der Geburten aufweisen.

Wie lassen sich diese Differenzen durch klassische Faktoren erklären? Ist es der hohe Grad der Urbanisierung der Bevölkerung in der westlichen Sowjetunion, liegt es an dem ländlicheren Charakter der östlichen Sowjetunion, begleitet von Phänomenen, die jener bäuerlichen, weniger entwickelten Welt eigen sind? So wie etwa das höhere Maß an Kindersterblichkeit, aber zugleich eine weit höhere Geburtenfreudigkeit? Ohne jeden Zweifel spielt hier der Grad der Verstädterung und ihr Fortschritt eine bedeutende Rolle. Man sollte aber nicht unterschätzen, welche Rolle die Verstädterung auch in anderen Gebieten in der Sowjetunion gespielt hat. Dies zeigt die folgende Tabelle[21]:

Republiken	Anteil der Stadtbevölkerung an der Gesamtbevölkerung in %	
	1939	1970
UdSSR	*32*	*56*
RSFSR	33	62
Ukraine	34	55
Weißrußland	21	43
Usbekistan	23	37
Kasachstan	28	50
Georgien	30	48
Aserbaidschan	36	50
Lettland	35	62
Moldau	13	32
Litauen	23	50
Kirgisien	19	37
Tadschikistan	17	37
Armenien	29	59
Turkmenien	33	48
Estland	34	65

Diese Tabelle zeigt ganz klar, daß die Urbanisation in Rußland, in Estland und Lettland am stärksten gewesen ist. Gleichzeitig ist in Rußland auch der Zuwachs der Bevölkerung am schwächsten gewesen. Betrachtet man aber den Fortschritt der Verstädterung in Armenien, in Kasachstan, in Aserbaidschan, so konstatiert man, daß in diesen Republiken zwar die Geburtenfreudigkeit sehr groß ist, während sie in Litauen bei gleicher Urbanisierung leicht unter dem nationalen Durchschnitt liegt. In Turkmenien wieder, das gegenwärtig eine außerordentlich rasche Verstädterung erlebt und zwar rascher, als die anderen mohammedanischen Republiken, scheint dies keinerlei Einfluß auf die Bevölkerung zu haben. Andererseits scheint in Weißrußland, wo die Urbanisierung keineswegs sehr fortgeschritten ist, doch auch die Geburtenfreudigkeit gering zu sein. Diese Unterschiede zwingen zu der Annahme, daß die klassische Idee, wonach Urbanisierung unmittelbar einen Einfluß auf die Bevölkerungsentwicklung nimmt, nur mit Einschränkung Geltung hat. Man darf sich auch nicht an einem Vergleich von Bruttozahlen orientieren, sondern muß die Situation der wichtigsten nationalen Volksgruppen im Detail prüfen, um zu versuchen, die wesentlichen Elemente der jüngsten bevölkerungspolitischen Entwicklung zu erfassen.

Die bemerkenswerteste Feststellung auf Grund der jüngsten Volkszählung ist ohne Zweifel der Rückgang der russischen Bevölkerung[22], da es sich um eine Gruppe handelt, die sowohl zahlenmäßig als auch politisch die Gesamtheit der Sowjetunion dominiert. Dieser gegenwärtig noch geringe Rückgang steht im Gegensatz zu einer allgemeinen demographischen Tendenz. Die Russen haben sich nämlich kontinuierlicher und regelmäßiger vermehrt als alle anderen Volksgruppen der Sowjetunion. Es ist übrigens schwierig, den Wert der vorliegenden Ziffern genau einzuschätzen, denn die Voraussetzungen, unter denen eine Person der einen oder der anderen Volksgruppe zugeschrieben wurde, haben sich von Volkszählung zu Volkszählung verändert.

Bei der Volkszählung von 1897, die allen anderen nun als Basis dient, wurde die Volkszugehörigkeit der Untertanen des Zarenreiches nicht eigens erfragt. Nur die Aufzeichnung der Muttersprache erlaubte die Bedeutung der verschiedenen Volksgruppen zu ermessen. Bei der Volkszählung von 1926 wurde nach der Muttersprache und der Zugehörigkeit zu einer Volksgruppe gefragt. Dies gestattete den Demographen die Feststellung, daß Muttersprache und Zugehörigkeit zu einer bestimmten Nationalität keineswegs immer übereinstimmen. Mehr als sechs Millionen Menschen, die sich zu einer anderen Nationalität als der russischen bekannten, vor allem ukrainische Juden und Weißrussen, erklärten doch gleichzeitig die russische Sprache als ihre Muttersprache.

Daraus ließ sich ableiten, daß 1897 fünf bis sechs Millionen Menschen als Russen registriert worden sind, die in späteren Volkszählungen anderen Gruppen zugezählt wurden. Zieht man sie von den 89 Millionen Russen von 1897 ab, so zeigt sich, daß das jährliche Wachstum der russischen Volksgruppe bis 1926 nicht 1,2 sondern 1,5% betragen hat. Der Geburtenanstieg dieser Gruppe ist daher bis zu Anfang der sechziger Jahre noch stärker gewesen, als dies aus den offiziellen Schätzungen hervorgeht.

Im Verlauf des zwanzigsten Jahrhunderts haben die Russen weit größere Verluste an Menschenleben erdulden müssen, als die meisten anderen Volksgruppen. Der Erste Weltkrieg forderte besonders von den Russen Opfer, der Hungersnot von 1921 erlag die größte Zahl Menschen im Wolgagebiet, das in der Hauptsache von Russen bevölkert ist. Auch der Preis, den das russische Volk im Verlauf des Zweiten Weltkrieges zahlen mußte, ist beträchtlich. Die große Dynamik der Russen zeigt aber die Tatsache, daß trotz dieser dauernden Verluste zwischen 1897 und 1926 das Wachstum jährlich 1,2% betrug (dies ist die offizielle Zahl, wir sahen gerade, daß das wahre Wachstum 1,5% ausmachte), die Gesamtbevölkerung des Landes dagegen stieg in diesem Zeitraum nur um 0,98% pro Jahr. Von 1926 bis 1959 wiesen die Russen eine Wachstumsrate von 1,1% auf, der Durchschnittswert lag aber nur bei 0,7%. Dieser beträchtliche Unterschied zwischen Russen und Nichtrussen wirft aber noch eine andere Frage auf.

Wie weit ist diese Dynamik der Russen auch einer Einschmelzung nichtrussischer Völker, einer Assimilierung, zuzurechnen? 1897 waren Daten hinsichtlich der Volksgruppen durch unpräzise Fragestellung verfälscht worden. Erst seitdem sorgfältig nach Sprachen und Nationalität gefragt wird, läßt sich auch einschätzen, wie groß die Assimilationskapazität der großen Volksgruppen, vor allem eben der Russen, ist. Assimilation macht es vielleicht auch möglich, das Kleinerwerden, ja sogar das Verschwinden einzelner Volksgruppen zu erklären.

Ein schwieriges Problem ergibt sich bei der Betrachtung der Ukraine, denn ihr Wachstum ist ebenso zwischen 1897 und 1960 wie in der jüngsten Periode sehr schwach. Ohne Zweifel spielen auch hier die beträchtlichen Menschenverluste, die diese Volksgruppe erlitten hat, eine Rolle. Waren im Ersten Weltkrieg die ukrainischen Verluste nicht allzu hoch, so hat doch der Bürgerkrieg hier ganz außerordentliche Opfer gefordert, denn die Ukraine war eines der Hauptkampfgebiete. Auch die große Hungersnot von 1921 wütete hauptsächlich in der Südukraine und auf der Krim. Die Hungersnot von 1932 bis 1934 und schließlich der Zweite Weltkrieg haben sich vor allem in diesem Gebiet abgespielt. Die Deutschen haben im übrigen eine sehr beträchtliche Zahl von Männern und Frauen im zeugungsfähigen Alter als Zwangsarbeiter deportiert.

Die Ukrainer waren zwar von den verschiedenen Katastrophen, die durch ein halbes Jahrhundert die Bevölkerung der Sowjetunion dezimierten, genauso betroffen wie die Russen, sie haben aber nie deren Bevölkerungsdynamik aufgewiesen. Dies weist darauf hin, daß die Stagnation der Bevölkerung sich über die ganze Periode hinzieht und der von 1897 bis 1926 registrierte Zuwachs (Zunahme der Ukrainer von 19% auf 21,4% der Gesamtbevölkerung) vorwiegend den schon erwähnten Umständen der Volkszählung zu verdanken ist. 1897 sind die Ukrainer unterschätzt worden, 1926 wurden dagegen russisch sprechende Ukrainer nun ihrer Volksgruppe zugeteilt[23].

Die Weißrussen erlitten dieselben gewaltigen Verluste wie die anderen slawischen Volksgruppen. Beide Weltkriege trafen sie mit voller Wucht. Ihre höchste Wachstumsrate verzeichneten sie während der letzten Friedensperiode, was zeigt, wie stark die Kriege auf die Entwicklung dieser Gruppen einwirken. Weißrußland ist weniger verstädtert als Rußland und die Ukraine, es weist zur Zeit eine etwas stärkere Geburtenrate auf als diese beiden[24].

Die drei slawischen Volksgruppen haben genau die gleichen Schicksale erlebt und eine annähernd gleiche Entwicklung genommen. Der letzte Krieg hat eine ganze Generation ausgelöscht, und die Auswirkungen dieser Zerstörung bei der slawischen Bevölkerung sind in der Gesellschaft der Sowjetunion noch heute zu spüren. Relativ schwache Geburtenzahlen sind aber heute nicht ein Ergebnis der Kriegsverluste, sondern resultieren aus der Einstellung der Menschen.

Noch beunruhigender ist die Lage der Balten. Ihr Anteil an der Gesamtbevölkerung hat sich seit Anfang des Jahrhunderts ständig verringert. Das ist aber nicht eine Entwicklungstendenz, sondern eine Situation, die sich schon sehr früh eingestellt hat. Bereits 1897 war die Geburtenfreudigkeit dieser Völker gering, ausgenommen das katholische Litauen, wo der Geburtenrückgang zwar auch zu Beginn des Jahrhunderts einsetzte, aber einen viel gemäßigteren Verlauf nahm als in den protestantischen Ländern. Offensichtlich hat der religiöse Faktor zu anderen Verhaltensweisen und zu einer anderen soziologisch-ökonomischen Entwicklung geführt. Die Litauer sind weniger urbanisiert und haben auch ein geringeres Bildungsniveau als ihre Nachbarn in Estland und Lettland. Sie haben sich daher erst relativ spät angepaßt.

Dennoch ist die Evolution nun abgeschlossen, alle baltischen Länder sind einem völligen Wachstumsstillstand nahe[25].

In einigen Fällen verschleiern die Zahlen wesentlich kompliziertere Situationen. Das ist vor allem bei den Juden und den Georgiern der Fall. Die Zahl der Juden hat sich absolut und auch relativ sehr stark verringert. Zwischen 1897 und 1970 verminderte sich die jüdische Bevölkerung um 50%, von 4308460 auf 2151000. Die Gründe für diese Entwicklung sind bekannt. Vor dem Ersten Weltkrieg haben mehr als eine Million Juden das Zarenreich verlassen: auf der Flucht vor einer immer ärger werdenden Verfolgung (das Pogrom von Kischinew 1903 ist das bekannteste, es zeigt, daß die Machthaber für den wachsenden Antisemitismus jener Zeit verantwortlich waren). Der Zweite Weltkrieg brachte in den von den Deutschen besetzten Gebieten der Sowjetunion ein allgemeines Massaker der Juden, dessen Ausmaß nicht ganz genau bekannt ist, es wird aber geschätzt, daß zumindest 2,5 Millionen russische Juden ermordet wurden[26]. Diese Ereignisse erklären den starken Rückgang der jüdischen Gruppe auf lange Sicht, sie erklären aber nicht völlig die Entwicklung zwischen den beiden Volkszählungen. Auch die Auswanderung, die sich nach 1970 beschleunigte – rund 150000 Juden erhielten im Verlauf der letzten Jahre die Erlaubnis, die Sowjetunion zu verlassen –, genügt ebenfalls nicht. Die niedrige Geburtenziffer ist charakteristisch für das demographische Verhalten der jüdischen Gemeinschaft, das dem Verhalten der Umwelt ihrer Siedlungsräume entspricht. Die Juden sind im wesentlichen Stadtbewohner und leben vor allem im westlichen Teil der Sowjetunion.

Einige Hinweise lassen aber darauf schließen, daß die Ziffern über die jüdische Gemeinschaft in der Sowjetunion, die sich aus den Angaben der Volkszählung ergeben, einigermaßen falsch sind. Vor allem waren die Juden, wenn man dieser Statistik glaubt, weitaus älter als der Schnitt der Bevölkerung. Im Jahr 1970 waren 12% der sowjetischen Bevölkerung älter als 60 Jahre, jedoch 26% der Juden innerhalb der RSFSR; 38% der gesamten jüdischen Bevölkerung hatten dieses Alter bereits überschritten. Am anderen Ende der Alterspyramide scheint die Lage der Juden auch völlig abnormal zu sein. Kinder unter 10 Jahren machen 18,6% der Sowjetbevölkerung aus, aber nur 6% der jüdischen Bevölkerung gehören dieser Altersgruppe an. Der Unterschied zwischen der Altersstruktur der gesamten sowjetischen Bevölkerung und jener der jüdischen Bevölkerung ist zu groß, um glaubhaft zu erscheinen. Noch dazu ist er durch nichts zu erklären[27]. Dies läßt den Schluß zu, daß die jüdische Gemeinschaft einem außerordentlich fortgeschrittenen Assimilierungsprozeß unterworfen ist. Juden blieben jene, die sich bei der Ausstellung ihrer Pässe als solche deklariert hatten, in einer Epoche, in der man glauben konnte, daß in der Sowjetunion der Antisemitismus nicht mehr existierte. Dies würde erklären, warum sich eine so außerordentlich hohe Zahl von Juden in den höchsten Altersgruppen befindet. Andererseits wählt die junge Generation, besonders wenn sie aus gemischten Ehen stammt, höchstwahrscheinlich die Nationalität des nichtjüdischen Elternteiles. Die hohe Zahl an Mischehen bestärkt diese Hypothese.

Es ist jedoch auch möglich, daß die Volkszählung die jüdische Gemeinschaft unterschätzt hat, einfach weil die Antworten auf die Befragung ungenau waren. Bei der Volkszählung liegt es im Belieben der einzelnen Person, welche Antworten sie gibt. Sie muß keinerlei Beweise für die Richtigkeit erbringen. Wenn man davon ausgehen kann, daß das Mitglied einer Volksgruppe, die sich aller ihr zustehenden Rechte erfreut, gerne seine Zugehörigkeit zu dieser Gruppe erklärt, so muß man ebenso daran denken, daß ein Jude, der in einer nichtjüdischen Umgebung lebt, keineswegs darauf drängt, seine Zugehörigkeit zur jüdischen Gemeinschaft zu proklamieren. Es ist daher vorstellbar, daß einige zehntausend oder hunderttausend Juden aus diesen Gründen in den Ziffern der Volkszählung nicht aufscheinen[28].

Der Fall Georgien liegt genau umgekehrt. Wahrscheinlich sind sie zahlenmäßig überschätzt worden oder profitieren noch eher von einer gewissen Besonderheit des Status ihrer Republik. Die Sozialistische Sowjetrepublik von Georgien umfaßt nämlich zwei Autonome Republiken: die Abchasische Autonome Sozialistische Sowjetrepublik und die Adscharische ASS, sowie ein automes Gebiet, nämlich das von Süd-Ossetien. Die Bewohner aller drei Territorien sind durchweg Mohammedaner. In Georgien stehen der eigentlich georgischen Bevölkerung, die der christlichen Religion angehört und 66,8% (64,3% nach der Volkszählung von 1959) umfaßt, noch zahlreiche andere ethnische Gruppen gegenüber, deren Zugehörigkeit zum Islam und zu ihrer ganz besonderen Kultur sie völlig von den Georgiern trennt; sie gehören viel eher zu der großen Gruppe der mohammedanischen Turkvölker. Von einer Volkszählung zur anderen hat das relative Gewicht der georgischen Gruppe innerhalb der Republik zugenommen. Aber die georgischen Demographen räumen ein, daß zwar zu Beginn des Jahrhunderts die Geburtenfreudigkeit der Georgier eine sehr hohe war, sie aber nach der Revolution unter das russische Niveau gefallen ist und im Laufe der fünfziger Jahre sich noch weiter verringert hat. Man kann daher annehmen, daß der Bevölkerungszuwachs der Republik Georgien weitgehend auf die Geburtenfreudigkeit anderer Volksgruppen zurückgeht[29]. Der gewachsene Anteil der Georgier an der Bevölkerung ist eher auf Wanderungsbewegungen als auf eine Zunahme der Geburten zurückzuführen. Trotz eines durchschnittlichen Bevölkerungszuwachses – der übrigens im Kaukasus zu den schwächsten zählt – muß man doch Georgien gegenwärtig zu den im Rückgang befindlichen westlichen Nationen rechnen.

Dagegen scheinen die Armenier trotz ihrer wirtschaftlichen Entwicklung, des Ausmaßes der Urbanisierung und des steigenden Bildungsniveaus sich nach dem östlichen Modell auszurichten. In den ersten großen Studien über die Bevölkerungsbewegungen nach dem Krieg sticht die hohe Fruchtbarkeitsrate des Kaukasus hervor. Während des Ersten Weltkrieges ist mehr als eine halbe Million Armenier aus der Türkei in den Kaukasus geflohen. Dennoch resultiert der Bevölkerungsanstieg dieser Nation vor allem auf ihrer Fruchtbarkeit, die sich auf ständig hohem Niveau hält. Das Absinken der Sterberate kommt hinzu. Im Gegensatz zu den Georgiern sind es die Armenier selbst, die eine hohe Geburtenzahl haben. 1970 machten sie 80% der Bevölkerung ihrer Republik aus. Der große Anteil an jungen Menschen gestattet die Annahme, daß Armenien in den nächsten Jahren einen noch stärkeren Anstieg an Geburten und eine wesentlich niedrigere Sterbeziffer als der Durchschnitt der UdSSR haben wird (1972 gab es eine Sterberate von 5,1 pro Tausend, während der Sowjetdurchschnitt bei 8,5 liegt. In Estland und Lettland sogar bei 11 pro Tausend)[30].

Die günstigste Entwicklung auf dem Gebiet der Bevölkerungsbewegung weisen aber die mohammedanischen Völker der Sowjetunion aus. Hier besteht der größte Unterschied zu früheren Zuständen. Seit der Revolution und bis zum Ende der fünfziger Jahre war der Fortschritt bei diesen Völkern eher mäßig und lag deutlich unterhalb jenem der Russen[31]. Für dieses Phänomen gibt es viele Gründe. Das nomadische Volk der Kasachen litt unter den Nachwirkungen des Aufstandes von 1918, dann unter den Folgen der Kollektivierung und der Seßhaftmachung, die sie mit einem außerordentlich hohen Preis bezahlen mußten. Mehr als ein Viertel der Bevölkerung ist liquidiert worden. Stellt man das wahrscheinliche Wachstum der kasachischen Bevölkerung zwischen 1926 und 1936 in Rechnung, so läßt dies den Schluß zu, daß das Volk 1,4 Millionen Menschen von den vier Millionen, die im Jahr 1926 gezählt wurden, verloren hat.

Ebenso wurde die Zahl der Baschkiren um ein Drittel verringert, als Folge des Krieges gegen die Sowjetmacht, der 1920 zu der Unterdrükkung des unabhängigen baschkirischen Staates geführt hat. Obgleich die Baschkiren eine höhere Geburtenziffer haben als ihre Nachbarvölker (sie leben in einer Autonomen Republik, die der Russischen Republik angegliedert ist), haben sie den vorrevolutionären Stand noch nicht erreicht. 1897 zählten sie 1,5 Millionen, 1926 nur mehr eine Million, 1959 954800 und erst 1970 wieder 1181000.

Zu den dezimierten Völkern muß man auch noch jene Volksstämme hinzurechnen, die Stalin im Laufe des Krieges deportieren ließ und die aus diesem Grund beträchtliche Menschenverluste erlitten haben. Die Tschetschenen, die Inguschen, die Karatschais, die Balkaren des Kaukasus gehören hierher. Eine Vorstellung ihres Schicksals gibt ein Überblick über die Entwicklung der Tschetschenen, die 1939 408000 Angehörige zählten und 1959 419800. Nach dem XX. Parteikongreß rehabilitiert, erhielten sie die Erlaubnis, wieder in ihre Heimatgebiete zurückzukehren. Hier entwickelten diese Völker eine bemerkenswerte Vitalität. Die Tschetschenen nahmen von 408000 auf 581800 Menschen zu und die Inguschen von 56000 auf 137000. Die Entwicklung der anderen deportierten Völker verlief in ähnlichen Bahnen.

Selbst die Krimtataren haben die schweren Verluste durch die von Stalin verfügte Deportation wiederum aufgeholt und dies, obwohl sie bisher noch nicht die Erlaubnis zur Rückkehr in ihr altes Siedlungsgebiet erhalten haben. Ihr nationales Territorium ist juristisch aufgelöst worden, und man hat die Tataren trotz vehementer Opposition gezwungen, in ihren Deportationsorten zu bleiben. Trotz der großen Ungenauigkeiten in den Angaben über die Bevölkerungszahlen dieser Gruppe weiß man doch, daß es 1926 in der Republik der Krimtataren 170094 Menschen gegeben hat, und man kann daraus den Schluß ziehen, daß es am Vorabend des Krieges etwa 230000 gewesen sein müssen. Zwar läßt sich die Zahl der Opfer der Deportation nicht mit Sicherheit ermitteln, aber man weiß, daß sie sehr hoch war. Es ist daher schwierig, den Fortschritt zu ermitteln, den diese Gruppe seit dem Kriege erzielt hat. Die Volkszählungen stellen nur die Zahl der in Zentralasien lebenden Tataren fest, und darunter sind sowohl die Krimtataren verstanden als auch die Tataren der Wolga, die schon seit langem in diesem Gebiet leben oder im Laufe der letzten Jahre dorthin emigrierten. Dennoch spricht alles dafür, daß auch die Krimtataren eine ähnliche Tendenz des Bevölkerungszuwachses aufweisen, wie die anderen in Zentralasien lebenden Völker.

Zentralasien und das mohammedanische Transkaukasien sind tatsächlich die große Zone der erhöhten Geburtenziffer. Interessant an dieser Entwicklung ist, daß es sich nicht um eine allmähliche Tendenz handelt, sondern um ein sprunghaftes Ansteigen der Fruchtbarkeit, die mit dem bereits im großen und ganzen erreichten wirtschaftlichen und intellektuellen Fortschritt übereinstimmt. Die Konsequenzen dieser Veränderung sind vielfach. Eine davon liegt vor allem auf bevölkerungspolitischem Gebiet. Das Gewicht der mohammedanischen Völker innerhalb des Sowjetstaates steigt sowohl der Zahl als auch der Proportion nach an. Sie haben sich innerhalb eines Jahrzehnts von 24 auf 35 Millionen vermehrt.

Im weiteren beginnt sich die mohammedanische Bevölkerung sowohl nach der Struktur des Alters als auch des Geschlechts von der westlichen Bevölkerung zu unterscheiden. Die Bevölkerung der UdSSR ist im Durchschnitt eher jung (wenn auch die demographischen Tendenzen auf eine leichte Überalterung hinweisen). Die Bevölkerung Zentralasiens und des Kaukasus aber ist besonders jung[32]. Ferner ist das Gleichgewicht zwischen Männern und Frauen hier eher gegeben als in anderen Gebieten[33]. All diese Elemente tragen zur Stabilisierung einer hohen Geburtenrate bei.

Es läßt sich also ein neues Bild der UdSSR (siehe Graphik I) zeichnen, in der die Unterschiede biologischer Art sind. Der westliche Teil des Landes hat an biologischer Dynamik entscheidend verloren, weil seine Kraft durch wiederholte grauenhafte Prüfungen, wie die Kriege, aufgebraucht ist. Der Osten dagegen blieb eher verschont, wenn er auch ansonsten die gleichen Probleme gehabt hat wie die übrige Sowjetunion. Die Lebensbedingungen waren hier leichter. Die größere Anzahl der Kinder bezeugt hier die vorhandene unglaubliche Kraft und das offensichtlich größere Vertrauen in die Zukunft. Der Unterschied manifestiert sich in den beiden Extremen, dem Anteil der Jungend und der Greise an der Bevölkerung: Dort, wo die Bevölkerung am jüngsten ist, leben auch die meisten Hundertjährigen. Zwar hält die RSFSR in absoluten Ziffern den Rekord: 8366 Hundertjährige, aber bezogen auf die Gesamtbevölkerung liegt sie weit hinter den Republiken Zentralasiens und des Kaukasus zurück. Den absoluten Rekord halten Georgien und Armenien[34]. Freilich ist hier etwas Skepsis angebracht, denn man muß bei diesen Rekorden, was das Alter anlangt, eine Ungenauigkeit der Personenstandserfassung vor der Revolution berücksichtigen und vor allem der Tatsache Rechnung tragen, daß sowohl Zentralasien als auch der Kaukasus Gebiete sind, wo eine Zivilisation der »Alten« vorherrscht. Prestige ist dort mit Alter gleichbedeutend. Die Obrigkeiten in zentralasiatischen Dörfern nannte man *aksakal*, was »Weißbart« heißt. Es mag sein, daß dies alles einige Greise ermutigt, ihrem wirklichen Alter ein paar Jahre hinzuzufügen. Dennoch zeugt diese Langlebigkeit von einer großen biologischen Kraft und geschützteren Lebensumständen.

Demographie der sowjetischen Bevölkerung, Geburtenrate ‰

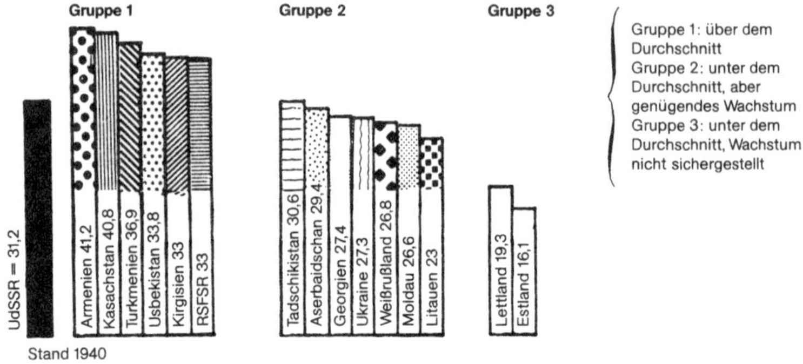

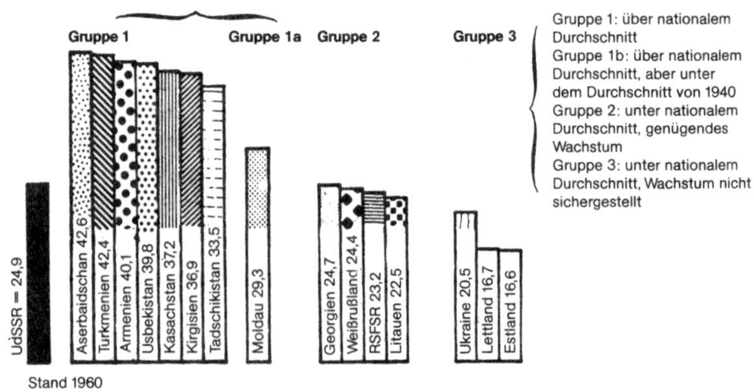

Grafik I

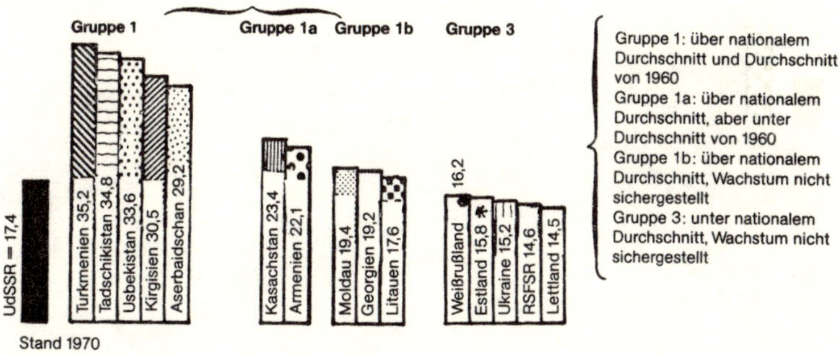
Gruppe 1
Gruppe 1a
Gruppe 1b
Gruppe 3
UdSSR = 17,4
Turkmenien 35,2
Tadschikistan 34,8
Usbekistan 33,6
Kirgisien 30,5
Aserbaidschan 29,2
Kasachstan 23,4
Armenien 22,1
Moldau 19,4
Georgien 19,2
Litauen 17,6
16,2
Weißrußland
Estland 15,8
Ukraine 15,2
RSFSR 14,6
Lettland 14,5
Stand 1970
Gruppe 1: über nationalem Durchschnitt und Durchschnitt von 1960
Gruppe 1a: über nationalem Durchschnitt, aber unter Durchschnitt von 1960
Gruppe 1b: über nationalem Durchschnitt, Wachstum nicht sichergestellt
Gruppe 3: unter nationalem Durchschnitt, Wachstum nicht sichergestellt

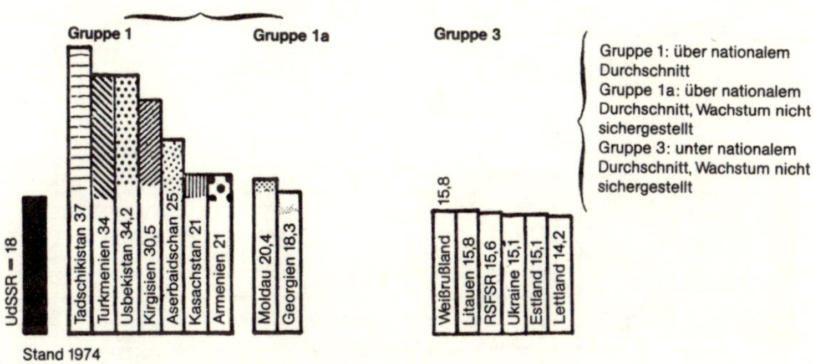
Gruppe 1
Gruppe 1a
Gruppe 3
UdSSR = 18
Tadschikistan 37
Turkmenien 34
Usbekistan 34,2
Kirgisien 30,5
Aserbaidschan 25
Kasachstan 21
Armenien 21
Moldau 20,4
Georgien 18,3
15,8
Weißrußland
Litauen 15,8
RSFSR 15,6
Ukraine 15,1
Estland 15,1
Lettland 14,2
Stand 1974
Gruppe 1: über nationalem Durchschnitt
Gruppe 1a: über nationalem Durchschnitt, Wachstum nicht sichergestellt
Gruppe 3: unter nationalem Durchschnitt, Wachstum nicht sichergestellt

Die Verteilung der Russen in der UdSSR 1970

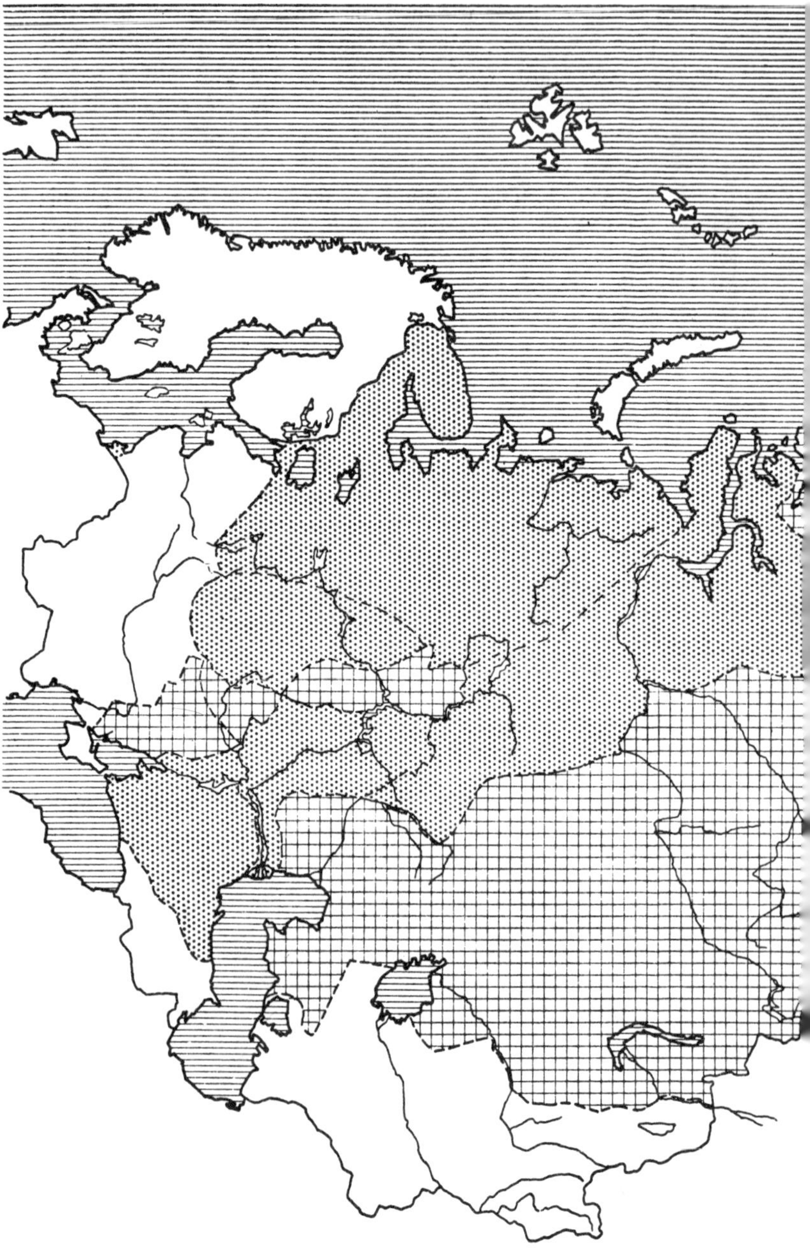

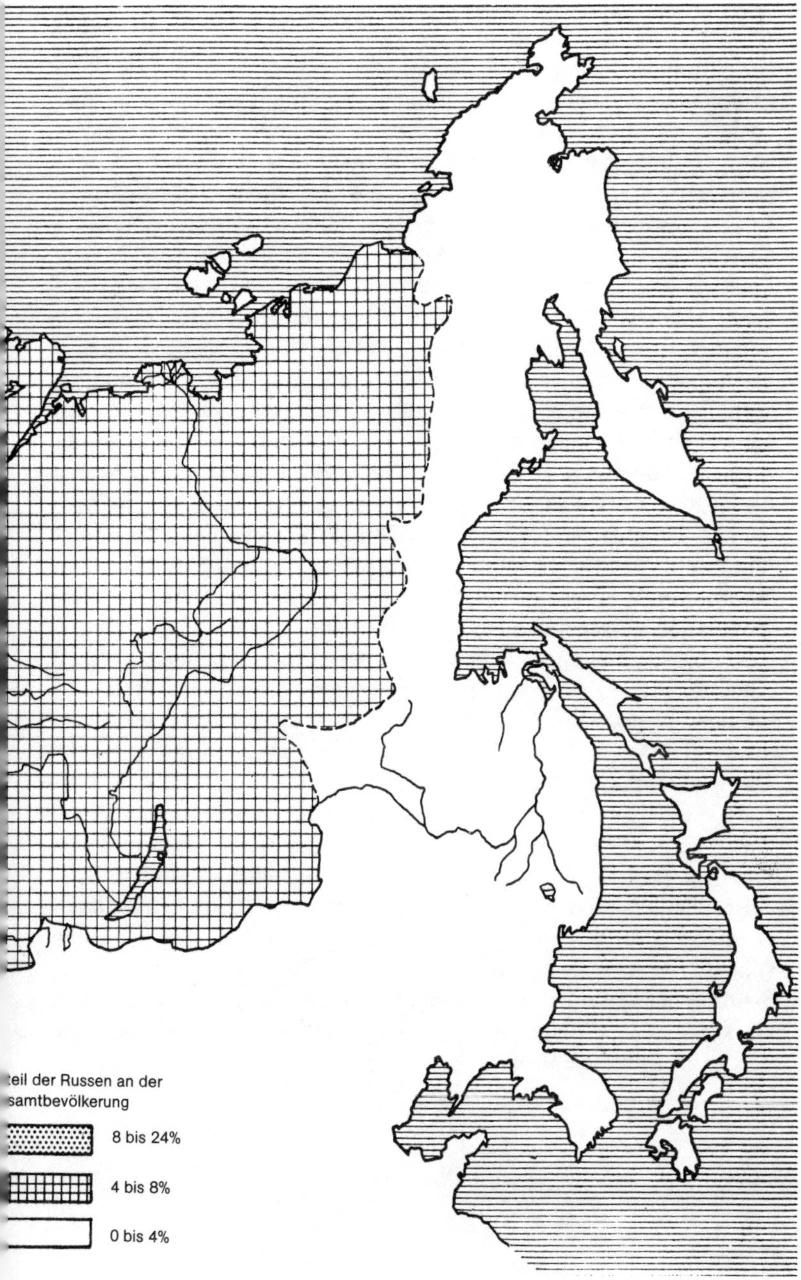

teil der Russen an der
samtbevölkerung
8 bis 24%
4 bis 8%
0 bis 4%

Die Ausbreitung der Russen und die Wanderungsbewegungen

Die nationalen Staatsgebilde sind von den Bolschewisten nur als Übergangslösung gedacht gewesen. Rahmen der nationalen Existenz, aber auch Lebensraum verschiedener ethnischer Gruppen, sollte der Nationalstaat von selbst seine Bedeutung im Lauf der Jahre verlieren. Dies zu erwarten war keineswegs so utopisch wie es scheint, denn die Bevölkerungsbewegung zur Zarenzeit bewies, daß wirtschaftliche Notwendigkeiten ebenso wie politische Anreize Wanderungsbewegungen auslösen können. In welchem Ausmaß ist diese Erwartung nun verwirklicht worden? In welchem Maß konnten die jüngsten demographischen Erschütterungen dieses Projekt der Überwindung der nationalen Unterschiede berühren? Auch hier muß man die Entwicklung innerhalb der Sowjetunion, beginnend von der Volkszählung 1897 an, kennen. Auf den ersten Blick zeigen alle Volkszählungen, daß das eigentlich nomadische Volk das russische Volk ist. Im Jahr 1897 waren die Russen in sechs großen Bevölkerungsregionen konzentriert: Zentrum, Zentral-Tschernoziom*, Ural, Wolga, Nordwest und das Gebiet von Wolga-Wiatsk. Diese Gebiete formten einen kompakten Block im Westen des Zarenreiches. Ab 1926 kann man aber die großen Wanderzüge der künftigen Jahrzehnte voraussehen.

Trotz rascher Industrialisierung der westlichen Regionen, nämlich des eigentlichen Zentrums, des Wolgagebiets, des Urals und des Nordwestens, beginnt die russische Bevölkerung eine Wanderungsbewegung nach Osten, die sie bis zum Beginn der siebziger Jahre fortsetzt. Das westliche und östliche Sibirien, der Ferne Osten, Kasachstan, Zentralasien wurden das Ziel eines ständigen Stromes von Russen, deren Anteil an der Bevölkerung des Ostens im Lauf dieser Jahrzehnte von zehn auf zwanzig Prozent stieg. Ein Blick auf eine demographische Karte überzeugt davon, daß diese Ausbreitung der russischen Bevölkerung und ihrer Bewegung nach Osten andauert. Diese Entwicklung führt zu zwei Fragen: Berührt diese massive Wanderung der Russen die Struktur der verschiedenen Nationalstaaten der Sowjetunion in einem stärkeren Ausmaß? Und gibt es im Gegensatz hierzu auch eine analoge Ausbreitung der nichtrussischen Völker?

* Tschernoziom = Schwarzerdegebiet

Die Antwort ergibt sich aus einem Vergleich der beiden jüngsten Volkszählungen. Es ist besonders bedeutsam, daß beide Volkszählungen in einer Periode totalen inneren Friedens durchgeführt worden sind. Außerdem ist die Bevölkerungsbewegung in dieser Zeit nicht an irgendwelche äußere Einflüsse gebunden, sondern ist mehr oder weniger eine freiwillige. Um die gegenwärtigen Wanderungsbewegungen und ihre Folgen zu verstehen, muß man die nationale Zugehörigkeit der Bevölkerung der Republiken prüfen und die Entwicklung der Stammbevölkerung* mit jener der anderen nationalen Gruppen, die in dem jeweiligen Land leben, vergleichen.

Zunächst kann man feststellen, daß neben der Stamm-Nation die zweitstärkste ethnische Gruppe fast stets die Russen sind[35]. Freilich muß man einige Ausnahmen sofort hervorheben. So nehmen z. B. in der Republik Kasachstan die Russen den ersten und die Kasachen nur den zweiten Platz ein. In Georgien bilden die zweitstärkste Gruppe die Armenier. In Moldau stehen die Ukrainer noch vor den Russen. In Tadschikistan folgen die Usbeken den Tadschiken auf dem zweiten Platz, das ist aber verständlich, wenn man bedenkt, daß die Republik aus den östlichen Teilen des alten usbekischen Emirates von Buchara gebildet worden ist. In Armenien schließlich bilden die Aseris (ansonsten Bewohner der Republik Aserbaidschan) die zweitgrößte Gruppe noch vor den Russen. Die Aseris sprechen eine Turksprache und sind Mohammedaner. Ansonsten aber sind die Russen überall die zweitstärkste Gruppe. In der RSFSR schließlich sind turkophone Mohammedaner, die Tataren, die zweitstärkste Gruppe. Wie sich die Stamm-Nationalität innerhalb ihrer eigenen Republik entwickelt, zeigt die Tabelle auf S. 80.

Stellt man nun die Anteile der namengebenen Volksgruppe in ihrer jeweiligen Republik nach den beiden letzten Volkszählungen einander gegenüber, so finden sich im allgemeinen jene Tendenzen wieder, die auch die allgemeine Entwicklung der Nationen in dieser Zeit kennzeichnen. Die Völker des westlichen Teils der Sowjetunion zeigen innerhalb ihrer eigenen Republiken einen nur schwachen Bevölkerungszuwachs. Umgekehrt gewinnen in der östlichen Sowjetunion die dynamischen Nationen immer mehr an Gewicht. Das ist ganz besonders typisch im Fall der Kasachen, die seit langem in ihrer eigenen Republik eine Minderheit bildeten, jetzt aber einen Anstieg verzeichnen, der zwar nicht besonders aufsehenerregend ist, aber doch vermuten

* jene Volksgruppe, die dem Staatsgebilde (Republik, Gebiet, Distrikt) den Namen gibt (auch »Titularnation« oder »namengebende Nation«).

Bedeutung der Stamm-Nationalität in den jeweiligen Republiken. Vergleich zwischen 1959 und 1970[36]

Republik Stammvolk	1959	1970	% 1959, in % jeder Republik	% 1970, in % jeder Republik
RSFSR	*117 534 000*	*130 079 000*		
Russen	97 864 000	107 748 000	83,3	82,8
Ukraine	*41 689 000*	*47 126 000*		
Ukrainer	32 158 000	32 284 000	76,8	74,9
Weißrußland	*8 056 000*	*9 002 000*		
Weißrussen	6 532 000	7 290 000	81,1	81,0
Usbekistan	*8 110 000*	*11 800 000*		
Usbeken	5 038 000	7 725 000	62,1	65,5
Kasachstan	*9 295 000*	*13 009 000*		
Kasachen (Stammvolk)	2 787 000	4 234 000	29,8	32,6
(Russen)	(3 972 000)	(5 522 000)	42,7	42,4
Georgien	*4 044 000*	*4 686 000*		
Georgier	2 601 000	3 131 000	64,3	66,8
Aserbaidschan	*3 698 000*	*5 117 000*		
Aseris	2 494 000	3 777 000	67,5	73,8
Litauen	2 711 000	3 128 000		
Litauer	2 151 000	2 507 000	79,3	80,1
Moldau	*2 885 000*	*3 569 000*		
Moldauer	1 887 000	2 304 000	65,4	64,6
Lettland	*2 093 000*	*2 634 000*		
Letten	1 298 000	1 342 000	62,0	56,8
Kirgisien	*2 066 000*	*2 933 000*		
Kirgisen	837 000	1 285 000	40,5	43,8
Tadschikistan	*1 981 000*	*2 900 000*		
Tadschiken	1 051 000	1 630 000	53,1	56,2
Armenien	*1 763 000*	*2 492 000*		
Armenier	1 552 000	2 208 000	88,0	88,6
Turkmenien	*1 516 000*	*2 159 000*		
Turkmenier	924 000	1 417 000	60,9	65,6
Estland	*1 197 000*	*1 356 000*		
Esten	893 000	925 000	74,6	68,2

läßt, daß ein vollkommener Bruch mit den Verhältnissen der Vergangenheit erfolgt ist, in der die Kasachen, zahlenmäßig schwach, sich stets auf dem absteigenden Ast befanden; so zwar, daß sie kaum mehr die Aufrechterhaltung ihres eigenen Nationalstaates rechtfertigten. Man sieht aber bei Betrachtung der statistischen Zahlen, daß in der Sowjetunion zwei Tendenzen vorhanden sind.

Nationen
(innerhalb der eigenen Republik)

im Rückgang	im Aufstieg
Esten: −6,4%	Armenier: +0,6%
Letten: −3,2%	Litauer: +0,8%
Ukrainer: −1,9%	Georgier: +2,5%
Moldauer: −0,8%	Kasachen: +2,6%
Russen: −0,5%	Tatschiken: +3,1%
Weißrussen: −0,1%	Kirgisen: +3,3%
	Usbeken: + 3,4%
	Turkmenen: +4,7%
	Aseris: +6,3%

Diese Fortschritte der Stamm-Völker auf ihrem nationalen Territorium werden von einem Rückgang der Russen begleitet, der im allgemeinen seine Ursache in dem Geburtenüberschuß der Einheimischen hat. Nur in einem Fall, nämlich in Georgien, ist der Rückgang der russischen Volksgruppe das Ergebnis einer Verringerung der absoluten Zahl und nicht des relativen Gewichtes der Russen, die in dieser Republik leben. Zwischen 1959 und 1970 hat sich die russische Gemeinde in Georgien um 11 000 Angehörige verringert, das sind etwa 0,3%.

Entwicklung der Russen und der Stammvölker in den verschiedenen Republiken in Prozenten.

Republiken	Russen in %			Stammvolk
	1959	1970	Unterschied	Unterschied zwischen 1970 und 1959
Estland	20,1	24,7	+ 4,6	− 6,4
Ukraine	16,9	19,4	+ 2,5	− 1,9
Weißrußland	8,2	10,4	+ 2,2	− 0,1
Moldau	10,2	11,6	+ 1,4	− 0,8
Lettland	2,9	4,0	+ 1,1	− 3,2
Litauen	8,5	8,6	+ 0,1	+ 0,8
Kasachstan	42,7	42,4	− 0,3	+ 2,6
Armenien	3,2	2,7	− 0,5	+ 0,6
Kirgisien	30,2	29,2	− 1,0	+ 3,3
Usbekistan	13,5	12,5	− 1,0	+ 3,4
Tadschikistan	13,3	11,9	− 1,4	+ 3,1
Georgien	10,1	8,5	− 1,6	+ 2,5
Aserbaidschan	13,6	10,0	− 3,6	+ 6,3
Turkmenien	17,3	14,5	− 2,8	+ 4,7

Die relative Rückläufigkeit der Zahl der Russen in den Ostgebieten darf aber nicht über die tatsächliche Entwicklung der russischen Volksgruppe hinwegtäuschen, auch was ihre Existenz außerhalb der eigenen Republik betrifft. Wenn man die Zahl der Russen, die sich außerhalb der RSFSR befinden, in Betracht zieht, aber nicht ihr relatives Gewicht zu der jeweiligen nationalen Bevölkerung, so stellt man fest, daß die für die vergangenen Jahrzehnte charakteristische Ausbreitung der Russen keineswegs der Vergangenheit angehört.

Anzahl der Russen in den Republiken

Republiken	Volkszählung 1959 (in 1000)	Volkszählung 1970 (in 1000)	Änderung in %
Ukraine	7 091	9 126	+ 28,7
Weißrußland	660	938	+ 42,1
Usbekistan	1 092	1 473	+ 34,3
Kasachstan	3 972	5 522	+ 39,2
Georgien	408	397	− 2,7
Aserbaidschan	501	510	+ 1,8
Litauen	231	268	+ 16,0
Moldau	293	414	+ 41,3
Lettland	556	705	+ 26,8
Kirgisien	624	856	+ 37,2
Tadschikistan	263	344	+ 30,8
Armenien	56	66	+ 17,9
Turkmenien	263	313	+ 19,0
Estland	240	335	+ 39,6

Diese Tabelle zeigt eine außerordentlich unregelmäßige Entwicklung bei der russischen Volksgruppe. Im allgemeinen gesprochen, haben die Russen außerhalb ihrer Republik ihre Zahl weit mehr vergrößert als innerhalb ihrer Republik. Wenn innerhalb der RSFSR der Zuwachs nur 10,1% betragen hat, so betrug er außerhalb 37,4%, und das durchschnittliche Wachstum betrug 14%. Diese Unterschiede deuten das Fortdauern der russischen Wanderbewegungen an und auch einen Unterschied im demographischen Verhalten der Russen je nach dem Wohnort. Was nun die gegenwärtige Wanderbewegung betrifft, zeigt die vorherstehende Tabelle, daß die Russen zwei großen Richtungen folgen. Sie wandern massiv in die westlichen Gegenden aus, mit Ausnahme von Litauen, wo ihr Fortschritt gering ist, und in etwas kleinerem Ausmaß auch in die Ukraine. Zentralasien, mit Ausnahme von Turkmenien, zieht die Russen weiterhin an. Im Gegensatz dazu scheint der Kaukasus sich ihnen mehr und mehr zu verschließen, auch Armenien selbst verzeichnet nur eine sehr schwache Zunahme der russischen Bevölkerung, die prozentual um die Hälfte niedriger ist als das durchschnittliche Wachstum der Russen innerhalb der RSFSR.

Diese Unterschiede sind umso interessanter, als das Verhalten der Russen in bevölkerungspolitischer Hinsicht durch ihre Umgebung beeinflußt zu sein scheint. Die Fruchtbarkeitsrate in Zentralasien oder im Kaukasus, in Gegenden, in denen eine kleine Familie keinerlei Prestige besitzt, steigt deutlich an. Man kann daraus schließen, daß der Zuwachs der russischen Bevölkerung in den westlichen Gebieten einem Zuwanderungsanstieg zu danken ist, während er in den östlichen Republiken weit eher auf eine höhere Geburtenziffer zurückgeht. Der Rückgang im Kaukasus wird schließlich durch einen Schwund an Einwanderern, ja vielleicht durch Rückwanderung erklärt, wie es z. B. in Georgien der Fall ist. Die Ausbreitung der Russen hat also weitgehend die Richtung geändert. Nach dem Sturm in den Osten in den Jahren 1926 bis 1959 ist nun der Strom nach Westen gewandert, und zwar in jene Republiken, die sich an den Grenzen zur westlichen Welt befinden. Wir werden noch später auf die Gründe dieser tiefgreifenden Veränderung in den Wanderungsgewohnheiten der Russen zurückkommen.

Die Bevölkerung der Sowjetunion im Jahr 2000

Lange Zeit war die Vorherrschaft der Russen sowohl im Zarenreich wie auch in der Sowjetunion eine gegebene Tatsache. Rußland war auf Grund seiner Dynamik das Herz des Gesamtgefüges, das Hauptelement und Ferment. Die Zahlen der letzten Volkszählung zwingen aber zu Zurückhaltung; Dynamik ist kein russisches Privileg mehr. Andere Volksgruppen wachsen an Bevölkerung und erlangen größeres Gewicht. Darüber hinaus entvölkert sich das eigentliche Rußland. Auch das Gewicht der Russen außerhalb Rußlands nimmt ständig ab, die Ausbreitung scheint nur mehr geringere Bedeutung zu besitzen. Das wesentliche Problem ist aber nicht mehr die Vergangenheit und auch nicht die Gegenwart, sondern die Zukunft der Bevölkerung Rußlands. Ohne Zweifel ist es gewagt, auf diese Weise gegenwärtige Tendenzen auf die Zukunft zu projizieren. Nichts desto weniger kann man auf Grund von Entwicklungen der letzten Jahre, der Bevölkerungsstruktur der verschiedenen ethnischen Gruppen, nach dem Alter, nach dem Geschlecht und nach der Haltung, die diese Gruppen gegenüber dem Problem der Geburtenfreudigkeit zeigen, immerhin mit einiger Vorsicht gewisse Hypothesen aufstellen.

Die Hauptfrage ist die folgende: Wird es möglich sein, daß sich in der Sowjetunion zwei sehr verschiedene Tendenzen nebeneinander durchsetzen? Die eine, die ansonsten nur sehr hoch entwickelten Gesellschaften zu eigen ist, die andere, die typisch für Gesellschaften geringerer Entwicklung ist?

Nach einem gewissen Zögern haben die sowjetischen Demographen zugegeben, daß die regionalen Variationen der Geburtenfreudigkeit einen wesentlichen Faktor der sowjetischen Bevölkerungsentwicklung bilden[37]. Aber die Schlußfolgerung, die sie daraus ziehen, ist nicht unbestritten. Einige glauben, daß die Unterschiede fortdauern werden[38]. Andere dagegen meinen, aus den Daten herauslesen zu können, daß sich das Verhalten der nationalen Gruppen einander annähert[39]. Diese Annäherung soll sich als eine sehr leichte Erhöhung der niedrigsten Geburtenziffern und ein zunehmender Rückgang der höchsten Geburtenraten zeigen. Die kinderreichsten Nationen werden jedoch fortschreitend ihr demographisches Verhalten von einem »biologischen Maximum zu einer bewußten Familienplanung hin verändern«. Zur Unterstützung dieser These stellen ihre Verfechter die Zahlen der Geburtenrate auf Grund der Volkszählung von 1970 Teilresultaten, die 1971 und 1972 verzeichnet worden sind, gegenüber.

Geburtenrate in den Republiken je Tausend Bewohner.

Republiken	1940	1960	1970	1972
UdSSR	*31,2*	*24,9*	*17,4*	*17,8*
RSFSR	33,0	23,2	14,6	15,3
Ukraine	27,3	20,5	15,2	15,5
Weißrußland	26,8	24,4	16,2	16,1
Usbekistan	33,8	39,8	33,6	33,2
Kasachstan	40,8	37,2	23,4	23,5
Georgien	27,4	24,7	19,2	18,0
Aserbaidschan	29,4	42,6	29,2	25,6
Litauen	23,0	22,5	17,6	17,0
Moldau	26,6	29,3	19,4	20,6
Lettland	19,3	16,7	14,5	14,5
Kirgisien	33,0	36,9	30,5	30,5
Tadschikistan	30,6	33,5	34,8	35,3
Armenien	41,2	40,1	22,1	22,5
Turkmenien	36,9	42,4	35,2	33,9
Estland	16,1	16,6	15,8	15,6

Ein Vergleich dieser Zahlen läßt tatsächlich mehrere Schlußfolgerungen zu. Vor allem, daß seit 1960 die Geburtenziffern in der gesamten UdSSR abgenommen haben, obgleich der Rhythmus regional verschieden ist. Aber überall ist auch in den geburtenintensiven Gebieten eine Senkung zu verzeichnen. Die einzige Ausnahme bildet die Republik Tadschikistan, wo der Bevölkerungszuwachs seit 1940 kontinuierlich angestiegen ist. In der RSFSR scheint sich übrigens eine Erholung der Geburtenzahlen abzuzeichnen (1974 = 15,6‰). Ebenso, wenn auch etwas weniger deutlich, in Moldau (1974 = 20,4‰). Alle anderen europäischen Gruppen, einschließlich der Ukrainer, zeigen weiterhin eine abnehmende Tendenz der Geburten. Man muß mit diesen Schlußfolgerungen freilich sehr vorsichtig sein, da der letzte Zeitraum von nur vier Jahren eigentlich zu kurz war, um ernsthafte Folgerungen ziehen zu können. Veränderungen von einem Jahr zum anderen können manchmal leicht entgegengesetzte Tendenzen aufweisen.

Eine zweite Schlußfolgerung drängt sich auf: trotz einer langsamen Nivellierung des Verhaltens wird doch die demographische Struktur der Sowjetunion in ihrer gegenwärtigen Form durch mehrere Jahrzehnte fortdauern und am Anfang des 21. Jahrhunderts eine Art Gleichgewicht der verschiedenen Bevölkerungsgruppen herbeigeführt haben. Diese These der kontinuierlichen Nivellierung wird jedoch von einigen sowjetischen Demographen abgelehnt. Sie glauben an eine Fortdauer, ja an eine Intensivierung der Unterschiede hinsichtlich der Geburtenfreudigkeit, selbst wenn sich die wirtschaftliche und kulturelle Situation ausgleichen sollten. Man muß also die wichtigsten Faktoren des menschlichen Verhaltens und deren relatives Gewicht in Betracht ziehen, wenn man die künftigen Tendenzen der sowjetischen Bevölkerungsentwicklung richtig einschätzen will.

Ist nicht der materielle Faktor einer der wichtigsten und entscheidendsten? Das Familieneinkommen beeinflußt ohne Zweifel auch das demographische Verhalten. Aber bilden Einkommensniveau und Geburtenfreudigkeit immer noch eine ähnliche Kurve? Wir verfügen bedauerlicherweise nicht für die gesamte Sowjetunion über Informationen, die es ermöglichen würden, das Einkommen und die Geburtenzahl für sämtliche Bevölkerungsgruppen zu vergleichen. Aber wir können zwei Erhebungen einander gegenüberstellen, die 1972 in den Städten und auf dem Land in den westlichen Gebieten, sowie auf dem Land in Zentralasien, Aserbaidschan und im Kaukasus gemacht worden sind. Wir erhielten dadurch folgende Tabelle[40]:

Durchschnittliche Geburtenzahl pro Frau

Monatliches Einkommen der Familie (Rubel)	westliche Republiken		mohammedanische Republiken
	Arbeiter und Angestellte	Kolchos- und Sowchosarbeiter	Kolchos- und Sowchosarbeiter
bis 150	1,77	2,22	3,88
151–210	1,69	2,37	4,16
211–300	1,72	2,51	4,12
301–450	1,79	2,67	4,21
451–600	1,88	2,89	4,12
601–900	1,96	3,04	4,17
901 und darüber	2,08	3,23	4,22

Diese Tabelle zeigt zweifellos, daß zwei verschiedene Reaktionen in den Familien gegenüber ihrer materiellen Situation bestehen. Im Fall der Familien in den westlichen Republiken ist der Einfluß des Einkommens auf die Familiengröße unbestreitbar. Die Landbevölkerung mit gleichem Einkommen hat zwar mehr Kinder, aber sowohl in der Stadt als auch auf dem Land bestimmt das Einkommen die Kinderzahl. In den Republiken im Osten dagegen beeinflußt das Einkommen die Familiengröße nur ganz minimal. Dort haben nämlich nur die ärmsten Familien weniger Kinder, und dies aus bestimmten Gründen, auf die wir später noch zurückkommen werden. Die Ehen werden spät geschlossen, und es gibt auch Gesundheitsgründe.

Die Ausbildung ist vielleicht ein noch wichtigerer Faktor auf diesem Gebiet. Eine Erhebung im Jahre 1972 in den westlichen Republiken[41] im städtischen Milieu hat gezeigt, daß die Geburtenfreudigkeit praktisch durch die Entwicklung des Einkommens der Familien nicht beeinflußt wird, wenn das Bildungsniveau jenes der Primärschule nicht überschreitet oder aber die Sekundärbildung nicht abgeschlossen (acht Schuljahre) ist. Nicht abgeschlossene Schulausbildung ist im ländlichen Milieu viel häufiger. Andererseits spielt eine Änderung des Einkommens bei Ehepaaren mit hohem Bildungsgrad keine besondere Rolle mehr. Bei Familien mit durchschnittlicher Bildung (abgeschlossene Sekundärausbildung von zehn Jahren, Berufs- und Technikschulen) ist die Bindung zwischen Familieneinkommen und Geburtenhäufigkeit eine besonders enge. Diese Tendenzen, die es vor allem in den »westlichen« Familien gibt, findet man in den »östlichen« Familien nur recht selten. Ohne Zweifel kann man auch in den Republiken mit hoher Geburtenziffer feststellen, daß, je höher das Bildungsniveau eines Ehepaares ist, umso eher die Tendenz besteht, die Geburten in größeren Abständen und kontrolliert erfolgen zu lassen. Die folgende Tabelle ist die Summe der Informationen über die Verbindung zwischen Bildung und Geburtenfreudigkeit in den westlichen und östlichen Republiken. Sie gibt außerordentlich interessante Rückschlußmöglichkeiten über die Zukunft der Bevölkerungsentwicklung. Sie gründet sich nicht auf die tatsächliche Geburtenzahl, sondern auf die Zahl der Geburten, die von den Frauen erwartet werden.

Zahl der erwarteten Kinder[41]

	Geburtenschwache Nationalitäten		Geburtenstarke Nationalitäten	
Bildung der Frau	Bildung des Ehemannes			
	Mittelschule und Höhere Schulen	Volksschule	Mittelschule und Höhere Schulen	Volksschule
Mittelschule und Höhere Schulen	1,89	2,06	4,76	5,34
Volksschule	2,15	2,41	6,73	7,03

Was zeigt nun diese Tabelle? Vor allem, daß die Ausbildung einen ganz wesentlichen Einfluß auf das demographische Verhalten hat, und zwar sowohl in den westlichen wie in den östlichen Gebieten der Sowjetunion. Zweitens kann man hier einen wichtigen Unterschied der beiden Typen der Gesellschaft feststellen, und zwar hinsichtlich des entscheidenden Elements für eine Veränderung in dem Verhalten. In den östlichen Gesellschaften ist es die Ausbildung der Frau, die zu einer wirklichen Veränderung führen kann. Die Tabelle zeigt, daß bei verschiedenem Bildungsgrad des Paares der gebildete Mann eine wesentlich konservativere Haltung einnimmt als die gebildete Frau. Der Unterschied bezüglich der Geburtenzahl zwischen einem Paar, in dem beide Ehegatten eine hohe Ausbildung besitzen, und jenem, wo die Frau keinerlei Bildung besitzt, ist nahezu ebenso groß wie jener, der ein Paar mit einer hohen Bildung von einem Paar ohne jede Bildung trennt.

Dagegen ist die Geburtenzahl bei Paaren mit höherer Bildung der Frau und Paaren, bei denen beide Ehepartner gleichmäßig ausgebildet sind, ungefähr gleich.

Bei westlichen Familien besteht dagegen der Unterschied in dem Niveau der Ausbildung des Paares im allgemeinen, während kaum Variationen feststellbar sind, wenn man nur die Ausbildung eines Ehepartners in Betracht zieht.

Man versteht also, daß die Ausbildung der Frau in den östlichen Republiken einen entscheidenden Faktor der Bevölkerungspolitik darstellt. Je höher der Bildungsgrad der Männer ist, desto mehr zwingen sie der Gesellschaft ihre Konzeption auf, und diese Konzeption ist eine deutlich konservative und geburtenfreundliche.

Das in der Sowjetunion von einem Gebiet zum anderen sehr verschiedene Ausmaß der Verstädterung wird oft als ein entscheidender Faktor im biologischen Verhalten der Menschen angesehen[42]. In allen menschlichen Gesellschaften ist die Entwicklung der Städte eine Ursache beträchtlicher Veränderungen der Bevölkerungstendenz gewesen. Allgemein heißt das ohne Zweifel weniger Geburten. Es bedeutet aber auch bessere Lebensbedingungen, die wieder teilweise einen Ausgleich für die Verringerung des Umfangs der Familie gestatten, und zwar durch geringere Kindersterblichkeit.

Die demographischen Unterschiede in der Sowjetunion hängen bis zu einem gewissen Grad von der Verstädterung jeder Region ab. Kann man das Verhalten städtischer Bevölkerung jenem sehr ähnlichen der ländlichen Bevölkerung gegenüberstellen, die durch eine sehr zahlreiche Familie charakterisiert ist? In Wahrheit ist die Situation nicht so einfach. Ohne Zweifel ist die westliche Sowjetunion weit mehr verstädtert als die zentralasiatische Peripherie. Aber auch dort fehlt es keineswegs an städtischem Leben.

Schon bei der Volkszählung von 1897 wurden im zentralasiatischen Teil 56 Städte registriert, davon allein 26 in Usbekistan. Schon damals machte die städtische Bevölkerung 15% aus, und es gab städtische Tätigkeiten (Handwerker, Kleinindustrie, Handel), die seit dem 19. Jahrhundert keineswegs aufgehört haben, sich weiterzuentwickeln. Die große Wirtschaftsrevolution der dreißiger Jahre hat in diesen Randgebieten verhältnismäßig wenig verändert, während sie die Struktur und die Lebensweise der russischen und ukrainischen Bevölkerung total verwandelte.

Keine Region der Sowjetunion ist zwar von dieser radikalen Veränderung verschont geblieben, aber das Ausmaß variiert. Dort, wo sie am größten war, hat die wirtschaftliche Revolution dem städtischen Leben nicht nur eine hervorragende Bedeutung gegeben, sondern auch die Stadt vom Land getrennt und zwei Kulturformen begründet: Eine der Landbevölkerung und eine der Städter. Dieser Bruch in der kulturellen Entwicklung hat die Stadt und ihre Kultur zu einem Anziehungspunkt und zum Vorbild gemacht. Die bäuerliche Bevölkerung versucht nun, sich ihr anzupassen. In anderen Gebieten geht dies trotz des Fortschrittes der Urbanisierung vor sich, ohne die Einheit der Gesellschaft zu zerstören. Stadt- und Landbevölkerung bleiben solidarisch und dem gleichen Kulturvorbild verbunden, in dem die Traditionen die wichtigste Rolle spielen. Zu Beginn der sechziger Jahre wird es möglich, eine Bilanz der gesellschaftlichen Veränderungen seit den dreißiger Jahren aufzustellen. Man kann – hinsichtlich der Beziehung Urbanisierung und Geburtenrate – drei verschiedene Gesellschaftsformen unterscheiden:

Erstens Völker, die begonnen haben, von einer ländlichen zu einer städtischen Lebensform überzugehen. Hierher gehören Russen, Ukrainer, Weißrussen und Balten, bei denen sich der Geburtenrückgang sowohl in den Städten als auch auf dem Land, wo sich das städtische Vorbild durchsetzt, deutlich zeigt. Andere Völker, wie die Tataren, die Udmurten, die Moldauer, haben, wenn auch nicht im gleichen Tempo, denselben Weg eingeschlagen. Das heißt, daß die städtische Bevölkerung einen Geburtenrückgang zu verzeichnen hat, während man auf dem Lande diesem Beispiel noch nicht folgt. Aber auch hier zeichnet sich die Entwicklung schon deutlich ab.

Am anderen Ende der Skala bildet sich in diesem Zeitabschnitt eine Gruppe von Völkern, die von dieser Veränderung des Verhaltens noch nicht betroffen sind. Hierher gehören die Völker Zentralasiens, teilweise die Bewohner von Dagestan, die Aseris usw. Für diese Volksstämme bedeutet die Verstädterung noch nicht einen Rückgang der Geburten. Das Verhalten der Städter und der Bauern ist in diesem Gebiet noch sehr ähnlich.

Zwischen diesen beiden einander entgegengesetzten Gruppen kann man noch eine dritte unterscheiden, nämlich die der Armenier, Jakuten und Baschkiren, bei denen die Geburtenfreudigkeit sowohl in der Stadt als auch auf dem Land noch hoch ist. Jedoch gibt es Hinweise dafür, daß diese Völker sehr nahe daran sind, sich in ihrem Verhalten der ersten Gruppe anzupassen, nämlich dem Rückgang der Geburten durch Verstädterung und Verschiedenheit der Verhaltensweisen in Stadt und Land.

Seit dem Ende der fünfziger Jahre hat es in der UdSSR starke Veränderungen gegeben. Die Urbanisierung hat gerade dort sich wieder entwickelt, wo sie bis dahin zu stagnieren schien. Aber die wichtigste gesellschaftliche Veränderung liegt nicht in einer Entwicklung der Städte oder in einer Vergrößerung ihrer Anzahl, sondern in einer gewissen »Verstädterung des Landes«. Dank dieser gesellschaftlichen Tatsache und deren nicht mehr abänderbarem Charakter, den B. Kerblay unterstrichen hat[43], haben das Wertsystem und die Lebensart der Stadt die ländliche Gesellschaft erfaßt und verändert. Vor allem die Familie hat die Auswirkungen dieser Veränderungen zu spüren bekommen. Das Beispiel der städtischen Familie – ein Ehepaar mit einer beschränkten Anzahl an Kindern – wird mehr und mehr auch zur Standardform in der ländlichen Bevölkerung.

Der Geburtenrückgang, der sich vor allem in der Volkszählung von 1970 bemerkbar machte, ist das Ergebnis dieser Vermischung der Unterschiede zwischen den Verhaltensweisen in Stadt und Land. Wenn es in der Vergangenheit vor allem das Land war, das hinsichtlich der Bevölkerungsentwicklung in der Sowjetunion den Tenor abgab, so sind es nun die Städte, die den entscheidenden Faktor bilden, denn der Städter ist zum Vorbild für den Landbewohner geworden. Vorbild auch deshalb, weil die Entwicklung der Massenmedien diese Lebensart auch auf dem Lande propagiert. Wenn noch in den Jahren von 1930 bis 1950 Stadt und Land zwei voneinander weit entfernte, unterschiedliche Lebensformen bedeuteten und untereinander nur durch menschliche Beziehungen verbunden waren, so werden heutzutage die höher gebildeten Landbewohner täglich mit der städtischen Kultur durch ihre Zeitungen und durch das Fernsehen imprägniert. Die Sowjetunion wollte um jeden Preis eine industrielle Gesellschaft werden. Da man mit Modernisierung die Verstädterung und die Ablehnung der ländlichen Kultur samt aller ihrer Werte gleichsetzte, ist es nicht erstaunlich, daß nun auch die Werte der Familie, die so lange Zeit das Land zu bewahren verstanden hat, dahinschwinden? Und daß man den Preis eben in einem geringeren Geburtenzuwachs zahlen muß? Jedoch gilt diese Entwicklung, die an und für sich für die Sowjetgesellschaft typisch ist, nicht zur Gänze für die mohammedanische Gesellschaft, wo, wie schon erwähnt, die Verstädterung ebenfalls Fortschritte gemacht hat.

Die Volkszählung von 1970 ist im allgemeinen ein Spiegel der Vereinheitlichung der sowjetischen Gesellschaft, reflektiert aber auch die Besonderheiten dieser Randgesellschaften. Auch dort hat das Verhalten von Stadt und Land, weit entfernt davon, sich anzunähern, sich mehr als in der Vergangenheit zu unterscheiden begonnen. Die Tabelle auf S. 91 zeigt die verschiedene Entwicklung der einzelnen Volksgruppen.

Wie soll man diese Unterschiede erklären? Wenn das Ausmaß der Verstädterung der zweiten Gruppe geringer ist als das der ersten Gruppe, so ist dennoch der Fortschritt der Urbanisierung unbestreitbar. Auch in dieser zweiten Gruppe ist es das Land, das den Bevölkerungsfortschritt herbeiführt. Und es spricht alles dafür, daß die ländli-

Unterschiede Stadt–Land[44] (städtische Demographie = 100)

Nationalitäten	1958/ 1959	1969/ 1970	Nationalitäten	1958/ 1959	1969/ 1970
Russen	155	129	Armenier	128	154
Ukrainer	144	126	Usbeken	122	136
Weißrussen	143	129	Kasachen	111	140
Georgier	156	132	Kirgisen	111	137
Moldauer	148	136	Tadschiken	77	106
Letten	138	128	Turkmenen	90	116
Esten	150	135	Aseris	149	139
Litauer	130	145			

che Bevölkerung auch in demographischer Hinsicht ihre bisherige Verhaltensweise beibehält, ihr eigenes Wertsystem, ihre Sitten, anstatt sich an das städtische Modell anzugleichen. Hierfür gibt es mehrere Erklärungen.

Vor allem einmal die Wirtschaftspolitik der Sowjetunion. Die geographischen Gegebenheiten machen aus den islamischen Randgebieten vor allem eine landwirtschaftliche Zone. Die wirtschaftliche Entwicklung Zentralasiens war auf großflächige Anbaugebiete ausgerichtet, und daher hat man sich auch bemüht, die ländliche Bevölkerung an Ort und Stelle zu halten. Wenn die letzten Jahre dennoch durch die Entwicklung städtischer Zentren und deren Bevölkerung gekennzeichnet sind, so muß man hinzufügen, daß ihre Bewohner eher von außerhalb dieser Region kommen, als daß es Landbewohner wären, die sich zum städtischen Leben bekehrt haben. Wir werden auf diesen Punkt noch später zurückkommen.

Die Städte Zentralasiens (zumindest die mittleren Städte) unterscheiden sich von europäischen Städten vor allem durch ihre enge Bindung an das Land. Dies trifft vor allem einmal auf die familiären Bindungen zu. Die in die Stadt übersiedelten Kinder stehen mit den in der nahen Umgebung lebenden Eltern weiter in engem Kontakt. Eine Verbindung der Stadt mit dem Land besteht vor allem aber auch in der Arbeitswelt, denn bis zu 40% der werktätigen Städter sind in der Landwirtschaft der Umgebung beschäftigt. Dies erklärt unter anderem, warum sich die ländliche Kultur sogar in der Stadt halten kann und warum das Land, ohne das Bevölkerungsvorbild der Stadt zu sein, doch zumindest das eigene demographische Verhalten beibehielt. Ohne Zweifel besitzen die sehr großen Städte eine Autonomie, während die kleinen und mittleren städtischen Zentren, sowohl was die Herkunft der Bewohner betrifft, als auch was ihre kulturelle Entwicklung anlangt, von der umliegenden bäuerlichen Landschaft abhängig sind.

Muß man aus diesen Tatsachen auf unüberwindbare Verschiedenheiten in der sowjetischen Gesellschaft schließen? Ohne Zweifel nein. Die Völker in den südlichen Randgebieten der Sowjetunion haben den Übergang zur klassischen städtischen Zivilisation noch nicht oder noch kaum gestartet. Auf lange Sicht sollte wirtschaftlicher Fortschritt (Industrialisierung), die höhere Bildung der Frauen, vor allem die Wanderungstendenzen (Zuwanderung aus den Landwirtschaftsgebieten in die großen städtischen Zentren und Abwanderung in andere Gebiete), die Kultur und das Verhalten dieser Völker verändern. Aber es handelt sich um einen langsamen Prozeß. Eine brutale wirtschaftliche Revolution, wie jene der dreißiger Jahre, könnte möglicherweise diese Frist verkürzen. Jedoch hat die stalinistische Revolution die südlichen Randgebiete der Sowjetunion eindeutig ausgespart, und eine zweite Revolution dieser Art, die jede Rücksicht auf den Menschen vermissen läßt, ist in der heutigen Sowjetunion kaum mehr vorstellbar. Man kann daher annehmen, daß ein paar Jahre keineswegs ausreichen würden, um eine Vereinheitlichung der sowjetischen Gesellschaft herbeizuführen. Man kann erwarten, daß bis zur Jahrhundertwende die Gegebenheiten auf geographischem und kulturellem Gebiet weiterhin für die Bevölkerungsentwicklung kennzeichnend sein werden.

Kann man also einige Voraussagen für das Jahr 2000 wagen? Trotz aller Risiken, die eine solche Prophezeiung beinhaltet (Ereignisse äußerer Art, Hungersnot, Epidemien und ähnliches, die in kürzester Zeit selbst vorsichtigste Überlegungen null und nichtig machen können), kann man dennoch versuchen, sich die Situation der UdSSR um die Jahrhundertwende vorzustellen, und zwar auf Grund der Volkszählung von 1970. Hält man sich streng an die vorliegenden Daten, ohne irgendwelche Korrekturen vorzunehmen, so gelangt man zu dem Schluß, daß die Bevölkerungsentwicklung außerordentlich verschiedenartig sein wird. So wird sich in Estland der Bevölkerungsstand des Jahres 1920 etwa gleich erhalten, dagegen die Bevölkerung Zentralasiens sich verdreifachen. Diese Vielfalt zeigt die Graphik II.

Diese Graphik geht völlig von der gegenwärtigen Situation aus, das heißt von der Struktur nach Alter und Geschlecht der diversen Nationalitätengruppen. Diese Struktur erlaubt die folgende Annahme: Bei allen Volksgruppen wird ein Augenblick kommen, in dem sie einen Rückgang des Bevölkerungswachstums spüren werden. Die künftige Entwicklung wird aber von verschiedenen Momenten bestimmt sein, in denen die Auswirkungen der Bevölkerungsstruktur auf das demographische Verhalten sichtbar werden. Die rasche Abnahme der russisch-ukrainischen Gruppe hängt mit dem Einfluß zusammen, den die

Entwicklung der sowjetischen Bevölkerung zwischen 1970 und 2000

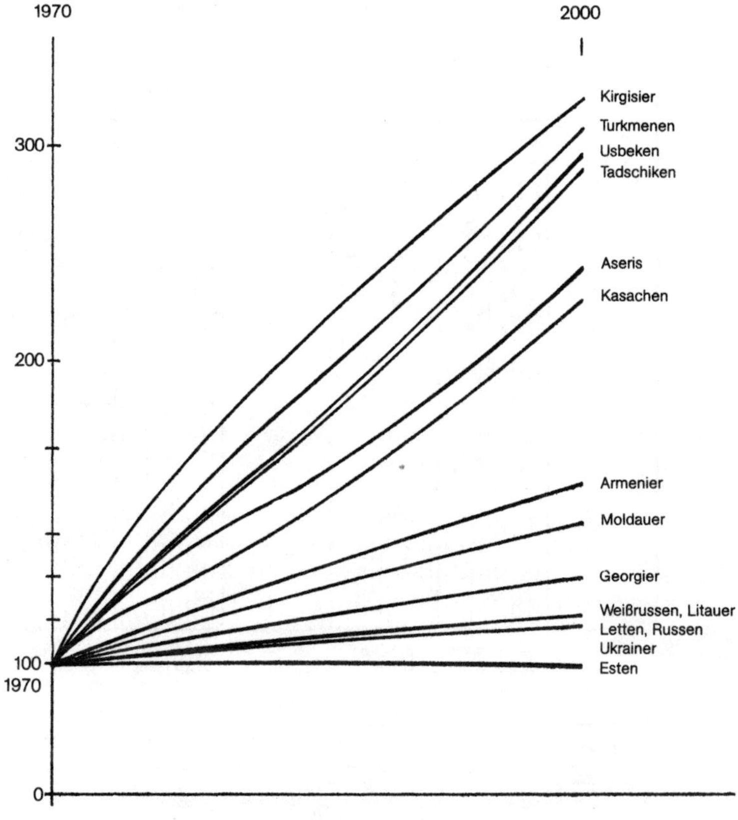

Grafik II

Struktur nach Alter und Geschlecht seit dem Jahr 1975 ausübt. Für die Armenier, Moldauer, Weißrussen und Georgier wird dieser Faktor wahrscheinlich erst zehn Jahre später von Bedeutung sein. Die Völker mit großer Geburtenfreudigkeit werden die Auswirkungen überhaupt nicht vor 1990 zu spüren bekommen[45].

Voraussichtliche Entwicklung im Verhältnis der Zahl der Frauen zwischen 15 und 49 Jahren und der Geburtenzahl pro nationaler Gruppe (in %)

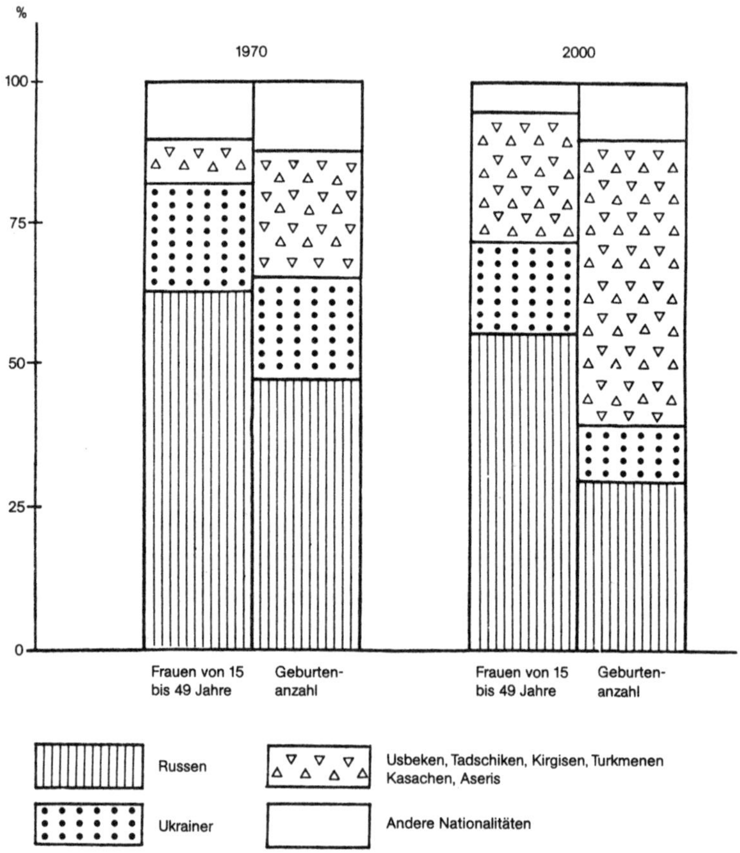

Grafik III

Kann man über diese recht allgemeinen Voraussagen noch hinausgehen und den Versuch unternehmen, zahlenmäßig die künftige Gestaltung der sowjetischen Bevölkerung vorauszusagen? Sowohl in der Sowjetunion selbst als auch in der westlichen Welt hat man stets, von den gegenwärtig vorliegenden Zahlen und den Gegebenheiten ausgehend, solche Versuche unternommen. Eine der mit aller Vorsicht aufzunehmenden Schlußfolgerungen lautet, daß sich zwischen den Volksgruppen der Sowjetunion ein neues Gleichgewicht einpendeln könnte. Die Situation zeigt die Graphik III, in der der Versuch gemacht wird, die Entwicklung durch den Vergleich der Frauen im Alter zwischen 15 und 49 Jahren, das heißt also im gebärfähigen Alter, mit der Entwicklung der Geburtenrate bei den verschiedenen Volksgruppen vorauszusehen[46]. Dieses neue Gleichgewicht, das vor allem auch aus der Tabelle auf S. 96 ersichtlich wird, legt die Betonung auf drei geographische Gebiete, nämlich auf Rußland selbst, Zentralasien und den Transkaukasus, das heißt auf die künftige Entwicklung der Völker Rußlands und der mohammedanischen Volksgruppen.

Welchen Wert kann man dieser Tabelle beimessen[47]? Welche Rückschlüsse lassen sich aus ihr ziehen?

Basil Kerblay hat mit Recht daran erinnert, daß im Jahre 1900 der große russische Gelehrte Mendelejew für das Jahr 2050 einen Anstieg der Bevölkerung auf 800 Millionen vorausgesagt hatte[48]. Eine für seine Zeit gerechtfertigte Annahme, wenn man in Betracht zieht, daß die Bevölkerung des Zarenreiches sich innerhalb der vorangegangenen 40 Jahre verdoppelt hatte. Gemessen an der Bevölkerungszahl von heute unterstreicht diese Berechnung freilich den ungewissen Charakter aller solcher Prophezeiungen.

Nimmt man jedoch an, daß die gegenwärtige Rate des Wachstums bis zum Jahr 2000 erhalten bleibt – worauf sich die hier vorgelegten Hypothesen stützen –, so gibt es keinen Zweifel, daß dieses höhere Wachstum nur durch den Zuwachs an Bevölkerung der im Osten der Sowjetunion lebenden Völker erreicht werden kann. Wenn die Bevölkerungsentwicklung weder Gefahren für die wirtschaftliche Zukunft noch auch für die Sicherheit der Sowjetunion mit sich bringen soll, dann darf der Bevölkerungszuwachs nicht wesentlich unter jenem bleiben, der hier angedeutet worden ist. Wenn ferner ein Bevölkerungszuwachs kurzfristig aus keiner anderen Quelle als eben aus den östlichen Gegenden kommen kann, so muß die Politik der Sowjetführung der Dynamik und den Besonderheiten der Völkerschaften Rechnung tragen und darf keineswegs eine Vereinheitlichung ihrer Verhaltensweisen propagieren. Dies bedeutet, daß der Fortschritt der Sowjetunion auf ein Wachstum des Ungleichgewichtes ihrer Völkerstämme und nicht auf einen Ausgleich hin ausgerichtet sein muß.

Was aber bedeutet dieses Ungleichgewicht? Das Anwachsen der mohammedanischen Bevölkerung hat Beobachter häufig dazu verführt, einen völligen Umsturz in der Zusammensetzung der Vielvölker-

Die sowjetische Bevölkerung von 1950 bis 2000 (in 1000)
Rußland, Zentralasien, Transkaukasus

	1950 Anzahl	%	1960 Anzahl	%	1970 Anzahl	%	1980 Anzahl	%	1990 Anzahl	%	2000 Anzahl	%
UdSSR	*180 075*	*100*	*214 329*	*100*	*242 756*	*100*	*267 057*	*100*	*292 324*	*100*	*312 215*	*100*
RSFSR	102 191	56,7	119 906	55,9	130 360	53,7	138 842	52	145 686	49,8	147 335	47,2
Zentralasien	*17 499*	*9,7*	*24 402*	*11,4*	*33 187*	*13,7*	*42 449*	*15,9*	*55 742*	*19,1*	*71 903*	*23*
Kasachstan	6 628	3,7	9 850	4,6	13 116	5,4	15 710	5,9	19 038	6,5	22 328	7,1
Kirgisien	1 740	1,0	2 172	1,0	2 968	1,2						
Tadschikistan	1 532	0,9	2 082	1,0	2 943	1,2	26 739	10	36 704	12,6	49 575	15,9
Turkmenien	1 210	0,7	1 594	0,7	2 190	0,9						
Usbekistan	6 383	3,5	8 704	4,1	11 970	4,9						
Kaukasus	*7 777*	*4,3*	*9 921*	*4,6*	*12 393*	*5,1*	*14 649*	*5,5*	*17 660*	6	*20 671*	6,6
Armenien	1 354	0,8	1 867	0,9	2 518	1,0						
Aserbaidschan	2 896	1,6	3 894	1,8	5 166	2,2	14 649	5,5	17 660	6	20 671	6,6
Georgien	3 527	2,0	4 160	1,9	4 709	1,9						

gesellschaft der Sowjetunion vorauszusagen. Die Zahlen zwingen aber zu großer Vorsicht. Trotz der bereits erfolgten und noch sich abspielenden Veränderungen, trotz des wahrscheinlichen Absinkens der russischen Volksgruppe unter die Schwelle von 50% der Gesamtbevölkerung, bleibt doch diese Volksgruppe bis zum Ende des Jahrhunderts die volkreichste innerhalb der Sowjetunion. Die zentralasiatischen Volksstämme werden bis zu diesem Zeitpunkt bestenfalls ein Viertel der Sowjetbevölkerung darstellen, ein Drittel, wenn man noch die Völker des Kaukasus dazurechnet. Man muß jedoch bedenken, daß zwei dieser Volksgruppen, nämlich die Georgier und die Armenier, Christen sind und schon aus rein historischen Gründen dem Islam und der türkischen Zivilisation feindlich gegenüberstehen. Ohne Zweifel ist der Fortschritt der turko-mohammedanischen Volksstämme beachtlich. Innerhalb eines halben Jahrhunderts hat sich ihr Gewicht im Gesamtgefüge der Bevölkerung der Sowjetunion mehr als verdoppelt. Aber das bedeutet nicht, daß das russische Volk von ihnen etwa überholt oder aus seiner Stellung der Vorherrschaft verdrängt werden wird.

Das Problem liegt weniger in den bloßen Ziffern, als in der neuen Situation, die sie schaffen, vor allem in dem Bewußtsein, daß die Völker mit starkem Geburtenzuwachs den Schlüssel für den allgemeinen Fortschritt der Sowjetgesellschaft in den Händen halten. Das kann dazu führen, daß sie einen größeren Anteil an der politischen Verantwortung fordern. In zweiter Linie bringt diese Verschiebung des Gleichgewichts der Bevölkerung auch wirtschaftliche Probleme mit sich – Fragen der Arbeitsplätze und der regionalen Entwicklung – die, falls für sie keine Lösung gefunden wird, eine sehr ernste Opposition auszulösen imstande sind. Es ist daher von Bedeutung, die Probleme, die sich aus diesem neuen Gleichgewicht ergeben, zu untersuchen, um ihre Tragweite und ihre Konsequenzen zu erkennen.

Eine Frage liegt allen Analysen, die man hier anstellen kann, zu Grunde. Handelt es sich um regionale Mißverhältnisse oder um nationale? Wenn sich die sowjetische Gesellschaft auf eine größer werdende Integration hin entwickelt, wenn die nationalen Unterschiede allmählich verschwinden, spielt es nur eine kleine Rolle, ob der Bevölkerungszuwachs der Dynamik des einen oder des anderen Volkes zu verdanken ist. Letzten Endes ist es stets die sowjetische Nation als Ganzes, die hier gewinnt. Wenn aber im Gegenteil die sowjetische Gesellschaft sich nicht zur Integration hin entwickelt, können mit der Zeit die Ungleichgewichte zwischen den verschiedenen nationalen Gruppen für die gesamte Gesellschaft und für deren Zusammenhalt gefährlich werden. Sie können jene Tendenzen stärken, die die Differenzen fördern, und zwar auf Kosten der Integration. Deshalb haben die Bevölkerungsveränderungen und Perspektiven nur im Lichte zweier Grundprobleme ihren Sinn:

Erstens: Welche Tendenz beherrscht die sowjetische Gesellschaft? Die Tendenz zur Integration? Oder die Tendenz zur Konsolidierung der Unterschiede?

Zweitens: In welche Richtung verschieben sich die Bevölkerungsungleichgewichte? Werden sie die Integration fördern, oder werden sie die Verschiedenheit, vielleicht sogar den Zerfall herbeiführen?

III. KAPITEL

Demographische Veränderungen und wirtschaftliche Konflikte

Die Bevölkerungsbewegungen sind im Leben eines Landes weder isoliert noch in ihren Konsequenzen begrenzte Phänomene. Sie formen auf lange Sicht die menschliche Gesellschaft. Sie bestimmen die Beziehungen zur Umwelt. In einem ganz bestimmten Punkt könnten die jüngsten Bevölkerungsveränderungen für die Sowjetunion eine außerordentlich bedeutsame Folge haben: im Knappwerden der Arbeitskräfte.

Auf den ersten Blick scheint dies keineswegs katastrophal zu sein. Die Industriegesellschaften sind gegenwärtig weit eher mit Fragen der Arbeitslosigkeit konfrontiert oder mit dem Problem, wie man die immer häufiger werdende und immer längere Freizeit verbringen kann, als mit der Suche nach Arbeitskräften. Die Sowjetunion hat jedoch, in Folge einer hohen Industrialisierung, das Problem eines Mangels an Arbeitskräften sowie einer ungleichmäßigen Verteilung der arbeitsfähigen Bevölkerung über den Raum der Union. Dies stellt für dieses Land ein neues Problem dar, das weder dem Staat noch seinen Bürgern geläufig ist. Es erfordert weitsichtige Lösungen, die sich bisher noch nicht abzeichnen und wohl auch nicht so leicht durchzuführen sein werden.

Von der Verschwendung zur Verknappung: Arbeitskräftepotential bis Ende des Jahrhunderts

Die wirtschaftliche Entwicklung ist vor allem eine Angelegenheit der Arbeitskräfte. Nirgends ist dies so wahr wie in der UdSSR. Der Überfluß an Menschen, der keine Grenze zu haben schien, hat in entscheidender Weise zur Verwandlung des Landes beigetragen. Durch Jahrzehnte hat die Landwirtschaft der Industrie Arbeiter geliefert, wenn auch unter ganz außergewöhnlichen Umständen. Der Staat war der Herr der gesamten Wirtschaft, er war auch der Herr der für seine Entwicklung notwendigen Menschen. Er konnte entscheiden, welche Mengen an Arbeitskräften er brauchte, konnte sie verschicken, wohin er wollte; konnte sie nach seinem Gutdünken bezahlen, und das meist sehr schlecht.

In den gigantischen Anstrengungen, die zu Beginn der dreißiger Jahre unternommen wurden, um die völlige Umwandlung der Wirtschaft zu erreichen, war diese Möglichkeit des Staates, über eine nahezu unbegrenzte und ihm unterworfene menschliche Reserve zu verfügen, rücksichtslos ausgenützt worden. Selbst wenn das Ende der stalinistischen Periode zur Folge hatte, daß das Heer der arbeitenden Menschen weniger fügsam und dafür selbständiger geworden war, so beruhte die sowjetische Wirtschaft doch noch weitgehend auf dem Überfluß an Arbeitskräften. Ungeachtet der Appelle zu größerer Produktivität und zu einer qualitativen Verbesserung der Produkte, war man doch nach wie vor gewohnt, mehr auf die Zahl der Arbeiter zu sehen als auf die Entwicklung und Rationalisierung der Anstrengungen jedes einzelnen, um die für jede Sparte festgelegten Ziele zu erreichen. Der Überfluß an Arbeitskräften war während fast eines halben Jahrhunderts zu einem Naturgesetz der Sowjetwirtschaft geworden. Nun aber zwingen die Veränderungen in der Bevölkerungsstruktur von dieser Vorstellung abzugehen, zu Gunsten einer maximalen Ausnutzung der bereits verfügbaren Arbeitskräfte.

Das Problem ist groß, aber die Fakten sind einfach. Im Jahre 1970 zählte die Sowjetunion 241,7 Millionen Einwohner. Das bedeutet 130,5 Millionen an Arbeitskräften. Das Arbeitskräftepotential umfaßt arbeitsfähige Männer zwischen 16 und 60 und arbeitsfähige Frauen zwischen 16 und 55. Das Potential wurde nicht vollkommen ausgeschöpft, da die Volkszählung von 115,2 Millionen Menschen spricht, die eine Tätigkeit ausüben. Von diesen hatten 2,6 Millionen schon das Alter erreicht, das sie zum Bezug von Altersrenten berechtigt. Zu den Nichtwerktätigen zählen 8627000 junge Leute zwischen 16 und 19 Jahren, die höhere Schulen besuchen, Hausfrauen, Soldaten und Polizisten (3,2 Millionen) sowie Invalide[1].

Die Zahl der tatsächlich werktätigen Personen in der UdSSR dürfte um einiges höher sein, wenn man nämlich jene mit einbezieht, die vor allem in ländlichen Gebieten privaten Tätigkeiten nachgehen. Wahrscheinlich beträgt die sowjetische arbeitende Bevölkerung gegenwärtig rund 125,6 Millionen[2]. Das heißt, daß die tatsächliche Zahl sowjetischer Werktätiger der möglichen Ziffer aktiver Bevölkerung sehr nahe kommt und dies ungeachtet jener großen Anzahl, die zwar altersmäßig in die Klasse der Werktätigen gehört, aber aus den vorher angeführten Gründen nicht zu ihr zählt.

Die voraussichtlichen demographischen Änderungen in der werktätigen Bevölkerung in den kommenden Jahren werden aus der folgenden Tabelle deutlich[3].

Geschätztes Wachstum der aktiven sowjetischen Bevölkerung zwischen 1971 und 2000 (in 1000)

Jahre (Pläne)	Gesamt-wachstum	durchschnittliches Jahreswachstum	durchschnittliches Wachstum pro Jahr in %
1971–1975	12 963	2 593	1,9
1976–1980	10 378	2 076	1,4
1981–1985	2 664	533	0,3
1986–1990	2 630	526	0,3
1991–1995	3 291	658	0,4
1996–2000	8 101	1 620	1,0

Diese Tabelle entspricht der allgemeinen Entwicklung der sowjetischen Bevölkerung. Der Rückgang der Geburten, der zu Beginn der sechziger Jahre festgestellt wurde, tritt in der Verminderung der Arbeitskräfte gegen Ende der siebziger Jahre in Erscheinung, um aller Wahrscheinlichkeit nach gegen 1990 seinen Höhepunkt zu erreichen. Erst danach ist eine Umkehr der Tendenz wieder vorstellbar und eine Zunahme der werktätigen Bevölkerung. Freilich unter der Bedingung, daß der derzeitige leichte Anstieg der Bevölkerung anhält und die Dynamik des Bevölkerungszuwachses der Nationen in den südlichen Randgebieten der Sowjetunion nicht auf spektakuläre Weise abnimmt. Denn noch einmal: es ist das Nationalitätenproblem, das für das Ausmaß der Stagnation der werktätigen Bevölkerung verantwortlich ist. Wenn hier ein leichtes Ansteigen statt eines Rückganges zu verzeichnen ist, so ist auch dies auf die Vitalität der Randgebiete zurückzuführen. Nimmt man nun die gleichen Zahlen, die wir in der Tabelle angeführt haben, verteilt sie aber auf die verschiedenen demographisch interessanten Gegenden der Sowjetunion, so werden die Folgen der Verschiedenheit des Bevölkerungsverhaltens bei den Arbeitskräften in der Zukunft sofort vollkommen klar (siehe die Tabelle auf S. 102).

Diese Tabelle[4] erfordert mehrere Anmerkungen. Sie bezeugt vor allem die außerordentliche Bedeutung der nichtrussischen Völker für die Sowjetunion und für die künftige demographische Entwicklung. Wie wir schon gesehen haben, vergrößert sich ihr Gewicht innerhalb der sowjetischen Gesellschaft, ohne deswegen eine Mehrheit zu erreichen. Aber in den Jahren 1980–1995 wird es allein von den Nichtrussen abhängen, ob die Sowjetunion ihre werktätige Bevölkerung auf dem ge-

Wachstum der potentiell aktiven Bevölkerung (Schätzungen) nach Gebieten (in 1000)

	RSFSR			Zentralasien und Kasachstan			Kaukasus		
Jahre (Pläne)	Gesamt-wachstum	% des nationalen Wachstums	durch-schnittliche Rate des Jahres-wachstums	Gesamt-wachstum	% des nationalen Wachstums	durch-schnittliche Rate des Jahres-wachstums	Gesamt-wachstum	% des nationalen Wachstums	durch-schnittliche Rate des Jahres-wachstums
1971–1975	6 039	46,6	1,6	3 089	23,8	3,7	1 059	8,2	3,3
1976–1980	3 928	37,8	1,0	3 444	33,2	3,5	1 142	11,0	3,0
1981–1985	– 813	—	–0,2	2 773	104,1	2,4	690	26,1	1,6
1986–1990	– 880	—	–0,2	2 880	109,5	2,2	514	19,5	1,1
1991–1995	– 425	—	–0,1	3 361	102,1	2,4	548	16,7	1,1
1996–2000	1 964	24,2	0,5	4 380	54,1	2,7	954	11,8	1,8

genwärtigen Niveau halten kann. Ansonsten würde nach der Meinung der Sowjetführung[5] die Wirtschaft unter einem Mangel an Arbeitskräften leiden. In den Jahren, in denen die Arbeitskräftekrise ihren Höhepunkt erreicht, werden Zentralasien und Kasachstan das einzige Reservoir an Menschen sein, aus dem die sowjetische Wirtschaft ihren Bedarf wird befriedigen können[6]. Die wirtschaftliche Bedeutung dieser Gebiete wird also weit größer sein, als ihr nach der Bevölkerungszahl zukäme. Auch wenn zu Beginn des nächsten Jahrhunderts eine weit günstigere und ausgeglichenere Situation entstanden sein sollte, wird immer noch Zentralasien für mehr als die Hälfte des Zuwachses an Werktätigen sorgen.

Aus einem Vergleich der Entwicklung dieser drei Gebiete mit jener der werktätigen Bevölkerung in der gesamten Sowjetunion läßt sich ableiten, daß auch alle übrigen Völker der UdSSR sich zumindest in einer ebenso ungünstigen Situation wie die Russen befinden und zu einem Ausgleich des Defizits an russischen Arbeitskräften nichts beitragen werden. Ab 1980 wird dieses Defizit an Arbeitskräften sämtliche Republiken betreffen, eben mit Ausnahme jener von Zentralasien, Kasachstan und des Kaukasus. In den baltischen Republiken dürfte sich diese Tendenz vom Jahre 1990 an bemerkbar machen.

So wird die Sowjetunion im Verlauf der kommenden Jahrzehnte nicht nur demographisch, sondern auch in bezug auf die Entwicklung der werktätigen Bevölkerung zweigeteilt sein. Vergleicht man schließlich die Bevölkerungsbewegung mit der Entwicklung der Wirtschaft der Sowjetunion, so begreift man besser, warum der ungleichmäßige Zuwachs an Bevölkerung ein echtes Problem für die Zukunft bedeutet. Dabei ist der wichtigste Faktor ohne Zweifel der Mangel an Arbeitskräften. Dieses Defizit macht sich vor allem dort bemerkbar, wo der Bedarf an Arbeitskräften am größten ist: in den industrialisierten und dicht besiedelten Gebieten. Das betrifft Rußland und teilweise die Ukraine, in denen sich die größten industriellen Komplexe befinden. Die Erschließung Sibiriens und des Fernen Ostens erfordert ebenfalls beträchtliche Investitionen an Arbeitskräften. Alle wirtschaftlichen Projekte der Sowjets hängen in Zukunft von der Entwicklung der Bevölkerung ab und von deren Folgen für den Stand an Arbeitskräften. Welche Möglichkeiten besitzt hier die Sowjetführung? In der gegenwärtigen Situation muß sie auf zwei Ebenen handeln: sie muß trachten, die verfügbaren Arbeitskräfte zu vermehren und deren Verteilung der geographischen Lage der Rohstoffe und der Industrien anzupassen.

Was für eine Arbeitsmarktpolitik kann in der Sowjetunion geführt werden? Man kann mehrere Lösungen in Betracht ziehen, und einige davon werden auch bereits angewendet. Der Staat könnte versuchen, Beginn und Ende des Arbeitslebens vorzuverlegen beziehungsweise hinauszuschieben. Das Berufsleben dauert in der UdSSR effektiv kurz. Es beginnt sehr spät, bedingt durch immer mehr Schuljahre und zwei Jahre Militärdienst. Andererseits sind Frauen schon mit 50 Jahren, Männer mit 60 Jahren pensionsberechtigt.

Kann man die obligatorische Schulzeit verringern und ebenso auch die Zahl der Studenten, die sich zu Gunsten einer intellektuellen oder berufsmäßigen Ausbildung durch Jahre dem Berufsleben entziehen? Eine Verkürzung der Schulzeit ist außerordentlich unwahrscheinlich. Wenn gegenwärtig die Schulpflicht nur acht Jahre beträgt, so ist doch eine Schulpflicht von zehn Jahren das unmittelbare Ziel. Dies hängt mit der großen Bedeutung, die die Sowjets dem intellektuellen Fortschritt zumessen, zusammen und auch mit der Notwendigkeit, über entsprechend ausgebildete Arbeitskräfte zu verfügen. Bei einem Mangel an Arbeitskräften ist die Qualität der vorhandenen Arbeiter ein sehr wichtiger Faktor für das Wirtschaftsleben. Deshalb ist die Sowjetführung eher bemüht, statt einer Verringerung der Schulzeit einen größeren Zustrom zur technischen Ausbildung zu erreichen, auch wenn dies auf Kosten der höheren Schulen geht, denn dort ermöglicht es ihr ein strenges Selektionssystem, die Aufnahme zu begrenzen[7].

Auf der anderen Seite des Arbeitslebens stellt der Zeitpunkt des Rentenalters für die Sowjetführung eine ständige Versuchung dar. Schon jetzt gibt es zahlreiche Werktätige, die das Rentenalter längst erreicht haben, die Volkszählung hat dies bewiesen. Verschiedene Maßnahmen sind bereits angewandt worden, um die Rentner wieder in den Arbeitsprozeß einzugliedern[8]. Hier freilich stößt die Führung auf heftigen Widerstand der öffentlichen Meinung. Dennoch wird ohne Zweifel die Zahl der Rentner, die noch im Arbeitsprozeß eingegliedert sind oder wieder in ihn zurückkehren, immer größer. 1960 waren nur 11% im Rentenalter noch werktätig. Bei der Volkszählung von 1970 waren es jedoch schon 19%. Fünf Jahre später ist ihre Zahl bereits auf 24,3% gestiegen[9]. Aber es ist höchst zweifelhaft, ob das Problem der Arbeitskräfte durch eine ständige Vergrößerung des Zustromes aus dem Rentnerstand gelöst werden kann. Außerdem hat jede Maßnahme, die die Pensionsrechte beeinträchtigen könnte, große Unruhe in der Bevölkerung zur Folge. Um die Landarbeiter zufriedenzustellen, war es 1968 notwendig, das Rentenalter des Kolchosebauern jenem der Arbeiter und Angestellten im Staatsdienst anzupassen und für einige Sparten der Landarbeiter sogar noch besonders günstige Verordnungen zu treffen[10].

Im Zuge der Diskussionen um die neue Verfassung hat sich deutlich das große Interesse der Öffentlichkeit an dieser Frage gezeigt. Dies galt vor allem für die Arbeitsbedingungen und für die Frage der Altersrente. Die Sowjetbürger fürchteten, die neue Verfassung könnte auch eine Erhöhung des Rentenalters mit sich bringen. Daher wünschten sie, daß in der Verfassung ausdrücklich das Rentenalter festgelegt werden sollte. Die Leidenschaft, mit der diese Debatte geführt wurde, zeigte, daß es keineswegs leicht wäre, das Rentenalter im nachhinein wieder hinaufzusetzen.

Kann die Führung nun statt dessen noch weiter Arbeitskräfte aus der Landwirtschaft in die Industrie abziehen? Auch hier scheinen die möglichen Reserven bereits erschöpft zu sein. Während 1950 noch 50 Millionen Menschen in der Landwirtschaft arbeiteten, waren es 1970 nur noch 37 Millionen, 1974 nur noch 35 Millionen. Andererseits bewirkte die Anwerbung von Arbeitskräften auf dem Lande, daß gerade junge Leute, vor allem Männer, von dort abgezogen wurden. Überhaupt ist auf dem Lande der Anteil an alten Leuten und Frauen höher als in den Städten. Die Bevölkerung hat auch weniger Ausbildung genossen und ist auch weniger dynamisch. Das erklärt, warum das Leben auf dem Lande immer weniger anziehend wird und warum die Abwanderung in die Städte in den letzten Jahrzehnten zu einem Dauerzustand geworden ist. Jedoch erfordert die landwirtschaftliche Produktion – zumindest wie sie in der UdSSR organisiert ist – viele und auch sehr kräftige Hände. Die Schwierigkeiten der Landwirtschaft zwingen die Sowjetführung, den menschlichen Faktor in Betracht zu ziehen und zu versuchen, den Aderlaß, der das Land entvölkert, einzudämmen. Hier können keine Lösungen für die Frage des Arbeitsmarktes gefunden werden.

Eine Verringerung der Stärke der Armee oder der Dauer des Militärdienstes würde Probleme aufwerfen, die mit der integrierenden Funktion der Roten Armee in der Sowjetgesellschaft zusammenhängen, auf die wir noch zu sprechen kommen werden. Überdies würde eine solche Verringerung auch nur wenig verändern, denn die Rekruten werden vielfach auch für Arbeitseinsätze herangezogen, so etwa zum Beispiel beim Bau der neuen Eisenbahnstrecke Baikal-Amur[11].

Man sieht also, daß die Möglichkeiten, die sowjetischen Arbeitskräfte zu vermehren, sehr beschränkt sind. Es bleibt nur übrig, sie entsprechend den Bedürfnissen der Wirtschaft anders zu verteilen. Hier scheint auf den ersten Blick die Situation einfache Lösungen anzubieten. Die wirtschaftlich und industriell am stärksten entwickelten Gebiete leiden auch am stärksten unter dem Mangel an Arbeitskräften. Dagegen verfügen die landwirtschaftlich genutzten Gebiete über reichliche Arbeitskräfte, die eines Tages überflüssig werden könnten, weil sich auf Grund von Bodenbeschaffenheit und Klima die landwirtschaftlich genutzte Fläche nicht unbegrenzt ausdehnen läßt.

Ohne noch die Argumente einer Unterbeschäftigung hier und eines Mangels an Arbeitskräften dort zu verwenden, hat Chruschtschow seinerzeit erklärt, daß die Sowjetbürger die Tendenz hätten, ihren Aufenthaltsort den Notwendigkeiten der Wirtschaft anzupassen. Kann nun, da das Problem des Arbeitermangels dringend geworden ist, die Wanderungsbewegung, wie Chruschtschow es vorausgesehen hat, die Lösung bringen?

Kann man sich die Umsiedlung großer Mengen Usbeken in die Industriestädte Rußlands oder in die neuen städtischen Zentren Sibiriens vorstellen[12]? Um diese Frage beantworten zu können, muß man zuerst die Vergangenheit und die Gegenwart betrachten, dann wird man sehen, inwieweit eine solche Entwicklung der geographischen Verteilung der Bevölkerung den schon bestehenden oder den zu organisierenden Wanderungsbewegungen entspricht.

Abneigung gegen Wanderungen

Zentralasien, das potentielle Reservoir an Arbeitskräften, müßte sich eigentlich für Wanderungsbewegungen in höchstem Maße eignen. Dies sollte sich aus der Vergangenheit ergeben. Unter den Hochkulturen, die in diesem Gebiet entstanden sind, waren einige nomadischer Art. Auf den Straßen Zentralasiens sind jahrhundertelang die Karawanen gezogen. Noch zu Beginn dieses Jahrhunderts war es schwer, eine Grenze zwischen nomadischen und seßhaften Völkern zu ziehen. Die Sowjetmacht hat freilich, was noch vom Nomadentum existierte, gebrochen und durch begrenzte und organisierte Umsiedlungen entsprechend den wirtschaftlichen Notwendigkeiten ersetzt.

Ohne Zweifel hat Stalin gleichzeitig mit der Industrialisierung eine neue Form der Wanderungsbewegung geschaffen, indem er Massen von Bauern aus ihren Heimstätten deportierte und in weit entfernte Zwangsarbeitslager bringen ließ. Diesen gewaltsamen und todbringenden Umsiedlungen haben auch die Völker Zentralasiens ihren Tribut leisten müssen.

Aber seit Stalins Nachfolger bemüht sind, ihre Macht bis zu einem gewissen Grad auf die Zustimmung ihrer Untertanen zu begründen, ist die Zeit der großen Umsiedlungen vorbei. Um etwa Werktätige auf Arbeitsplätze im hohen Norden zu locken, muß man ihnen mehr zahlen als anderen. Genügen nun in unwirtlichen Gegenden hohe Löhne, die

Anziehungskraft großer Städte und die Möglichkeit, den Kindern eine bessere Ausbildung zu bieten, um die Völker Asiens zum Verlassen ihrer Heimat zu veranlassen? Man kann diese Frage nicht beantworten, ohne allgemein die Wanderungsbewegungen im Rahmen der Gesamtproblematik der UdSSR und des Verhaltens der dort lebenden Völker zu sehen.

Es hat zwar bis 1970 an detaillierten statistischen Angaben gefehlt, um eine deutliche Vorstellung von den Wanderungsbewegungen der Volksgruppen zu erhalten; seit damals aber haben sich die Informationen vervielfältigt und gestatten nun, Ausmaß und Richtung der Migrationsbewegungen im Lauf der letzten zwanzig Jahre zu studieren[13]. Im wesentlichen gibt es vier Richtungen, in denen die sowjetische Bevölkerung wandert: vom Land in die Stadt, von der Stadt aufs Land, von einer ländlichen Gegend zur anderen und von einer Stadt zur anderen. Aber es gibt auch einen zweiten Rahmen: Wanderungen innerhalb derselben Region und von einer Region in eine andere Region.

Vergleicht man nun die verschiedenen Wanderungsrichtungen, so wird man feststellen, daß sich die sowjetische Bevölkerung in ihrer Gesamtheit häufig räumlich verändert. Jedes Jahr wechseln mindestens 15 Millionen Menschen ihren Wohnsitz[14]. Diese Umsiedlungen erfolgen in Richtung Stadt – Stadt (38,1%), Land – Stadt (31,4%), Land – Land (17,8%), Stadt – Land (12,7%).

Diese Zahlen weisen darauf hin, daß die Hauptattraktion in der Sowjetunion nach wie vor die Stadt ist und sich die Entvölkerung der ländlichen Gegenden fortsetzt. Untersuchungen haben gezeigt, daß der weit seltenere Umzug von der Stadt auf das Land meist ältere Leute betraf, die mit der Erreichung des Rentenalters übersiedelten. Die angegebenen Zahlen sind freilich nur Durchschnittswerte, die die wichtigen Variationen in den Wanderungen von einer Republik zur anderen verdecken. Der Umzug von einer Stadt zur anderen ist vor allem in Zentralasien und im Kaukasus sehr häufig. Dort hat er einen beträchtlichen Anteil an der Wanderungsbewegung: 58,7% in Turkmenistan, 50,6% in Aserbaidschan, 41,5% in Armenien, 40,6% in Usbekistan, 40% in Tadschikistan, während überall sonst diese Art der Wanderung nur 30 bis 40% ausmacht. In Moldau sogar nur 25,5%. Ganz im Gegensatz dazu betrifft die Wanderung aus dem Land in die Stadt viel weniger Zentralasien und den Kaukasus als die anderen Republiken mit zwei Ausnahmen: Armenien (33,1%) und Kirgisien (33%). Diese Wanderung spielt in Moldau eine große Rolle (43,3%), und erreicht in Weißrußland (42%) und in der Ukraine (33%), in Georgien endlich mit 31,3% das nationale Mittel[15].

Die Strukturunterschiede in den Wanderungen von einer Republik in die andere zeigen sich vor allem in ihrem Ausmaß. Am stärksten ist die Wanderungsbewegung in der RSFSR (17395000 Menschen von 1968 bis 1969), in der Ukraine (4385000) und in Kasachstan (2073000). Ansonsten ist weniger als eine Million von Auswanderern zu verzeichnen, die niedrigste Zahl weist Usbekistan auf, das in diesem Zeitraum 289000 Einwanderer, aber 372300 Auswanderer zählte. Das Beispiel Usbekistan veranschaulicht eine andere Eigenheit sowjetischer Wanderungen: den Gegensatz – trotz ziemlich allgemeiner Mobilität –, der zwischen den Republiken besteht, die wie die RSFSR, die Ukraine, Weißrußland, Litauen, Armenien und Estland letztlich vom Zuwachs an Bevölkerung profitieren, und den Republiken wie jenen Zentralasiens und des Kaukasus, mit Ausnahme Armeniens, die ein Einwanderungsdefizit aufweisen. Diese Entwicklung zeichnet sich auch schon in der Moldau ab[16].

Ob nun die Bevölkerung wanderungsfreudig ist oder nicht, die Wanderungsbewegungen in den verschiedenen Republiken sich mehr von Stadt zu Stadt oder vom Land in die Stadt vollziehen, all diese Unterschiede nach Umfang und Richtung können den sehr allgemeinen Charakter der Bevölkerungsbewegung nicht verschleiern. Die Sowjetunion ist in ständiger Bewegung. Ändert dies aber die nationale Zusammensetzung der Bevölkerung in den einzelnen Republiken? Kommt es zu einer gleichmäßigen Verteilung der Volksgruppen? Auf diese Fragen kann eine erste Antwort in einer Analyse der Verteilung der Volksgruppen gefunden werden, und zwar innerhalb und außerhalb ihrer eigenen Republiken zwischen 1959 und 1970 (siehe Tabelle S. 109).

Diese Tabelle zeigt, daß im Gegensatz zu den von Chruschtschow gehegten Illusionen Wanderungsbewegungen und nationale Aufsplitterungen keineswegs Hand in Hand gehen. Mit Ausnahme der Russen und der Weißrussen sind alle Volksgruppen in ihren eigenen Republiken im Jahre 1970 stärker gewesen als zehn Jahre zuvor. Dieser Vorgang ist besonders bemerkenswert im Fall der Armenier, einer Nation mit besonders großer Diaspora. Es gilt dies aber auch für Gruppen mit sehr geringen Geburtenraten, wie etwa die Balten. Ohne Zweifel ist im Fall Armeniens die Veränderung der Situation durch den Unterschied im demographischen Verhalten der Armenier innerhalb der Republik (wo es eine sehr hohe Geburtenrate gibt) und jener in der Diaspora bedingt, wo die Armenier offenbar das Bevölkerungsverhalten ihrer Umgebung annehmen. Im Fall der Balten handelt es sich eindeutig um eine Rückkehr aus der Diaspora in ihre Republiken.

Anteil der Stammnation in der Republik im Verhältnis zur Gesamtheit der nationalen Gruppe in der UdSSR (in %)[17]

Nationalitäten	1959	1970
Russen	85,8	83,5
Ukrainer	86,3	86,6
Weißrussen	82,5	80,5
Usbeken	83,8	84,0
Kasachen	77,2	79,9
Georgier	96,6	96,5
Aseris	84,9	86,2
Litauer	92,5	94,1
Moldauer	85,2	85,4
Letten	92,7	93,8
Kirgisen	86,4	88,5
Tadschiken	75,2	76,3
Armenier	55,7	62,0
Turkmenen	92,2	92,9
Esten	90,3	91,8

Trotz des bedeutenden Unterschiedes zwischen jenen Volksgruppen, die sich ausbreiten, und den Nationen, die im eigenen Gebiet zusammenrücken, gibt doch diese Tabelle einen ersten Eindruck einer allgemeinen Gleichförmigkeit. Das Verhältnis der Angehörigen einer Volksgruppe, die innerhalb der Grenzen ihrer Republik leben, zur Gesamtheit dieser Volksgruppe variiert von einer Nation zur anderen relativ wenig. Mit Ausnahme einiger Volksgruppen, wie etwa der Georgier, Balten und der Turkmenen, wo Volksangehörige in besonders konzentriertem Maße in ihren eigenen Grenzen leben, sind es fast stets 80 bis 85% der Angehörigen der Volksgruppen, die in ihren Republiken, und ca. 15–20%, die in der Diaspora leben. Kann man nun daraus schließen, daß es eine weithin vergleichbare Situation gibt, in der ein mehr oder minder stabiler Anteil von Angehörigen einer Volksgruppe in fremder Umgebung lebt und daher auch leicht assimilierbar ist?

In anderen Worten: verteilen sich die Volksgruppen unterschiedslos über das gesamte sowjetische Gebiet, oder besteht für diese Diaspora eine verschiedene Situation? Die Ausbreitung der Russen ist traditionell eine historische Tatsache. Sie charakterisiert die Geschichte des Zarenreiches ebenso wie jene der Sowjetunion. Russen sind überall vertreten, aber die Richtung ihrer Auswanderung ist sehr verschieden gewesen. Von 1959 bis 1970 gab es einen Rückfluß von Russen aus Georgien, der sich, wie wir wissen, im deutlichen Rückgang ihrer An-

Geographische Verteilung der Völker Zentralasiens[22]

Nationen	Gesamtzahl	Kasachstan	Usbekistan	Kirgisien	Tadschikistan	Turkmenien	anderswo
Kasachen	5 299 000	*4 234 000*	476 000	22 000	8 000	69 000	478 000 (RSFSR)
Usbeken	9 195 000	216 000	*7 725 000*	333 000	666 000	179 000	76 000
Kirgisen	1 452 000		111 000	*1 285 000*	35 000		21 000
Tadschiken	2 136 000		449 000	22 000	*1 630 000*		35 000
Turkmenen	1 525 000		71 000			*1 417 000*	37 000

zahl ausdrückte. Vermutlich war es auch mit Aserbaidschan und Armenien ähnlich, ansonsten stieg in allen anderen Gegenden ihre Zahl überall an. In die Ukraine sind zwischen 1959 und 1970 etwa eine Million Russen [18] eingewandert. Aber die Zahl der Ukrainer selbst hat sich in demselben Zeitraum in allen Republiken, außer in der russischen, erhöht[19]. 5,5 Millionen Ukrainer leben außerhalb der eigenen Grenzen. Am stärksten ist die Zahl der Ukrainer in Kirgisien angestiegen, nämlich um 87%, in Lettland um 82%, in Estland um 85%, in Turkmenistan um 66% und in Weißrußland um 43%. Wie die Russen beginnen auch die Ukrainer, sich aus Georgien zurückzuziehen[20]. Die Weißrussen leben zu einem Fünftel außerhalb ihrer Grenzen, aber vorwiegend in den anderen slawischen Republiken (964 000 in Rußland), ferner in Kasachstan und den baltischen Republiken[21]. Die gegenwärtigen Wanderungszüge der Slawen führen sie daher in alle Republiken der Sowjetunion.

Gilt diese Situation auch für Angehörige Zentralasiens und des Kaukasus, die außerhalb ihrer Republiken leben? Ist es die Umkehr des Weges der Russen und Weißrussen? In der Tabelle auf S. 110 ist die Situation der namengebenden Völker in den fünf großen Republiken Zentralasiens dargestellt.

Diese Tabelle zeigt, daß man die Wanderungsbewegung der Völker Zentralasiens nicht mit jenen der slawischen Volksstämme vergleichen kann. Angehörige der Völker Zentralasiens wandern in die benachbarten Republiken aus, die die gleiche Kulturform besitzen. Nur die Kasachen haben im europäischen Rußland eine starke Gruppe gebildet. Aber für alle anderen Völker gilt, daß nur ein sehr kleiner Prozentsatz die eigene Region verlassen hat, im wesentlichen jene Personen, die den politischen und kulturellen Zentralorganen angehören und deren Anwesenheit in Moskau die Existenz des Föderalismus bezeugt.

Die Lage im Kaukasus ist ein wenig anders, aber noch weiter vom slawischen Beispiel entfernt[23]. Siehe Tabelle S. 112.

Während die Aseris und die Armenier in großer Zahl außerhalb ihrer Grenzen, vor allem in den benachbarten Republiken leben, siedeln die Georgier in hohem Maß nur innerhalb ihrer eigenen Grenzen. Von diesen drei Volksgruppen ist der Anteil ihrer Bürger, der in Rußland lebt, weitaus bedeutender als jener der aus Zentralasien stammenden Völker. Die Vergangenheit erklärt diese Orientierung zur Hauptstadt hin und damit auch die Rolle, die sie durch lange Zeit innerhalb der Zentralgewalt und deren verschiedenen Institutionen gespielt haben. Die lange Dauer ihrer Bindungen mit Rußland und ihr hohes kulturelles Niveau haben zu dieser Ausrichtung beigetragen.

Geographische Verteilung der Völker des Kaukasus

Nationalität	Gesamtzahl	Armenien	Aserbaidschan	Georgien	anderswo
Armenier	3 559 000	*2 208 000*	484 000	452 000	414 000 (davon 299 000 in d. RSFSR)
Aseris	4 380 000	148 000	*3 777 000*	218 000	237 000 (davon 96 000 in d. RSFSR)
Georgier	3 245 000			*3 131 000*	114 000 (davon 69 000 in d. RSFSR)

Dieser kurze Streifzug durch die nationale Zusammensetzung der Staaten und benachbarten Gebiete trägt dazu bei, den Gegensatz zwischen den beiden Bereichen der Sowjetunion zu unterstreichen. Auf der einen Seite die Völker, die trotz ihrer demographischen Probleme ständig auswandern und sich mit allen anderen Völkern der Sowjetunion im Zuge lange andauernder Wanderungsbewegungen mischen. Auf der anderen Seite die Völker, die in jener Region konzentriert sind, in der ihre Kulturform vorherrscht. Die Menschen wandern freiwillig von einer Republik in die andere, aber stets innerhalb der Grenzen ihrer kulturellen Formen. Im Gegensatz dazu sind ihre Bindungen mit anderen Völkern in der Sowjetunion sehr gering oder hängen von der Anwesenheit von Angehörigen dieser anderen auf ihrem eigenen Boden ab. Jene Heimatverbundenheit ist aber nicht das einzige Element des Unterschiedes.

Neben diesen Wanderungsbewegungen, die nur regionalen Charakter haben, muß man noch den Verhaltensunterschied zwischen Stadt- und Landbevölkerung im Verhältnis zur übrigen Sowjetunion betrachten. Wir haben schon gesehen, daß im großen und ganzen die Wanderungsbewegungen als Hauptkonsequenz eine Umsiedlung der Bewohner der Landgebiete in die Städte hat, leicht zu verstehen in einem Land, in dem die Urbanisierung und Industrialisierung seit dem Anfang des Jahrhunderts ständig vorwärtsschreiten. Die großen Wanderer sind daher in erster Linie die Landbewohner.

Aber auch in diesem Punkt bilden Zentralasien und der Kaukasus die Ausnahme von der Regel. Hier bleiben die Landbewohner in ihrem Stammgebiet und sind weit weniger wanderlustig als die Städter. Die Bewohner der zentralasiatischen Städte ziehen, könnte man sagen, von einer Stadt zur anderen. Im Kaukasus sind sie ein wenig wanderlustiger als die Landbevölkerung, aber im ganzen bleiben die einen wie die anderen ihrer Heimat verbunden. Der Unterschied im Verhalten gegenüber den anderen Völkern der Sowjetunion ist auf einer doppelten Ebene von Bedeutung, weil es spezifische Verhaltensweisen ans Tageslicht bringt und zweitens den Umfang dieser Erscheinung andeutet, den die folgende Tabelle[24] wiedergibt:

Ist diese starke Bindung an das Land in diesen südlichen Randgebieten auf einen Rückstand der Urbanisierung zurückzuführen, die den Bauern keine Ziele für eine Auswanderung bietet? Oder ist der Gegen-

Vergleich der Migrationen der Stadt- und Landbevölkerung in Wirtschaftsregionen und Republiken.

Republiken oder Wirtschaftsregionen	Zahl der Wanderer auf 1000 Einwohner		Intensität der Migrationen der Landbevölkerung im Verhältnis zur Stadtbevölkerung (Stadtbevölkerung = 100)
	Stadtbevölkerung	Landbevölkerung	
UdSSR	*51,8*	*64,7*	*124,9*
RSFSR	55,4	83,9	151,4
– Nord-West-Region	50,2	90,4	180,1
– Zentral-Region	34,2	69,3	202,6
– Region Wolga-Wiatsk	47,9	77,2	161,2
– Zentral-Tschernoziom	44,8	55,3	123,4
– Wolgaregion	48,3	72,9	150,9
– Region des Nordkaukasus	58,9	62,3	105,8
– Ural	65,9	102,8	150,0
– Westsibirien	72,1	121,6	168,7
– Ostsibirien	86,7	128,5	148,2
– Ferner Osten	101,1	147,1	145,5
– Ukraine (SSR)	41,7	51,5	123,5
– Baltikum (Wirtschaftsregion)	41,7	63,2	151,6
– Transkaukasus (Wirtschaftsregion)	28,1	23,1	85,1
– Zentralasien (Wirtschaftsregion)	46,7	25,1	53,7
– Kasachstan	75,5	85,5	113,2
– Region von Weißrußland	50,2	51,6	102,8
– Moldau (SSR)	48,2	42,4	88,0

Vergleich des Ausmaßes der Urbanisierung 1926–1975

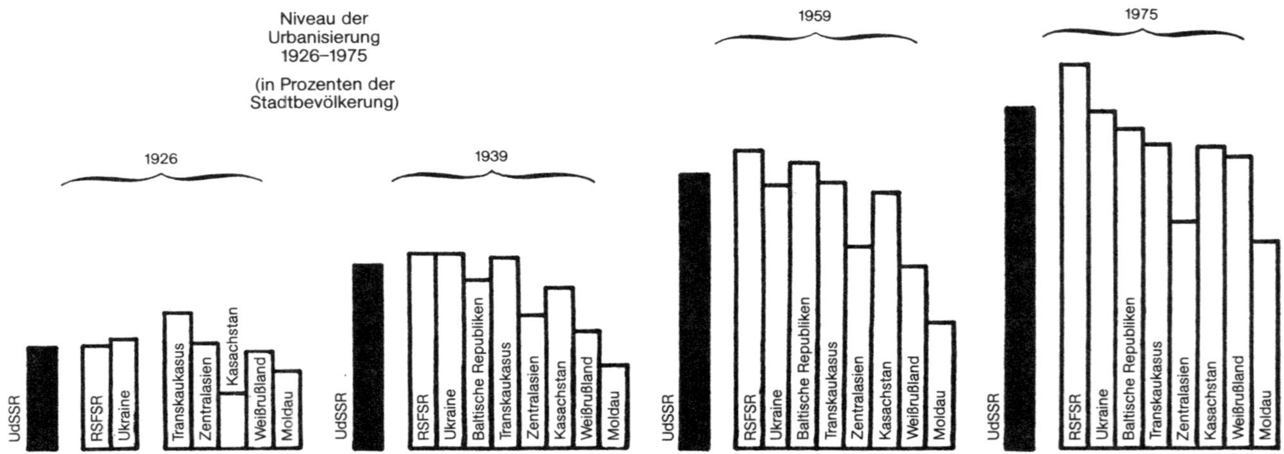

Grafik IV

satz zwischen den beiden Verhaltensweisen das Spiegelbild eines Gegensatzes zwischen einem weitgehend und einem kaum urbanisierten Land? Hier zeigt der Vergleich der Fakten, daß es sich um eine sehr spezielle Entwicklung der südlichen Völker der Sowjetunion handelt. Um sich dies klarzumachen, muß man nur die Graphik IV[25] auf S. 114 betrachten, die die Geschichte der sowjetischen Verstädterung von 1926 bis 1975 zeigt.

Nun kann man feststellen, daß der Urbanisierungsprozeß in ganz Kaukasien sehr stark und in Zentralasien etwas schwächer fortgeschritten ist (mit Ausnahme von Kasachstan). Nichtsdestoweniger macht auch in Zentralasien die städtische Zivilisation ständige und regelmäßige Fortschritte. In beiden Gebieten ist die bevölkerungsmäßige Stabilität der Bauern ein eindeutiger Faktor im Gegensatz zu anderen Gegenden, die zwar einen in etwa gleichen Urbanisierungsgrad besitzen, wo aber die Wanderungsbewegungen viel umfangreicher waren. Ein Beispiel ist Moldau.

Die regionalen und nationalen Unterschiede in der Struktur der gegenwärtigen Wanderungsbewegungen sind von den Sowjetbehörden klar erkannt worden, die nach 1970 die Untersuchungen, um dieses Phänomen zu erforschen, vervielfacht haben. Das Ergebnis ist eine Fülle von statistischem Material, das auf die Bedeutung der Regionen zuungunsten der nationalen Besonderheiten hinweist. Das Problem ist folgendes: Nimmt in gewissen Gegenden die Gesamtheit der Bevölkerung – aus verschiedenen Volksgruppen zusammengesetzt – die gleichen Verhaltensweisen an oder sind diese besonderen Verhaltensweisen bestimmten Volksgruppen eigen?

Die Frage ist nun: Geht die Entwicklung der Städte in Zentralasien auf eine Bewegung der gesamten lokalen Bevölkerung zurück (eine Annahme, der die nur sehr geringe Mobilität der Landbevölkerung widerspricht), oder handelt es sich um eine natürliche Vermehrung der in den Städten schon angesiedelten Bevölkerung? Oder aber sind Einwanderer von außerhalb Zentralasiens die Ursache?

Die ethnographischen Untersuchungen der letzten Jahre geben hier sehr klare Antwort. In erster Linie sind die in Zentralasien beheimateten Volksgruppen weitaus seßhafter oder »regionaler« als die Gesamtheit der in diesem Raum angesiedelten Bevölkerung. Die Volkszählung von 1970 hat gezeigt, daß 5,7% der Sowjetbürger an ihrem Wohnort seit weniger als zwei Jahren lebten. Dieses Verhältnis sinkt auf 1,5 bis 2% ab bei allen Volksstämmen, die aus Zentralasien kommen[26]. Allgemein kann man sagen, daß jene Volksgruppen, deren Wanderungsrate unterhalb von 2% liegt, zu der Gruppe der türkisch-mohammedanischen Völker gehören, wobei den absoluten Tiefstand die Aseris erreichen.

Verschiedene Untersuchungen erklären diese Situation. So wurde an Landbewohner folgende Frage gestellt: »Haben Sie die Absicht, in die Stadt umzuziehen, und wann?« 16% der russischen Bauern (in der Gegend von Kaliningrad) haben positiv geantwortet, und 11% haben erklärt, daß sie dies schon innerhalb der nächsten zwei Jahre tun wollen. Dagegen sind es in Usbekistan nur 5,5%, die einen solchen Umzug beabsichtigen, und jene, die das bald tun wollen, machen sogar nur 2,9% aus[27].

Diese schwache Anziehungskraft der Stadt im ländlichen Milieu Zentralasiens wird auch durch andere Untersuchungen noch unterstrichen. So etwa durch jene über die Herkunft von Neu-Stadtbewohnern in Turkmenien. Es zeigte sich, daß im wesentlichen diese neuen Städter nicht früher turkmenische Landbewohner, sondern Einwanderer aus anderen Republiken waren. Es zeigte sich auch – und dies ist ein besonders wichtiger Punkt –, daß trotz fortschreitender Urbanisierung die Attraktion der Stadt immer schwächer wird. Wenn im Jahre 1960 das turkmenische Land 68% der neuen Stadtbürger stellte, so waren es 1970 schon nur mehr 27%[28]. Diese Zahlen zeigen nicht nur, daß für die Bauern in Zentralasien die Anziehungskraft des städtischen Milieus immer geringer wird, sondern daß es auch ganz im Gegenteil in diesem Raum eine Bewegung von der Stadt aufs Land gibt. Diese Tendenz, die in den Statistiken der gesamten Sowjetunion aufscheint und die normalerweise für Menschen älterer Jahrgänge gilt, trifft aber in Zentralasien auf junge Leute zu, die sich offenbar an das städtische Leben nicht gewöhnen konnten. Auch die soziologischen und demographischen Verhältnisse in Zentralasien und im mohammedanischen Kaukasus erklären diese schwache Anziehungskraft der Städte.

Trotz des Fortschrittes der Urbanisierung in diesen Gegenden herrscht doch noch die ländliche Bevölkerung vor. Sie verzeichnet das größte Geburtenwachstum. Überall sonst trägt der Rückgang der ländlichen Bevölkerung und ihre Überalterung dazu bei, dem Landleben jenen rückständigen Charakter zu verleihen, der junge, dynamische Menschen zur Landflucht veranlaßt. In Zentalasien jedoch ist das Land das Gravitationszentrum der einheimischen Bevölkerung. Die Menschen sind jung, aktiv und kaum durch äußere Einflüsse infiziert. Die Einwanderer leben in den Städten, nicht auf dem Lande, das für sie ein sehr homogenes Milieu repräsentiert. Umgekehrt zerstört in den Städten die Gegenwart der Russen und Ukrainer die Homogenität des nationalen Milieus und verändert auch die Kultur der Umgebung.

So wird es verständlich, daß für die zentralasiatischen und kaukasischen Völker das Land der Hort ihres nationalen Lebens ist und daß sie sich nur mit großer Vorsicht in die Städte wagen. Ohne Zweifel sind die großen Wanderungen eine grundlegende Tendenz der russischen Geschichte[29]. Aber aus der Nähe betrachtet kann man gleichzeitig zwei Komponenten feststellen: Völker, die seit jeher auf Wanderschaft gingen (dazu gehört in erster Linie das russische Volk), Völker, die stets ihrer Heimat verbunden bleiben und offenbar an den großen Wanderungen des letzten Jahrhunderts nicht teilgenommen haben. Hier handelt es sich im großen und ganzen um die mohammedanischen Völker und in etwas kleinerem Ausmaß um die christlichen Völker des Kaukasus. Wird es dabei bleiben, auch wenn nun die wirtschaftlichen Auswirkungen des Bevölkerungsungleichgewichts zu Tage treten? Welche Lösungen wird man für die Frage der Arbeitsplätze und für die Nutzung der Ressourcen haben, angesichts einer so ungleichmäßigen Verteilung der werktätigen Bevölkerung? Kann man Wanderbewegungen organisieren, die es bis heute entweder gar nicht oder nur wenig gegeben hat?

Neuverteilung der Bevölkerung oder Neuverteilung der Ressourcen?

Die Sowjetunion befindet sich in einer kritischen Situation, zu der drei Elemente beitragen: die Knappheit der Arbeitskräfte, verbunden mit einer Bevölkerungsverteilung, die diese Tendenz noch verschärft; der spontane anarchische und wirtschaftsbedingte Charakter der Wanderungen in jüngster Zeit und schließlich die aktuelle wirtschaftliche Lage in Zentralasien, die nicht geeignet scheint, um einen ständigen Bevölkerungszuwachs aufnehmen zu können.

Die Richtung der Wanderungszüge der Zeit nach Chruschtschow, als der Druck der Sowjetmacht auf ihre Bürger sich verringerte, führte zu einer für die wirtschaftliche Lage ungünstigen Situation. Das Beispiel der russischen Wanderer (sie sind die zahlreichsten) verdeutlicht diese Aspekte der Bevölkerungsbewegung.

Die folgende Tabelle gestattet eine Übersicht dieser Struktur. Jedes Gebiet Rußlands hat bestimmte Bindungen zu gewissen Republiken. Es werden auch sogleich erstaunliche Schwächen sichtbar. Vor allem gibt es Tendenzen zur Auswanderung aus dem Ural, aus Sibirien und aus dem Fernen Osten; Gegenden, die unter Arbeitermangel leiden, doch keinerlei Bewegung in diese Richtung. Hat die Wanderung der Russen

Richtung der Wanderzüge[30]

Wirtschaftsregionen der RSFSR *Land* (Ausgangsregionen)	Föderierte Republiken *Städte* (Ankunftsregionen)
Nord-West	Estland, Lettland, Weißrußland
Zentrum	Weißrußland, Estland, Lettland
Wolga-Wiatsk	Kasachstan
Zentral-Tschernoziom	Ukraine
Wolgagebiet	Usbekistan, Turkmenien, Tadschikistan
Nordkaukasus	Aserbaidschan, Turkmenien, Armenien
Ural	Usbekistan, Tadschikistan, Kasachstan
Westsibirien	Kirgisien, Kasachstan
Ostsibirien	Litauen, Kirgisien
Ferner Osten	Georgien, Kirgisien

in der Vergangenheit die Erschließung auch unwirtlicher Gegenden möglich gemacht, so verlagert sich ihr Schwerpunkt nun immer mehr in einladendere Gegenden, die aber weniger Bedarf an Arbeitskräften haben.

Die Strömung, die die Bauern aus dem Nordwesten in die baltischen Republiken zieht, ist klar zu erkennen. Die ländlichen Gebiete im Nordwesten Rußlands haben einen kritischen Punkt der Entvölkerung erreicht (insbesondere die Gebiete von Nowgorod und Pskow). Die Kolchosen und Sowchosen dort leiden unter einem Arbeitermangel, der ihre Produktionskapazität beeinflußt. Nichtsdestoweniger ziehen Bauern aus diesen Gegenden in die baltischen Städte, wo die Neuankömmlinge in Konkurrenz mit den einheimischen Bauern um die Arbeitsplätze treten[31]. Diese Wanderungsrichtung ist ein doppeltes Problem. Und zwar, weil die ohnehin an Arbeitskräften schon armen landwirtschaftlichen Gegenden Rußlands entvölkert werden und sogleich an den Ankunftsorten die Neuankömmlinge nationale Spannungen erzeugen, da in den baltischen Republiken die städtische Arbeitsbevölkerung schon sehr konzentriert ist.

In Zentralasien bemerkt man die gleichen negativen Auswirkungen. Die Auswanderung aus Sibirien oder aus dem Ural entblößt diese ohnehin schon an Arbeitsmangel leidenden Gegenden weiter von Arbeitskräften, obwohl sich die Behörden verzweifelt bemühen, sie zu halten. Es nehmen dann auswandernde Russen städtische Arbeitsplätze in Gebieten ein, wo der Bevölkerungszuwachs und der Druck der Sowjetmacht, die nationale Geschlossenheit des Dorfes zu zerstören, ohnehin schon zu ziemlich starken internen Wanderungen aus dem

Land in die Stadt geführt hat. Aber das Eintreffen einer großen Zahl von Russen läßt tatsächlich einer Urbanisierung durch Eingeborene kaum mehr viel Platz. In diesen Gegenden nimmt übrigens die Einwanderung der Russen einen ganz bestimmten Verlauf. Zunächst kommen die Einwanderer in die Dörfer, ganz besonders ist das in Kirgisien der Fall, und von dort aus in einer zweiten Etappe übersiedeln sie in die Städte.

Der Nordkaukasus verfügt in seiner Gesamtheit über einen Überschuß an Arbeitskräften. Trotz einer gewissen Abwanderung der Landbevölkerung in andere Republiken weist aber dieser Raum einen positiven Einwanderungssaldo auf, weil das Klima viele Einwanderer anzieht. Diese wenigen Beispiele, die man beliebig vermehren könnte, zeigen, welchen Problemen sich die Sowjetführung bei einer nationalen Organisation des Arbeitsmarktes gegenübersieht, angesichts einer Tendenz, von Zwangsmaßnahmen abzusehen in einer Gesellschaft, in der sich nun jeder mehr oder weniger nach Gutdünken einrichten kann.

Einen Hauptgrund für die Sorgen der Sowjetunion hinsichtlich ihrer Zukunft muß man wohl in Zentralasien suchen. Das Problem dort ist die wirtschaftliche Kapazität in bezug auf die Bevölkerungsentwicklung. Da gibt es auf dem Land eine gewisse Überbevölkerung, die von den Experten schon früh erkannt worden war[32]. Die Bevölkerungsdichte hat auf dem Land schnell zugenommen und den nationalen Durchschnitt weit überschritten. Während in Rußland auf einen Hektar erschlossenen Landes 0,4 Einwohner kommen und in der Ukraine 0,7, sind es in Usbekistan 2,1 und in Tadschikistan 3,4. Im Kaukasus, etwa in Georgien, betrug die Dichte 3,3[33].

Diese Veränderungen ereigneten sich in einer verhältnismäßig kurzen Zeit, denn noch bei der Volkszählung von 1959 war der Bevölkerungsanteil auf landwirtschaftlich genutzter Fläche kaum gegenüber den Vorkriegszahlen verändert. Diese plötzliche Übervölkerung weist auf zwei verschiedene Probleme hin. In welchem Ausmaß wird die von der Regierung so sehr geförderte Mechanisierung der Landwirtschaft das Problem der Arbeitskräfte verschärfen? Andererseits wird man in Zentralasien Neuland für die künftig zahlreichere Bevölkerung erschließen können?

Zum ersten Punkt ist zu sagen, daß Zentralasien vor allem Produzent von Baumwolle ist, die für die Sowjetunion eine ganz außerordentliche Bedeutung hat. Die herkömmlichen Anbaumethoden sind kostspielig. Die Mechanisierung erlaubt, sowohl die Kosten zu senken, als auch die Ernteergebnisse zu erhöhen. Es ist kaum denkbar, daß man diesbezügliche Anstrengungen in Zentralasien rückgängig machen würde, außerdem ist doch die Regierung entschlossen, ihre Zielsetzung[34] nicht zu ändern. Es ist also klar, daß durch die Mechanisierung der Landwirtschaft eine Verringerung der Arbeitsplätze eintritt, und zwar genau in dem Moment, in dem die Bevölkerungsanzahl steigt.

Zur zweiten Frage nach einer möglichen Ausweitung des nutzbar gemachten Boden ist zu sagen, daß die Antwort im Klima und in der Bodenbeschaffenheit liegt. Im Laufe der letzten Jahre sind zwar die Bewässerungsanlagen vervielfältigt worden, aber in der Praxis sind durch Bewässerung in dem Jahrzehnt zwischen 1960 und 1970 doch nur etwa 5% der landwirtschaftlichen Fläche gewonnen worden[35]. Selbst eine bedeutende Ausweitung der Bewässerung – vorausgesetzt, daß die Bodenbeschaffenheit es zuläßt – wird keinesfalls dem Bevölkerungszuwachs entsprechen. Es kommt hinzu, daß auch die jüngst neu bewässerten Gebiete von dem Mechanisierungsprogramm Vorteile ziehen. Die großen Investitionen der Bewässerungsprojekte werden dadurch schneller rentabel gemacht, aber der Anteil an menschlicher Arbeit ist hier nicht allzu hoch. Mechanisierung kompliziert das Problem der Arbeitskräfte insofern, als sie technisch ausgebildete Fachkräfte erfordert. Die einheimische Bevölkerung jedoch stellt kaum Techniker. Die Gründe dafür: die technischen Schulen liegen meist in Städten, und es widerstrebt den Eltern in Zentralasien, ihre Kinder auf städtische Schulen zu schicken, die zugleich eine Entfernung von der Familie und eine Einfügung in ein fremdes Milieu bedeuten müssen. Die technischen Posten auf dem Lande haben daher meist Einwanderer wie Russen oder Ukrainer inne. Sie stehen im Konkurrenzkampf mit den Einheimischen um die ohnehin nicht in ausreichendem Maß vorhandenen Arbeitsplätze.

Kann man nun die überschüssigen Arbeitskräfte in der lokalen Industrie der Städte einsetzen? Die wirtschaftliche Entwicklung Zentralasiens ist einer Umorientierung der Arbeitskräfte vom Land in die Stadt kaum sehr günstig. Zentralasien ist vor allem ein Produzent von Rohstoffen und dementsprechend weniger industriell entwickelt als die übrige Sowjetunion. Diese wirtschaftliche Spezialisierung, gegen die die nationalen Führer in den dreißiger Jahren so heftig angekämpft haben, ist nichtsdestoweniger eine Tatsache, deren Gefahren sich heute absehen lassen.

Die zentralasiatischen Republiken, mit Ausnahme von Kasachstan, sind heute im wesentlichen Produzenten von Baumwolle, oder sie betreiben Viehzucht. Um diese Basisproduktion haben sich damit verbundene Industrien entwickelt (Nahrungsmittel, Textilien), aber der Schwerpunkt liegt doch bei der Landwirtschaft.

Der letzte Fünfjahresplan läßt keine außergewöhnliche Entwicklung in der Schwerindustrie erwarten, die ja beträchtliche Investitionen und Organisation des Transportes von Eisen, an dem es in dieser Region fehlt, voraussetzen würde. In Kasachstan, dem wichtigsten Rohstoffproduzenten der Sowjetunion, spielt Eisenerz, das man dort findet, eine entscheidende wirtschaftliche Rolle als Rohstoff für die Industrie. Aber seit dem ersten Fünfjahresplan für die Jahre 1929 bis 1933 sind die großen Rohstoffreserven dieser Republik, sowohl was Eisenerz, als auch was Mineralien anlangt, für die Schwerindustrie Rußlands bestimmt.

Diese Rohstoffvorkommen sind entscheidend für die Entwicklung der Fabriken im Ural und in den neuen industriellen Regionen Sibiriens, die auch noch von den landwirtschaftlichen Produkten dieser Republik abhängen. Eine Reorientierung dieser Rohstoffe nach Zentralasien erscheint äußerst zweifelhaft, denn das würde ja eine Schwächung der industriellen Produktionskapazität, die schon hoch entwickelt ist, bedeuten.

Außerdem spielt ja auch noch ein außenpolitischer Faktor eine Rolle. Zentralasien stellt, wenn es sehr stark industrialisiert ist, ein zusätzliches Anziehungsmoment für das benachbarte China dar, das eine rasche Entwicklung anstrebt. Bei dem gegenwärtigen Stand der chinesisch-sowjetischen Beziehungen ist aber Moskau ganz im Gegenteil in hohem Maße daran interessiert, diesem Gebiet, dessen Bevölkerung weit eher zum Orient als zur europäischen Welt gehört, keine entscheidende wirtschaftliche Bedeutung und Anziehungskraft zu verleihen. Die wirtschaftlichen Notwendigkeiten und die Nähe Chinas erklären also, warum die Möglichkeiten in der Entwicklung Zentralasiens sehr begrenzt sind. Sie verdeutlichen auch, warum die für die Planung Verantwortlichen offensichtlich zögern, zumindest gegenwärtig, angesichts des Problems des Überflusses von Arbeitskräften in diesem Gebiet entscheidende Lösungen herbeizuführen[36].

In der Tat sieht man noch keine klaren Entscheidungen, vielmehr schwanken die Verantwortlichen zwischen zwei Polen. Einerseits herrscht sowohl in Moskau als auch in den Randgebieten starker Druck zugunsten einer industriellen Entwicklung Zentralasiens, um an Ort und Stelle das Problem der Beschäftigten zu lösen. Die Experten des *Gosplan* haben seit 1971 den raschen Aufbau von Industrien verlangt, die genügend Arbeitskräfte benötigen würden (Maschinenbau, chemische Industrie und natürlich Nahrungsmittelindustrie)[37]. Diese Tendenz hat sich im Laufe der siebziger Jahre in der Planwirtschaft verstärkt, und ihre Verteidiger haben als Argument immer häufiger die geringe Mobilität der lokalen Bevölkerung, die sie offensichtlich als unabänderlich ansehen, verwendet[38].

Die Parole für die Vorkämpfer dieser These lautet klar und deutlich, daß in den kommenden Jahren die Entscheidungen von den örtlichen Situationen ausgehen müßten, das heißt von der bestehenden Verteilung der Arbeitskräfte, was wiederum als Konsequenz eine bedeutende wirtschaftliche Entwicklung der an Arbeitskräften reichen Gebiete haben müßte. Die Experten des *Gosplan* treten also nicht für eine radikale Umwälzung der sowjetischen Wirtschaft ein, sondern für die Einrichtung von Industrien in Zentralasien, entsprechend den bestehenden örtlichen Bedingungen und den vorhandenen Rohstoffen. Freilich werden sie dadurch nur einen Teil des Problems lösen, nämlich jenen der überschüssigen Arbeitskräfte. Keine Vorschläge liegen aber vor für die sich aus der Bevölkerungsentwicklung ergebende andere Seite des Problems. Wer soll in jenen Gebieten arbeiten, in denen es an Arbeitskräften fehlt und wo sich gerade die gesamte sowjetische Schwerindustrie konzentriert?

Ebendieses Problem der Gebiete, in denen es an Arbeitskräften mangelt, scheint ja die Position der anderen Experten zu rechtfertigen, die die Idee einer »rationellen Verteilung der Arbeitskräfte« verteidigen. Hier wird das Problem völlig anders angegangen: Ausgangspunkt sind die Wanderungsbewegungen, unorganisiert und spontan, sowie die bestehende Kluft zwischen dem öffentlichen Interesse und der Initiative des einzelnen. In einer von mehreren Autoren verfaßten Schrift, 1974 veröffentlicht, wird dargelegt, daß die Wanderungszüge keineswegs oder kaum den wirtschaftlichen Bedürfnissen der Sowjetunion entsprechen. Daraus wird gefolgert, daß im Rahmen eines klaren wirtschaftlichen Projektes die Notwendigkeit zu einer Regelung der Wanderungszüge besteht[39]. A. Topilin, ein Volkswirt, hat diese Idee aufgenommen und weitere entwickelt. Er hat die Beschlüsse der Plenarsitzung des ZK der KPdSU vom Dezember 1974 so interpretiert, daß die Partei eine Grundentscheidung getroffen habe, nämlich die Arbeitskräfte rationell aufzuteilen[40]. Topilin schreibt: »Wenn man dem wachsenden Mangel an Arbeitskräften Rechnung tragen will, ist es unerläßlich, dem Mangel an Koordination ein Ende zu setzen. Er ist schuld daran, daß die Arbeitskräfte in den verschiedenen Gebieten so unterschiedlich verteilt sind. Die Koordinierung muß durch den *Gosplan* der Sowjetunion auf der Basis von Einzelplänen zur Neuaufteilung der Arbeitskräfte erfolgen und zwar im Bereich der organisierten Einstellung von Arbeitskräften, ihrer Wanderbewegungen und durch entsprechende Aufrufe durch die einzelnen Unternehmungen[41]«.

Es ist interessant, in diesem aktuellen Zusammenhang wiederum Ausdrücke wie organisierte Arbeitsplatzvermittlung und den sozialen Appell in Verbindung mit den Wanderbewegungen zu hören. Die organisierte Arbeitsplatzvermittlung *(Orgnabor)* war während der Jahre der intensiven Industrialisierung üblich, um Arbeitskräfte vom Land in die Stadt zu verlegen. Diese Methode zielt auf die regionale Neuaufteilung der Arbeiterschaft und auf ihre Überführung in wirtschaftliche Sektoren, in denen Arbeitskräfte fehlen. Diese Art der Arbeitsmarktlenkung versucht, die Arbeiterschaft maximal den örtlichen Bedürfnissen und solcher bestimmter Unternehmungen anzupassen. Experten sind der Meinung, daß diese Methode am ehesten geeignet ist, jene Gebiete zu versorgen, die unter diesem Gesichtspunkt am schlechtesten dran und zur gleichen Zeit für die Wirtschaft besonders wichtig sind, nämlich Sibirien, der Ferne Osten und der Hohe Norden.

Die Schwierigkeit lag bisher darin, daß die von höheren Löhnen dorthin gezogenen Arbeiter sich jeweils nur für eine begrenzte Zeit verpflichteten: dies aber machte die Ausgaben für ihre Ausbildung, die diese Einstellungsreform voraussetzt, unwirtschaftlich. »Um die durch *Orgnabor* rekrutierten Arbeitskräfte an die jeweiligen Orte zu binden, müßte man sich besonders bemühen, auch ihre Familien mit hin zu bringen, die vor 1969/70 nur 6% der Bewegung der Arbeiter in diesen Gebieten ausmachten«[42].

Wanderungen ganzer Familien werden bis jetzt vor allem auf dem landwirtschaftlichen Sektor realisiert. Technische Spitzenkräfte (wie Traktorfahrer, Mechaniker usw.) werden in landwirtschaftliche Unternehmen noch rückständiger Gebiete geschickt, um dort einen gewissen Fortschritt zu erreichen. So sind etwa in den Jahren von 1961 bis 1970 nahezu 20000 Mechaniker in die südlichen Gebiete des Fernen Ostens eingewandert, um dort das landwirtschaftliche Personal zu ergänzen. Um diese Art der Wanderung zu erleichtern, wird folgender Vorschlag gemacht: Man solle Familien, die aus einem Dorf stammen, auch wieder in einem Dorf ansiedeln. Hierdurch könnte das Problem der anfänglichen Einsamkeit, die Anpassungsschwierigkeiten an die fremde Umgebung verringert werden. Die dritte Form der organisierten Wanderungsbewegung wird durch den sozialen Appell repräsentiert. Es handelt sich darum, in kürzester Zeit in Gebieten, in denen die Umweltbedingungen, die Entfernungen etc. kaum eine freiwillige Einwanderung begünstigen würden, den Bedarf an Arbeitskräften zu befriedigen. Es sind daher organisierte soziale Migrationen notwendig. Die große Masse bilden hierbei nicht die Arbeiter, sondern vielmehr folgen diesen Aufrufen vorwiegend die Jugend, gestellt vom Komsomol, sowie junge, gerade aus dem Militärdienst entlassene Leute, meist Bauern, für die diese Erlebnisse in der Ferne ein nahezu obligatorisches Übergangsstadium zwischen Militärdienst und normaler Integration in den Arbeitsprozeß darstellt.

Jedoch hat auch diese Wanderungsform ihre Nachteile. Begründet auf der Begeisterung und der sentimentalen Überzeugung der jungen aufgerufenen Leute, wird diese Wanderungsart vor allem durch die Unbeständigkeit der Auswanderer charakterisiert. Kaum in den fernen Orten, wo sie gebraucht werden, angekommen, wechseln sie schon das Unternehmen oder verlassen sogar die Gegend überhaupt. Dieses Problem entspricht einigermaßen jenem, das sich traditionell stets bei der Durchführung der Pläne stellt. Jedes kommunistische Kollektiv, vor allem der Komsomol (die Jugendorganisation), muß seine Begeisterung und sein allgemeines Interesse für die großen Projekte in weiter Ferne beweisen, indem es regelmäßig ein gewisses Kontingent freiwilliger Arbeitskräfte dafür stellt. Aber die Verwendung dieser Arbeitskräfte zeichnet sich durch eine merkwürdige Ungenauigkeit aus. »Das Zentralkomitee des Komsomol entscheidet zusammen mit dem Gosplan über die Zahl der jungen Leute, die auf diesen sozialen Appell antworten müssen, und ihre ungefähre Verteilung auf die verschiedenen Gebiete, in denen sie gebraucht werden. Sobald sie ihre Reisebefehle erhalten haben, steht es den jungen Leuten frei, ihre Arbeit, ja sogar das Gebiet, in dem sie sich betätigen sollen, zu wechseln. Nichts kann sie daran hindern, und das ist sehr bedauernswert[43].«

Was ist dagegen zu tun? Zwei Alternativen bieten sich an: Eine richtige Planung der Verwendung der Jugendlichen und eine strikte Kontrolle ihrer Aktivität in der Periode, in der sie innerhalb des Rahmens des sozialen Appelles arbeiten. Weiter sollten sich diese Aufrufe nicht nur an die männlichen Arbeitskräfte richten, es sollte vielmehr ein Gleichgewicht der Geschlechter dazu beitragen, die Freiwilligen an ihrem Arbeitsplatz zu halten, denn es ist offenbar, daß die meisten so schnell wie möglich in freundlichere Gegenden zurückkehren wollen.

Der B. A. M.* verdeutlicht diese Schwierigkeiten bei der Rekrutierung. Die harten Arbeitsbedingungen in der Baikal-Amur-Gegend bringen es mit sich, daß die weiblichen Arbeitskräfte trotz aller Bemühungen, sie zu rekrutieren, nun mit ganz anderen Aufgaben und an ganz anderen Orten (vor allem im Service der transsibirischen Eisenbahn) be-

* Bau der Baikal-Amur-Eisenbahn.

schäftigt werden und daß die männlichen Arbeitskräfte isoliert bleiben, daher schwierig zu halten sind. Dies trägt außerordentlich zu einer Verlangsamung der Arbeit bei.

Alle Vorschläge gehen, wie man sieht, hier in die gleiche Richtung: die Arbeitskraft wird als ein bewegliches Gut angesehen, das beliebig zu Wirtschaftszentren versetzt werden soll, statt den Versuch zu machen, die Wirtschaftszentren dorthin zu verlegen, wo entsprechende Arbeitskräfte vorhanden sind. Um aber diese Lösungen zu realisieren, müssen mehrere Bedingungen erfüllt werden. Erstens muß die Arbeitsmarktlenkung rigoros auf Unionsebene und nicht auf regionaler Ebene geplant werden. Zweitens muß die individuelle Wanderungsbewegung und die Wahl des Aufenthaltsortes einer strengen Kontrolle unterworfen werden. Drittens muß die Bereitschaft vorhanden sein, den verhältnismäßig autoritären oder dirigistischen Charakter der vorgeschlagenen Arbeitsmarktpolitik dadurch auszugleichen, daß man sehr stark sentimentale und materielle Stimulanzien hervorhebt. Die Umsiedlung ganzer Familien, um die Vereinsamung des durch die Arbeitsmarktlenkung rekrutierten Arbeiters zu vermeiden, die Umsiedlung mehrerer Familien an ein und denselben Ort, um den Bruch mit der ursprünglichen Gemeinschaft zu vermeiden, das Bemühen, die Zahl der Frauen und der Männer im Fall der zeitweisen Wanderung der jungen Leute gleich zu halten, all das gehört in die Bemühungen, um einen Versuch der Arbeitsmarktlenkung zu humanisieren.

Die Grundlagen dieses Programmes müßten vor allem materielle Anreize sein: entsprechende Löhne, Wohnungen und Schulen, all das müßte eingesetzt werden, um die Auswanderer, die bereit sind, ihre Heimatorte zu verlassen, entweder für immer oder doch für längere Zeit in den Gebieten zu halten, in denen Arbeitskräftemangel besteht. Diese These über eine Neuaufteilung der Arbeitskräfte hätte gegenüber der These von der Anpassung der Wirtschaftsstruktur an die vorhandenen Arbeitskräfte einen Vorteil: sie allein ermöglicht den wirtschaftlichen Bedürfnissen der Sowjetunion zumindest teilweise gerecht zu werden. Nur sie kann eine Stagnation in den wirtschaftlich höchst entwickelten Gebieten und damit einen Rückgang der sowjetischen Wirtschaft verhindern. Wollte man nur das Schwergewicht auf die an Arbeitskräften reichen Gebiete verlegen, so würde sich damit ein entscheidendes Problem für alle großen Wirtschaftsregionen ergeben.

Man könnte natürlich auch beide Lösungen nebeneinander in Betracht ziehen. Die Nutzung der an Ort und Stelle vorhandenen Arbeitskräfte durch große Investitionen und die Aufrechterhaltung der wirtschaftlichen Kapazität der bestehenden industriellen Regionen sowie der Gebiete, deren Erschließung nur durch die Einwanderung fremder Arbeitskräfte möglich ist. Anzeichen sprechen dafür, daß der Appell an ausländische Arbeitskräfte den Gedanken der sowjetischen Planer keineswegs fremd ist. Mehrere große Projekte, die gemeinsam von der Sowjetunion und den sozialistischen Ländern unternommen werden, haben die Mitarbeit der Arbeiter jener Länder zur Voraussetzung[44]. Dies ist zum Beispiel bei der Erdgasleitung von Orenburg der Fall gewesen. Ausländische Arbeiter sind an sowjetischen Unternehmen auf Grund einer Art Austauschabkommens beteiligt: Rohstoffe oder Konsumgüter gegen Arbeitskräfte. Dies gilt für die Bulgaren und wahrscheinlich auch für die sehr zahlreichen Koreaner in der Sowjetunion, aber auch gewisse nichtkommunistische Länder schicken ihre Arbeiter in die Sowjetunion, so in erster Linie Finnland[45] und sogar westeuropäische Staaten. Es ist sehr schwierig, die gegenwärtige Zahl der ausländischen Arbeiter abzuschätzen, die Zahlen variieren zwischen 50000 und 160000[46]. Nichtsdestoweniger ist es klar, daß sie keinen Ersatz für jene Arbeitskräfte bilden, die der Sowjetunion fehlen, höchstens könnte man daran denken, daß sie bis zu einem gewissen Grad die seit den siebziger Jahren ständig erfolgende Auswanderung von Juden, Deutschen und Armeniern ausgleichen[47].

Da jede Politik, die nicht auf der Umsiedlung der Arbeitskräfte in die Mangelgebiete beruht, schwere wirtschaftliche Konsequenzen nach sich ziehen würde, muß man die Frage stellen, welche Möglichkeiten die sowjetische Führung besitzt, um solche Wanderungsbewegungen in großem Stil durchführen zu können. Um hier Erfolg zu haben, muß sich die Sowjetführung einmal auf den guten Willen der betreffenden Leute verlassen, der aber natürlich von den gebotenen Vorteilen und den Notwendigkeiten abhängt. Ein Beispiel, wie Anreiz für eine Wanderungsbewegung durch einen Appell an das materielle Interesse geschaffen werden soll, besitzen wir im Erlaß des Ministerrates der UdSSR vom Mai 1973 über »neue Vergünstigungen für Bürger, die sich in Kolchosen und Sowchosen (Kollektivgüter und Staatsgüter) ansiedeln wollen«. Dieses Dekret betraf Kolchosen und Sowchosen in der Grenzregion zu China und sah große und zahlreiche Vergünstigungen für die Siedler vor (Prämien, Urlaub, Möglichkeit zum Ankauf von Automobilen und Motorrädern)[48].

Es ist schwierig zu entscheiden, in welchem Ausmaß solche Vergünstigungen eine Umsiedlung von Arbeitskräften aus Zentralasien in die defizitären Gebiete beeinflussen können und inwieweit hier wirklichen Problemen der Bevölkerung Rechnung getragen wird. Allzu viele widersprüchliche Informationen über die materielle Lage der zentralasiatischen Völker liegen vor. Die Sowjetführung betont zwar ständig, daß das Niveau der Entwicklung der Republiken sich bis zu einem Zustand der Quasi-Gleichheit entwickelt habe und der Lebensstandard der Bevölkerung in den Randgebieten häufig über jenem der Bevölkerung in den Zentralgebieten liegt[49]. Die ausländischen Beobachter, die Zentralasien besuchen, bestätigen im allgemeinen diese letztere Behauptung. Sie weisen auch auf die Unterschiede zwischen Zentrum und Randgebieten zugunsten der letzteren hin.

Eine westliche Studie aus dem Jahr 1970 zeigt, daß die Einkommen der Kolchosebauern in den fünf zentralasiatischen Republiken weit höher sind als jene im Durchschnitt der Sowjetunion und ganz besonders als jene in den slawischen Republiken[50]. Die bevorzugte Stellung der Randgebiete wird möglicherweise noch durch die Preisunterschiede, die zwischen den verschiedenen Gebieten bestehen, vergrößert. Eine Untersuchung von sowjetischen Forschern gibt hier wichtige Hinweise hinsichtlich des Lebensstandards in den mohammedanischen Republiken. Ihr zufolge beträgt der Lebenshaltungsindex einer Familie von vier Personen, auf der Basis 100 in den zentralen Gebieten, in Kasachstan nur 97,7 und sogar nur 90,3 in den vier anderen Republiken Zentralasiens[51]. Es stimmen also die Nachrichten überein, wonach es sich in Zentralasien leichter leben läßt. Die Bewohner haben daher keinen Grund, um höherer Löhne willen Arbeit auswärts zu suchen.

Aber diese Informationen geben die Situation, die durch verschiedene Variable kompliziert wird, nicht ganz genau wieder. Der wichtigste Unterschied besteht nämlich in der unterschiedlichen Kinderzahl der Familien. Legt man den Statistiken nicht mehr das Familieneinkommen zugrunde, sondern vielmehr das Pro-Kopf-Einkommen jedes einzelnen Familienmitgliedes, so zeigt sich klar, daß die Kinderzahl, das heißt also der demographische Grundbegriff, die bisher so günstigen Vergleiche für Zentralasien unmittelbar anders erscheinen läßt. Das Einkommen der Kolchosebauern der verschiedenen Sowjetrepubliken läßt sich einfach gliedern:

Einkommen der sowjetischen Kolchosbauern, nationaler Durchschnitt = Index 100

Republiken	jährliches Familieneinkommen	Republiken	jährliches Einkommen pro Familienmitglied
Turkmenien	140	Estland	182
Litauen	136	Lettland	151
Estland	127	Litauen	143
Georgien	127	Ukraine	109
Armenien	122	RSFSR	108
Usbekistan	120	Weißrußland	107
Kasachstan	119	Georgien	106
Lettland	119	Moldau	98
Kirgisien	107	Turkmenien	78
Aserbaidschan	106	Kasachstan	77
Tadschikistan	105	Armenien	77
RSFSR	99	Kirgisien	71
Weißrußland	98	Usbekistan	68
Moldau	97	Aserbaidschan	65
Ukraine	91	Tadschikistan	58

Diese Tabelle[52] zeigt, daß die Einbeziehung der Familiengröße die Reihenfolge der Einkommen in bezug auf die Republiken völlig verändert. Zentralasien und der Kaukasus liegen hinsichtlich des Familieneinkommens über dem nationalen Durchschnitt und in der Spitzengruppe, während die slawischen Republiken und Moldau am untersten Ende der Skala unterhalb des Durchschnitts liegen.

Wenn man die Sache aber unter dem Aspekt des Einkommens pro Person ansieht, dann ist die Verteilung eine ganz andere. Es gibt dann drei ganz kompakte und voneinander verschiedene Gruppen. Die Reichen, das heißt die Bauern der drei baltischen Republiken, die mittleren (gerade oberhalb oder unterhalb des nationalen Durchschnitts), das sind die Slawen, die Georgier und die Moldauer, und die Armen, die Bauern aller mohammedanischen Republiken sowie Armeniens, die weit unterhalb des nationalen Durchschnitts liegen und deren Einkommen die Hälfte oder gar fast nur ein Drittel jenes der baltischen Bauern beträgt. Dieses Verhältnis entspricht im großen und ganzen auch der Situation der gesamten sowjetischen Landbevölkerung, und zwar auch bei den Sowchosenarbeitern[53]. Dazu muß man noch rechnen, daß das Einkommen der Landbevölkerung nur etwa 87,4%[54] der Industriearbeiter beträgt und daß in Zentralasien und dem Kaukasus die einheimische Bevölkerung vorwiegend in der Landwirtschaft und nicht in der Industrie beschäftigt ist. Daraus kann man tatsächlich schließen, daß in Zentralasien und im Kaukasus das Pro-Kopf-Einkommen des Großteils der Bevölkerung niedriger ist als der nationale Durchschnitt. Mit den Ergebnissen dieser Tabelle und mit den Zuständen, die sie darlegt, lassen sich die bisherigen Wanderungen kaum in Einklang bringen. Es leuchtet ein, daß bei Vollbeschäftigung und hohen Löhnen die Bevölkerung der baltischen Republiken nicht sehr wanderfreudig ist. Es überrascht auch nicht, daß die höheren Löhne und die verfügbaren Arbeitsplätze die Einwohner der Zentralgebiete in diese Republiken lokken. Dagegen ist es angesichts dieser Zahlen unerklärlich, warum die Arbeiter Zentralasiens nicht in Gegenden ziehen, wo sie Arbeit und höhere Löhne erhalten würden.

Die Stabilität der Bevölkerung der Randgebiete bezeugt, daß es dort entweder keine unbedingte Notwendigkeit zur Emigration gibt, oder aber, daß die Anhänglichkeit an das Ursprungsland, also an die Heimat, viel stärker ist als die täglichen Schwierigkeiten des Lebens. Auf Grund dieser zweiten Hypothese darf man sich wohl erlauben, die Wirksamkeit der materiellen Anreize, um die Wanderungsbewegung in die zentralen Gebiete anzukurbeln, zu bezweifeln.

Ebenfalls ist es klar, daß in den Randgebieten ein Arbeitsplatz- und Lohnproblem besteht und sich noch verschlimmern wird. Man muß jedoch Zahlenangaben hinsichtlich der Einkommen auch gegenüber anderen Faktoren abwägen, insbesondere gegenüber den materiellen und moralischen Verhältnissen der Umwelt. Zentralasien und der Kaukasus besitzen günstige klimatische Verhältnisse. Das macht die Anpassung der eingeborenen Personen an das rauhe Klima des Zentrums und vor allem Sibiriens sehr schwierig. Das Klima beeinflußt die Lebensweise, die Eßgewohnheiten. Es erleichtert das Leben. Obst und Gemüse etwa, die eine immer größere Rolle bei den Eßgewohnheiten der Sowjetbürger spielen, stellen immer noch einen Luxus dar, der das Einkommen der Menschen in Rußland und in den meisten Gegenden mit Arbeitermangel schwer belastet. Dagegen werden Gemüse und Obst in den südlichen Randgebieten von den Bauern selbst angebaut und auch verzehrt. Dies muß man in Betracht ziehen, wenn man von der Höhe der Einkommen spricht. Ebenso ist hier im Süden durch die traditionelle Lebensweise, die noch immer existiert (Zusammenleben mehrerer Generationen, Beaufsichtigung der Kinder durch die Mutter oder eine Verwandte, geringerer Alkoholkonsum in mohammedanischen Gebieten)[55], eine gewisse Verringerung der Lebenshaltungskosten gegeben, die anderswo das Familieneinkommen belasten. Allgemein gesprochen ist der Selbstverbrauch dort sehr hoch entwickelt, wo die Bewirtschaftung des Landes durch die Familien noch eine bedeutende Rolle spielt. Es ist bemerkenswert festzustellen, daß Litauen und Lettland, wo die landwirtschaftlichen Einkünfte sehr hoch sind, auch eine sehr hohe Selbstverbrauchsziffer besitzen. Nur in Kasachstan spielt dies keine so große Rolle, und zwar weil die Sowchosen in diesem Raum überwiegen. Dabei muß man aber auch daran erinnern, daß Kasachstan die einzige Republik ist, in der sich die einheimische, der Republik den Namen gebende Bevölkerung in der Minderheit befindet[56].

Definitiv läßt sich aus diesen widersprüchlichen Feststellungen ableiten, daß die gegenwärtige Situation der zentralasiatischen Völker eine blühende Prosperität charakterisiert. Selbst wenn im Vergleich zu den westlichen Republiken das Durchschnittseinkommen niedriger liegt. Das Bild des Wohlstandes ist keineswegs Einbildung. Es hat seine Ursachen in der Umwelt, in den noch bestehenden Bräuchen und den für diese Gegend typischen Verhaltensweisen. Sie alle deuten auf die Schwierigkeiten hin, die hier lebenden Menschen dazu zu bringen, sich anderswo anzusiedeln. Diese offensichtliche Prosperität kann aber nicht verschleiern, daß es sehr reale Probleme gibt, die entweder schon vorhanden sind oder in näherer Zukunft sich einstellen werden.

*

Wie wird man diese Probleme, die vor allem Fragen des Arbeitsmarktes und der Industrialisierung betreffen, angehen. Durch eine grundsätzliche Haltungsänderung? Oder durch – auch gewaltsame – Umsiedlung? Oder durch eine bessere Verteilung der Ressourcen und durch größere

Anreize? Dies betrifft nicht nur die Bewohner Zentralasiens, sondern auch andere große nationale Gruppen der Sowjetunion, da sie einer doppelten Herausforderung gegenüberstehen. Da ist einmal die Sowjetführung, die eine immer stärkere Einheit der sowjetischen Völker durch die Vereinheitlichung der wirtschaftlichen Verhältnisse und der kulturellen Entwicklung herbeizuführen sucht. Da ist zum anderen Mal die Wirtschaft, die dauernd Probleme lösen muß, deren Ursache verschiedenartige demographische Verhaltensweisen sind.

IV. KAPITEL

Die Kräfte der Integration: Die Partei und die Rote Armee

Man kann die sowjetische Gesellschaft auf zwei einander diametral entgegengesetzte Arten sehen und beschreiben. Entweder als eine Vielvölker-Gesellschaft, deren Unterschiede sich auf Grund der demographischen Verschiebungen noch vertieft haben, oder als eine neue Gesellschaft, in der die Kräfte der Integration schwerer wiegen als die Unterschiede und kontinuierlich auf die Einheit zustreben. Diese letztere Konzeption ist das Leitmotiv der sowjetischen Verfassung von 1977[1]. Aber in beiden Szenarien ist die Rolle der Zentralgewalt entscheidend. Ob es sich nun um eine Kraft der Integration handelt, oder um ein Instrument, das die Verschiedenheiten unter Kontrolle hält, es ist klar, daß diese Zentralgewalt einen entscheidenden Einfluß auf die Zukunft der sowjetischen Gesellschaft haben wird. Daher ist es wichtig zu sehen, wie sie das nationale Problem behandelt und welche Tendenz für die Zukunft man in der Praxis und in ihren Wünschen voraussehen kann.

Die Zukunft in Frage gestellt: Der sowjetische Föderalismus

Chruschtschow hinterließ seinen Nachfolgern das Schlagwort von der »Verschmelzung der Nationen« als Nahziel. Trotz des Mißtrauens, ja sogar der Feindseligkeit gegenüber all seinen Plänen ist doch dieses Thema der Verschmelzung von der kollektiven Führung beibehalten worden. Bis zum XXV. Kongreß der KPdSU im Jahre 1976, das heißt durch zwölf Jahre hindurch, hat die Führung stets ihre Treue zu diesem Einheitsziel bekräftigt. Sie ist in dieser Hinsicht aber sehr bald auf die Gegnerschaft der nationalen Eliten gestoßen.

Seit 1966 sind heftige Auseinandersetzungen – unter dem Deckmantel bloßer wissenschaftlicher Debatten[2] – ausgebrochen und zwar zwischen den Vertretern der Einheitsthese und den intellektuellen und nationalen Führern, die mit Leidenschaft die Idee des Fortbestehens der

Nationen verteidigen. Ihre Haltung ist einfach. Der sowjetische Staat hat eine bedeutende historische Aufgabe erfüllt, indem er die Entfaltung und die Gleichstellung der einzelnen Nationen sicherte. Dadurch aber hat er auch die Bedeutung und die Fortdauer der Nationen manifestiert. Der Versuch, die Eigenständigkeit dieser Nationen zu schwächen, ja die Existenz der Volksgruppen in Frage zu stellen, bedeutet den beispielhaftesten Erfolg des sowjetischen Regimes in Frage zu stellen.

Der XXV. Parteikongreß schien einen Sieg der nationalen Thesen zu bedeuten, denn zum ersten Mal seit 1961 begrüßten alle dem Erfolg der sowjetischen Nationalitätenpolitik[3] gewidmeten Reden das *Aufblühen* und die *Freundschaft* der Völker und vermieden es, das so leidenschaftlich umstrittene Ziel der *Verschmelzung* auch nur zu erwähnen.

Die Verfassung von 1977 bestätigte teilweise diese Richtung, da sie das föderative System (Artikel 70) und dessen Garantie, nämlich das Recht der Sezession (Artikel 72) aufrechterhält. Aber auch diese Verfassung ist nicht ohne Zweideutigkeiten hinsichtlich des sowjetischen Föderalismus und dessen Zukunft[4]. Leonid Breschnew[5], der die neue Verfassung vorstellte, hat sie als durch den wirtschaftlichen Fortschritt, der seit 40 Jahren erreicht worden ist, gerechtfertigt erklärt; ferner durch die Existenz der Sowjetunion als einer *fortgeschrittenen sozialistischen Gesellschaft* und vor allem durch das Entstehen einer neuen historischen Gemeinschaft, nämlich des *sowjetischen Volkes*. Man sieht hier schon die ersten Zweideutigkeiten in der Verfassung, die die Entwicklung der sowjetischen Gesellschaft in Richtung auf die Überwindung der nationalen Unterschiede bekräftigt. Denn einerseits existiert *das sowjetische Volk,* aber zur gleichen Zeit soll der Föderalismus aufrechterhalten werden, der nichts anderes ist als die verfassungsmäßige Festschreibung der nationalen Unterschiede. Was wiegt nun in der Verfassung schwerer? Die Betonung der Einheit und des sowjetischen Volkes, oder die Verschiedenheit, die Aufrechterhaltung des Föderalismus? Ein genaues Studium der Verfassung gibt Anlaß, sich der ersten Hypothese zuzuwenden.

Vor allem wird die Sowjetunion als die Verkörperung der staatlichen Einheit des Sowjetvolkes dargestellt, als das gemeinsame Instrument, als der Vereiniger aller Völker und Völkerstämme, um den Kommunismus aufzubauen[6]. Die Definition der Sowjetunion, die 1936 noch den Föderalismus und die freie Wahl der Völker, ihr anzugehören, unterstrich, wird nun vervollständigt, erweitert und schließlich modifiziert durch die Bedeutung, die auf den Willen zur Einheit und die bereits vorhandene einheitliche Basis dieses Staates gelegt wird[7]. Im Einleitungsartikel erscheint der Föderalismus wie ein Überrest aus der Vergangenheit hinsichtlich der bereits entstandenen Einheit. Das Recht zur Sezession wirkt wie ein falscher Ton in dieser Reihe von Aufzählungen, die sich stets auf die staatlichen Machtorgane der Sowjetunion beziehen.

Was bedeutet das Sezessionsrecht wirklich? Niemand hat bisher auch nur den Versuch gemacht, es anzuwenden oder auch nur seine Anwendung zu verlangen. Zweifelsohne, so wird man entgegnen, weil noch niemand auf diesen Gedanken kam oder den Wunsch verspürte. Kennt man aber den neuen Verfassungstext, so drängt sich der Eindruck auf, daß schon allein vom juristischen Standpunkt her die Ausübung des Sezessionsrechtes einzigartig kompliziert ist, vergleicht man es mit der 1936 ausgearbeiteten Fassung. Die damalige Verfassung war die eines föderativen Staates, der die verschiedenen Nationen, die sich ihm freiwillig angeschlossen hatten, verband (Artikel 13). Die Sezession war eine Angelegenheit des Staates, der zumindest der rechtlichen Situation nach keinerlei Einwendungen erheben konnte, von dem Augenblick an, wo sich der Wunsch nach Austritt aus dem Staatenverband im entsprechenden Rahmen klar ausgedrückt hatte.

Im Jahre 1977 hatte der sowjetische Staat seine Natur verändert. Der *Staat des ganzen Volkes* ist ein Staat von sehr zwiespältiger Natur. Er wird durch die Kommunistische Partei dominiert, die in Hinkunft – verfassungsrechtlich – die leitende Kraft, das Herz des politischen Systems ist (Artikel 6). Ferner müssen Organisationen und Handlungsweise dieses Staates den Prinzipien des demokratischen Zentralismus (Artikel 3) entsprechen, welches Prinzip Lenin zu Beginn des Jahrhunderts ausgearbeitet hat, zum Gebrauch durch seine revolutionäre Partei. Seit 1918 hat die Partei fast ununterbrochen – nicht immer – den Staat beherrscht und sich mit ihm gleichgesetzt. Seit 1918 ist der demokratische Zentralismus in der Organisation des Staates angewandt worden. Nichtsdestoweniger blieben Staat und Partei zumindest dem Verfassungsrecht nach getrennt und übernahmen jeder eigene Aufgaben und hatten eine besondere Berufung.

Durch die Gleichsetzung von Staat und Partei und durch die Bestätigung, daß die Partei die leitende Kraft des Staates und der demokratische Zentralismus das Grundprinzip der Staatsorganisation ist, haben die Verfassungsmacher der Sowjetunion dem Föderalismus einen sehr harten Schlag, zumindest rein juristisch – versetzt. Die Partei hat als ihre Aufgabe die Einheit erklärt. Die nationale Verschiedenheit ist in ihrem Programm nirgends vorhanden, sie gehört nicht zu ihren Aufgaben.

Wie könnte nun das Sezessionsrecht in einem Staat ausgeübt werden, der mit der Partei gleichgesetzt wird und die Inkarnation des Einheitsprinzipes ist? Die Partei würde sich selbst verraten, würde sie Sezessionswünsche akzeptieren. Sie würde auch das sowjetische Volk verraten, dessen Existenz in der Konstitution verankert ist, da sie zu seinem Zerfall beitragen würde. Natürlich handelt es sich hier nur um eine rein theoretische Diskussion. Es ist aber nicht ohne Interesse festzustellen, daß zum ersten Mal in der institutionellen Geschichte der Sowjetunion der Föderalismus, einer der Grundpfeiler des Systems, an Bedeutung sehr eingebüßt hat.

Auch die Verfassung macht in ihren praktischen Vorschriften deutlich, daß der Föderalismus einen Rückschlag erlitten hat. Sein Platz liegt heute weit unter jenem, den er noch unter Stalin eingenommen hat. Er ist in das politische System nicht einbezogen, vielmehr kommt er erst – in der Verfassung – nach einer Darstellung des sowjetischen Systems (politisch, wirtschaftlich und sozial), der Prinzipien der Außenpolitik, der Rechte und Pflichten des Bürgers, und zwar in jenem Teil, der der Organisation und dem Funktionieren des Systems gewidmet ist.

Diese untergeordnete Stellung des Föderalismus wird noch durch konkrete Hinweise verschlechtert, die die Beziehungen zwischen dem föderativen System und den ihm angehörenden Komponenten verstärkt. Die Verfassung von 1936 beschrieb bis ins kleinste Detail die Kompetenzen jeder einzelnen Republik und umriß ihre Grenzen. Ganz im Gegensatz hierzu kennt der gegenwärtige Text nur Kompetenzen der Föderation, die so ziemlich alles umfassen. Es ist Sache der Republiken, selbst herauszufinden, was ihnen zusteht. Da in den Texten nichts darüber vorkommt, können sie niemals sicher sein, welches ihre Zuständigkeiten sind. Die Verfassung fügt nämlich der langen Aufzählung der Unionskompetenzen einen Artikel hinzu, dessen Unpräzision für die Republiken nicht sehr beruhigend sein kann. Dieser Artikel überläßt der Föderation »die Entscheidung anderer Fragen von Bedeutung für die gesamte Union« (Artikel 73, Paragraph 12).

Ein Humorist könnte diese Situation für außerordentlich günstig für den Föderalismus finden. Stellt man in Rechnung, daß zu Stalins Zeit die Verfassung dem Föderalismus außerordentlich günstig, sehr demokratisch und voller Respekt vor allen Rechten war, aber doch einer zentralistischen totalitären Diktatur diente, die die Illegalität zum Prinzip erhob, so könnte man nur hoffen, daß die Einschränkungen der nationalen Rechte in der gegenwärtigen Konstitution genau die gegenteilige Wirkung haben werden. Kann man glauben, daß eine Verfassung, in der der Föderalismus Schritt für Schritt zurückgedrängt wird, ihm schließlich dienen und ihn letzten Endes sogar noch verstärken wird? Ein verführerischer Gedanke, gewiß, aber Gedankenspielereien sind nicht die Wirklichkeit. Die Verfassung ist ein Programm für die unmittelbare Zukunft, und sie ist auch ein Mittel für die Aktion, um die ansteigenden nationalen Wünsche in die Schranken zu weisen.

Diese Verfassung stellt in erster Linie eine Antwort auf die von Chruschtschow 1961 eröffnete Debatte über die Zukunft der Sowjetunion dar. Der Wille zur Einheit, der in den Randgebieten so sehr kritisiert wird, ist der Grundpfeiler der Verfassung von 1977. Man hat den Föderalismus beibehalten; aber wäre es möglich gewesen, ihn einfach und total zu unterdrücken, ohne lebhafte Reaktionen in diesen Republiken hervorzurufen?

Die Lage in den Randgebieten ist so, daß sich die Zentralmacht mehr oder weniger mit den von ihr beherrschten Nichtrussen ausgleichen muß, weil unter diesen Völkern einige sonst sehr vehement reagieren könnten. Kann sich die Zentralmacht auf eine offene Kraftprobe einlassen? Kann sie eine ganze Reihe von Selbstverbrennungen provozieren? Von Bombenattentaten? Kann sie Unruhen in der Bevölkerung dulden? Die vereinzelten Zwischenfälle in den letzten Jahren beweisen, daß oppositionelle Kundgebungen auch in der Sowjetunion möglich geworden sind. Sie sind nicht leicht und sie sind nicht ohne Gefahr. Aber es ist schwer, sie zu unterdrücken, ohne daß die Außenwelt davon Kenntnis nimmt.

Die Bindung der Nichtrussen an das föderative System ist zu klar, als daß es möglich wäre, es frontal anzugreifen, aber die Verfassung zeigt deutlich, daß dem Föderalismus nur noch eine Gnadenfrist gegeben ist. Sie nimmt ihm die bisherigen Garantien und seine Mittel, institutionell zu handeln. Außerdem hat Leonid Breschnew in dem Resumé über die im Sommer 1977 in der gesamten Sowjetunion durchgeführte Volksdebatte über die Verfassung erklärt, es habe auch nicht an Vorschlägen von der »Basis« gefehlt, den Föderalismus völlig abzuschaffen[8].

Wenn diese Vorschläge nicht weiter verfolgt worden sind, so deshalb, wie er sagte, weil sie gegenwärtig inopportun und verfrüht seien. Aber Breschnew erklärte keineswegs, daß er sie prinzipiell ablehne. Der Hinweis ist deutlich. Es handelt sich nicht nur um eine Übergangssituation, sondern es ist auch die Übereinstimmung in diesem Punkt keineswegs total. Von den utopischen Träumen eines Chruschtschow über die Verwandlung der Sowjetunion haben seine Nachfolger fast alles aufgegeben, um sich die Gunst des Volkes zu erwerben. Die Idee der

Nationen und Nationalitäten der UdSSR (politische Organisation)

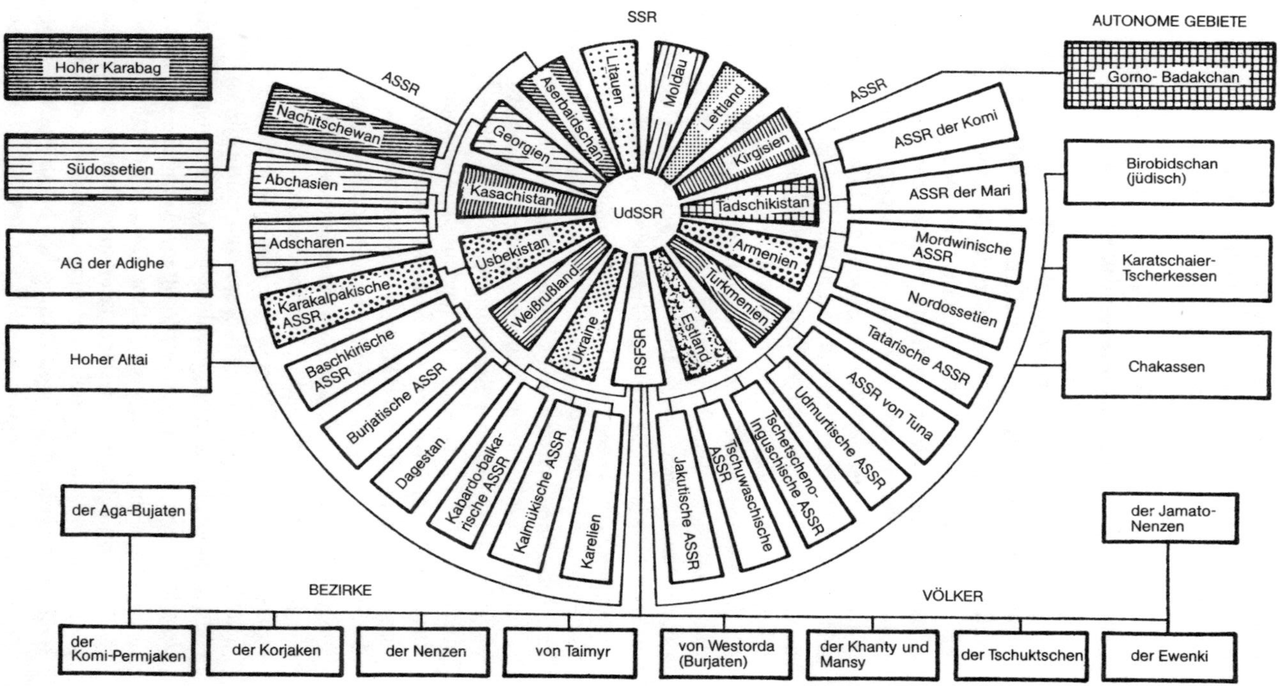

Grafik V

Einheit der sowjetischen Gesellschaft, die auch den Begriff der Einheit des Staates beinhaltet, haben sie jedoch beibehalten[9]. (Vergleiche die Graphik V.)

Die Wirklichkeit des Föderalismus

Sieht man von den Zukunftsperspektiven der Verfassung ab und untersucht man die gegenwärtige Wirklichkeit des politischen Systems, so muß man hervorheben, daß der Staat die Domäne der gleichen Anteilnahme der Nationen an der Macht ist und bleibt und zwar auf zwei Ebenen: im Zentrum und in den föderierten und den autonomen Republiken. Wie wirkt sich diese politische Gleichheit in der Praxis aus?

Das Zentrum ist der Oberste Sowjet der UdSSR, rein verfassungsrechtlich das oberste Organ der Staatsmacht. Die Nationen sind hier mehr als gleichberechtigt vertreten[10]. 1970 machten die nichtslawischen Nationen noch 26,1% der Bevölkerung aus, hatten aber 40,3% der Abgeordnetensitze inne. In jenen Gremien aber, die die wirkliche Macht ausüben – dem Präsidium des Obersten Sowjet, dem Ministerrat, den Staatskomitees – ändert sich die Situation. Das Präsidium des Obersten Sowjet ist das ständige Organ einer sehr selten tagenden Versammlung[11]; die Funktion seines Präsidenten, gleichbedeutend mit der Funktion des Staatschefs, ist stets von einem Slawen ausgeübt worden, eine Ausnahme bildete nur Mikojan (1964–1965).

Im Ministerrat der Sowjetunion ist der Anteil der Russen und ganz allgemein der der Slawen überwältigend, denn sie haben 90% der Sitze inne und stellten stets den Vorsitzenden (die Ausnahme bildete Stalin, den man aber ebensowenig wie Mikojan als einen Repräsentanten einer Volksgruppe auffassen kann). Genauso steht es mit der Mehrzahl der Staatskomitees, deren Kompetenzen sowohl auf die Zentralregierung, als auch auf die Republiken ausgedehnt sind (*Gosplan,* Staatssicherheit usw.). Ungenügende Vertretung der politischen Eliten der Volksgruppen in der Zentralregierung macht es ihnen unmöglich, gleichberechtigt am Entscheidungsprozeß teilzunehmen.

Ist andererseits die Staatsgewalt in den Republiken total in den Händen der entsprechenden Volksgruppen? Auch hier stimmen Theorie und Praxis nicht ganz überein. Ohne Zweifel spiegeln die Parlamente (Sowjets) und Regierungen der nationalen Staaten die ethnische Zusammensetzung der Bevölkerung wider. Betrachtet man aber die verschiedenen Organe der republikanischen Staatsmacht – Oberste Sowjets, Regierungen usw. –, so stellt man fest, daß die Repräsentanten des Stammvolkes alle Posten einnehmen. Die Zahl der Russen ist sehr begrenzt, oft gibt es gar keine; ja noch mehr: unter Stalin waren gewisse Schlüsselpositionen für Russen reserviert[12] – Innenministerium und Sicherheit –, nun aber scheinen in der Regel diese Posten nationalen Parteifunktionären zugeteilt zu sein.

In der Ukraine war 1977 Iwan Golowitschenko Innenminister, und der Präsident des Staatssicherheitskomitees (KGB) hieß Vitali Fedortschuk. Das sind rein ukrainische Namen. In Lettland ist der Posten des Innenministers einem gewissen Jannis Brolisch zugeteilt und das KGB einem Longin Awdjukewitsch. Man könnte noch viele Beispiele für die sich abzeichnende Entwicklung zitieren. Es wäre jedoch gefährlich, voreilige Schlüsse aus dieser Situation über den Grad der Autonomie der republikanischen Führung zu ziehen, denn mehrere Hinweise zeigen auch hier gewisse Grenzen.

Erstens muß man sich ins Gedächtnis rufen, welche Macht die Obersten Sowjets in den Republiken tatsächlich ausüben. Sie sind das Spiegelbild des Obersten Sowjet der Sowjetunion und üben eigentlich sämtliche Rechte des Staates aus. Ohne Zweifel sind ihre Abgeordneten Angehörige der betreffenden Nation, die ihrerseits ein Präsidium wählen, das sich wiederum aus nationalen Elementen zusammensetzt. Aber die politische Praxis zeigt, daß diese republikanischen Sowjets im Verhältnis zum Obersten Sowjet der UdSSR höchst untergeordnete Organe sind. Dies bezeugt etwa der Zeitpunkt, zu dem diese Obersten Sowjets zusammengerufen werden: Stets halten sie ihre Sitzungen nach jenen des Obersten Sowjet der UdSSR ab, und ihre Debatten sind nur Wiederholungen von schon gehaltenen Debatten, und ebenso sind ihre Entscheidungen nichts anderes als Wiederholungen von Entscheidungen, die schon in Moskau getroffen worden sind. Wollte der Oberste Sowjet der UdSSR die Debatten in den Randgebieten erweitern und den dort geäußerten Meinungen Rechnung tragen, dann wäre wohl auch die Zeitfolge der Tagungen eine andere.

Das Abhängigkeitsverhältnis der Obersten Sowjets der Republiken von jenem in Moskau spiegelt sich auch in den Presseberichten über ihre Debatten wider. Sie spielen eine ganz untergeordnete Rolle im Vergleich mit den Berichten über Sitzungen des Obersten Sowjet der UdSSR. Dies hat zur Folge, daß man selbst in den Republiken über viel weniger Informationen über die Aktivitäten des republikanischen Sowjet verfügt als über jene des Obersten Sowjet der UdSSR. Dies alles macht deutlich, daß die wichtigen Entscheidungen eben im Zentrum getroffen werden und daß die Obersten Sowjets der Republiken keine andere Aufgabe haben, als deren Durchführung zu garantieren.

Ein weiterer charakteristischer Zug ist die Verteilung der ministeriellen Kompetenzen* zwischen Zentrum und Peripherie. Betrachtet man die Zusammensetzung einer republikanischen Regierung, so ist man erstaunt über das Verhältnis zwischen den Befugnissen der Unionsministerien und der Republikministerien. Die Union übt ihre Befugnisse im gesamten Gebiet der Sowjetunion aus und zwar durch die Unions-Republik-Ministerien und durch die Staatskomitees, die der doppelten Autorität sowohl der entsprechenden Zentralorgane als auch dem Ministerrat der Republik unterstehen.

Welche Republik man auch als Beispiel nimmt, man wird immer feststellen, daß hinsichtlich der Ministerien die Verteilung stets die folgende ist: es gibt etwa zwanzig Unions-republikanische Ministerien und etwa fünf bis sechs republikanische Ministerien. Diese Kopflastigkeit der einer doppelten Autorität unterstehenden Ministerien wird noch durch die eklatante Ungleichheit der Aufgaben unterstrichen.

Die Unions-Republik-Ministerien verwalten alle wichtigen Angelegenheiten. Nehmen wir das Beispiel der Regierung von Weißrußland in der Zusammensetzung von 1977. Die Unions-Republik-Ministerien waren: Landwirtschaft, Verkehr, Industriebedarf, Kultur, Erziehung, Finanzen, Nahrungsmittel, auswärtige Angelegenheiten, Forste, Gesundheit, fachliche Mittel- und Hochschulen, industrielle Konstruktion, Wohnbau, Justiz, Boden, Wasserkräfte, Leichtindustrie, Fleisch-

* Das Regierungssystem der Sowjetunion ist eine komplizierte Vielfalt von Kompetenzen.

1. *Der Ministerrat der UdSSR:*

a) Die Unionsministerien, die alle total zentralisierten Kompetenzen verwalten.

b) Die Unionsrepublik-Ministerien, sie verwalten die relativ zentralisierten Kompetenzen und zwar durch Unionsrepublik-Ministerien oder auch Staatskomitees in den Unionsrepubliken.

c) Die Staatskomitees (Beispiel KGB), auch hier gibt es total zentralisierte Kompetenzen und solche, die durch ein Staatskomitee in einer Unionsrepublik ausgeübt werden.

2. *Die Ministerräte der Unionsrepubliken:*

a) Unionsrepublik-Ministerien, die doppelt verantwortlich sind: einmal gegenüber dem zentralen U.-R.-Ministerium in Moskau, zum anderenmal den höchsten Gremien der eigenen Unionsrepublik

b) Republikministerien, sie verwalten in eigener Verantwortung Angelegenheiten von weniger großer Bedeutung (Wohnungswesen, lokale kleine Industrien usw.)

c) Staatskomitees, die den Staatskomitees der Zentralregierung entsprechen und deren ausführende Organe sind.

Die Staatskomitees sind praktisch den Ministerien gleichgestellt: Unions-Staatskomitees (Wissenschaft und Technik, Außenwirtschaft, materielle Reserven usw.), die Union- und Republik-Staatskomitees sind zuständig für Angelegenheiten wie Planung, Bauwesen, Arbeit und soziale Fragen, Preise, Berufsbildung, Fernsehen und Rundfunk usw.), das KGB (Staatssicherheit) gehört hierher.

Neben diesen – sehr schematisch dargestellten – staatlichen Verwaltungskörpern gibt es aber noch die ganze Hierarchie der Partei, die zugleich politische und staatliche Aufgaben übernommen hat (Beispiel: Die Abteilung für politische Verwaltung des Verteidigungsministeriums).

1979 gab es 31 Unionsministerien mit totaler Zentralisierung ihrer Kompetenzen, 30 Unions-Republik-Ministerien mit relativ zentralisierten Kompetenzen, 6 Unions-Staatskomitees der UdSSR, 12 Unions-Republik-Staatskomitees der UdSSR. Sie bilden mit den Präsidenten der Staatsbank und der Zentralen Statistischen Verwaltung sowie den Ministerpräsidenten der 15 Unionsrepubliken den Ministerrat der UdSSR. Ein Regierungspräsidium – der Vorsitzende des Ministerrates, seine »Ersten Stellvertreter« sowie die übrigen Stellvertretenden Vorsitzenden (Vizeministerpräsidenten) – hat die »operative Leitung« inne. (A. d. Ü.)

und Milchprodukte, Versorgung und Lagerung, landwirtschaftliche Bauten, Holz und holzverarbeitende Industrie, Handel.

Die Angelegenheiten der nur republikanischen Ministerien sind auf rein lokale Angelegenheiten beschränkt: Konstruktion und Benützung der Straßen, Verbrauch, Wohnungen und öffentliche Versorgung, örtliche Industrien, Automobiltransport, Torfindustrie, soziale Sicherheit.

In allen Republiken wird dieses Organisationsschema mehr oder weniger eingehalten. In Estland gibt es 19 Unions-republikanische Minister (hier fehlen die ländlichen Bauten, die Wasserkräfte und die Forste) sowie 5 republikanische Ministerien. Lettland hat wieder 20 Unions-republikanische Minister und 5 republikanische Minister. In der Ukraine herrschte 1975 geradezu eine Inflation von Ministerien: 28 Unions-republikanische, dazu 6 republikanische Ministerien.

Unterschiede zwischen den einzelnen Republiken hinsichtlich der Ministerien unter doppelter Kontrolle gehen auf wirtschaftliche Spezialprobleme zurück (in der Ukraine legt man z. B. besonderen Wert auf die Sowchosen, auf die Entwicklung der Wasserkräfte und auf Eisenerz. In Zentralasien dagegen wieder auf Probleme der Bewässerung). In diesen besonderen Fällen gibt es Spezialministerien, die man in den anderen Republiken nicht findet.

Das Übergewicht des Zentrums gegenüber den Republiken wird noch durch die Rolle der Staatskomitees betont. In Weißrußland z. B. gibt es 15 Staatskomitees oder spezialisierte Verwaltungskörper, von denen zwölf der doppelten Autorität der Zentralgewalt und des republikanischen Ministerrates unterstehen und nur drei ausschließlich der weißrussischen Regierung. Unter doppelter Autorität: *Gosplan,* Bauwesen, Volkskontrolle, Kino, Verlage, Druck und Vertrieb, Radio und Fernsehen, Preise, Arbeit, Berufsschulen und technische Ausbildung, Staatssicherheit (KGB), landwirtschaftliche Technik und Ausrüstung, Statistik. Unter nur republikanischer Autorität: Naturschutz, materielle und technische Versorgung und Gasversorgung.

Die Staatskomitees sind nach denselben Gesichtspunkten wie die Ministerien eingeteilt. Die ausschließlich der Kompetenz der Republiken überlassenen Angelegenheiten sind wenig zahlreich und auf ihre Interessen begrenzt. Auch hier ist die Situation von einer Republik zur anderen wenig verschieden. Weder die Verfassung von 1936 noch jene von 1977 haben die Kompetenzen zwischen der Union und den Republiken genau abgegrenzt. Trotzdem wächst in der Praxis die Kompetenz der Union immer stärker. Dies wird besonders durch die beiden 1944[13] hinzugefügten Artikel deutlich. Sie schienen die Souveränität der Nationalstaaten der Sowjetunion aufzuwerten: sie beinhalteten das Recht auf eigene Streitkräfte und eine unabhängige Außenpolitik.

Der Artikel über die nationalen Armeen ist niemals realisiert worden, weil er den militärischen Prinzipien widersprach. In der Verfassung von 1977 fehlt er überhaupt. Was die Außenpolitik anlangt, so bemühen sich einige Republiken, so etwas zu besitzen. Die Ukraine und Weißrußland sind bei den Vereinten Nationen vertreten und auch in verschiedenen internationalen Organisationen.

Alle sozialistischen Staaten Osteuropas (einschließlich Jugoslawien, ohne Albanien) unterhalten in Kiew Generalkonsulate, dagegen Kuba, Indien und Ägypten Konsulate in Odessa. Jedoch die Konsulate in Kiew wurden auf Grund von Verträgen errichtet, die mit der Sowjetregierung, aber nicht mit der ukrainischen Regierung geschlossen wurden. Die Ukraine hat Anfang der siebziger Jahre Handelsverträge mit Polen, Rumänien und Ungarn abgeschlossen[14]. Hier handelt es sich aber um in der Zahl sehr beschränkte Verträge, die nur eine sehr geringe Bedeutung haben. Im allgemeinen überträgt die Ukraine ihre internationalen Kompetenzen der UdSSR, besser gesagt, sie muß sie übertragen. Nur manchmal übt sie sie direkt aus, so z. B. in Kanada, wo das Vorhandensein einer sehr starken Kolonie ukrainischer Einwanderer wahrscheinlich die Erklärung dafür ist, daß es in der Sowjetbotschaft zahlreiche Diplomaten ukrainischer Herkunft gibt.

Als einzige unter den anderen Republiken spielt Estland auf der internationalen Ebene eine etwas privilegierte Rolle, da es relativ einfache Beziehungen zu dem benachbarten Finnland unterhalten darf, mit dem es eine gemeinsame Kultur verbindet. Diese wenigen Querverbindungen zu nicht sowjetischen Ländern stellen aber keine »eigene Außenpolitik« dar. Sie bezeugen im Gegensatz, wie gering die Autonomie der Nationalstaaten ist. Aus den jüngsten Tendenzen läßt sich schließen, daß nun auch im Verwaltungsverfahren die Aktivität der Unionsorgane erweitert werden soll, und dies im Gegensatz zu der Beteuerung, die seit dem XXV. Kongreß ständig wiederholt wird, es sei notwendig, die föderalen Kompetenzen den republikanischen Stellen zu übertragen. Ein gutes Beispiel für diese im Gegensatz zu den prinzipiellen Erklärungen stehende Praxis ist die Umwandlung des Staatskomitees für Arbeit und Löhne im Jahre 1976.

Bis zum August dieses Jahres[15] befand sich dieses Komitee in einer ganz besonderen Situation. Als Staatskomitee war es, wie alle seine Schwesterorganisationen, in den Republiken durch Behörden vertreten, die unter der doppelten Autorität der örtlichen Regierung und der Zentralmacht standen. Jedoch gab es in vielen Republiken gleichzeitig

Komitees mit ausschließlich republikanischen Kompetenzen, die sich den Problemen des Arbeitsmarktes widmeten. Diese Teilung der Aufgaben – Zentralisierung der allgemeinen Probleme der Arbeit und Dezentralisierung der Probleme der Beschäftigung – sowie die Tatsache, daß soziale Sicherheit immer eine Sache der Republiken gewesen war, trug dazu bei, personelle Beschäftigungsprobleme zu ihrem eigensten Ressort zu machen.

Die Reform des Staatskomitees für Arbeit und Löhne stellte offiziell diese Kompetenzenteilung nicht in Frage. Aber in aller Stille wurden die Aufgaben den Republik-Behörden entzogen. In Zukunft wird das Staatskomitee für Arbeit und soziale Fragen sowie für die Angelegenheiten der Beschäftigung und der Disponierung der Arbeitskräfte zuständig sein, möglicherweise auch, aber das ist noch nicht sicher, für das Sozialwesen.

Die Notwendigkeit einer solchen Reform ist verständlich. Solange es in der UdSSR ausreichend Arbeitskräfte gab und die Vollbeschäftigung gesichert war, war anzunehmen, daß alle diese Fragen auf lokaler Ebene gelöst werden konnten. Aber die demographischen Unterschiede haben nun eben auch Beschäftigungsprobleme hervorgerufen, die ebenso wie jene der geographischen Verteilung der Arbeitskräfte globale Lösungen fordern: Ob man nun für eine Umverteilung der Investitionen oder für eine Politik der Umsiedlung der Arbeitskräfte eintritt. Keine Republik kann solche Probleme selbst lösen. Daher ist die Rechtfertigung einer Zentralisierung der Frage des Arbeitsmarktes eindeutig[16]. Aber auch die Konsequenz dieser Reform ist klar. Die Ministerien oder auch die rein republikanische Administration haben keinerlei Existenzberechtigung mehr.

So wird Schritt für Schritt – selbst wenn er wirtschaftlich gerechtfertigt ist – der den Republiken reservierte Aufgabenbereich eingeengt. Dem steht aber keinerlei Kompensation auf einem anderen weniger schwierigen Gebiet gegenüber. Es ist eine weitere Schwächung der nationalstaatlichen Struktur.

Zwei Schlußfolgerungen drängen sich auf: zwischen der Zeit Stalins und der jüngsten Vergangenheit besteht eine wesentliche Differenz, was die Rolle der Angehörigen der Nationen im politischen Leben des Staates anlangt. Was die föderativen Institutionen anlangt, so sind die Nationen im Obersten Sowjet sehr gut vertreten, aber in den Organen der Macht und der Staatsverwaltung sind sie kaum repräsentiert. Dagegen ist die Führung in den Republiken fast ausschließlich in den Händen der einheimischen Bevölkerung. Es gibt weder eine Bevorzugung der Russen auf Regierungsstellen, noch »reservierte Posten«, die wichtige Kontrollfunktionen gegenüber der nichtrussischen Bevölkerung ausüben. Andererseits spielen aber die Russen in der Zentralregierung und deren Organen eine überragende Rolle. Dies und das offensichtliche – und in den Randgebieten wachsende – Mißverhältnis zwischen den Kompetenzen der Union und der Republiken[17] sind Beweise dafür, daß die großen Entscheidungen im Zentrum der Macht getroffen werden und daher an ihnen die Nichtrussen kaum Anteil haben. So spielen sich Politik und Wirtschaft in der Sowjetunion auf zwei Ebenen ab: Die Entscheidungen sind eine Angelegenheit der Zentralgewalt, in der Nichtrussen kaum Platz haben, während den Nationen quasi exklusiv die Ausführung obliegt.

Diese Aufgabentrennung erklärt die beträchtliche und wachsende Bedeutung der Ministerien und der Staatskomitees, die einer korrespondierenden Behörde in Moskau untergeordnet sind. Durch diese Unterordnung kontrolliert die Zentrale die örtlichen Kader. Man sieht hier die Entwicklung, die seit Stalin in Sachen der Kontrolle eingesetzt hat.

Unter Stalin wurde die Kontrolle durch Menschen ausgeübt, die eigens zu diesem Zweck delegiert worden waren. Die russischen Kader, die auf Schlüsselposten gesetzt worden waren, übten eine direkte Kontrolle über den nationalen Staatsapparat aus. Stalins Nachfolger haben es vorgezogen, diese direkte und offene Kontrolle durch eine Verwaltungskontrolle zu ersetzen, die die Abhängigkeit des Apparates ausnutzt. Ohne großes Risiko kann man nun den nationalen Führern mehr Verantwortung anvertrauen, denn sie sind ja nicht mehr nur ihrer Regierung, sondern auch der zentralen Verwaltung in Moskau verantwortlich und hängen letzten Endes von dieser ab, denn im Fall eines Kompetenzstreites zwischen Union und Republik gibt es nicht etwa Schiedsgerichte, sondern stets nur den Vorrang des Zentrums.

Diese Situation hat wahrscheinlich auch unangenehme Seiten. Werden die Führungsschichten in den Republiken immer akzeptieren, daß sie nur die Ausführenden einer auf höherem Niveau ausgearbeiteten Politik sind? Werden die republikanischen Eliten immer hinnehmen, daß ihre Regierung nur eine Verantwortung zweiter Klasse besitzt und einer »vertikalen Kontrolle« unterliegt, die die verfassungsmäßige Souveränität der Republiken beträchtlich und ständig einengt? Es ist klar, daß hier die Ursachen für Spannungen, für mögliche Konflikte liegen. Wenn diese Spannungen und Konflikte unter der Oberfläche bleiben oder nur vereinzelt auftreten, so nur deshalb, weil die administrative Kontrolle der Zentralgewalt eine noch direktere und noch wirksamere Kontrolle als Hilfe besitzt, nämlich die der Partei.

Die Partei: Partei des ganzen sowjetischen Volkes?

Noch mehr als der Staatsapparat nimmt auch die Kommunistische Partei der Sowjetunion im Nationengleichgewicht des Landes eine zwiespältige Stellung ein. Lenin betrachtete seine Partei stets als das privilegierte Organ einer Klasse, des Proletariats, unberührt von den Interessen und Differenzen der verschiedenen Völker. Vor 1917 hatte er den Gedanken einer Organisation der Arbeiterklasse, die die nationalen Besonderheiten der Gesellschaft Rußlands nur überdeckte, von sich gewiesen[18]. Nach der Revolution jedoch war die Gründung des föderativen Staats auch von einer parallelen Rekonstruktion der Partei begleitet. In jeder der föderativen Republiken wurde eine eigene Kommunistische Partei gegründet[19]. Damit aber begannen auch die Schwierigkeiten.

Diese Republik-Parteien sind jedoch integraler Bestandteil der regionalen Parteiorganisationen. Die Mitglieder dieser Parteien sind offiziell Mitglieder der KPdSU, und die jeweiligen Parteiorganisationen der Republiken scheinen nichts als besondere Bezeichnungen zu sein, denen es an jedem Inhalt mangelt. Die Funktion dieser Parteien ist es, den Beweis für den sowjetischen Föderalismus durch die bloße Tatsache ihrer Existenz zu erbringen. Aber sie verleihen weder nach dem Statut noch tatsächlich den örtlichen Kommunisten irgendeine Autonomie. Doch dies ist leicht zu begreifen. Die Kommunistische Partei ist von Haus aus eine Struktur der Einheit und der Integration, nicht aber der Verschiedenheit.

Läßt sich aber vielleicht die Existenz dieser Partei durch den Wunsch rechtfertigen, im Schoße der Unionspartei ein Gleichgewicht der verschiedenen Volksgruppen der UdSSR herzustellen, durch die Anzahl der Angehörigen der Nationalitäten als Parteimitglieder oder durch eine Teilnahme am Willensbildungsprozeß? Fördert die KPdSU in ihren republikanischen und zentralen Organisationen die Gleichberechtigung der Nationalitäten? Oder vertritt sie den Zentralismus? Eine erste Antwort gibt ein Blick auf die Statistik der Parteimitglieder und ihre Zahl in den verschiedenen Nationalitäten. Die Geschichte der Sowjetunion ist von Anfang an durch die höchst ungleiche Vertretung der Volksgruppen in der Partei gekennzeichnet. Am 1. Januar 1976 zählte die KPdSU 15 638 891 Mitglieder, die mehr als 100 Volksgruppen angehörten[20].

Die folgende Tabelle[21] läßt zugleich die gegenwärtige nationale Zusammensetzung der Partei und ihre Entwicklung seit Stalin erkennen.

Nationalitäten	% der Mitglieder der KPdSU			Anteil d. Volksgruppe an der Gesamtbevölkerung	Verhältnis Partei/Bevölkerung	Zahl der Kommunisten auf 1000 Einwohner
	1961	1967	1976	1970	1976/1970	1976/1970
Russen	63,54	61,86	60,63	53,37	1,14	74
Ukrainer	14,67	15,63	16,02	16,86	0,95	62
Weißrussen	2,98	3,35	3,60	3,75	0,96	62
Usbeken	1,48	1,73	2,06	3,80	0,54	35
Kasachen	1,55	1,57	1,81	2,19	0,83	53
Georgier	1,77	1,65	1,66	1,34	1,24	80
Aseris	1,10	1,28	1,48	1,81	0,82	53
Litauer	0,44	0,56	0,68	1,10	0,62	40
Moldauer	0,28	0,37	0,43	1,12	0,38	25
Letten	0,35	0,39	0,42	0,59	0,71	46
Kirgisen	0,28	0,31	0,32	0,60	0,66	34
Tadschiken	0,34	0,37	0,41	0,88	0,47	30
Armenier	1,67	1,58	1,50	1,47	1,02	66
Turkmenen	0,28	0,28	0,31	0,63	0,49	32
Esten	0,25	0,30	0,32	0,42	0,76	49
andere	9,00	8,78	8,35	10,07	0,83	54

Diese Tabelle zeigt, daß bestimmte nationale Gruppen einen höheren Anteil an Parteimitgliedern haben als die Gesamtbevölkerung. Dies trifft für die Georgier, ferner für die Russen und Armenier zu. Das andere Extrem bilden die baltischen Völker und die meisten mohammedanischen Volksgruppen (eine Ausnahme bilden die Kasachen und die Aseris, d. h. Aserbaidschaner), die unterrepräsentiert sind. Vergleicht man aber die gegenwärtige Situation mit jener Anfang der sechziger Jahre, so kann man feststellen, daß das Ungleichgewicht der Nationen in der Partei sich verringert hat. Während sich der Anteil der Georgier, Russen und Armenier allmählich verkleinert, verbessern etwa die Weißrussen, Ukrainer und Aserbaidschaner ihre Position einigermaßen.

Es ist unbestritten, daß diese Entwicklung Folge einer systematischen Politik ist mit dem Ziel, die verschiedene Gewichtung der Nationen in der Partei zu vermindern. Es ist auch in einigen Fällen die Folge des Fortschrittes der Urbanisierung und auch der Bevölkerungsentwicklung, schließlich aber auch eines Zusammenspieles beider Faktoren. Wie weit aber handelt es sich hier um einen Fortschritt in Richtung auf Gleichheit? Und in welchem Ausmaß ist diese Entwicklung eine allgemeine? Da Vergleichswerte fehlen, ist es schwierig, die nationale Zusammensetzung der KPdSU durch längere Zeit zurückzuverfolgen. Alles was man in der Zeit Stalins kannte, war der Anteil der nationalen Delegationen an der Zusammensetzung der Parteikongresse. Daraus ließ sich die Bedeutung der jeweiligen Volksgruppe in der Partei ableiten. Vergleicht man diese Zahlen mit jenen von 1961, so bemerkt man eine gewisse Verschiebung zwischen der Stärke der nationalen Delegationen und der Zusammensetzung der Partei selbst. Jedenfalls bestätigt dieser Vergleich die Tendenzen, die wir für die jüngste Zeit festgestellt haben. (Siehe die folgende Tabelle.)

Delegationen der KP der Einzelrepubliken zu den Kongressen der KPdSU[22]

Republiken	% der sowjetischen Bevölkerung		% der Abgeordneten des Kongresses		
	1939	1959	XVIII. Kongreß 1939	XIX. Kongreß 1952	XXII. Kongreß 1961
RSFSR	63,9	55,9	65,8	65,0	63,1
Ukraine	18,2	20,0	18,0	12,8	16,3
Weißrußland	3,3	4,1	2,9	2,2	2,9
Georgien	2,1	1,9	2,5	2,7	2,1
Aserbaidschan	1,9	1,8	2,5	1,9	1,6
Armenien	0,8	0,8	1,0	1,1	0,8
Usbekistan	3,7	3,9	1,5	2,1	2,5
Turkmenien	0,7	0,7	0,4	0,7	0,6
Kirgisien	0,9	1,0	0,3	0,7	0,7
Tadschikistan	0,9	0,9	0,3	0,5	0,6
Kasachstan	3,6	4,5	2,5	3,5	3,9
Karelisch-finnische Republik[1]	—	—	—	0,3	—
Estland[2]	—	0,6	—	0,5	0,5
Lettland[2]	—	1,0	—	0,8	0,9
Litauen[2]	—	1,3	—	0,6	0,7
Moldau[3]	—	1,4	—	0,6	0,7

[1] Republik nur von 1940–1955
[2] Anschluß an die UdSSR 1940
[3] Unionsrepublik 1940

Auch wenn diese Tabelle kein korrektes Bild der nationalen Zusammensetzung der Partei gibt, so kann man doch aus ihr ableiten, daß in den Jahren des Krieges und bis zum Ende der stalinistischen Periode der Diktator den Russen ein besonderes Übergewicht zugestand, jedoch die Vertretung der Ukrainer und Weißrussen, die vorher weit besser repräsentiert waren, bedeutend verringert hatte. Die mohammedanischen Völker, die vor dem Krieg verhältnismäßig schwach vertreten waren, erfuhren später eine Besserung ihrer Situation.

Die Zeit nach Stalin hat ohne Zweifel mit dessen Tendenzen gebrochen. Es herrscht nun etwas mehr Gleichgewicht, auch wenn die Nationalitäten immer noch nicht richtig repräsentiert sind. Die gegenwärtige Lage spiegelt auch gewisse historische Tendenzen wieder.

Die Georgier und Armenier sind in der Partei zahlreicher vertreten, weil sie auch vor der Revolution in der Sozialdemokratie eine bedeutende Rolle gespielt haben. Schon früh faßte die Partei im Kaukasus Fuß. Erinnerungen an vorrevolutionäre Organisationen und an nationale Führer haben den dortigen Parteiorganisationen eine besondere Anziehungskraft verschafft, die die Parteien in Zentralasien nicht besitzen, weil der Kommunismus dort vor der Revolution im wesentlichen eine Sache der Russen und damit der Kolonialherren war. Auch nach 1917 blieben die nationalen Parteien dort von Russen beherrscht, oder doch von politischen Führern, die zwar aus nationalen Bewegungen hervorgegangen waren, aber ihren nationalen Kampf auch in die Kommunistische Partei hineingetragen hatten. Die Folgen waren ständige Säuberungsaktionen in diesen Organisationen. Es ist daher nicht erstaunlich, daß die Kommunistische Partei dort schwach geblieben ist.

Die nationale Zusammensetzung der KPdSU muß auch in bezug auf jene Volksgruppen betrachtet werden, die nicht über eigene Staatsgebilde verfügen. Man kann hier keine Tabelle entwerfen, die sie in ihrer Gesamtheit umfassen würde, weil die Statistiken der KPdSU unvollständig sind, aber man kann immerhin feststellen, daß die Situation bei den einzelnen Volksgruppen sehr unterschiedlich ist. Ein interessanter Fall ist jener der Juden, die fast immer in der KPdSU überrepräsentiert sind. In den zwanziger Jahren[23] stellten sie 1,8% der Sowjetbevölkerung (Volkszählung von 1926), aber 5,2% der Parteimitgliedschaft (1922) und etwas später 4,3% (1927). Trotz der Einschränkung ihrer kulturellen Rechte stellten die Juden wieder 5% der Parteimitgliedschaft im Jahr 1940. Im weiteren sank ihr Anteil; aber noch 1976 waren 2% aller Parteimitglieder Juden, während sie nur noch 1% der Gesamtbevölkerung ausmachten.

Betrachtet man jene Völker, die unter Verfolgungen gelitten haben oder noch leiden, so ist es besonders interessant, den Fall der Tataren und anderer zu untersuchen, die wegen Kollaboration deportiert worden sind. Sie sind in der Partei unterrepräsentiert. Die Tataren machen mit fünf Millionen Menschen 2,5% der Gesamtbevölkerung aus, aber nur 1,9% der Parteimitglieder. Die übrigen während des Krieges deportierten Völker befinden sich in einer noch schlechteren Lage. Ihr Anteil an der Parteimitgliedschaft liegt weit unter ihrem Anteil an der Bevölkerung, wie dies die folgende Tabelle zeigt[24].

	Partei – 1976 (XXV. Kongreß)		Bevölkerung (Volkszählung 1970)		
Nationalitäten	Anzahl	%	Anzahl	%	Verhältnis Partei/ Bevölkerung
Balkaren	3 893	0,02	60 000	0,02	1,00
Inguschen	2 763	0,02	158 000	0,07	0,29
Kalmücken	6 411	0,04	137 000	0,06	0,67
Karatschen	5 191	0,03	113 000	0,05	0,60
Tschetschenen	12 959	0,10	613 000	0,25	0,40

Ohne Zweifel kann man angesichts des Fehlens von Zahlen hinsichtlich der anderen deportierten Völker (Deutsche, Krimtataren) keine endgültigen Schlüsse über die Situation der Völker, die hier aufscheinen, ziehen. Aber alles weist darauf hin, daß die Machthaber immer noch jenen mißtrauen, die in den Jahren nach dem Krieg schon so Furchtbares erlitten haben. Moskau zieht es vor, diese nationalen Gruppen von allen Entscheidungen auszuschließen.

Die Tabelle der nationalen Zusammensetzung der Partei weist aber widersprüchliche Fakten auf, die jedoch aus der Geschichte verständlich werden. Obwohl die Juden von den führenden Parteifunktionen ausgeschlossen und der Ausübung ihrer nationalen Rechte beraubt sind, sichert ihnen doch ihr hoher Bildungsstand und ihre fast ausschließlich städtische Lebensweise einen immer noch bedeutenden Platz an der Basis der Partei. Von Stalin unterdrückte Völker sind später rehabilitiert worden (mit Ausnahme der Krimtataren). Aber ihre Zersplitterung und die Zerstörung ihrer Staatlichkeit haben verständlicherweise einen negativen Einfluß auf den Bestand an Parteimitgliedern ausgeübt. Ob nun Angehörige dieser Völker sich aus Groll der Partei fernhalten oder ob – was wahrscheinlicher ist – die Machthaber sie noch in Quarantäne halten, bei allen ist das Resultat sehr ähnlich: ihre politische Eigenexistenz ist außerordentlich gering.

Jedoch nehmen Völker, die einander geschichtlich in Hinsicht auf ihren Entwicklungsstand, ihre Lebensweise sehr ähnlich sind, erstaunlich unterschiedliche Plätze innerhalb der Partei ein. Im Verhältnis Partei zur Bevölkerung erstaunt der hohe Anteil der Karelier (1,67%) und Komi (1,54%) im Gegensatz zu dem sehr schwachen Anteil der Mari und der Udmurten (0,40 und 0,69%). Warum gibt es bei dem einen Volksstamm eine so hohe Zahl an Kommunisten und so wenig bei den anderen? Weder die historische Entwicklung noch soziale Faktoren geben hier eine klare Antwort. Der Verringerung der Ungleichheit zwischen den großen Völkern entsprechen offenbar keine ähnlichen Vorgänge bei den kleineren Volksgruppen. Allgemein gesehen scheint sich in der KPdSU ein Ansteigen der Teilnahme der Nichtrussen am politischen Leben abzuzeichnen: Die verschiedenen Volksgruppen sind mehr und mehr in der Partei vertreten. Diesem Eindruck widerspricht aber eine Anzahl von Tatsachen. Ein Blick auf die nationale Zusammensetzung der Parteiorganisationen der Einzelrepubliken zeigt, daß der Anteil des Stammvolkes an der Parteimitgliedschaft keineswegs seinem Anteil an der Bevölkerung der Republik entspricht. In Lettland und Moldau, wo die einheimische Bevölkerung 56,8 bzw. 64,6% der Gesamtbevölkerung darstellt, erreicht ihre Parteimitgliedschaft kaum 50%. In Litauen ist der Unterschied noch bemerkenswerter: 88% der Bevölkerung und 60% der Partei. Aber dafür sind 34% der Parteimitglieder Ukrainer, Polen und Russen.

Höchst verwirrend ist der Unterschied zwischen dem Stand der Parteimitglieder in Republikorganisationen und in der KPdSU selbst innerhalb desselben Landes. Lettland liefert ein Beispiel: Der Erste Sekretär der lettischen KP, August Voss, hat auf einer Konferenz der Parteiführung am 1. Februar 1977 in Riga[25] Fehler in der Mitgliederwerbung angeprangert. Aus seinen Erklärungen geht hervor, daß die Mitgliederzahl der lettischen Partei nur sehr langsam ansteigt, während die Zahl lettischer Parteimitglieder in der KPdSU sich viel rascher vergrößert.

Eine ähnliche Situation besteht in Aserbaidschan. Der Präsident der Mandatskommission, I. Askerow, betonte, daß in der Zeit zwischen den Parteikongressen von 1971 und 1976 die aserbaidschanische Partei 29 274 Mitglieder aufgenommen habe, zur gleichen Zeit seien aber 47 502 Personen aus Aserbaidschan Mitglieder der KPdSU geworden[26]. Selbst wenn es keine Informationen hinsichtlich der anderen Republiken gibt[27], so kann man doch das Geheimnis so deuten: Soldaten und Techniker sind oft nur vorübergehend in einer der Republiken wohnhaft, scheinen aber in den Bevölkerungsstatistiken auf. Sie gehören direkt der KPdSU an, ohne der republikanischen Parteiorganisation

»überstellt« zu werden, ungeachtet des territorialen Charakters der Parteiarbeit. Dies beweist den künstlichen Charakter der Parteiorganisationen in den Republiken, die eben nur eine einfache Unterorganisation der KPdSU sind und von lokal nicht verwurzelten Kommunisten außer acht gelassen werden. Dies ergibt widersprüchliche Schlußfolgerungen. Die KPdSU scheint ohne Zweifel die multinationale Gesellschaft der Sowjetunion widerzuspiegeln. Gleichzeitig unterstreichen die Schwächen der Republik-Organisationen das zentralistische Bestreben der KPdSU, die die einzige Partei aller Völkerschaften, nicht aber eine Sammlung aller nationalen Parteien ist.

Wäre eine gleichmäßige Verteilung der Parteimitgliedschaft gleichbedeutend mit angemessener Teilnahme an den politischen Entscheidungen? Um dies beantworten zu können, muß man die Organe der Partei im Machtzentrum und auf örtlicher Ebene untersuchen.

In den Zentralorganen, in denen die wahren Entscheidungen fallen, dem Zentralkomitee, dem Politbüro, dem Sekretariat, muß man feststellen, daß die Vertretung der Völkerschaften außerordentlich schwach ist.

Im Zentralkomitee gehören 82% der Mitglieder den slawischen Völkern an, die nur 73% der Gesamtbevölkerung ausmachen[28]. In den beiden obersten Organen wird dieses Mißverhältnis noch krasser. Von den 16 Mitgliedern des Politbüros sind nur zwei Nichtslawen, und von den 6 Kandidaten sind es nur drei. Im Sekretariat findet man überhaupt keinen Vertreter der nichtslawischen Völker. Der Generalsekretär Leonid Breschnew und die zehn Sekretäre sind durch die Bank Slawen, Russen oder Entnationalisierte (wie Breschnew). Sie alle sind Verfechter einer Politik der Zentralisierung. Deshalb ist die Position der Nationalitäten-Vertreter im Politbüro von Interesse. Vertreten sie die nationale Führungsschicht? Oder sind sie Repräsentanten der zentralen Politik in ihren Heimatländern? Ihre Biographien werden ihre Stellung erklären.

Kunajew, Erster Sekretär der KP von Kasachstan seit 1974, ist ein echter Vertreter der stalinistischen Führung. Er trat 1939 im Alter von 27 Jahren der Partei bei, gehörte zunächst zu den technischen Kadern und dann zu den nationalen Politikern, die nach den Säuberungen, welche die gesamte nationale Elite der vorrevolutionären Zeit vernichteten, auftauchten. Unter Stalin machte er im Staatsapparat Karriere, zu Beginn der sechziger Jahre begann er eine Führungsrolle in der Partei zu übernehmen. 1971 erreichte er als Mitglied des Politbüros eine privilegierte Stellung.

Anders liegt der Fall des Wladimir Schtscherbitski. Heute 58 Jahre alt, ist dieser Ukrainer seit dem XXV. Parteikongreß ein Mann des Parteiapparates, dessen Karriere mit jener Leonid Breschnews eng verbunden ist. Noch sehr jung übernahm er Funktionen im Komsomol und später auf allen Ebenen der ukrainischen Parteiorganisation. In den sechziger Jahren war er Vorsitzender des Ministerrates der Ukraine. Diese doppelte Karriere gestattete es ihm, alle örtlichen Machtorgane zu beherrschen. Er trat vor allem als Vertreter Breschnews auf, der den Auftrag hatte, den Erfolg von dessen Politik in der Ukraine zu sichern.

Der Aserbaidschaner Aliew ist vom XXV. Kongreß unter die ZK-Kandidaten eingereiht worden. Seine Ernennung bedeutet eine Vertretung des Kaukasus im Politbüro, dem seit dem Sturz des Georgiers Mjavanadse im Jahre 1972 kein Kaukasier mehr angehörte. Als Erster Sekretär der KP von Aserbaidschan ist Geidar Ali Resa Ogly Aliew vor allem ein Mann des Sicherheitsdienstes. 1941, mit 18 Jahren, trat er in das NKWD ein, und bis 1969, als er Erster Sekretär wurde, verlief seine Karriere innerhalb der Geheimpolizei; manchmal auch in Moskau, aber meistens in Aserbaidschan, wo er von 1967 bis 1969 der Chef des örtlichen KGB war.

Unter den Kandidaten des Politbüros gibt es noch den Weißrussen Macherow und den Usbeken Raschidow. Beide gehören zur alten Garde. Macherow begann im Komsomol-Apparat, dann in der weißrussischen Parteiorganisation, trat 1966 beim XXIII. Kongreß in das Politbüro ein. Raschidow, Sekretär der KP von Usbekistan, hat eine lange Karriere innerhalb der Partei und der usbekischen Republik hinter sich, seit er 1939 mit 22 Jahren in die Partei eintrat. Im Politbüro, dem er seit dem XXII. Kongreß im Jahr 1961 angehört, ist er der älteste der Kandidaten.

Dieser Überblick über die nationale Zusammensetzung der tatsächlichen Machtorgane der Partei drängt folgende Überlegungen auf:

Auf dieser Ebene geht es nicht mehr darum, die Nationalitätenstruktur der UdSSR in der Partei widerzuspiegeln. Die Vorherrschaft der Russen, und in zweiter Linie der Slawen, ist total. Dies zeigt die Zusammensetzung des Sekretariats.

Manche Nationalitäten scheinen im Politbüro besser vertreten zu sein als andere. Einmal die Ukraine und Weißrußland, andererseits Zentralasien und die mohammedanischen Republiken. Jedoch gibt es dort niemand aus Georgien und Armenien, obwohl beide Republiken in der Partei überrepräsentiert sind, und ebensowenig jemand aus den baltischen Republiken. Dies beweist, wie schwierig es ist, die »Vertretung der nationalen Gruppen in der Partei« als Kriterium für den wirklichen Anteil einer Volksgruppe an der Macht heranzuziehen.

Es ist bemerkenswert, daß die Bevölkerungsbewegung zu Beginn der siebziger Jahre nicht den geringsten Einfluß auf die Zusammensetzung der Führungsorgane, die sich kaum erneuert haben, ausgeübt hat. Die neuen Leute im Politbüro sind Russen, zumindest was die Titularmitglieder anlangt (Romanow, Erster Sekretär des Gebietskomitees von Leningrad, und der Verteidigungsminister Marschall Ustinow). Der einzige Neue unter den Kandidaten, Aliew, kam als Ersatz für einen seiner Funktionen entkleideten Nationalitäten-Führer, nämlich Mjavanadse.

Ein wichtiges Problem ist auch der Zugang der Volksgruppen zu dem wesentlichsten Gebiet des politischen Lebens, zu der sogenannten »Nomenklatura«. Dabei handelt es sich um die führenden Positionen des öffentlichen Lebens, die in einer Liste enthalten sind, verfaßt vom Zentralkomitee der KPdSU: etwa 30000 bis 40000 Posten, deren Vergebung ausschließlich Sache der Parteiorganisationen ist[29]. Eine Sektion des Zentralkomitees ist mit der Behandlung dieser Führungsprobleme beauftragt. Es liegt auf der Hand, daß die Volksgruppen an der Fundamentalentscheidung über die Auswahl der Personen für die wichtigsten Posten der UdSSR nicht teilnehmen, da ja dem eigentlichen Exekutivorgan der Partei, dem ZK-Sekretariat, keine Repräsentanten der Nationalitäten angehören. Immerhin könnte dies aber dadurch ausgeglichen werden, daß die Führungskräfte der Volksgruppen einen entsprechenden Einfluß über die Sekretariate der Republik-Parteien ausüben. Diese Frage zu beantworten setzt aber ein Studium der Zusammensetzung des Führungsapparates in den Republiken voraus. Danach kann man beurteilen, in welchem Maße dort die Kommunisten der Volksgruppen Herren ihres eigenen Schicksals sind[30].

In den Republiken ebenso wie in Moskau ist dem Statut nach das Zentralkomitee, tatsächlich aber das Sekretariat die höchste Instanz der Partei. Das Sekretariat ist ein permanentes Organ. In den Randgebieten wird es durch die entscheidende Rolle charakterisiert, welche der Erste und der Zweite Sekretär spielen, und durch die Verteilung der Kompetenzen zwischen ihnen. Erlaubt die Auswahl der Sekretäre, die ohne Zweifel das Ergebnis von Entscheidungen der Zentrale ist, eine Definition der Politik der Nomenklatura? Welche Kriterien entscheiden über die Auswahl der beiden wichtigsten Personen der Republik-Partei? Welche Aufgaben rechtfertigen ihre privilegierten Positionen? Betrachten wir zunächst die Aufgaben, um eine Politik zu verstehen, die zu der Auswahl dieser Männer führt.

Der Erste Sekretär einer Republik-Partei hat eine genau umschriebene Funktion. Er ist offiziell die höchstgestellte Persönlichkeit der

Partei. Er leitet, kontrolliert und koordiniert im Namen des Zentralkomitees. Die Funktion des Zweiten Sekretärs ist weitaus komplexer. Im Verlauf der letzten Jahre hat sich eingebürgert, den Träger dieses Amtes als »Zweiten« Sekretär zu titulieren, aber manchmal wird er auch offiziell nur »Sekretär« genannt[31]. Schwierig ist es auch, die Aufgaben, die ihm übertragen sind, genau darzulegen. Seit dem Ende der fünfziger Jahre stehen dem Zweiten Sekretär in steigendem Maße die Kompetenzen für die Probleme der Kader und Organisationsfragen zu. In manchen Fällen ist er jedoch auch mit Wirtschaftsproblemen beauftragt, während sich der Erste Sekretär um die Fragen der Parteikader kümmert[32].

Seit dem Sturz Chruschtschows hat sich eine rigorose Spezialisierung der Aufgaben der Sekretäre entwickelt. Den offiziellen Führungsfunktionen des Ersten Sekretärs entsprechen die entscheidenden Funktionen der Kaderauswahl des Zweiten Sekretärs. In den Republiken ist der Zweite Sekretär mit der Wahrnehmung der Angelegenheiten der Nomenklatura beauftragt, er ist auch der wirkliche Repräsentant der Zentralmacht. Ein ausgezeichneter Kenner dieser Probleme, Jerry Hough, hat nicht zufällig hierfür den Titel »Präfekt«[33] gewählt. Dieses System funktioniert seit 15 Jahren. Die wachsende Bedeutung des Zweiten Sekretärs kommt unter anderem auch in der Rolle zum Ausdruck, die er in der Auswahl der Führungskräfte der Republiken spielt. Ein sehr empfindliches Gleichgewicht hat sich zwischen Erstem und Zweitem Sekretär herausgebildet. Der Erste Sekretär zieht aus einem beträchtlichen Prestige Nutzen, er ist dazu bestimmt, Mitglied der zentralen Organe der Partei zu werden. Die Repräsentanten der Volksgruppen, die man im Politbüro der KPdSU findet, sind Erste Sekretäre, niemals Zweite. Bedeutet diese Tatsache nun einen Vorrang, eine größere Macht der Ersten Sekretäre? Die Praxis zeigt, daß dies nicht so ist. Der Zweite Sekretär, weit davon entfernt, dem Ersten untergeordnet zu sein, ergänzt und kontrolliert ihn. Die jeweilige Position dieser Funktionäre wird deutlich, wenn man die Inhaber dieser Ämter in allen Republiken in der jüngsten Vergangenheit bis zum Inkrafttreten der neuen Verfassung 1978 in Betracht zieht (eine Ausnahme bildet die RSFSR, weil sie keine eigene Parteiorganisation besitzt).

Ein australischer Experte für die KPdSU[34] hat eine Untersuchung über die Zusammensetzung der Parteisekretariate der Republiken, aber auch der autonomen Gebiete zwischen 1954 und 1976 unternommen. Dabei unterläuft ihm freilich ein Fehler, weil man die autonomen Gebiete und Republiken nicht mit den Unionsrepubliken vergleichen kann. Dennoch verdient seine Analyse hier zitiert zu werden, weil sie einige Regeln deutlich macht und die Sonderstellung der großen Republiken unterstreicht. Der Autor hat in seine Liste 259 Erste und Zweite Sekretäre aus 34 Republiken (14 Unionsrepubliken, 20 autonomen Republiken) aufgenommen.

Man muß anmerken, daß im Falle der Ukrainer, die neben den Russen in den nichtslawischen Republiken eine wichtige Rolle spielen, der Autor nur dann von »Ukrainern« spricht, wenn es sich um Parteifunktionäre in der ukrainischen Republik handelt, daß er sie aber außerhalb der Ukraine nicht von den Russen unterscheidet. Die Karrieren dieser 259 Parteisekretäre in 22 Jahren ergeben die folgende Aufteilung nach Nationalitäten:

Nationale Zugehörigkeit der Sekretäre 1954–1976[35]

Posten		Russen absolute Zahl	%	Einheimische absolute Zahl	%	Total absolute Zahl
S.S.R.	– 1. Sekretär	6	4,8	38	28,4	44
S.S.R.	– 2. Sekretär	48	38,4	25	18,6	73
A.S.S.R.	– 1. Sekretär	28	22,4	38	28,4	66
A.S.S.R.	– 2. Sekretär	43	34,4	33	24,6	76
Gesamt		125	100,0	134	100,0	259

S.S.R. = Unionsrepublik
A.S.S.R. = Autonome Republik

Diese Tabelle beweist, daß die übliche Annahme hinsichtlich der Machtverteilung in den Republik-Parteien – der Erste Sekretär ein Einheimischer, der Zweite Sekretär immer ein Russe – keineswegs völlig gerechtfertigt ist. Ein Vergleich der Russen und der Angehörigen der Volksgruppen zeigt einen leichten Vorsprung der »Einheimischen«, nämlich 134:125. Weiter geht aus der Tabelle hervor, daß Einheimische auch in keineswegs geringer Zahl die Posten der Zweiten Sekretäre in den Unionsrepubliken und Autonomen Republiken einnehmen.

Eine Überprüfung zeigt aber, daß sich gewisse Regeln herausgebildet haben, die mehr und mehr die aus den Zahlen scheinbar hervorgehende Verschiedenheit verringern.

Erster Fall: Erster und Zweiter Sekretär sind Einheimische (für den größten Teil des Zeitraums). Diese Situation hat von 1954 bis zum Beginn der siebziger Jahre in drei Unionsrepubliken bestanden: Ukraine,

Weißrußland und Armenien. Ferner in zwei autonomen Republiken, die in die Unionsrepublik Georgien eingeschlossen sind: Adscharien und Abchasien[36].

Zweiter Fall: Beide Sekretäre sind Einheimische (seit dem Beginn der Entstalinisierung). In den vier Republiken Lettland, Litauen, Georgien und Aserbaidschan sind in den fünfziger Jahren beide Sekretäre Einheimische, aber gegen Ende des Jahrzehnts wird der einheimische Zweite Sekretär durch einen Russen ersetzt. So verlieren in Lettland Kruminch (erstmals 1956, dann, nach einer kurzen Rückkehr an die Macht 1958, endgültig 1960), in Litauen Sumanskas (Zweiter Sekretär von 1954–1956), in Georgien Georgadse (Zweiter Sekretär von 1954–1956) und in Aserbaidschan Samedow (1952–1955) ihre Posten. Danach war in diesen vier Republiken der Zweite Sekretär stets ein Russe.

Dritter Fall: Erster Sekretär ist ein Einheimischer, der Zweite Sekretär ein Russe. Dies gilt ständig nur für vier Republiken Zentralasiens: Usbekistan, Kirgisien, Tadschikistan und Turkmenien, und in vier autonomen Republiken, von denen drei im Kaukasus liegen, nämlich Nachitschewan, Nord-Ossetien, und Dagestan, sowie die autonome Republik der Karakalpaken in Zentralasien.

Vierter Fall: Beide Sekretäre sind Russen. Bestand nach Stalins Tod nur in zwei Republiken: Kasachstan (1954–1957) und Moldau (1954–1959). In beiden Republiken wurde die Besetzung dieser Posten durch Russen durch eine gleichmäßige Aufteilung der Aufgaben in ungewöhnlicher Reihenfolge ersetzt: der Erste Sekretär ist Russe und der Zweite Sekretär Einheimischer. Seit 1961 ist aber die Reihenfolge umgekehrt und damit der dritte Fall dort zur Regel geworden.

Fünfter Fall (zeitlich begrenzt): Erster Sekretär Russe, Zweiter Sekretär Einheimischer. Abgesehen von Kasachstan und Moldau (siehe oben) noch in der Karelo-Finnischen Republik, in den Republiken der Baschkiren, der Tataren und der Kalmücken. Aber seit 1961 gibt es diese Lösung nirgends. Es gilt vielmehr Fall Nummer drei.

Sechster Fall: Erster Sekretär Russe, Zweiter Sekretär Einheimischer (ständige Lösung). Dieses Modell findet sich bei den drei finnisch sprechenden Republiken an der mittleren Wolga, nämlich den Autonomen Republiken der Mari (Tscheremissen), der Udmurten und der Mordwinen, sowie in der ASSR der Tschetschenen-Inguschen im Kaukasus.

Diese Teilung der Volksgruppen nach »politischen Situationen« vermittelt den Eindruck, daß alle Möglichkeiten vorstellbar sind. Bei genauer Betrachtung ergibt sich aber, daß dies zwar für die Autonomen Republiken zutrifft, für die Unionsrepubliken aber nur die Fälle eins bis vier in Frage kommen. Darüber hinaus ist in diesen Republiken die Entwicklung in Richtung einer totalen Vereinheitlichung gegangen.

Bevor wir uns der Gegenwart zuwenden, muß man den unterschiedlichen Status der Republiken in der Vergangenheit erklären. Die günstigste Lage, das heißt den höchsten Rang, haben die slawischen Republiken, die drei kaukasischen Republiken und die drei baltischen Republiken erreicht. Die ungünstigste Situation nahmen Kasachstan und Moldau für eine kurze Zeitspanne ein. Die den gegenwärtig geltenden Regeln ähnlichste Situation hatte in den vier zentralasiatischen Republiken bestanden. Es erhebt sich die Frage nach der Ursache dieser Unterschiede.

In der ersten Gruppe der »Begünstigten«, die ihre einheimische Führung am längsten beibehielten, ist der privilegierte Status der Ukraine und Weißrußlands am leichtesten zu verstehen: die slawische Solidarität, die Ähnlichkeit der Kultur, die Verbindung der Ukrainer und der Weißrussen mit der Machtposition der Russen in den anderen Republiken der Randgebiete haben lange Zeit die nationalen Gefühle der slawischen Völker verdrängt, und sie, besonders die Ukrainer, als die »zweitältesten Brüder« erscheinen lassen[37].

Die Armenier haben ihrerseits ein großes Maß an Loyalität gegenüber der Sowjetunion bewiesen. Die Massaker durch die Türken im Jahre 1916 haben sie gelehrt, daß ihr Überleben als Nation vom Schutz durch die Russen abhängt. Außerdem hat die bedeutende armenische Diaspora in der Sowjetunion dem Regime Führungskräfte zugeführt, die weitgehend entnationalisiert sind und in den Zentralgremien eine keineswegs geringe Rolle gespielt haben. Armenien hat darüber hinaus, ebenso wie Georgien, selbst in der stalinistischen Zeit einen privilegierten Status hinsichtlich der Kultur eingenommen. Während ansonsten alle Völker der UdSSR ihrer eigenen Schrift beraubt wurden, konnten Armenier und Georgier mit ihrer eigenen Schrift auch die Integrität ihrer Sprache bewahren. Außerdem hat nach 1954 die Duldung des Katholikos von Etschmiadsin durch die Sowjetmacht der Sowjetrepublik Armenien den Charakter der nationalen Heimstätte für die Diaspora in aller Welt verliehen.

Es war klar, daß Stalins Nachfolger den besonderen Status der Kaukasus-Völker nicht brutal wieder in Frage stellen würden. Hier waren die Entscheidungen und Ausrichtungen schon vorgegeben.

In den baltischen Republiken schließlich – und besonders in Estland – ist es verständlich, daß die nationalen Führer, die diesen Republiken für einige Zeit einen privilegierten Status verliehen, weit weniger für ihre Nationalität repräsentativ waren, als sich aus ihrem Namen

I. Erste Sekretäre der republikanischen KP's 1977

Republik	Name	Geburtsjahr	Nationalität	Stellung in der KPdSU	Zeitpunkt des Amtsantritts	politischer Werdegang
Armenien	Demirtschian (Karen)	1932	Armenier	Mitglied des ZK	November 1974	2. Sekretär des Gorkom von Eriwan 1972, 1974 Sekretär des ZK der KP Armeniens
Aserbaidschan	Aliew (Geidar Ali Reza Ogly)	1923	Aseri	Mitglied des ZK Kandidat des Politbüros	Juli 1969	Vorsitzender des Staatskomitees für Sicherheit (KGB) von Aserbaidschan
Weißrußland	Mascherow (Petr)	1918	Weißrusse	Mitglied des ZK	März 1965	2. Sekretär der KP Weißrußlands
Estland	Käbin (Johannes)	1905	Este	Mitglied des ZK	April 1950	1948–1950: Sekretär des ZK der KP Estlands
Georgien	Tschevarnadse (Eduard)	1928	Georgier	Mitglied des ZK	September 1972	1. Sekretär des Gorkom von Tbilissi
Kasachstan	Kunajew (Teimur Iman Kuli Ogly)	1912	Kasache	Mitglied des ZK Mitglied des Politbüros	1960–1962, dann 1964	Vorsitzender des Ministerrates von Kasachstan
Kirgisien	Usubaliew (Turdakun)	1919	Kirgisier	Mitglied des ZK	Mai 1961	1. Sekretär des Gorkom von Frunse
Lettland	Voss (August)	1916	Lette	Mitglied des ZK	April 1966	Sekretär des ZK der KP Lettlands
Litauen	Grischkiavischus (Pjatras)	1924	Litauer	Mitglied des ZK	Februar 1974	1. Sekretär des Gorkom von Wilna
Moldau	Bodiul (Iwan)	1918	Moldauer	Mitglied des ZK	1961	2. Sekretär der KP der Moldau
Tadschikistan	Rasulow (Djabar)	1913	Tadschike	Mitglied des ZK	1961	Sonderbotschafter der UdSSR in Togo
Turkmenien	Gapurow (Muchamednasar Gapurowitsch)	1922	Turkmene	Mitglied des ZK	1962	Parteiapparat Turkmeniens
Ukraine	Schtscherbitski (Wladimir)	1918	Ukrainer	Mitglied des ZK Mitglied des Politbüros	Mai 1962	Vorsitzender des ukrainischen Ministerrates
Usbekistan	Raschidow (Safar)	1917	Usbeke	Mitglied des ZK	März 1959	Vorsitzender des Präsidiums des Obersten Sowjets Usbekistans

II. Zweite Sekretäre der republikanischen KP's 1977

Republik	Name	Geburtsjahr	Nationalität	Stellung in der KPdSU	Zeitpunkt des Amtsantritts	politischer Werdegang
Armenien	Anisimow (P.P.)	1928	Russe	Kandidat des ZK	März 1973	Stellvertretender Leiter der Abteilung Organisation des ZK der KPdSU
Aserbaidschan	Pugatschew (J.N.)	1926	Russe	Kandidat des ZK	April 1977	2. Sekretär der KP Kirgisiens
Weißrußland	Aksenow (A.N.)	1924	Weißrusse	Mitglied des ZK Kandidat des ZK	Juli 1971 Februar 1971	2. Sekretär des Obkom von Witebsk Sektionsleiter der Abteilung Organisation des ZK der KPdSU
Estland	Lebedew (C.)	1918	Russe	Kandidat des ZK	April 1975	2. Sekretär des Obkom von Swerlowsk
Georgien	Kolbin (G.V.)	1927	Russe			
Kasachstan	Korkin (A.G.)	?	Russe	keine	August 1976	1976 Sekretariat der kasachischen KP – vorher Schwerindustrie
Kirgisien	Fomitschenko (K.E.)	?	Russe	keine	Juli 1977	
Lettland	Belucha	1920	Ukrainer	Kandidat des ZK	März 1963	Stellvertretender Leiter der Abteilung Parteiorgane des ZK der KPdSU
Litauen	Charasow (W.I.)	1918	Russe	Kandidat des ZK	April 1967	Inspektor des ZK der KPdSU
Moldau	Merenischtschew (N.W.)	1919	Russe	Kandidat des ZK	Dezember 1973	2. Sekretär des Parteikomitees von Leningrad
Tadschikistan	Polukarow (J.I.)	1920	Russe (?)	Kandidat des ZK	Mai 1975	Sektionsleiter der Abteilung Organisation des ZK der KPdSU
Turkmenien	Perejudin (W.N.)	1923	Russe (?)	Kandidat des ZK	April 1975	Von 1963 bis 1965: im »Zentralasiatischen Büro« des ZK der KPdSU. Dann Präsident des Volkskontrollkomitees Turkmeniens
Ukraine	Sokolow (I.Z.)	1928	Russe	Mitglied des ZK	Februar 1976	1. Sekretär des Obkom von Charkow
Usbekistan	Grekow (L.I.)	1928	Russe	Mitglied des ZK	Juli 1976	2. Sekretär des Gorkom von Moskau

schließen ließe. Das Beispiel des Zweiten Sekretärs der KP von Estland (1953–1964), Lentsman, erläutert dies. Lentsman war der Sohn estnischer Kommunisten, die zur Zeit der Unabhängigkeit ihres Landes in die Sowjetunion geflohen waren. So wurde Lentsman auf der Krim geboren und dort erzogen. Nach Estland kam er erst nach dem Zweiten Weltkrieg. Unter den baltischen Führern der fünfziger Jahre trifft man sehr häufig diesen Typus: Männer, die durch eine in der Sowjetunion erhaltene Erziehung entnationalisiert sind und die dann als Repräsentanten der nationalen Elite eines Landes, das sie kaum gekannt haben, auftreten.

Aber seit Beginn der sechziger Jahre wird diese unterschiedliche Postenbesetzung nach einer Regel organisiert, die sich mit der Zeit eingebürgert hat. Die Funktion des Zweiten Sekretärs wird entscheidend. Er repräsentiert die Zentralisierung, während der Erste Sekretär die föderative Vielfalt verkörpert. Daher wird schließlich nur ein einziges Modell vorherrschen. Der Erste Sekretär wird stets ein Vertreter der Einheimischen und Repräsentant der Macht innerhalb der Republik sein, er vertritt die Republik innerhalb der KPdSU. Dafür wird der Zweite Sekretär in den Republiken zum Vertreter der Zentralmacht. Er vermittelt die Entscheidungen dieser Macht weiter und schlägt dem Zentrum auf einem Gebiet, das er kennt, alle wichtigen Ernennungen vor.

In wenigen Jahren wird es in allen Republiken eine Zweiteilung der Macht geben: der Erste Sekretär ein Einheimischer, der Zweite Sekretär ein Russe. Schon 1978 war die Lage völlig vereinheitlicht. Man muß nun die Umstände prüfen, weil sich daraus die Konzeption von der Rolle der Partei ergibt, der die Verfassung von 1977 die politische Führung einräumt. Die Tabellen auf S. 158/159 zeigen die derzeitige Verteilung der Macht entsprechend der Doppelfunktion in den Parteisekretariaten.

Vergleicht man diese beiden Tabellen miteinander, so läßt sich verschiedenes ableiten: Der Unterschied zwischen der langen Dienstzeit der Ersten Sekretäre zu dem raschen Wechsel der Zweiten Sekretäre. In nur vier von vierzehn Republiken (Armenien, Georgien, Litauen und Ukraine) hat es Anfang der siebziger Jahre eine Auswechslung der Ersten Sekretäre gegeben. In Litauen nur auf Grund des Todes von Antanas Snieckus, in den drei anderen Fällen waren politische Gründe maßgebend. In Georgien hatte Mjavanadse den Posten des Ersten Sekretärs in der kritischen Zeit des Kampfes um Stalins Erbe angetreten. Die Gegner Berias suchten damals alle zu vernichten, die als dessen »Mafia« galten. Mjavanadse wurde 1972 nach 19 Jahren Amtszeit abgesetzt. Der Grund hierfür war die allgemeine Korruption, die er und seine Mitarbeiter in der Republik gefördert hatten[38]. Es läßt sich nicht bestreiten, daß die Ära Mjavanadse durch weitverbreitete skandalöse Praktiken auf allen Ebenen gekennzeichnet war. Nirgends war die Korruption innerhalb des Kreises der Machthaber stärker als in Georgien. Aber die Absetzung des Ersten Sekretärs stieß auf heftigen Widerstand bei der Bevölkerung, die in den Aktionen Moskaus eine antigeorgische Tendenz sah und nicht die Absicht, den schon lange bekannten Übelständen ein Ende zu setzen. Nachfolger Mjavanadses wurde im September 1972 Tschevarnadse, dessen Person die Bevölkerung in dieser Auslegung nur noch bestärkte. Er hatte mit seinen 44 Jahren schon eine lange Laufbahn als Apparatschik (Funktionär) hinter sich. Mit zwanzig Jahren in die Partei eingetreten, arbeitete er im Komsomol und in der Partei. Von 1964 bis 1972 gehörte er dem KGB an und wurde Republik-Innenminister. Stets war er aber in Georgien tätig. Da jedoch der Kampf gegen die Korruption das Ergebnis von Beschlüssen in Moskau[39] war und dessen Unzulänglichkeit ständig von Zentralgremien der Partei kritisiert wurde[40], gilt Tschevarnadse in den Augen seiner Landsleute als der Exekutor der vom Zentrum bestimmten Politik und nicht als Verkörperung nationaler Politik.

Auch in Armenien hat die Korruption als Vorwand für eine Reihe von Säuberungsaktionen gedient, die von 1971 bis 1974 die Führung dieser Republik verändert und Karen Demirtschian[41] auf den Posten des Ersten Sekretärs befördert haben. Demirtschian ist jedoch im Unterschied zu seinem georgischen Kollegen nicht nur ein Mann des Staatsapparates, sondern Ingenieur und hat diesen Beruf auch geraume Zeit ausgeübt. Der Aufstieg eines Technikers im Parteiapparat spiegelt die Sorgen der Bevölkerung dieser Republik hinsichtlich der industriellen Entwicklung wider.

Die Absetzung von Pjotr J. Schelest in der Ukraine fällt mit einem allgemeinen Angriff auf den ukrainischen Nationalismus zusammen, der dieser internen Krise einen besonders dramatischen Akzent gab.

Außer in diesen vier Fällen, in denen jüngeren Männern durch Krisen der Zugang zur Macht ermöglicht wurde, scheinen die Ersten Sekretäre der Republik kaum absetzbar zu sein. Angesichts dieser Tatsache ist der schnelle Wechsel der Zweiten Sekretäre in ihren Ämtern erstaunlich. In nur zwei Fällen – Lettland und Litauen – waren sie schon vor 1970 im Amt. Mehr als die Hälfte ist 1975 ernannt worden. Wenn man jedoch die Laufbahnen der Republik-Sekretäre im Zeitraum von 22 Jahren vergleicht, stellt man eine zunehmende Beständigkeit fest. Die untenstehende Tabelle zeigt diese Evolution:

Stabilität der republikanischen Sekretäre

Anzahl der Jahre im Amt:	1955	1960	1965	1970	1975
Erste Sekretäre	4,8	5,2	7,5	8,3	9,9
Zweite Sekretäre	1,9	3,2	3,6	5	6,6

Trotz Säuberungsaktionen und allgemeiner Neubesetzungen der Posten des Zweiten Sekretärs besteht die Tendenz zu einer Stabilisierung der Führungskräfte. Dies behindert jedoch nicht die ständige Verjüngung. Die Zweiten Sekretäre sind meist jünger als die Ersten Sekretäre. Sie sind eine neue politische Generation, Männer um die fünfzig, die in den letzten Jahren des Stalinismus heranwuchsen und im allgemeinen mit den stalinistischen Gewalttaten nichts zu tun haben. Sind sie deshalb von ihren Vorgängern sehr verschieden? Keinesfalls. Sie kennen aus der Stalinzeit vor allem den Krieg und die Einigkeit im Kampf. Sie neigen daher diesem System eher zu, als daß sie es ablehnen.

Ein anderer fundamentaler Unterschied zwischen den beiden Gruppen liegt im Ablauf der Karrieren. Die Ersten Sekretäre haben meist in ihrer Republik gelebt. Sie verlassen sie nur – und das sind Ausnahmefälle –, um eine kurze Zeitlang einen Posten im Staatsapparat anderer Republiken der Randgebiete anzutreten; selten aber dort den Posten eines Sekretärs. Einige übernehmen Funktionen in der RSFSR. Dies gilt vor allem für Slawen, die kulturell besser auf solche Änderungen vorbereitet sind, und für die Balten, die während der Unabhängigkeit ihrer Länder nach Rußland emigriert waren.

Bei den anderen nationalen Gruppen gibt es zwei beachtenwerte Ausnahmen. Der schon erwähnte Mjavanadse, den seine militärische Laufbahn zum Verlassen seiner Republik zwang, und den Armenier Demirtschian, der bis 1966 in Leningrad gearbeitet hat. Dagegen wandern die Russen im allgemeinen von einer Republik zur anderen.

Die Zweiten Sekretäre kommen meist aus der RSFSR, aber einige scheinen von einer Republik zur anderen zu ziehen. Dies gilt für W. Charasow, der von 1954–1961 schon in Kasachstan im Amt war, bevor er 1967 zum Zweiten Sekretär in Litauen ernannt wurde. Dies trifft auch auf I. Pugatschew zu, der nacheinander Zweiter Sekretär in Kirgisien und Aserbaidschan war. Diese Praxis war bis Ende der fünfziger Jahre üblich[42]. Seither scheint die Zentralmacht weniger geneigt, ihre Führungsleute sich in den »russischen Ämtern« spezialisieren zu lassen. Ohne Zweifel haben die Russen, die den entscheidenden Posten des Zweiten Sekretärs erlangen, vorher große Erfahrung im Parteiapparat gesammelt. Mehr als die Hälfte der derzeitigen Sekretäre haben dem

Zentralapparat der Partei angehört, das heißt, in den verschiedenen Abteilungen des ZK gearbeitet. Die anderen haben jeweils zur Hälfte Erfahrungen auf anderem Gebiet gesammelt, Karrieren etwa in den regionalen Organisationen in Rußland, oder in nichtrussischen Gebieten. Jedenfalls sind fast alle Russen, was sie auch immer vorher getan haben, keine Neulinge in Hinsicht der nationalen Probleme.

Dies geht aus der Analyse ihrer früheren Funktionen hervor. Auch hierbei werden aus dem Vergleich der Karrieren der Ersten und Zweiten Sekretäre die jeweiligen Merkmale am deutlichsten ersichtlich. Die Ersten Sekretäre haben im allgemeinen dieses Amt erlangt, nachdem sie einen ähnlichen Posten auf regionaler Ebene oder einen niedrigeren Posten im Zentralapparat der Republik innehatten. Eine andere Möglichkeit, den Sekretärsposten zu erreichen, bietet der Vorsitz des Ministerrates, in dem man normalerweise viele Anwärter auf die Spitzenposten der Partei findet. Diese übliche Verbindung zwischen dem Vorsitzenden des Ministerrates und dem Parteisekretariat bestätigt: das Amt des Vorsitzenden (aber nicht die Ministerposten) gehört zur Parteihierarchie. Ein Wechsel zwischen Regierungs- und Parteispitze und umgekehrt ist leicht. Dies gilt, wie schon gesagt, nicht für die Minister, außer für den Chef des Sicherheitsdienstes (KGB), der einen ganz besonderen Platz in der Regierungshierarchie einnimmt.

Für die Ernennung zum Zweiten Sekretär scheint Arbeit im Zentralkomitee eine absolute Voraussetzung zu sein. Zwei Laufbahnen bereiten innerhalb des Zentralapparates auf die Sekretariate vor. Einige Sekretäre haben die Funktionen eines »Inspektors« oder »Sektionsleiters«, selbst eines stellvertretenden Abteilungsleiters in der Organisationsabteilung des ZK der KPdSU ausgeübt, dessen Hauptaufgabe die Führungskader und die Ernennungen sind. Außerdem existieren in den Organen des ZK der KPdSU regionale Untergruppen[43]. Bestimmte Funktionäre des Zentralapparates erscheinen auch auf den Kongressen der republikanischen Kommunistischen Partei als Repräsentanten des Zentralkomitees der KPdSU. Dies deutet auch regionale Verantwortlichkeit an. In einigen Fällen kann man auch feststellen, daß es einen Übergang von einem Posten innerhalb des Zentralapparates, der eine bestimmte geographische Verantwortung innehat, zu der Funktion eines Zweiten Republiksekretärs gibt. Ein Beispiel hierfür ist Perejudin, der von 1963 bis 1964 im zentralasiatischen Büro des ZK der KPdSU gearbeitet hat und gegenwärtig Zweiter Sekretär der KP Turkmeniens ist. Dies trifft auch auf Lebedew zu[44], der vom Sektor »Weißrußland und baltische Republiken« im ZK zum Sekretär Estlands aufstieg. Dasselbe gilt für Polukarow in Tadschikistan.

Es stimmt freilich nicht immer, daß sich die Zweiten Sekretäre im Zentralapparat der Partei in einer entsprechenden Abteilung auf die Republik, die ihnen später anvertraut werden wird, vorbereiten. Nichtsdestoweniger haben sie in vielen Fällen regionale Kompetenzen im ZK oder doch Befugnisse in Führungsfragen innegehabt, die das Hauptelement der Macht des Zweiten Sekretärs darstellen.

Im allgemeinen kann man feststellen, daß die Ersten Sekretäre Erfahrungen in den Staatsangelegenheiten und in der Verwaltung besitzen, während die Zweiten Sekretäre Männer des Parteiapparates sind. Dieser Unterschied der Laufbahn, der Erfahrung und der Herkunft trägt dazu bei, die tatsächliche Unterordnung des Ersten Sekretärs unter den Zweiten zu sichern, dafür aber ist das Prestige des Ersten Sekretärs ein unvergleichlich größeres. Ihm fällt die Ehre zu, die nationale Partei zu verkörpern. Er spricht in ihrem Namen, er repräsentiert sie.

Das Verhältnis zwischen äußerer und innerer Macht erklärt vielleicht den letzten Unterschied zwischen dem Ersten und Zweiten Sekretär: die außerordentliche Verwundbarkeit des Ersten. Zwar scheint die Position der Ersten Sekretäre stabiler zu sein als jene der Zweiten, aber deshalb sind sie nicht geschützter als diese. Ganz im Gegenteil. Y. Bilinsky hat in einer tiefschürfenden Studie der nationalen Führungsschichten festgestellt, wie hoch das Ausmaß an »politischen Verlusten« der Ersten Sekretäre der nationalen Republiken ist[45]. Es ist unleugbar, daß die Ersten Sekretäre sich eines längeren politischen Lebens erfreuen. Aber diese Langlebigkeit mündet nur zu häufig in spektakulären Stürzen. Bei Säuberungen sind es meist die Ersten Sekretäre, die dem öffentlichen Zorn ausgeliefert werden. Die Zweiten Sekretäre (dies trifft für die Russen zu, aber nicht für die nationalen Zweiten Sekretäre, die in den Wechselfällen dieses Jahrzehntes verschwunden sind) treten dagegen im allgemeinen in aller Stille ab, falls sie in Ungnade gefallen sind, oder werden sogar auf andere Posten befördert.

Diese Unterschiede zeigen, daß in der Machtverteilung zwischen den Sekretären in den kommunistischen Parteien der nationalen Republiken ein sehr heikles Gleichgewicht zwischen tatsächlicher Macht und der zentralen Kontrolle einerseits und der Repräsentation der Macht sowie der scheinbaren Souveränität andererseits herrscht. Die Kontrolle der Menschen ebenso wie der Institutionen übt eine entscheidende Instanz der Partei aus, nämlich der Zweite Sekretär. Die jüngste Geschichte zeigt, daß nach einer langen Periode einer pragmatischen und nicht kontinuierlichen Politik die Zentralmacht nun eine klare und zusammenhängende Strategie ausgearbeitet hat: sie gestattet eine genaueste Kontrolle der Auswahl der politischen Führungskräfte ebenso wie der Verwaltung und der Technik auf allen Ebenen der nichtrussischen Republiken. Die Vereinheitlichung der Prozedur der Kontrolle, der größere Zusammenhalt des politischen Systems scheinen die Charakteristik der gegenwärtig verfolgten Politik hinsichtlich der nationalen Integration zu sein.

Die Armee: Ein Instrument der Integration?

Die sowjetischen Autoren, die heute den Prozeß des Werdens der sowjetischen Nation analysieren, unterstreichen die entscheidende Rolle, welche die Armee bei der Schaffung einer neuen historischen Gemeinschaft spielt. Im Westen vergißt man zweifellos häufig diese Rolle der Armee, weil man sie stets nur als ein Instrument der Macht der Sowjetunion auf internationaler Ebene, gerichtet gegen die äußere Welt, sieht. Daher stammt ein teilweises Mißverstehen der Aufgaben, der Probleme und der Zwiespältigkeiten dieser Armee. Ist nun die Rote Armee tatsächlich der Monolith, den die westliche Welt an ihren Grenzen sieht? Ist sie eine nach außen gerichtete Macht und Bedrohung? Man vergißt zu leicht, daß die Rote Armee, ebenso wie die UdSSR, multinational ist und zu ihren Aufgaben die Integration der Völker gehört. Um dies und die sich daraus ableitenden Folgen zu verstehen, bedarf es einer Erinnerung an die Vergangenheit.

Das Zarenreich hatte versucht, eine einheitliche Armee aufzubauen, daher waren zahlreiche Untertanen vom Wehrdienst ausgeschlossen: jene, die man die »Fremden« nannte, nämlich 45 Volksstämme, zu denen in erster Linie die Mohammedaner gehörten. Krieg und Revolution ließen zum ersten Mal das Problem nationaler Armeen entstehen[46]. Im Gefolge der nationalistischen Bewegungen, die Rußland von 1917 bis 1918 erschütterten, entstanden auch nationale militärische Formationen. Die jungen Nationalstaaten, die sich gebildet hatten und die Unabhängigkeit forderten, waren bemüht, ihre Existenz durch in aller Eile aufgestellte Streitkräfte zu schützen. Sie hofften, diese Truppen würden den jüngst erworbenen Status aufrecht erhalten. Die aus der Oktoberrevolution hervorgegangene Sowjetmacht war sehr bemüht, um die nationalen Kräfte zu ihrem Vorteil zu mobilisieren. Überall, wo die Bolschewiken die Macht übernahmen, unternahmen Lenin und Trotzki alles nur Mögliche, um die nationalen Streitkräfte in die entstehende Rote Armee zu ihrer Stärkung einzugliedern.

Die Notwendigkeit hierzu war von der ersten Stunde der Revolution an in ihren Augen eine absolute Notwendigkeit. Sie stießen allerdings bis 1920 auf nahezu unüberwindliche Schwierigkeiten. Der Bürgerkrieg und die ausländische Intervention zwangen zu großer Vorsicht. Die Bolschewiken waren zunächst schwach und isoliert und konnten es sich daher nicht leisten, jene Nationen, denen die Unabhängigkeit weit wichtiger war als die Revolution, in das Lager ihrer Gegner zu drängen. Um ihre Unterstützung zu erhalten, mußten sie Kompromisse mit ihnen eingehen, mußten sie die Aufstellung von Armeen dulden, deren Bestand den Willen zur Unabhängigkeit noch verstärkte. Sehr bald zeigten sich die Schwierigkeiten eines solchen Kompromisses. Nationale Armeen entstanden im Kaukasus und in der Ukraine. Die bisher vom Militärdienst stets ausgeschlossenen Mohammedaner unternahmen größte Anstrengungen, eine Armee zu bilden, und benützten dafür in beunruhigender Weise die Strukturen der Sowjetmacht.

Im Schoße des Kommissariats der Nationalitäten, geleitet von Stalin, war Anfang 1918 ein eigenes mohammedanisches Kommissariat gebildet worden. Sein Präsident war ein Tatare, Mullah Nur Wahitow, der seine Autorität zur Schaffung einer mohammedanischen Militärakademie (so etwas wie ein mohammedanisches Kriegsministerium) benutzte, die eine mohammedanische Rote Armee auf die Beine stellen sollte. Im Prinzip unterstand all das dem Volkskommissariat für Krieg und damit Trotzki. Tatsächlich aber verfolgten jene beiden Männer, die das Ganze inszenierten, die Tataren Wahitow und Sultan Galiew, Ziele, die von jenen der Bolschewiken völlig verschieden waren. Sie glaubten – und diese Ideen sind viel später bei Mao Tse-tung wieder aufgetaucht –, daß für die unterentwickelten Völker, in denen es kein Proletariat gab, die Armee die Führungsaufgabe übernehmen müsse, eine starke, hierarchische, politisierte Armee, die das noch verworrene nationale Gewissen verkörpert und nationalen Führungskräften als Schulungsstätte dient. Die künftige Rolle der Armeen der Dritten Welt ist schon 1920 von den Mohammedanern Rußlands definiert worden, die aber als Vorläufer meist unbekannt geblieben sind. Wenn auch der Versuch, eine einheitliche mohammedanische Armee – eine Vorahnung der Befreiungsarmee Rotchinas – aufzustellen, scheiterte, weil es der Roten Armee gelang, ganze Sektoren sich einzugliedern, so entstanden doch in jeder Volksgruppe[47] auch nationale mohammedanische Einheiten.

Von 1919 an trachtete Lenin diese Situation, die er als gefährlich einschätzte[48], wieder zu beherrschen. Wiederholte Beschlüsse der bolschewikischen Partei unterstreichen, daß jede militärische Aktivität nur innerhalb der Roten Armee und unter ihrem Befehl erfolgen dürfe. Die Ausbreitung der Sowjetmacht in den Jahren 1920 bis 1922, die zur

Bildung der Föderation führte, ging Hand in Hand mit der Koordination zwischen Roter Armee und den nationalen Armeen, was nichts anderes bedeutete als die totale Unterwerfung der letzteren unter die erstere. Die Folge war, daß 1923 die Sowjetmacht und die Völkerschaften einander im Verlauf einer dramatischen Krise gegenüberstanden. Diese Krise hatte verschiedene Auswirkungen, aber ihr Inhalt war von einer Ecke der Sowjetunion zur anderen identisch.

In Zentralasien nahm der Konflikt die Form einer bewaffneten Revolte an. Die Sowjetmacht brauchte Jahre, um sie niederzuwerfen. Bewaffnete Banden von Untergrundkämpfern, »ruhmreiche Barfüßler«, die sogenannten »Basmatschis«, machten das Gebiet dauernd unsicher und verkörperten für ihre Landsleute den Geist des Widerstandes. Die Führer der Ukraine, stärker an das System gebunden, führten auf dem XII. Parteikongreß im April 1923 Beschwerde über die Gewalt, die ihnen von der Armee angetan worden war. Nikolai Skrypnik, ein Bolschewik mit untadeliger Vergangenheit[49], erklärte: »Heute ist die Armee ein Instrument der Russifizierung der Ukraine und aller nichtrussischen Völker.[50]« Ein anderer Ukrainer erhob dieselbe Anklage: »Vergessen wir nicht, daß objektiv gesehen die Rote Armee nicht nur ein Instrument ist, um die Bauernschaft im proletarischen Geist zu erziehen, sondern daß sie auch ein Instrument der Russifizierung ist. Wir verschicken Zehntausende von ukrainischen Bauern nach Tula und verpflichten sie, Russisch zu verstehen. Ist das richtig? Offensichtlich nicht. Warum braucht das Proletariat das? Niemand weiß es. Dies ist die Auswirkung der Schwerkraft der großrussischen Kommandostruktur. Unser Oberkommando ist vorwiegend russisch. Dennoch könnten die nach Tula verschickten ukrainischen Bauern auch unter russischem Kommando eine politische und kulturelle Ausbildung in ihrer eigenen Sprache erhalten. Daher ist das zweite Problem, militärische Führungskader zu bilden, die die nationalen Sprachen beherrschen[51].«

Skrypnik und sein Genosse hatten die Probleme der Armee klar dargestellt. Die Sowjetmacht benutzte sie, um die Nichtrussen zu russifizieren und zu kontrollieren. Die Armee war völlig von Russen beherrscht. Sie erfüllte im Hinblick auf die Gleichheit der Völker keinerlei erzieherische Aufgabe.

Die Sowjetmacht hatte in dieser Krise zwei Maßnahmen gesetzt, um die Volksstämme zu befrieden, aber auch um die Schwierigkeiten zu vermeiden, die die Bildung nationaler Armeen bedeuten mußte. Lenin war bereits krank und endgültig von der Führung der Staatsgeschäfte ausgeschlossen. Man kann jedoch als sicher annehmen, daß die Reaktionen seiner Genossen auf Befürchtungen zurückzuführen waren, die Lenin schon seit jeher empfunden hatte. Einerseits wurden zwar die Nationalarmeen als solche verboten, andererseits wurde aber den Volksgruppen die Möglichkeit eingeräumt, in der Roten Armee zu dienen und dort Führungsrollen zu übernehmen. Dem Verbot der nationalen Armeen folgte die systematische Auflösung der mohammedanischen Einheiten und im Juni 1923 die Verurteilung des Theoretikers der mohammedanischen Roten Armee Sultan Galiew[52].

Im Verlauf einer dramatischen Konferenz der Kommunistischen Partei in Moskau vom 9.–12. Juni 1923 definierte Stalin im Zuge seines Angriffs gegen Sultan Galiew die Generallinie und die Grenzen der Nationalitätenpolitik. Die Basis dieser Politik auf militärischem Gebiet war die Beförderung einheimischer Führungskräfte, die imstande sein sollten, die nationalen Einheiten innerhalb der Roten Armee zu befehligen, einer Roten Armee der ganzen Sowjetunion unter einheitlichem Kommando[53]. Diese Politik war ein Teil des militärischen Fünf-Jahresplanes, der 1924 in Kraft trat. Frunse, der Trotzki an der Spitze des Kriegskommissariats gefolgt war, definierte diesen Plan so:

»Wir bauen unsere Armee so auf, daß kein Volk sich schikaniert oder isoliert fühlt. Zugleich muß aber die Armee ein einziger starker Körper sein[54]«.

Diese Anstrengungen führten zu Ende der zwanziger Jahre zu einer grundlegenden Veränderung des Verhältnisses zwischen der Bevölkerung und der Armee. Der Militärdienst wurde auf nahezu die gesamte männliche Bevölkerung ausgedehnt, deren Eingliederung durch die Ausbildung nationaler Führungskräfte erleichtert wurde. Aber die umfassende Beförderung von Offizieren nichtrussischer Herkunft, die Vervielfachung von Einheiten gleicher Volkszugehörigkeit führen innerhalb der Roten Armee zumindest an ihrer Spitze keineswegs zu einer Veränderung. Die Rote Armee bleibt in ihrer Führung sehr russisch, und die nationalen Unterschiede kommen nur auf der unteren und mittleren Ebene zum Vorschein. Aber selbst diese Konzession gehört bald der Vergangenheit an.

Neue Gesetze, erlassen am 7. März 1938, verändern das Aussehen der Roten Armee radikal und setzen dem »nationalen Liberalismus«, der seit 1924[55] geherrscht hat, ein Ende. Alle männlichen Sowjetbürger ohne Unterschied der Nationalität oder Kultur werden nun endgültig der Militärpflicht unterworfen. Die Armee wird vereinheitlicht. Die nationalen Einheiten verschwinden, und an ihre Stelle treten ethnisch gemischte Truppen. Die Militärschulen, die Bildung der Führung, das alles wird dem Nationalitätenprinzip entzogen. Die Dienstvorschriften legen fest, daß der Militärdienst in einer multinationalen Einheit geleistet werden soll. Das bedeutet, daß die einer Volksgruppe angehörenden Wehrpflichtigen eines Jahrganges auseinandergerissen werden, um verstreut über die ganze UdSSR den Militärdienst zu leisten. Die Armeesprache wird wiederum jene allen Völkern der UdSSR gemeinsame Sprache, nämlich das Russische.

Seit 1938 wurden diese Prinzipien der militärischen Organisation nur in einer einzigen Periode außer Kraft gesetzt. Während des Zweiten Weltkrieges führte die Sorge um die Schlagkraft der Armee Stalin dazu, für kurze Zeit wieder rasch gebildete nationale Einheiten zuzulassen, für deren Versorgung auch die Republiken, die sie stellten, verantwortlich waren. Aber die Epoche der kasachischen Divisionen oder der Einheiten aus Aserbaidschan dauerte nicht lange, trotz der Tatsache, daß am 1. Februar 1944 der Oberste Sowjet ein Gesetz über die Bildung republikanischer Streitkräfte und über die Übertragung der Verteidigungsministerien von der Unionsebene auf die Ebene der Unionsrepubliken beschloß[56]. In der Verfassung war diese Situation bis 1977 festgehalten. Dabei ging es aus Gründen der internationalen Politik darum, der Weltöffentlichkeit ein neues Bild der Sowjetunion zu bieten. Das theoretische Recht, Streitkräfte zu besitzen, bestätigte im Prinzip die Souveränität der Unionsrepubliken. Aufgrund dieses Argumentes erhielt die Sowjetunion zusätzlich zwei Sitze in den internationalen Organisationen, die der Ukraine und Weißrußland zugeteilt wurden.

In der Praxis brachte die Nachkriegszeit, die die militärische Autonomie der Republiken zu begründen schien, in Wirklichkeit die Rückkehr zu den Konzepten von 1938. Nach Kriegsende verschwanden die nationalen Einheiten. Die Armee war eine viel zu ernsthafte Sache, als daß man sie den Völkern überlassen konnte. Am 12. Oktober 1967 legt ein Militärgesetz eindeutig fest, daß die militärische Dienstpflicht ein einziges Ziel hat: eine Vermengung des Menschenmaterials in den multinationalen Einheiten und die kulturelle Vermischung durch den ständigen Gebrauch der russischen Sprache.

Nach einer Zeit der Schwierigkeiten und Umstellungen wird die sowjetische Armee nun zu einem privilegierten Instrument der nationalen Integration[57]. Dank einer langen Militärdienstzeit (zwei oder drei Jahre, je nach der Waffengattung) werden die aus den verschiedensten Gegenden stammenden Rekruten während einer längeren Zeit aus ihrer geographischen und kulturellen Umgebung herausgerissen und in ein völlig fremdes Milieu versetzt, das zwar der Theorie nach vielsprachig ist, aber in Wirklichkeit sich als russisch dominiert erweist. Der ständige Gebrauch der russischen Sprache, die politische und zur gleichen Zeit auch technische Ausbildung wirken auf eine tiefgehende Veränderung des nationalen Selbstverständnisses hin und auch auf die Anschauung der Welt, die die jungen Leute umgibt. Die führenden Männer der Sowjetunion haben diese besondere Aufgabe der Roten Armee immer wieder unterstrichen. Breschnew sagte zum 50. Jahrestag der Bildung der Union im Jahre 1972: »Unsere Armee ist eine ganz besondere Armee in dem Sinne, daß sie zugleich eine Schule des Internationalismus ist, daß sie zu Gefühlen der Brüderlichkeit, der Solidarität und des gegenseitigen Respektes aller Nationen und aller Nationalitäten der Sowjetunion erzieht. Unsere Streitkräfte sind eine einzige Familie, die lebende Verkörperung des sozialistischen Internationalismus.[58]« Diese besondere Rolle, die der Armee übertragen ist, erklärt, warum die neue Verfassung der Sowjetunion die Militärdienstpflicht als eine der Grundlagen des Sowjetsystems anführt (I, Artikel 31) und nicht, wie man es erwarten könnte, im Rahmen der die Verwaltungsorganisation und das Funktionieren der Institutionen betreffenden Abschnitte.

Auch wenn diese integrierende Funktion der Armee klar aus den Grundgesetzen hervorgeht, die die Basis ihrer Organisation sind, und auch aus den Erklärungen der führenden Männer, so kann man doch nach dem Verhältnis zwischen ausgedrückten Absichten und der Wirklichkeit fragen. Ist die Armee wirklich eine einzige Familie, fest zusammengeschlossen, ein Bild einer vielvölkischen Gesellschaft, imstande, selbst bei der Integration der verschiedenen Komponenten dieser Gesellschaft mitzuhelfen? Hat sie einen meßbaren Einfluß auf die Denkart jener, die durch ihre Reihen gegangen sind?

Ja, antworten die sowjetischen Spezialisten, denn es gibt keine Armeeeinheit, in der sich nicht Repräsentanten aller Volksgruppen befänden. An der Basis, unter den Rekruten, unterstreicht die Allgemeinheit des Wehrdienstes tatsächlich, daß die umfassende Armee als ein Bild der sowjetischen Gesellschaft aufgefaßt wird. Kann man daraus ableiten, daß die Rekruten aller Völkergruppen gleichmäßig auf alle Waffengattungen aufgeteilt werden? Sowjetische Militärschriftsteller sind in diesem Punkt sehr positiv[59]. Die Logik unserer Beobachtungen zeigt jedoch eine weit nuanciertere Situation. Die komplizierteren Waffengattungen fordern ein gewisses Ausmaß an Ausbildung und eine Kenntnis der Armeesprache, nämlich des Russischen. Daher findet man Rekruten aus Zentralasien z. B. weit eher in Einheiten, die mit Bauarbeiten befaßt sind, als in jenen mit ganz modernen Waffen[60].

Das nationale Problem stellt sich aber vor allem in der Frage der Ausbildung der Führungskräfte bei der Armee. Es fehlt zwar an genauen Zahlenangaben über die ethnisch-kulturelle Zusammensetzung des Offizierscorps und der obersten Kommandostellen, aber die vorliegenden Informationen geben doch ein glaubwürdiges Bild. Eine militärische Karriere in der Sowjetunion hängt von verschiedenen Faktoren ab. Die persönliche Auswahl vor allem ist mit dem Eindruck verbunden, den das Individuum hinsichtlich seiner moralischen und körperlichen Vorzüge macht, die für diesen Typ von Karriere notwendig sind. Schließlich die Anpassungsfähigkeit, die für eine solche Karriere unerläßlich ist und auf einer entsprechenden Ausbildung und der totalen Beherrschung der russischen Sprache beruht. Einzelne Volksgruppen können diese Bedingungen leicht erfüllen. Es handelt sich dabei in erster Linie um die Völker slawischer Herkunft und gewisse nichtslawische Völkergruppen, die innerhalb der russischen Republik Enklaven bilden und traditionell die Führungskräfte für die Armee stellen: Tataren, Tschuwaschen, Mordwinen usw. Die einzigen Angaben über eine Zusammensetzung nach Volksgruppen gehen auf die Zeit nach dem Zweiten Weltkrieg zurück. In jener Zeit hatten die Slawen ein starkes Übergewicht, sowohl in der Masse der Armee, als auch im Offizierscorps. In den 100 Artilleriedivisionen dienten z. B. 90% Slawen, von denen wieder 51,18% Russen waren, 33,93% Ukrainer und 2,04% Weißrussen[61]. Das Offizierscorps spiegelte auch diese Verteilung wider, aber das Gleichgewicht war zugunsten der Russen verschoben, die hier nahezu 90% bildeten, gefolgt von den Ukrainern und den Weißrussen[62]. Eine Tabelle des Offizierscorps bei den Luftstreitkräften und der Artillerie in den Kriegsjahren zeigt, daß diese Slawisierung der Armee erstaunliche Lücken aufgewiesen hat. Mit Ausnahme der Russen, welche zu dieser Zeit die Masse des Offizierscorps stellten, waren die wichtigsten Nationalitäten wie folgt vertreten:

	Untere und mittlere Ränge bei Offizieren der Luftwaffe 1943	Hohe Artillerieoffiziere zu Kriegsende
Ukrainer	28 000	6 000
Weißrussen	5 305	1 246
Armenier	1 079	240
Tataren	1 041	173
Georgier	800	129
Tschuwaschen	405	—
Mordwiner	383	99
Osseten	251	—

Zwei Punkte sind hier besonders bemerkenswert. Zunächst, daß der Autor dieser Tabelle erklärt, die Russen stellten die Hauptmasse der Führungskräfte. Sodann, daß sämtliche großen mohammedanischen Völker gar nicht angeführt sind, was also bedeutet, daß die Zahl der Offiziere dieser Herkunft unter den niedrigsten Zahlen, die auf der Tabelle zu finden sind, figuriert. Für den gegenwärtigen Zeitraum gibt es keine diesbezüglichen Angaben. Aber Untersuchungen über die soziale und geographische Herkunft der Offiziere bestätigen das, was wir über die Lage während des Krieges wissen.

»Der Rote Stern«[63], Organ der Roten Armee, hat Ergebnisse einer Untersuchung veröffentlicht, die 1000 Offiziere der unteren und mittleren Ränge erfaßt hat. Demzufolge stammen 82,5% aus Arbeiterfamilien und nur 17,5% aus Bauernfamilien. Sicherlich hat diese Umfrage auch Angehörige aller Nationalitäten erfaßt. Jedoch deutet der hohe Anteil der Abkömmlinge aus Arbeiterfamilien an, daß es sich in erster Linie um Volksgruppen mit hohem Industrialisierungsgrad handelt. Auch das oberste Kommando der Roten Armee wird stets als ein Spiegelbild der einheitlichen sowjetischen Nation präsentiert. Dort wird die nationale Herkunft niemals auch nur erwähnt. Ein westlicher Autor hat jedoch mehrere Listen der Generäle zusammengestellt und ist auf Grund der Namen zu folgender Schlußfolgerung gekommen: »Unter den zwischen 1940 und 1976 ernannten Generalen waren 91% Slawen (60% Russen, 20% Ukrainer, 4% Weißrussen und 7%, die schwierig einer dieser Gruppen zuzuordenen waren, wahrscheinlich waren 2% Polen).«

Soweit es sich um Generale handelt, die Mitglieder des Obersten Sowjets der UdSSR sind, waren 95% Slawen (80% Russen, 15% Ukrainer). Auch von einer Liste, die 42 Generale umfaßt und die von der Presse im Jahr 1975–1976 genannt wurden, waren 40% Slawen, einer war Armenier und einer der Herkunft nach Deutscher. Zu den Mitgliedern des Zentralkomitees der KPdSU gehörten von 1952 bis 1976 101 Generale (einschließlich Breschnews auf Grund des ihm kürzlich verliehenen militärischen Titels). 97 Generale waren slawischer Abkunft, davon waren 78 Russen (35 Mitglieder des Zentralkomitees, 36 Kandidaten und 7 Mitglieder der zentralen Kontrollkommission). Die restlichen vier Nichtrussen im ZK waren, abgesehen von Breschnew, alle Ukrainer. Von zehn Kandidaten waren acht Ukrainer und zwei Polen. Die vier Nichtslawen waren der Marschall Bagramian (Armenier), bei den drei anderen lassen die Familiennamen in zwei Fällen jüdischen Ursprung vermuten und in einem Fall deutsche Herkunft. Sollte diese ethnische Zusammensetzung in gewisser Hinsicht auch die Unterschiede im Bildungsniveau widerspiegeln, so würde dies auch das völlige Fehlen von Armeeoffizieren muselmanischer Herkunft in den obersten Führungsschichten erklären. Freilich ist diese nicht ausreichend, um das Fehlen von Balten und Georgiern plausibel zu machen, da diese Volksgruppen, was die Ausbildung betrifft, sich an der Spitze der Pyramide befinden. Ebenso ist die sehr schwache Vertretung der Juden kaum mit der Tatsache in Einklang zu bringen, daß diese Gruppe in der Sowjetunion hinsichtlich der Bildung den ersten Rang einnimmt, und zwar unmittelbar vor den Georgiern.

Die sowjetische Armee ist also in der Tat kein Spiegel der Gesellschaft, sondern der Macht und des Grades der Assimilation der völkischen Gruppen oder ihrer Zusammenarbeit mit der Macht. Die Armee räumt den Ukrainern – wenn auch nicht im Verhältnis zu ihrer Anzahl – einen nicht unbedeutenden Platz ein. Die Ukrainer erscheinen hier, wie auch in den Domänen der politischen Macht, als ein »Verbündeter« des russischen Volkes. Dieses Bündnis hat auch eine Kehrseite. Sie bedeutet die Russifizierung der militärischen Führungsschichten, die in einer vollkommen russifizierten Umgebung existieren müssen[64].

Übt die Armee einen Einfluß auf die Mentalität ihrer Angehörigen aus? Ist sie ein wirksames Instrument der Sozialisation? Impft sie den Rekruten dank einer Periode, in der sie von ihrer nationalen Umgebung getrennt sind, die russische Sprache und die sozialen Wertigkeiten der Sowjetunion ein? T. Rakowska-Harmstone, die das Problem studiert hat, unterstreicht, daß die Situation, je nach dem Niveau, auf dem man sich befindet, verschieden ist. Jene, die nach dem Wehrdienst beschließen, in der Armee zu bleiben, haben damit eindeutig die Wahl getroffen, sich zu integrieren, ihre Einstellung und ihre Überzeugungen jenen anzupassen, die von der Armee erwartet werden. Berufssoldat zu werden, bedeutet nicht nur, sämtliche Wertigkeiten der Sowjets anzunehmen, sondern auch die Russifizierung[65]. Ganz anders ist die Situation jener Soldaten, die nach Ableistung ihrer Dienstpflicht die Armee verlassen. In welchem Ausmaß sind diese Menschen durch diese außergewöhnliche Zeit, in der sie in fremder Umgebung isoliert leben mußten, beeindruckt worden? Für Iwan Dziuba ist die Armee ein bedeutendes Instrument der Entnationalisierung. Er hat die Wirkung so beschrieben: »Millionen junger Ukrainer kehren nach den Jahren der Millitärdienstzeit national desorientiert und sprachlich demoralisiert zurück. Sie werden ihrerseits nun zu einer Kraft, die auf andere junge Leute und auf die gesamte Bevölkerung Einfluß in Richtung auf die Russifizierung ausübt. Eine große Zahl von ihnen kehrt überdies niemals in die

Ukraine zurück. Es ist nicht schwer, sich vorzustellen, wie furchtbar schädlich dies für die nationale Entwicklung ist[66].«

Sind diese Bemerkungen Dziubas auch auf andere nationale Gruppen der Sowjetunion anwendbar? Um das zu entscheiden, bedarf es weiterer Untersuchungen. In einer Untersuchung über das Phänomen der Zweisprachigkeit in der Sowjetunion wurde die Frage nach der zweiten Sprache (natürlich das Russische) in der Armee gestellt. Erstaunlicherweise nennt das daraus resultierende wissenschaftliche Werk mehrere Möglichkeiten der Verbreitung des Russischen, erwähnt dabei aber nicht die Armee[67]. Da Informationen fehlen, ist man auf Hypothesen angewiesen und auf Zahlen, die die Volkszählung von 1970 liefert. Danach scheint es so zu sein, daß einige Volksgruppen sich allmählich, andere aber kaum russifizieren. Die ersteren sind die beweglicheren, die anderen dagegen jene, die ihr angestammtes Gebiet nicht verlassen. Die Ukrainer gehören mit den Weißrussen zu der ersten Kategorie. Die Mohammedaner dagegen, die Völker des Kaukasus und die Balten zeigen keine Anzeichen einer Entnationalisierung.

Die Schlußfolgerung, die man aus dieser so widersprüchlichen Situation ziehen kann, lautet, daß die am leichtesten zu russifizierenden Völker – Slawen und kleine Volksstämme – zweifellos jene sind, bei denen der Militärdienst dazu beiträgt, sie ihrer nationalen Solidarität zu entfremden. Dagegen werden jene, die aus einem kaum geschwächten nationalen Milieu stammen, durch den Militärdienst in ihrer nationalen Zugehörigkeit nicht erschüttert. Vielleicht erkennen sie sogar in diesem rein russischen Milieu die Integrationskräfte, die am Werk sind, und den Unterschied zwischen der Theorie (eine übernationale Armee) und der Wirklichkeit (eine russische Armee). Es mag sein, daß sie daraus Argumente für ihr stolzes Festhalten an den eigenen nationalen Werten ziehen.

Liest man die russische Presse, so muß man sich fragen, ob denn die jungen Leute in den Unionsrepubliken nicht öfter als andere versucht sind, sich dem Militärdienst zu entziehen, und ob die örtlichen Behörden ihnen dazu nicht oft eine helfende Hand reichen. Offensichtlich ist dies eine in allen Gesellschaften häufig vorkommende Praxis, es bleibt aber doch recht bedeutsam, daß vor allem den Armeniern und den Ukrainern mangelnder Bürgersinn vorgeworfen wird[68].

Staat, Partei und Armee, drei Instrumente der Integration, die gemeinsam wirken, um ein Ziel zu erreichen, das ohne die Zwiespältigkeit von 1917 lautet: Übergang von der Vielheit zur Einheit. Instrumente der Integration der Gesellschaft? Oder Kontrollinstrumente für alle? Ohne

Zweifel assoziieren diese Organismen auch die Eliten der schon beherrschten Völker der Randgebiete. Aber sie tun dies unter zwei Bedingungen: Daß diese Eliten ohne Einschränkung sich zu dem Projekt der Zentralmacht bekennen, daß die totale Umwandlung der Gesellschaften, aus denen sie stammen, vorsieht. Und daß sie selbst die Vorhut dieser Verwandlung bilden, in viel höherem Maß, als sie Vertreter ihrer Heimat sind. Zentralisierung rund um Rußland durch das Hilfsmittel der russischen Sprache, dies ist die wesentliche Funktion der drei Organismen, die die Autorität der Sowjetmacht sichern. Diese Interpretation der Integration ist eindeutig. Sie ist auf der absoluten Kontrolle des Zentrums über die Peripherie begründet. Aber es wäre eine unerlaubte Vereinfachung, das Integrationskonzept der Sowjets einfach auf eine Kontrollfunktion zu reduzieren und zu vergessen, daß zu dieser Kontrolle durch die Apparate auch die Schaffung nationaler Eliten hinzukommt, deren Aufgabe das Werk der Vereinheitlichung ist.

Die Sprachen der Sowjetunion: Instrumente der Integration oder der Konsolidierung der Völker?

Kein politisches System im 20. Jahrhundert hat sich mehr mit dem Problem der Sprachen seiner Bürger beschäftigt als das der Sowjetunion. Die Sprachenpolitik ist ohne Zweifel der interessanteste Aspekt der Bemühungen der Machthaber um die nationalen Probleme. Auf diesem Gebiet ist auch ohne Zweifel der größte Erfolg erreicht worden. Wenn es diesem Erfolg nicht an manchen Zweideutigkeiten fehlt, so muß man doch untersuchen, welchen Sinn diese Politik hatte, wohin sie die sowjetische Gesellschaft geführt hat und welche Bedeutung sie der nationalen Integration beimißt.

Die Gleichheit der Nationen durch eine gleichmäßige Entwicklung der Sprachen

Wenn die Sowjetmacht von allem Anfang an solche Aufmerksamkeit den Sprachen gewidmet hat, so deshalb, weil die Führer, noch bevor sie an der Macht waren, diese Frage diskutiert hatten, vor allem aber auch, weil schon im Zarenreich das Problem der Bildung nationaler Eliten, das Problem der kulturellen Veränderungen der verschiedenen Gesellschaften leidenschaftlich debattiert worden ist. Von 1917 an war den Bolschewiken schon bewußt, daß in einer vielsprachigen Gesellschaft die Wahl der politischen Sprache und der Sprachen der Ausbildung entscheidende Probleme sind. Davon sind die politischen Modelle und die Natur der zwischenvölkischen Beziehungen abhängig. Zunächst mußte die Sowjetmacht verschiedene Probleme zur Kenntnis nehmen. Vor allem die Empfindlichkeit der Volksgruppen. Aber konnte man die Völker, die eben aus dem »Völkerkerker« gekommen waren, besser in Sicherheit wiegen, als daß man ihnen das wertvollste, greifbarste Symbol ihrer eigenen Existenz[1] zeigt, nämlich ihre Sprache? Im weiteren mußte sich die Sowjetmacht mit dem politischen Hauptproblem des Zusammenlebens der Nationen befassen. Sie behauptete, der Vorkämpfer der Gleichberechtigung und der Befreier der Nationen zu sein. Wollten die Sowjets nicht nur eine getarnte Version des Zarenreiches sein, so mußten sie alle Volksgruppen gleichrangig mit der Macht und dem Fortschritt verbinden. Dies konnte am besten auf dem Weg der Sprachpflege geschehen. Nun stellte sich das Problem einer raschen Ausbildung für alle Gemeinschaften der Sowjetunion. Gerade über die nationalen Sprachen konnte die Erziehung der Massen auf dem leichtesten Wege verwirklicht werden. So sprach 1917/1918 alles für die Förderung der nationalen Sprachen[2]: Großmut sowohl wie politischer Realismus. Das Resultat dieser Entscheidung haben wir gesehen: die Entwicklung der Sprachen und die Ausarbeitung von Alphabeten, schließlich die Vereinheitlichung der Schriften. Ende der fünfziger Jahre war die Sowjetunion in eine außergewöhnliche Situation geraten, weil die vielen Sprachen Fuß gefaßt hatten und zu Bildungssprachen geworden waren: Die Volksgruppen besaßen nun Schulen, in denen in ihrer Sprache gelehrt wurde.

Im Prinzip sind alle Sprachen gleichberechtigt, denn die Verfassung sieht vor, dem Sowjetbürger sei »die Möglichkeit gesichert, die Muttersprache und die Sprachen anderer Völker der UdSSR zu gebrauchen« (Artikel 36)[3]. Diese Verfassung enthält keinerlei Hinweise auf eine einzelne Sprache.

Jedoch hat sich im Verlauf der Jahre eine tatsächliche Hierarchie entwickelt, die vier Sprachengruppen umfaßt[4]:

1. Das Russische, Sprache der internationalen Beziehungen der Nationen der Sowjetunion.
2. Die nationalen Schriftsprachen der Unionsrepubliken: Ukraine, Weißrußland, Usbekistan, Kasachstan, Kirgisien, Turkmenien, Tadschikistan, Armenien, Aserbaidschan, Georgien, Moldau, Lettland, Litauen und Estland.
3. Die Schriftsprachen der autonomen Republiken und Regionen: Tataren, Baschkiren, Udmurten, Awaren, Adigen, Osseten, Khakassen, Tschetschenen usw. (insgesamt etwa 40 Sprachen).
4. Schriftsprachen, die in den nationalen Distrikten einiger Völker des Nordens und anderwärtig sehr beschränkte soziale Funktionen erfüllen: Koriaken, Neneten, Nanaiten, Kurden usw. (insgesamt kaum mehr als 10 Sprachen).

Diese Darstellung gibt die gegenwärtige Situation sehr genau wieder. Von den rund 130 Sprachen, die in den dreißiger Jahren noch existierten, sind jene, die man mit einiger Künstlichkeit für ganz kleine Gemeinschaften ausgearbeitet hatte, verschwunden, weil jene, die sie sprechen sollten, die Assimilation an eine weitverbreitete Sprache vorzogen. Dies erlaubte ihnen, sich in das nationale Leben mit einzuschalten, statt in einer Isolierung zu verharren, zu der sie der Gebrauch einer

Sprache, die in der ganzen übrigen Sowjetunion unverständlich war, verdammte[5].

Für die kleinen Volksgruppen im Norden hat das Russische logischerweise diese Funktion übernommen. Dennoch gibt es immer noch etwa 70 Sprachen. Ihre Erhaltung setzt das Bestehen von Schulen und Publikationen, also einer eigenen Kultur und Schriftsprache, voraus. Es wäre falsch, den erhalten gebliebenen sprachlichen Reichtum nur einfach als Folklore oder als eine Absonderlichkeit ohne Bedeutung für das sowjetische System sehen zu wollen. Diese Sprachen haben durch ihre bloße Existenz den Volksgruppen gestattet, ihre Identität in einem System zu erhalten, das ansonsten trachtet, eine Einheit der politischen Kultur herzustellen. Die nationalen Sprachen sollen zu einem gemeinsamen kulturellen Ziel führen, nämlich zum Sozialismus, zum Modernismus, der um so eher akzeptiert wird, als verschiedene Kanäle zu ihm führen.

Die sprachliche Gleichberechtigung ist jedoch in den Projekten der sowjetischen Führung kein Endpunkt, sie ist vielmehr eine erste Etappe auf dem Weg zu der notwendigen Zweisprachigkeit – die nationale Sprache und daneben das Russische als Sprache aller Völker der Sowjetunion[6]. Die zweite Etappe wäre dann die zwar freiwillige, aber doch umfassende Verwendung der gemeinsamen Sprache. Schritt für Schritt sollen die nationalen Sprachen zu einer ergänzenden Eigenschaft der verwandelten nationalen Persönlichkeit werden, des *homo sovjeticus*, in dem alles Gemeinsame ständig an Boden gegenüber der Besonderheit gewinnt.

Die Entwicklung der nationalen Sprachen sollte im Prinzip auch die Zweisprachigkeit begünstigen. In erster Linie hat die fast allgemeine Einführung der zyrillischen Schrift und die Verdrängung der einzelnen Alphabete gegen Ende der dreißiger Jahre (mit Ausnahme der baltischen Sprachen, des Georgischen und des Armenischen) auch ein wichtiges Hindernis für den sprachlichen Kontakt überwunden. Ein zweiter Faktor, der die Zweisprachigkeit fördert, ist die Durchdringung all dieser Sprachen durch technische Ausdrücke, die aus dem Russischen kommen[7]. In den vierziger Jahren schien dieser Prozeß selbst Sprachen, die vom Russischen am weitesten entfernt waren, sehr rasch von innen her umändern zu können.

Wie sieht nun die Bilanz dieser Gleichberechtigungspolitik aus, die Teil eines Projektes einer kulturellen Integration ist? Wer gehört nach sechzig Jahren, das heißt nach zwei Generationen noch den verschiedenen Nationen der UdSSR an? Welche Sprachen sprechen sie? Welche Sprachen lernen sie? In welchem Ausmaß sind sie kulturell integriert?

Fortschritt der nationalen Sprachen

Die sprachliche Situation in der Sowjetunion läßt sich verhältnismäßig leicht ermessen, da alle Volkszählungen (und auch jene der Zarenzeit) großes Gewicht auf die Sprache gelegt haben. Die folgende Tabelle zeigt, wie die einzelnen Volksgruppen sich selbst hinsichtlich der Sprache einstufen.

Mitglieder einer Volksgruppe, die ihre Sprache als Muttersprache ansehen (in %)[8]

Nationalitäten	1926	1959	1970
Russen	99,7	99,8	99,8
Ukrainer	87,1	87,7	85,7
Weißrussen	71,8	84,2	80,6
Litauer		97,8	97,9
Letten		95,1	95,2
Esten		95,2	95,5
Moldauer	92,3	95,2	95,0
Georgier	96,5	98,6	98,4
Armenier	92,4	89,9	91,4
Aserbaidschaner	93,8	97,6	98,2
Kasachen	99,6	98,4	98,0
Usbeken	99,1	98,4	98,6
Turkmenen	97,3	98,9	98,9
Tadschiken	98,3	98,1	98,5
Kirgisen	99,0	98,7	98,8
Tataren	98,9	92,0	89,2
Tschuwaschen	98,7	90,8	86,9
Baschkiren	53,8	61,9	66,2
Mordwiner	94,0	78,1	77,8
Mari	99,3	95,1	91,2
Udmurten	98,9	89,1	82,6
Komi	96,5	88,7	83,7
Karelier	95,5	71,3	63,0
Kalmücken	99,3	91,0	91,7
Kabandiner	99,3	97,9	98,1
Osseten	97,9	89,1	88,6
Tschetschenen	99,7	98,8	98,8
Völker von Dagestan	99,3	96,2	96,5
Karakalpaken	87,5	95,0	96,6
Burjäten	98,1	94,9	92,6
Jakuten	99,7	97,5	96,2
Juden	71,9	21,5	17,7
Deutsche	94,9	75,0	66,8
Polen	42,9	45,2	32,5

Was läßt sich aus dieser Tabelle ableiten? Zunächst einmal ein bedeutender Unterschied zwischen den Volksgruppen. Einerseits findet man hier jene Völker, die über eine Republik verfügen. Die nationalen Sprachen sind hier als erste Sprachen erhalten geblieben, und zwar bei mehr als 90% der Angehörigen der Volksgruppen. Die schwächeren Prozentzahlen (Ukrainer, Armenier) sind Beweise für das Bestehen einer bedeutenden Diaspora. Im Gegensatz dazu sind die Nationalitäten, die in autonomen Republiken oder Regionen leben, sprachlich weit weniger gut geschützt. Am unteren Ende der Skala finden sich zwei Gruppen, die über kein eigenes Territorium verfügen: die Juden und die Polen. Die Deutschen, obwohl sie ihr nationales Territorium auch eingebüßt haben, haben weit weniger an eigener Sprache verloren als die Juden und Polen.

1961 erklärte Chruschtschow noch, daß die nationalen Sprachen im Abnehmen begriffen seien und an Anhängern verlieren. Im Gegensatz dazu bezeugen nicht nur fast alle Völker eine bemerkenswerte Stabilität, sondern auch eine wachsende Tendenz zum Gebrauch der eigenen Sprache. Am meisten der eigenen Sprache zugewandt sind die Völker der mohammedanischen Randgebiete und des Kaukasus. Das größte Ausmaß an Treue zur Sprache, ja sogar einen Fortschritt auf diesem Gebiet, findet man unter den kleinen Volksgruppen, das heißt auch bei den mohammedanischen Völkern und den Buddhisten.

Die Städter, ebenso wie die Männer, sind am wenigsten der eigenen Sprache treu. Aber auch hier sind die globalen Zahlen verschieden, entsprechend der einzelnen Nation. Die mohammedanischen Völker und jene des Kaukasus, selbst soweit sie urbanisiert sind, verlieren kaum den Gebrauch der eigenen Sprache. Auch der Unterschied zwischen den Sprachen, die die Männer und die Frauen sprechen, ist minimal, ja eigentlich nicht existent. Anders ausgedrückt: Hier, wo die Muttersprache noch eine sehr starke Position einnimmt, haben weder die Urbanisierung noch das Geschlecht irgend etwas an der Situation geändert. Dafür sind jene Volksgruppen, die allmählich den Gebrauch der eigenen Sprache aufgeben, auch Einflüssen von außen in hohem Maße ausgesetzt.

Die Zahlen der Volkszählung beweisen, daß die sowjetische Gesellschaft der siebziger Jahre trotz aller Erziehungsmaßnahmen, trotz häufiger Konfrontierung mit dem Russischen über Rundfunk, Fernsehen und Zeitungen auch weiterhin an dem Gebrauch der Muttersprache festhält.

Entspricht dieser Stabilität – sogar einer gewissen Zunahme der nationalen Sprachen – ein gleichzeitiger Fortschritt der russischen Sprache? Die Volkszählung von 1970 gibt hier Auskunft. Von jenen, die schon 1959 ihre Muttersprache nicht mehr verwendeten, hatten 10183000 sie gegen das Russische ausgetauscht[9]. 1970 war die Zahl jener, die sich für das Russische entschieden hatten, schon auf 13019200 gestiegen. Eine bemerkenswerte Zunahme in absoluten Zahlen, keineswegs aber in Prozenten der nichtrussischen Bevölkerung, die von 9,5 auf 8,6% gesunken sind. Zwei Schlußfolgerungen drängen sich hier auf: In elf Jahren hat die sprachliche Assimilierung keineswegs große Fortschritte gemacht. Auch der Anteil des Russischen hat sich kaum verändert. Das wahre Problem ist jenes der Zweisprachigkeit, die die Sowjetführer und die Pädagogen beschäftigt[10].

In welchem Maße haben nun die nichtrussischen Völker, die an dem Gebrauch ihrer eigenen Sprache festhalten, den Gebrauch des Russischen erlernt? Da zeigen die Ziffern der Volkszählung, daß es hier sehr verschiedene Verhaltensweisen gibt. Eine erste Gruppe bilden die Juden, die in ihrer Mehrheit die russische Sprache angenommen haben und für die häufig die eigene Muttersprache die zweite Sprache ist[11]. 72,8% der Sowjetjuden betrachteten die russische Sprache als ihre Muttersprache (82% in Birobidschan). 16,3% der Juden (15,7% in Birobidschan) sprachen das Russische als zweite Sprache. Man kann also annehmen, daß die sprachliche Assimilierung der jüdischen Volksgruppe so gut wie ganz gelungen ist. Die Deutschen und die Tataren scheinen hier auf demselben Weg zu folgen. Mehr als 70% der Deutschen sprechen fließend Russisch, aber sie haben besser als die Juden sich die Kenntnis der eigenen Sprache bewahrt. Die Tataren wiederum halten mit großer Treue an der Muttersprache fest. Sie sind aber ein gutes Beispiel für den Fortschritt der Zweisprachigkeit. 62,5% geben an, daß sie Russisch sehr gut beherrschen[12].

Für diese drei Völker, Juden, Deutsche und Tataren, sind die Gründe ihrer raschen Assimilierung klar. Es fehlt ihnen ein eigenes Territorium, und ihre Rechte hinsichtlich der Ausbildung sind entweder reduziert worden oder gar nicht vorhanden. Im Fall der Tataren ist zu berücksichtigen, daß sie in eine ihnen völlig fremde Umgebung verpflanzt worden sind und daß dieser Umstand sehr stark auf die Annahme einer anderen Sprache einwirkt.

Es zeichnet sich eine zweite Gruppe ab, deren Situation hinsichtlich der ethnisch-geographischen Gegebenheiten aber weit unklarer ist. Zwischen 25 und 50% der Bevölkerung sind zweisprachig, halten aber weiter an der Muttersprache fest. Zu dieser Gruppe gehören die slawischen Völker, deren Zweisprachigkeit durch die linguistische Ähnlichkeit erklärbar ist. Hierher gehören dann die kulturell sehr fortgeschrittenen Balten und die eher rückständigen Moldauer. Unter den Slawen scheinen die Weißrussen am raschesten dem Russifizierungsprozeß unterworfen zu sein. Der Gebrauch ihrer Sprache ist deutlich zugunsten des Russischen zurückgegangen. 10% der in der Republik und 57% der außerhalb lebenden Weißrussen haben das Russische angenommen. Dazu kommt noch eine große Zahl, die zwar ihre Muttersprache beibehalten hat, aber Russisch spricht: 52% in der Weißrussischen Republik selbst und 35% außerhalb. Daraus ergibt sich das folgende: Mehr als 60% der Weißrussen in ihrer eigenen Republik und fast alle der 20% außerhalb lebenden Weißrussen haben eine gute Kenntnis des Russischen erworben. Entweder als Zweitsprache, oder auf Kosten der Muttersprache. Hier scheint das Vordringen des Russischen unaufhaltsam zu sein.

Die Entwicklung in der Ukraine ist nahezu identisch, wenn auch der Rhythmus etwas langsamer ist. Der Rückgang der ukrainischen Sprache sowohl bei jenen, die in der Republik, als auch bei jenen, die außerhalb leben (etwas mehr als 14%), wird ganz genau ausgeglichen durch den Fortschritt des Russischen, das als erste Sprache von mehr als 8,6% der Ukrainer in der Republik übernommen worden ist und von der Hälfte der Ukrainer außerhalb. Während für die in der Diaspora lebenden Ukrainer die Kenntnis des Russischen ganz allgemein ist, haben etwa ein Drittel der Ukrainer in der eigenen Republik das Russische als zweite Sprache angenommen. Dennoch scheint die Entwicklung in der Ukraine etwas weniger beunruhigend zu sein als jene in Weißrußland. Die Russifizierung der Ukrainer vollzieht sich langsamer und zwar sowohl in der Übernahme des Russischen als Muttersprache, als auch als zweite Sprache, außerdem aber scheinen die Ukrainer im Gegensatz zur früheren Zeit sich in hohem Maße wieder in ihrem Heimatland anzusiedeln, während die Weißrussen weiter aus ihrer Republik auswandern[13]. Außerdem sind die Ukrainer in höherem Maße urbanisiert als die Weißrussen. Obwohl man einräumen muß, daß die Städte ein dem Fortschritt des Russischen besonders günstiges Milieu darstellen, so sieht man doch, daß in der Ukraine, trotz aller Urbanisierung, sich ein deutlicher Widerstand, um die Existenz der Muttersprache zu schützen, herauskristallisiert hat.

Auch die Sprache der Moldauer ist bedroht. Dort macht das Russische langsame aber deutliche Fortschritte auf Kosten der einheimischen Sprache. Etwa 34% der Moldauer in ihrer Republik sind zweisprachig. Dasselbe gilt für die Hälfte jener 14,5% Moldauer, die außerhalb der Grenzen ihres Landes leben. Dennoch sollten zwei Elemente im Prinzip die Moldauer vor einem raschen Vordringen der Russen schützen. Zunächst einmal ihre Sprache, die nicht slawisch ist, sondern ein Dialekt des Rumänischen. Daran ändert auch nichts, daß sie jetzt mit dem zyrillischen Alphabet geschrieben wird. Ein weiterer Faktor wäre das geringe Ausmaß an Urbanisierung. Doch trotz dieser Faktoren, die einer Entwicklung der nationalen Sprache günstig wären, befinden sich die Moldauer doch auf der Skala der Assimilierung an einer sehr hohen Stelle.

Der äußere Schein spricht auch für die Einreihung der baltischen Völker in dieselbe Gruppe. Wenn auch hier das Russische kaum zum Schaden der nationalen Sprachen Fortschritte macht, so breitet es sich doch als zweite Sprache aus. 45% der Letten, 35% der Litauer, 37% der Esten sprechen Russisch. Aber hier spiegelt die Kenntnis des Russischen mehr oder weniger einen hohen Grad an kultureller und städtischer Entwicklung wider und nicht so sehr eine Aufgabe der nationalen Sprache. Die baltischen Völker gehören alle zu Sprachgruppen, die vom Slawischen völlig verschieden sind. Und sie verwenden das lateinische Alphabet. Für diese Völker ist das Russische wirklich eine Fremdsprache und nicht eine verwandte. Wie überall entwickelt sich der Gebrauch des Russischen stärker bei den Angehörigen der Volksgruppen außerhalb der Grenzen einer Republik als in den Grenzen. Aber in der Zeitspanne zwischen den Volkszählungen ist eine deutliche Konzentration der Bevölkerungen innerhalb der Grenzen ihrer Republiken erfolgt.

Zu den mehr oder weniger zweisprachigen Völkern gehört auch das kasachische Volk. Ohne Zweifel sind die Kasachen weit stärker an ihre eigene Sprache gebunden als die Ukrainer, aber sie sind doch auch auf dem Wege zur Zweisprachigkeit sehr weit fortgeschritten. 41,8% der Kasachen, sowohl in wie außerhalb der Republik, sprechen Russisch. Sie sind das einzige Volk Zentralasiens in der Kategorie der Zweisprachigen, das man »fortgeschritten« nennen kann. Sie sind auch das einzige Volk, bei dem sich die Zweisprachigkeit gleichmäßig in und außerhalb der eigenen Grenzen entwickelt hat. Hier drängt sich aber eine Erklärung auf. Die Kasachen bilden in ihrer Republik eine Minderheit – obwohl sie ihre Position verbessert haben – von kaum einem Drittel der Bevölkerung. Die Erhaltung der eigenen Sprache ist für eine Minderheit stets eine schwierige Aufgabe.

Man sieht also, daß das Russische Fortschritte auch in den verschiedensten Situationen macht. Ebenso dort, wo sein Vordringen durch die Verwandtschaft der Sprachen oder doch zumindest durch die gemeinsame Schrift begünstigt wird, aber auch dort, wo die Sprachen vollkommen verschieden sind. Es dringt vor, wo die Gesellschaft im wesentlichen bereits urbanisiert ist, aber auch dort, wo die Verstädterung sich erst allmählich durchsetzt. Es schreitet im Rhythmus der intellektuellen Entwicklung vorwärts, aber auch in einem Milieu, das intellektuell weniger begünstigt ist.

Eine dritte Gruppe schließlich bilden die Völker, für die das Russische eine sehr fremde Sprache geblieben ist. Alle großen Völkergruppen des Kaukasus und Zentralasiens gehören hierher. Am meisten sind noch die Armenier der Durchdringung durch das Russische ausgesetzt, denn sie haben eine sehr große Diaspora (45%). Unter diesen Umständen ist bemerkenswert, in welchem Ausmaß immer noch der armenischen Sprache die Treue gehalten wird. Der Zuwachs bei jenen Armeniern, die das Russische als erste Sprache angenommen haben, ist kaum sehr groß. (19,6% statt bisher 17,9%) Als zweite Sprache wird das Russische von 23,3% der Armenier innerhalb der Republik und von 41,2% außerhalb gesprochen. Ein sehr günstiges Zeichen für die nationale Vitalität dieser Volksgruppe. Nahezu die Hälfte der Armenier leben in einer fremden Umgebung, und dennoch haben mehr als 90% ihre eigene Sprache bewahrt. Weniger als 40% haben Russisch gelernt. Es ist wahr, daß eine große Zahl von Armeniern in der Nachbarrepublik Georgien leben, wo der sprachliche Nationalismus sich besonders deutlich manifestiert. Das Georgische ist als Muttersprache von fast allen Georgiern, die im eigenen Lande leben, bewahrt worden. Weniger gut ist die Situation bei den außerhalb ihres Landes lebenden Georgiern (3,5%), von denen 28,1% zum Russischen übergegangen sind. Trotz eines sehr hohen kulturellen Niveaus beherrschen nur 20% der Georgier Russisch als zweite Sprache. Sie sind aber sehr stolz darauf, daß ihre Sprache, die ebenso wie das Armenische eine in der Welt einmalige Schrift besitzt und zu keiner anderen Sprachengruppe gehört, in ihrer Republik von 100000 Personen anderer Abstammung als Muttersprache gesprochen wird und ebenso von 164000 Nichtgeorgiern als zweite Sprache[14].

Noch geringer werden die Kenntnisse der russischen Sprache bei den mohammedanischen Völkern. Als erste Sprache wird Russisch nur von einem ganz kleinen Prozentsatz in den Republiken Zentralasiens und in Aserbaidschan gesprochen (weniger als 1% der Bevölkerung). Als zweite Sprache wird es am häufigsten von den Kirgisen gebraucht (19%), gefolgt von den Tadschiken (16%), den Aseris (14,9%), den Turkmenen (14,8%), den Usbeken (13%). Die nationalen Sprachen haben also in den letzten Jahren keineswegs an Boden verloren, sondern ihre Stellung fast überall behaupten, ja ihre Positionen verbessern können. Infolgedessen verbreitet sich das Russische nur sehr langsam.

Ein abschließender Vergleich zwischen der Entwicklung dieser drei großen Gruppen zeigt, daß der Fortschritt des Russischen weniger mit einer klaren soziologischen Situation zusammenhängt – Entwicklung der Verstädterung[15] und Rückgang der Siedlung auf dem Lande – als vielmehr dem politischen Status (Vorhandensein oder Fehlen eines eigenen Staates), sowie der geographischen Lage (die an der südlichen Peripherie liegenden Gebiete des Kaukasus und Zentralasiens scheinen viel weniger anfällig zu sein als der westliche Teil der Sowjetunion). Wesentlich ist hier jedoch, wie gültig, wie authentisch die Kulturen und die nationalen Sprachen sind. Als Beispiel das Weißrussische: In der heutigen Form ist es eine aus verschiedenen Dialekten geschaffene Kunstsprache. Sie ist der Bevölkerung im Namen der Politik der »Weißrussifizierung« in den zwanziger Jahren aufgezwungen worden[16]. Diese Kunstsprache setzte sich natürlich nur langsam durch und ist offensichtlich nicht fähig, gegen die Konkurrenz des Russischen anzukämpfen, das zu ähnlich und vor allem der Realität viel näher ist.

Eine gewisse Ähnlichkeit zeigt der Fall der Moldauer. Um der Republik der Moldau eine eigene Persönlichkeit zu geben und deren Bewohner zu überzeugen, daß sie keine Rumänen sind, hat ihnen die sowjetische Führung einen regionalen Dialekt als Hochsprache aufgezwungen, der noch dazu durch seine Schreibweise im zyrillischen Alphabet verändert worden ist. Die moldauische Sprache, wie die moldauische Nation, sind künstliche Gebilde. Dies erschwert einen wirksamen Widerstand gegen das Russische.

Im Gegensatz dazu besitzen die Sprachen des Kaukasus und Zentralasiens historische Hintergründe und eine lange Tradition. Sie sind dadurch Symbole nationaler Existenz. Darum verteidigen die Angehörigen jeder dieser Volksgruppen sie auch mit großer Entschiedenheit.

Um jedoch eine Sprache lebendig zu erhalten, muß sie gelehrt werden; sie muß Grundlage des Unterrichts sein; alle möglichen Kenntnisse müssen durch sie ausgedrückt werden können. Nun stellt sich die Frage, inwieweit die Volksgruppen über entsprechende Möglichkeiten verfügen, um ihre Sprachen lebendig zu erhalten? Wie steht es um die Beziehung zwischen nationaler Sprache und dem Russischen? Wie weit ist sie das Spiegelbild des sowjetischen Unterrichtssystems?

Erziehung und nationale Integration

Jede Volksgruppe besitzt das absolute Recht auf kulturelle Einrichtungen wie Schulen, Universitäten und Publikationen in ihrer eigenen Sprache. In dieser Hinsicht hat sich die sowjetische Doktrin übrigens weiterentwickelt[17]. In den zwanziger Jahren war die nationale Erziehung ein Gebot, da sie die proklamierte Gleichheit symbolisierte. Mitte der dreißiger Jahre, vor allem während des Zweiten Weltkrieges, wurde dagegen die Kenntnis der russischen Sprache als wichtigste Voraussetzung für den sozialen Aufstieg erklärt. Chruschtschow hatte versucht, den Übergang zum Russischen, das seiner Meinung nach entscheidende Kriterium für die Evolution, zu beschleunigen. Deshalb fügte er in die Unterrichtsreform von 1958 das Recht der Eltern auf freie Wahl der Erziehungssprache ihrer Kinder ein[18]. Diese Verfügung war von immenser Bedeutung. Sie machte vor allem deutlich, daß im eigenen Interesse der Kinder diese in einer anderen Sprache – gedacht war natürlich an das Russische – als in ihrer Muttersprache erzogen werden sollten. Dadurch, daß Chruschtschow die Möglichkeit, die Erziehungssprache zu wählen, an die Stelle des bisherigen Prinzips der Erziehung in der nationalen Sprache setzte, verursachte er den nichtrussischen Bürgern Gewissenskonflikte. Die Führung hatte seit 1958 ständig mit großem Nachdruck die Rolle unterstrichen, die die russische Sprache für das Zusammenleben der Nationen spielt, und betonte die Notwendigkeit einer totalen Zweisprachigkeit. Das Elternrecht zur Bestimmung der Unterrichtssprache konnte – falls die Wahl nicht zugunsten der Zweisprachigkeit ausfiel – bedeuten, daß sowohl dem Kind in dessen Karriere Schwierigkeiten erwachsen, als auch, daß die Eltern recht wenig besorgt um den Zusammenhalt der Nationen schienen. So wurde unbestreitbar moralischer Druck ausgeübt.

Aber diese Frage der Sprachenwahl ist nicht der einzige Faktor des Problems. Es erhebt sich auch die Frage, ob die Eltern überall die Möglichkeit besaßen, zwischen russischem und nationalem Unterricht zu wählen. Hier spielten die Variationen zwischen der einen und der anderen Region eine bedeutende Rolle. Das sowjetische Schulsystem kennt drei Arten der Erziehung. Erstens die Schulen, in denen die Unterrichtssprache die nationale ist. Zweitens Schulen, in denen der Unterricht in Russisch erteilt wird. Drittens Schulen, die gemischtsprachige Ausbildung bieten. Eine zweite Variation liegt darin, daß in den verschiedenen Schultypen auch der Unterricht verschieden lange dauert. Gewisse Schulen kommen über das Volksschulniveau nicht hinaus. Andere wieder, obwohl an und für sich das Erziehungssystem zehn

Jahre vorsieht, bieten doch nur eine achtjährige Ausbildung. Eine dritte Variante betrifft die Unterrichtsregeln in Russisch in nichtrussischen Schulen, die von einer Republik zur anderen, ja auch im Schoße einer einzigen Republik sehr verschieden sind. Daher ist es sehr schwierig, ein allgemeines Bild der Erziehung bei den einzelnen Völkergruppen zu zeichnen, ja die statistischen Angaben der Sowjetunion schweigen sich über das Problem der Unterrichtssprache aus. Wir besitzen hierüber nur wenig Informationen. Es ist ein Unterschied zwischen den großen Volksgruppen, die eine eigene Republik besitzen, und jenen, die, sei es als Autonome Republik oder als Gebiet in ein fremdes Staatswesen eingegliedert sind. Die Situation der nichtrussischen slawischen Völker wird von der Verwandtschaft ihrer eigenen Sprache mit dem Russischen geprägt, was natürlich zu einer Begünstigung des Russischen führt. Die Schwierigkeiten im ukrainischen Unterrichtswesen werden durch Informationen aus der letzten Volkszählung dargelegt[19]. Die Ukraine verfügt über 27500 Normalschulen. Davon wird in 22000 der Unterricht in Ukrainisch erteilt, in 4700 in russischer Sprache und in dem Rest der Schulen in den verschiedenen Sprachen der Minderheiten, in Polnisch, Ungarisch und Moldauisch. Äußerlich scheint die Situation in der Ukraine gut zu sein, aber im Verlauf von zwanzig Jahren hat sich die Anzahl der Schulen, in denen Russisch gelehrt wird, nahezu verdoppelt, während die Zahl der Schulen mit ukrainischer Unterrichtssprache von 28000 auf 22000 gesunken ist. Diese Zahlen sind auch täuschend, weil in ihnen alle Schultypen repräsentiert sind, gleichgültig, wie viele Schüler die Schule hat oder wie lange dort unterrichtet wird. Eine Stadtschule mit abgeschlossener Ausbildungsmöglichkeit wird voraussichtlich von etwa zehnmal so vielen Schülern besucht, wie eine nur vier Klassen umfassende Landschule. In den Städten scheinen mehr Schulen mit russischem Unterricht und auf dem Land mehr Schulen mit ukrainischem Unterricht zu bestehen. Dies deutet darauf hin, daß der Anteil des Ukrainischen am Unterricht geringer ist, als man beim ersten Blick vermuten würde. In den höheren Schulen scheint Russisch überhaupt die vorherrschende Sprache zu sein. Die gemischte Herkunft der Studenten, aber auch der Lehrkräfte, begünstigt dies.

Am deutlichsten zeigt sich die Russifizierung des Unterrichts in Weißrußland. Zwar gibt es keine präzisen Informationen, aber es sind zwei Punkte bekannt. Auch hier gibt es in den Städten mehr russische Schulen. Außerdem wird in allen Schulen Weißrußlands Russisch gelehrt. Aber dafür auch in allen Schulen mit russischer Unterrichtssprache das Weißrussische[20]. Jedoch wird in den weißrussischen Schulen

Russisch von der zweiten bis zur achten Klasse als Pflichtfach gelehrt. Bis zur sechsten Klasse wird es in fünf Wochenstunden unterrichtet, dann reduziert es sich bis zur achten Klasse auf je zwei Stunden. In den zehn Schuljahren[21] haben also die weißrussischen Schüler sieben Jahre lang einen relativ intensiven Russisch-Unterricht. In den russischen Schulen dagegen wird Weißrussisch nur von der dritten bis zur achten Klasse unterrichtet. Die Wochenstundenzahl beträgt in den ersten beiden Jahren drei oder vier Stunden, ab der fünften Klasse nur noch zwei Stunden. Dies erklärt auch, warum auf den Universitäten Vorlesungen – einige Ausnahmen gibt es – in russischer Sprache gehalten werden. Die Studenten sind darauf gut vorbereitet.

Von den Problemen der Moldauer haben wir schon gehört. Sie sollten vor einer intensiven Russifizierung geschützt sein, weil sie in der Mehrheit Bauern sind und ihr Erziehungsniveau gegenüber dem Sowjetdurchschnitt sehr zurückfällt. Dennoch dominiert in ihren Schulen, zumindest im städtischen Milieu[22], das Russische. Eine Schwächung der moldauischen Sprache bringt aber gleichzeitig die Zerstörung der sprachlichen Solidarität mit den Rumänen. An der Universität bedarf es der Kenntnis der russischen Sprache.

Der verhältnismäßigen Schwäche der Ausbildung der Slawen und Moldauer in ihren nationalen Sprachen steht die sehr starke Stellung der nationalen Sprachen in den Republiken gegenüber, wo das kulturelle Niveau sehr hoch und die Urbanisierung sehr entwickelt ist: Das gilt für die Balten und für die christlichen Völker des Kaukasus. In 73% der Schulen Estlands wird der Unterricht auf estnisch erteilt, und 84% der Kinder Litauens werden in ihrer Muttersprache unterrichtet[23]. In Lettland scheint der Unterricht in Russisch von einer etwas günstigeren Situation Nutzen zu ziehen. Zum Ausgleich der schwachen Anziehungskraft der russischen Schulen in den baltischen Ländern wird Russisch dort allgemein sehr früh als Pflichtfach gelehrt. Ab dem ersten Schuljahr aber in Litauen, ab dem zweiten in Lettland und Estland. Doch erfolgt die Ausbildung an höheren Schulen hauptsächlich in den nationalen Sprachen. Die Universitäten in den baltischen Ländern haben in der ganzen Sowjetunion einen sehr guten Ruf.

In einer ähnlichen Situation befindet sich Georgien. In Dreiviertel der Schulen wird der Unterricht georgisch erteilt. Die Zahl der russischen Schulen übersteigt kaum jene der armenischen (nämlich weniger als 10%). Die Hochschulausbildung erfolgt im wesentlichen auf georgisch. Sie ist von höchster Qualität und führt zur Schaffung einer sehr zahlreichen Elite. Die Georgier nehmen nach den Juden den zweiten Rang hinsichtlich des Anteils der diplomierten Absolventen höherer

Schulen im Verhältnis zur Gesamtbevölkerung ein. Daher stammt auch das Problem der Unterbeschäftigung der georgischen Elite. Die Angehörigen dieser intellektuellen Elite sprechen zwar Russisch, sind aber doch nicht oder nur wenig geneigt, auszuwandern, obwohl sie in ihrer eigenen Republik nicht immer eine entsprechende Position finden. Die Unzufriedenheit dieser »intellektuellen Arbeitslosen« stellt eine Komponente des georgischen Nationalismus dar.

Ganz anders ist die Situation in Armenien. Zwar legen auch die Armenier größten Wert darauf, ihre eigenen Schulen zu behalten, und zwar sowohl in der Republik als auch in der Diaspora. Sie verfügen in Rußland selbst über armenische Schulen mit einem abgeschlossenen Ausbildungsprogramm. In den russischen Schulen wird Armenisch während aller zehn Studienjahre unterrichtet[24]. Diese Privilegien werden durch das Pflichtstudium des Russischen vom ersten Schuljahr an und in den höheren Schulen kompensiert. Dies beeinträchtigt nicht die Entwicklung einer Elite, die total in ihrer Muttersprache erzogen ist. 62% der Armenier, die eine höhere Ausbildung erhalten, studieren in Eriwan [25] in ihrer Muttersprache. Daher erstaunt es nicht, wenn die Armenier nach den Juden und den Georgiern den dritten Rang hinsichtlich der Bildungseliten einnehmen. Aber zum Unterschied von den Georgiern zögern die Angehörigen dieser Bildungselite nicht, das eigene Land zu verlassen und ihre Fähigkeiten dort zu nützen, wo es möglich ist.

In den mohammedanischen Republiken herrscht eine sehr einheitliche Situation. Die einzige Ausnahme bilden die Kasachen. In dieser Volksgruppe gibt es einen deutlichen Unterschied zwischen der ländlichen Bevölkerung, die kasachische Schulen besucht, und der städtischen Bevölkerung, die dazu neigt, russische Schulen zu frequentieren. Da sie in ihrer eigenen Republik eine Minderheit sind, können sie auch noch nicht genügend Spitzenkräfte stellen, um den eigenen Bedarf zu decken; aber sie greifen von sich aus auf die russische Sprache zurück, da sie das sicherste Mittel ist, um sozialen Aufstieg und Zugang zu Spitzenpositionen zu gewährleisten.

In den anderen Republiken Zentralasiens und in Aserbaidschan besteht dagegen eine ziemlich gleichmäßige Situation hinsichtlich des Schulwesens. Die einheimische Bevölkerung, ob sie nun ländlicher oder städtischer Herkunft ist, bevorzugt die eigenen Schulen. Die russische Führung unternimmt den Versuch, diese Bevorzugung des nationalen Unterrichts durch Pflichtunterricht in Russisch in den ersten Klassen auszugleichen[26]. Ferner durch eine Entwicklung »langen Unterrichtes« (zehn Jahre) in Russisch, im Gegensatz zu den nationalen Schulen, wo die Ausbildungsdauer nur acht Jahre beträgt[27]. Es wird auch Druck hinsichtlich der Zulassung zu den Universitäten ausgeübt, sei es, daß die Kenntnis des Russischen als Voraussetzung gefordert wird, sei es, daß bei der Auswahl von Führungskräften jene bevorzugt werden, die eine höhere Ausbildung in Russisch durchgemacht haben[28]. Trotz dieser Anreize zum Studium des Russischen zeigen doch die mohammedanischen Völker eine sehr große Abneigung, ihre Schulen zugunsten russischer Schulen aufzugeben. Eine sehr kleine Gruppe ihrer Spitzenkräfte erhält eine höhere Ausbildung in russischer Sprache (in Kirgisien zwingt sie das Fehlen eines Universitätsstudiums in kirgisischer Sprache dazu). Es gilt aber folgendes: Das Niveau der Kenntnis des Russischen ist ganz ungenügend, und diese Volksgruppen fordern höhere Ausbildungsmöglichkeiten in der nationalen Sprache, die unbestritten den Zugang zu allen Positionen erlaubten. Ihr Kampf geht um die Bildung eigener Eliten und dagegen, daß sozialer Aufstieg nur durch Kenntnis der russischen Sprache ermöglicht wird. Wenn man noch bedenkt, daß die Frauen ihre Ausbildung meist schon sehr früh beenden, so versteht man, warum die nationalen Sprachen ihren Bestand so gut bewahren können. Zwischen den Forderungen der mohammedanischen Völker und der Georgier und der Politik der Zweisprachigkeit, die von der Sowjetmacht angepriesen wird, entwickelt sich ein Dialog der Tauben, eine Tendenz, die sich in der Periode zwischen den beiden Volkszählungen zu verstärken und keineswegs zu verringern schien.

Mit etwas mehr oder weniger Glück sind also die anerkannten Nationen im allgemeinen imstande, ihre Sprache durch Hilfe des Schulwesens zu erhalten. Damit ist die Bildung einer nationalen Gesellschaft garantiert. Aber diese Regel, die sich aus dem Status der einzelnen Nationen ableitet, wird keineswegs auf jene Volksgruppen anwendbar sein, die nur über autonome Republiken oder gar nur über nationale Regionen oder Distrikte verfügen. Wenn etwa eine Volksgruppe geographisch eine Enklave bildet und politisch an einen Unionsstaat angeschlossen ist, so verringern sich ihre kulturellen Rechte in der Praxis, wenn auch nicht in der Theorie. Der größere Teil der nichtsouveränen Nationen lebt innerhalb der RSFSR in Enklaven (ASSR oder Gebiete). Hier erfolgt ein rascher Prozeß der Russifizierung, dessen Instrument die Schulen sind. Eine amerikanische Studie[29] beschreibt diesen Vorgang. Mehrere Fakten charakterisieren die Situation der Nichtrussen in der RSFSR. Selbst wenn die Volksgruppen über ein komplettes Schulsystem verfügen (nur zwei gehören in diese Klasse, nämlich die Tataren und die Baschkiren[30]), so ist doch an allen Schulen das Russische, die offizielle Sprache der RSFSR, vom ersten Jahr an bis zum Ende der Schulzeit Pflichtfach. Mit Ausnahme der Tataren und der Baschkiren zwingt die Unvollständigkeit des nationalen Schulsystems die Kinder, wollen sie eine bessere höhere Ausbildung erhalten, zum gegebenen Zeitpunkt aus Schulen, an denen in ihrer Sprache unterrichtet wird, zu Schulen mit russischer Unterrichtssprache überzuwechseln. Innerhalb des Verlaufes der vergangenen zwanzig Jahre zeigte sich eine allgemeine Tendenz zur Abnahme des nationalen Schulwesens zugunsten eines raschen Überganges zur russischen Ausbildung. Das Vorhandensein nationaler Schulen bedeutet zudem nicht, daß die gesamte Bevölkerungsgruppe davon profitiert. Im Gegenteil wird man annehmen müssen, daß die Eltern, denen ja bekannt ist, daß ihre Kinder später in eine russische Schule und dann auf eine russische Universität gehen müssen, es bevorzugen, ihren Kindern gleich eine russische Ausbildung zukommen zu lassen und die Muttersprache nur noch als Verständigungsmittel in der Familie oder in der lokalen Umgebung beibehalten wird. Die Entwicklung in Richtung einer allmählichen Unterdrückung der Ausbildung in der Muttersprache geht deutlich aus der folgenden Tabelle hervor, die die Situation in den Autonomen Republiken zusammenfaßt.

Dauer des Unterrichts in der Nationalsprache[31]

Stammvölker in den ASSR	1958	1972
Baschkiren	1–10	1–10
Burjäten	1–7	1–6
Tschetschenen	1–4	nur vorschulische Erziehung
Tschuwaschen	1–7	1–4
Inguschen	1–4	nur vorschulische Erziehung
Kabarden	1–4	nichts
Balkaren	1–4	—
Kalmücken	1–4	—
Karelier	unbekannt	unbekannt
Komi	1–7	1–3
Mari	1–7	0–3
Mordwiner	1–7	0–3
Nord-Osseten	1–4	nichts
Völker des Dagestan (Awaren, Darginer, Kumüken, Lezen, Laks, Nogais, Tabasaranen)	1–4	(außer den Awaren 0–1)
Tataren	1–10	0–10
Tuwinier	1–7	0–7
Udmurten	1–7	0–3
Jakuten	1–7	1–8

Diese Tabelle spricht für sich selbst. Sie zeigt, daß, abgesehen von den Tataren und Baschkiren, nur die Jakuten eine vollständige Ausbildung in der eigenen Sprache erhalten. Bei allen anderen Völkern wird die Muttersprache immer mehr in den Kindergarten und in die Jahre des Lesen- und Schreiben-Lernens verbannt. Selbst die Landbevölkerung, die oft nur vierjährige Grundschulen zur Verfügung hat, muß russische Schulen besuchen. In dieser Art Staatswesen verschwindet der Unterschied, der in den Unionsrepubliken zwischen der ländlichen Bevölkerung, die in Masse in der eigenen Sprache Unterricht genießt, und einer städtischen Bevölkerung besteht, die sich einer möglichen Russifizierung unterwirft. Die russische Schule hat sich überall schon durchgesetzt. Die Lage in den Autonomen Gebieten und in den Nationalen Distrikten ist noch ungünstiger. 1958 existierte dort häufig noch ein Grundschulunterricht in der heimischen Sprache. Elf Jahre später war dieser Unterricht außer bei den altaischen Völkern, den Khakassen und Komi-Permjaken, verschwunden, die übrigens auch nur einen dreijährigen Grundschulunterricht in ihrer Sprache besitzen. Schlimmer noch ist die Tatsache, daß in den Nationalen Distrikten (außer jenen der Komi-Permjaken) die Muttersprache nicht wie in den Autonomen Republiken und Autonomen Gebieten in den russischen Schulen die gesamte Schulzeit hindurch unterrichtet wird, sondern nur höchstens bis zur dritten Klasse[32].

Aus diesen Angaben geht deutlich hervor, daß sich im Inneren der RSFSR eine vermutlich unabänderliche Entwicklung zur Reduzierung des Status der einheimischen Sprachen in der Ausbildung der nichtrussischen Bevölkerung abzeichnet. Für die in Enklaven lebenden Völkergruppen hatte Chruschtschow richtigerweise eine Annäherung und dann eine Verschmelzung auf sprachlichem Gebiet vorausgesehen, die sich innerhalb einer Generation vollziehen werde. Indessen kann man jedoch die Frage stellen, ob diese Entwicklung – Assimilierung der kleinen Nationen an die großen – durch Ausbildung immer auch einen Russifizierungseffekt nach sich zieht. Dies stimmt natürlich in der RSFSR, in anderen Republiken dagegen, wie etwa in Georgien und Usbekistan, die ebenfalls solche Enklaven besitzen, ist es sehr schwer abzusehen, in welche Richtung die Assimilierung geht. Tendiert sie zum Russischen oder zur Sprache der Unionsrepublik?

Die Untesuchungen über den Grad der Russisch-Kenntnisse der Völker, die eine andere Muttersprache besitzen, liefern hierfür keine Daten. Das Beispiel der Tataren, die außerhalb ihrer Republik leben, zeigt jedoch, daß sie sich in erster Linie den Russen assimilieren. In der Stadt nehmen sie die Sprache ihrer Umgebung an, wenn diese einer verwandten Sprachengruppe angehört (Kasachisch, Kirgisisch, Usbekisch, Turkmenisch). Der Einfluß des politisch-sprachlichen Milieus, das sie umgibt, ist ganz klar im Fall der Osseten. Jene, die in der RSFSR leben, wählen, wenn sie sich assimilieren, das Russische. In Georgien dagegen optieren sie massiv für das Georgische[33]. Ein interessanter Fall ist jener der Zigeuner. Ein Volk ohne Land und ohne Rechte, haben die Zigeuner im Gegensatz zu Deutschen und Juden im Laufe der letzten Jahre ein wachsendes nationales sprachliches Selbstbewußtsein gezeigt, denn der Prozentsatz der Zigeuner, die ihre Muttersprache als erste Sprache gebrauchen, ist von 59,3% auf 70,8% gestiegen.

Ist die Ansicht des Amerikaners Brian Silver[34] richtig, wonach dem Rückgang der nationalen Sprachen in der RSFSR eine ähnliche Entwicklung in den Unionsrepubliken folgen wird? Die gegenwärtige Lage spricht sicherlich nicht dafür. Der Gegensatz zwischen dem Status der nationalen Sprachen in den Republiken und jenem in den der RSFSR eingegliederten Gebieten ist frappierend. Nicht nur hat sich die Position der nationalen Sprachen – mit Ausnahme der slawischen – gefestigt, es tritt auch noch eine Reinigung von russischen Lehnworten hinzu. Die nationalen Sprachen haben eine Umwandlungs- und Schwächungsphase durchlaufen, in der das massive Eindringen moderner russischer Ausdrücke zu einer Russifizierung der Sprachen selbst zu führen schien[35]. Doch waren die letzten Jahre von einer umgekehrten Entwicklung charakterisiert. Um der technologischen Evolution des zwanzigsten Jahrhunderts[36] gerecht zu werden, sind in allen großen Sprachen der Sowjetunion eigene Ausdrücke gebildet worden. Die Lebenskraft der Sprachen der größeren Bevölkerungsgruppen kompensiert die ständige Anpassung der kleineren und mittleren Nationen. Während die sowjetischen Führer das Schwinden der sprachlichen Barrieren voraussagen und lobpreisen, mehren sich zur Zeit die Stimmen in den offensichtlich am besten vor Assimilation geschützten Republiken, die vor einer unterschwelligen Russifizierung warnen. Was bedeutet dies?

Die Russifizierung: Das akzeptierte kleinere Übel

In der sowjetischen Presse wird nur sehr selten über Proteste gegen die Russifizierung der Sprachen berichtet. Dennoch hat eine Warnung des Schriftstellers Revas Dschaparidse große Aufmerksamkeit erweckt. Dschaparidse sprach auf dem VIII. Kongreß der Schriftsteller Georgiens im April 1976; zwar wurde seine Rede nie offiziell veröffentlicht, aber man kann aus den gegen ihn gerichteten Angriffen seine Hauptargumente entnehmen[37]. Schließlich läßt sich über die Stimmung der Versammlung, in der er sprach, einiges aus folgendem Zitat erkennen: »Ein Teil der Zuhörer, die dort mehr oder weniger zufällig anwesend waren, brachte ihm eine freundliche Haltung entgegen. Die unreife und unvernünftige Einstellung des Publikums, das leicht erregbar ist, sobald es sich um die Verteidigung der eigenen Sprache handelt, zeigte sich auch darin, daß es einen der bedeutendsten Sprachgelehrten am Reden hinderte...[38].« Was sagte nun Dschaparidse? Daß die georgische Sprache durch das massive Eindringen des Russischen in die Republik bedroht sei. Das Instrument dieser Russifizierung sei das Unterrichtswesen und die mit ihm verbundenen Reformprojekte[39]. Einerseits besteht laut Dschaparidse ein Projekt, um die Ausbildung an der Universität von Tbilissi (Tiflis) so zu ändern, daß bestimmte Gegenstände nur noch russisch unterrichtet werden. Dies würde den nationalen Charakter der Universität ändern und die Entsendung russischer Lehrkräfte an die Universität rechtfertigen. Die andere Neuerung betrifft den Unterricht an höheren Schulen. Ein Einzelschulversuch in einem Internat, wo, von der fünften Klasse an, eine gewisse Anzahl von Gegenständen direkt in Russisch unterrichtet worden sind, soll nun verallgemeinert werden[40]. Dies hätte die Verwandlung der georgischen Schule in eine gemischtsprachige Schule zum Effekt; das Georgische würde zurückgedrängt, um die Schule zu einer russischen zu machen, in der die Sprache und die Literatur Georgiens nur noch Pflichtfächer sind. Die Verwendung der Schulinternate, um das Russische in den nichtrussischen Republiken zu verbreiten, ist sicherlich eine Idee, die Erfolg haben wird. Zur selben Zeit kündigte der Unterrichtsminister in Usbekistan an, daß die Anzahl der Unterrichtsstunden in russischer Sprache und Literatur in allen usbekischen Schulen vermehrt und zwanzigtausend Lehrkräfte, die auf Russisch spezialisiert sind (und ohne Zweifel auch Russen sind), mit dieser Aufgabe betraut wurden. Das Zentralkomitee der usbekischen Kommunistischen Partei hat in die Debatte eingegriffen, indem es die Notwendigkeit betont hat, ein Maximum an Kenntnis des Russischen in der Republik zu erreichen. Ferner empfahl das ZK auch die allgemeine Einführung der Internatsschulen, in denen die Ausbildung der Schüler in russischer Sprache vor sich geht. 1976 waren 150 Schulen dieses Typs in Usbekistan in Betrieb[41].

Es scheint, daß die Partei die Parole ausgegeben hat, den Russisch-Unterricht in den Republiken zu verbessern und weiter zu entwickeln. In der Presse der Republiken liest man viele Anregungen dieser Art, auch viele Klagen über die Unzulänglichkeit der Verbreitung des Russischen[42]. So fand vom 21. bis 23. Oktober 1975 in Taschkent eine Konferenz von Lehrkräften aus der gesamten Sowjetunion statt, die Methoden diskutierte, um den Unterricht in Russisch an den nationalen Schulen zu verbessern[43]. Diese Konferenz bezeugt, daß es eine ausgesprochene Mobilisierung der Anstrengungen gibt, um den hinhaltenden Widerstand in den großen Völkern hinsichtlich der russischen Sprache zu brechen.

Das Beispiel der Tataren zeigt, daß, soweit es sich um Nationen handelt, die in die russische RSFSR eingegliedert sind, es verhältnismäßig leicht ist, den Fortschritt der russischen Sprache zu beschleunigen. Zu Beginn dieses Jahrzehntes zeichnete sich, trotz oder gerade wegen der in der tatarischen Republik betriebenen Russifizierung, eine außerordentlich starke Reaktion in der Bevölkerung ab: Sie wandte sich gegen eine massive Übersiedlung tatarischer Kinder in russische Schulen. Die Regierung der Autonomen Republik selbst hat darauf reagiert, denn im Jahr 1970 bekräftigte der Unterrichtsminister das Recht der Eltern, die Schule für ihre Kinder auszuwählen[44], ob es nun eine russische oder eine tatarische sei. Er empfahl auch den Eltern, ihre Kinder nicht auf russische Schulen zu schicken, bevor sie nicht ihre Muttersprache völlig beherrschen[45]. 1973 organisierte das Pädagogische Institut von Kasan eine Konferenz – besucht von Kadern der verschiedenen autonomen Republiken – um die Möglichkeiten zu studieren, den Unterricht in Tatarisch und auch in anderen Sprachen der Region zu verbessern. Ein Jahr später fand eine offizielle Konferenz – unter der Patronanz des Unterrichtsministers[46] – statt, auf der die Notwendigkeit betont wurde, mehr tatarische Lehrer heranzubilden und ihre Ausbildung zu verbessern[47]. Wir haben also hier die Reaktion einer Volksgruppe, die versucht, ihre Sprache zu schützen. Die Wirkungen werden aber durch zwei Tatsachen abgeschwächt. Beide hängen mit der geopolitischen Situation dieser Volksgruppe zusammen und mit ihrer Unfähigkeit, auf Entscheidungen einzuwirken, die die Unterrichtspolitik bestimmen, und schließlich die großen Wanderungsbewegungen zu beeinflussen. Die Ausbildung in den tatarischen Schulen wird durch den Mangel an Lehrbüchern in tatarischer Sprache beträchtlich behindert. Das Blatt des republikanischen Unterrichtsministers hat diesen Übelstand immer wieder angeprangert, und zwar mit einer Beständigkeit, die ebenso bemerkenswert ist wie ihre Erfolglosigkeit[48].

Jedoch verfügt die Tatarische Autonome Republik über durchaus beträchtliche Mittel im Verlagswesen. So zum Beispiel sind nur für die Schulen im Jahre 1975 350 Werke herausgegeben worden, mit einer totalen Auflage von 11616000 Exemplaren[49]. Wenn es nun den Tataren an eigenen Schulbüchern mangelt, so bedeutet dies, daß zahlreiche der in ihrer Republik veröffentlichten Werke für andere nationale Gruppen bestimmt sind. Man sieht hier also, wo das Problem liegt. Im allgemeinen Plan der Veröffentlichungen werden bestimmte Gruppen bevorzugt. Weder der Plan, noch diese Bevorzugungen fallen aber in die Kompetenzen der tatarischen Behörden. Sie sind Sache der RSFSR. Ein anderes Problem sind die Wanderungen innerhalb der Republik. Die tatarischen Arbeiter zieht es in hohem Maß zu den neuerrichteten petrochemischen Anlagen in den Industriegebieten. Dort aber befinden sie sich in Gebieten, die fast ausschließlich über russische Schulen verfügen. Nun fordern diese Auswanderer die Einrichtung tatarischer Schulen an Ort und Stelle.

Daß von seiten der Zentrale Druck ausgeübt wird, um einen größeren Gebrauch und eine bessere Kenntnis des Russischen zu erreichen, ist gewiß. Davon kann man sich an Hand der Mitteilungen der vom 30. November bis 2. Dezember 1976 in Talinn abgehaltenen Konferenz ein Bild machen, die sich mit den Problemen der Volksgruppen in der Sowjetunion befaßte[50]. In seinem Eingangsbericht unterstrich der Vizepräsident der Akademie der Wissenschaften der Sowjetunion P. Fedosejew, daß die Annäherung der Nationen in der UdSSR das Entstehen einer pansowjetischen Kultur herbeigeführt habe, in der das Russische das Verständigungsmittel für alle sei, die *lingua franca*.

Die sowjetische Führung fördert also mit aller Macht den Gebrauch der russischen Sprache. Andererseits zeichnet sich Widerstand ab, und zwar sowohl bei den Georgiern, die sich in ihrer eigenständigen Lebensform und in ihrer sehr homogenen Republik eingeigelt haben, wie bei den Tataren, die weit verstreut in der Russischen Republik leben. Welche Bedeutung kommt also dem von der Zentralmacht ausgeübten Druck und den örtlichen Protesten zu? Versucht die Sowjetführung durch ihren Druck tatsächlich die Schulen zu russifizieren? Oder versucht sie im Bewußtsein der Schwierigkeiten der Probleme und müde, immer wieder denselben Weg zurücklegen zu müssen, sich durch immer wiederholte Beteuerungen selbst vom Erfolg ihrer Politik zu überzeugen? Wie soll man die Warnungsrufe des Schriftstellers Dschaparidse verstehen, wenn doch alles darauf hindeutet, daß das Georgische der Russifizierung gegenüber sich als widerstandsfähig erweist? Wahrscheinlich ist auf beiden Seiten ein Teil der Wahrheit. Die Russifizierung der Schulen wird sicherlich nicht demnächst vollzogen sein. Aber indem die Sowjetführung immer wieder die ungenügende Beherrschung des Russischen durch die Nichtrussen anprangert, deutet sie schon eine andere Art der Druckausübung an, die keineswegs nur eine Zukunfts-Hypothese darstellt. Was da die Sowjetführung betont, ist nichts anderes als der Hinweis, daß es in den Republiken nicht genügend Einheimische gibt, die das Russische so gut beherrschen, um auf verantwortungsvolle Posten aufrücken zu können. In einem Staat, in dem das »sowjetische Volk« zu einer Realität geworden ist, kann die Kenntnis des Russischen als der gemeinsamen Sprache gefordert werden, und so geschieht es auch in wachsendem Maß für den Zugang zu allen Führungsposten, selbst auf dem mittleren Niveau. Die Balten beklagen sich schon, daß ein großer Teil der technischen Positionen sich in den Händen von Nichtbalten befindet (hauptsächlich von Russen), die nicht nur die besseren Positionen erhalten, sondern auch die zukünftige Enwicklung der Republiken bestimmen[51]. Diese allmähliche Invasion von Arbeitskräften war möglich, weil die Spitzenkräfte in den baltischen Republiken auf Grund ihrer Ausbildung als nicht fähig betrachtet wurden, dem technischen Fortschritt Rechnung zu tragen. Die Balten erklären auch noch, daß sogar Lastwagenchauffeure Russisch beherrschen müssen. Durch den Vorschlag, in Georgien Veränderungen im Schulwesen vorzunehmen, öffnet die zentrale Macht den Weg für das Einfließen von Lehrern, nämlich Russisch-Spezialisten. Was also Dschaparidse anklagt, ist weniger die aufgezwungene Russifizierung, als vielmehr die hinterhältige Art, in der es geschieht: Entweder man lernt freiwillig Russisch oder man vernachlässigt es weiterhin. Dann aber bezahlt man diesen sprachlichen Nationalismus mit dem Eindringen russischen Führungspersonals, das der sprachlichen Unfähigkeit der Einheimischen abhelfen wird. Die Wahl besteht also zwischen einer allmählichen Russifizierung auf sprachlichem Bereich, wo eine wirkliche Zweisprachigkeit kaum realisierbar ist, und andererseits einer Übernahme von wichtigen Arbeitsplätzen durch die Russen. Freilich muß man hier prüfen, ob eine solche Vorstellung auch wirklich in der Realität bestehen kann. Sollen etwa russische Arbeitskräfte in einer Zeit, in der sie in Rußland selbst immer knapper werden, in den Kaukasus verpflanzt werden? Die Russen gehen vielleicht ganz gerne in die baltischen Republiken, gilt dies aber auch für die kaukasische Peripherie? Oder für Zentralasien?

Spricht man von dem Sprachenproblem der Sowjetunion, so endet man im allgemeinen dort, wo man begonnen hat und stellt fest, daß die Entfaltung der Sprachen und die Bildung von Eliten in allen Sprachen der Sowjetunion ein unbestreitbarer Erfolg der Sowjetführung ist. An diesem Punkt beginnen die Fragen: Existiert ein sprachlicher Dynamismus, der von der Entfaltung der Sprachen zu einer Gemeinschaft führt, in der die Russifizierung und die Zweitsprache die Rolle der nationalen Sprachen reduzieren? Haben die den Völkern hinsichtlich ihrer Sprachen zugebilligten Rechte dazu gedient, sie zu integrieren? Und schließlich, in welchem Ausmaß darf die Treue zur Muttersprache und das Nationalgefühl systematisch gleichgesetzt werden? Betrachtet man heute die UdSSR in ihrer sprachlichen Komplexität, so muß man zu dem Schluß kommen, daß es keine für alle Sprachen geltenden Evolutionsgesetze gibt. Es ist klar, daß die Volksgruppen in den Randgebieten und national relativ einheitlichen Staaten über eine politische Führung verfügen, die zu einer Stärkung der kulturellen Rechte beiträgt. Diese haben nun eine weit größere Fähigkeit zur Verteidigung ihrer Sprachen als verstreute Volksgruppen oder solche, die in ein größeres Staatswesen eingeschlossen und daher auch politisch weit schwächer sind. Im allgemeinen ist die Lage der Völker, die eine Unionsrepublik besitzen, weit besser als jene der anderen. Größere Völker sind weit befähigter, sich zu verteidigen, als die weniger bedeutenden Volksgruppen. Es gibt jedoch Beispiele, die nicht in dieses Schema hineinpassen. Die Weißrussen sind verhältnismäßig zahlreich, besitzen eine Unionsrepublik und verfügen sogar über internationale Privilegien. Dennoch bezeugen sie eine bemerkenswerte sprachliche Schwäche. Auf der anderen Seite die Tataren, die zwar zahlreich sind, von denen aber zwei Drittel in der Diaspora leben. Sie wehren sich kraftvoll gegen die Russifizierung. Wenn man weiter hinunter auf der Skala der Zahlen geht, wie soll man das hohe Ausmaß der Anhänglichkeit der Maris an ihre Sprache erklären, die im Jahre 1970 nur 599 000 Menschen zählten und die zu 91,2% an ihrer Muttersprache festhielten, obwohl mehr als zwei Drittel der Bevölkerung (68,6%) das Russische beherrschen. Hier konnte weder die zahlenmäßige Schwäche, noch die Umgebung (es gibt in der Autonomen Republik der Maris 46,9% Russen gegenüber 43,7% Maris), auch nicht die geförderte Zweisprachigkeit (71% der Maris), ja selbst nicht der Mangel an Unterricht in der nationalen Sprache, die Treue der Maris zu ihrer eigenen Sprache brechen. Warum zeigt aber da eine Volksgruppe, die nur wenig bedeutender ist als die Maris, nämlich die Mordwinen (1 263 000), sich in so großem Ausmaß für das Russische empfänglich, so daß nur 77,8% der Mordwinen ihre eigene Sprache sprechen und 87,8% völlig zweisprachig sind? Erklärt die Tatsache, daß 35,4% Mordwinen schon 38,9% Russen in ihrem eigenen Land gegenüberstehen, diesen steigenden Übergang zum Russischen ausreichend? Was soll man dazu sagen, daß die doch so sehr zerstreuten Tataren, die seit vier Jahrhunderten, nicht erst seit 60 Jahren, von den Russen unterworfen und einer ständigen sprachlichen und kulturellen Beeinflussung durch das Russische ausgesetzt sind[52], doch so fest an ihrer tatarischen Sprache halten?

*

Die Trennungslinie ist weder politisch noch zahlenmäßig, noch auch soziologisch zu ziehen. Die Verstädterung ist keineswegs automatisch auch Anlaß für eine sprachliche Assimilation. Ohne Zweifel sind die Städte Weißrußlands Zentren russischen Lebens, dadurch auch der Russifizierung. Aber es genügt, in Taschkent spazieren zu gehen, das übrigens weniger »traditionsgebunden« ist als andere Städte Zentralasiens, um festzustellen, daß selbst hier, in einer Stadt, in der die Russen sehr zahlreich sind, die von Touristen vielfach besucht wird, die usbekische Bevölkerung auch usbekisch spricht. Genau dasselbe gilt für Tbilissi (Tiflis). Diese Beispiele zeigen, daß die sprachliche Assimilation weniger äußeren Faktoren folgt (Umgebung, Status, Verstädterung), als einem fundamentalen Grundsatz, nämlich der Existenz und der historischen und kulturellen Stärke der Volksgruppen. Die weißrussische Nation ist ein Werk des sowjetischen Regimes; ihre Sprache ist erst künstlich gebildet worden. Es mag sich zwar innerhalb eines halben Jahrhunderts eine weißrussische Kultur entwickelt haben, aber es fehlt ihr der historische Hintergrund, die eigenen Traditionen. Die Tataren wie die Georgier besitzen seit altersher eigene Sprachen, die die Trägerinnen eigener Kulturen sind. Selbst wenn diese Sprachen verschwinden sollten, könnte man die Monumente ihrer Kultur, die hervorragenden Taten einer Vergangenheit, die nur ihnen gehört, in den Geschichtsbüchern wiederfinden, ganz gleichgültig, ob es sich um russische oder englische Übersetzungen handelt. Die Maris dagegen haben einen anderen Kulturtyp. Sie besitzen eine Kultur ohne Schriftsprache, deren heidnische Traditionen sie mit der frühesten Vergangenheit verbinden und von den anderen Völkern isolieren. Die Mordwinen hingegen, die schon vor langer Zeit zur orthodoxen Religion übergetreten sind, können sich – da es auch ihnen an schriftlichen Monumenten ihrer Kultur fehlt – an keine eigene soziale oder religiöse Kultur klammern. Ihre religiöse Integration hat den Weg zur sprachlichen Assimilierung gebahnt.

Der Unterschied im sprachlichen Verhalten der sowjetischen Nationen zeigt sehr widersprüchliche Resultate der linguistischen Politik der Zentralmacht. Sicherlich führt sie bei einer gewissen Anzahl von Volksgruppen zu einer akzeptierten Anpassung. Diese Volksgruppen werden keineswegs gezwungen, sich anzupassen, sie tun es vielmehr freiwillig, aus Bequemlichkeit, vor allem aber, weil sie kein historisches und kulturelles Erbe zu verteidigen haben und weil sie auch keine Geschichte und keine Kultur besitzen, die sie verteidigt. Für andere Völker dagegen war die Sprachpolitik der Zentralmacht keineswegs ein Integrationsinstrument, sondern eine verblüffende »Büchse der Pandora«. Sie hat nationale Wünsche und Hoffnungen freigesetzt. Der sprachliche Nationalismus wird seither genauso durch die Enttäuschung der vom ethnischen Verschwinden bedrohten Balten gestärkt, wie von der Verärgerung der Georgier über die Arbeitslosigkeit ihrer Elite, und durch die Zufriedenheit der Mohammedaner, die ihre neue Kraft bestätigt sehen, die sich aus ihrer Zahl, aus ihrem Zusammenhalt und aus ihrem intellektuellen Fortschritt ergibt.

Aus der Nähe besehen wirkt die Sprachenpolitik manchmal im Sinne einer Integration der Völker. Viel öfter jedoch im Sinne einer Bestätigung der nationalen Differenzen. Darf man annehmen, daß es sich hier nur um augenblickliche Differenzen handelt, dazu bestimmt, zu verschwinden und sich keineswegs zu vertiefen? Einige Autoren meinen, das wesentliche sei der Fortschritt der Zweisprachigkeit. Ob nun die Sprachen miteinander im Wettstreit liegen oder nebeneinander existieren, so erfordert doch der Übergang von der einen zur anderen eine sehr lange Zeit und vor allem auch eine Zwischenphase der Zweisprachigkeit[53]. So gesehen wäre die sowjetische Entwicklung durchaus positiv. Es würde genügen abzuwarten, bis das Russische allgemein beherrscht wird und sich auch eingebürgert hat, damit dann Schritt für Schritt die Völker der Sowjetunion in das nächste Stadium übergehen, nämlich jenes des Wechselns der Sprache. Zweifellos ist es unmöglich, die Zukunft vorauszusagen. Die Sowjetunion existiert erst seit zwei Generationen, und für den Prozeß einer sprachlichen Veränderung ist dies eine sehr kurze Periode. Wie immer aber die sprachliche Entwicklung der Völker der Sowjetunion in Zukunft sein wird, so bleibt doch eine Frage übrig: Ist die Sprache ein entscheidender Faktor für das nationale Zugehörigkeitsgefühl? Es ist schwierig, dies positiv zu beantworten, wenn man an die jüngsten geschichtlichen Ereignisse denkt, in deren Verlauf zahlreiche Völker die Sprache anderer Mächte verwendet haben – das Englische in Indien – und wo dieser Verlust der sprachlichen Identität keineswegs eine fanatische Geltendmachung der nationalen Existenz verhindert hat. Doch gibt es keinen Zweifel, daß die Sprache einer Nation hilft, sich zu bestätigen. Es ist jedoch keineswegs sicher, ob dies auch ein Zeichen ihrer Existenz ist.

VI. KAPITEL

Integration in der Krise[1]

1967: Fünfzig-Jahres-Jubiläum der Revolution. 1972: Fünfzig-Jahr-Jubiläum der Föderation. 1977: Neue Verfassung für eine neue Gesellschaft. All dies sind Gelegenheiten für die Führung, um den nationalen Zusammenhang der UdSSR, den Erfolg der Integration[2] zu betonen. Jedoch haben sich gerade im Verlauf dieser zehn Jahre die Manifestationen offenen Zwiespalts im nationalen Bereich vervielfältigt. Dies läßt annehmen, daß die Integration keineswegs so total ist, wie es scheint. Auch unter Stalin hat die Welt der sowjetischen Nationen Krisen gekannt, aber die Integrationspolitik stand damals an ihrem Anfang, und es bestand eine tiefe Kluft zwischen der Sowjetführung und den nichtrussischen Untertanen. Stalin achtete auf den kleinsten Verstoß und dezimierte in einander folgenden Wellen alle Eliten, alle Gruppen und alle Individuen, die imstande gewesen wären, um sich jene Landsleute zu sammeln, die sich von Stalins unabänderlichem Willen zur Vereinheitlichung tödlich verletzt fühlten.

Die Politik der Befriedung und der Konzessionen, die Chruschtschow eingeleitet hatte, erlaubte es den Nationen, ihre Eliten wieder zu bilden. Eliten, die imstande waren, sie zu vertreten, aber auch Eliten, die in fast einem halben Jahrhundert nach der Revolution den Erfolg der Integration bezeugen sollten. Das »Sowjetvolk«, dessen sich die Führung so sehr rühmt, wird vorwiegend von den Eliten und den intellektuell am weitesten entwickelten Gemeinschaften verkörpert. Diese Eliten haben bei den nationalen Krisen der letzten Jahre freilich oft eine entscheidende Rolle gespielt. Es fällt auf, daß das meiste Interesse an diesen Krisen vor allem nationale Gruppen mit hohem Bildungsniveau und auch oft gehobenem Lebensstandard beweisen. Konnte man 1967 noch an etliche sporadische Ausbrüche der Unzufriedenheit glauben, so hat sich mit den Jahren und mit der Vervielfachung und Ausbreitung solcher Manifestationen der Unzufriedenheit in gewissen nationalen Gruppen gezeigt, daß es sich keineswegs um nebensächliche Vorfälle, die man nicht beachten muß, handelt. Da es die Republiken und Regionen sind, in denen sich solche Vorfälle wiederholen, so ist es klar, daß es sich hier um eine Schwäche der Integration handelt. Dies wirft die Frage auf, ob die Krisen in den Volksgruppen durch die jeweilige Situation, oder durch besondere Umstände bedingt und daher auch leicht einzugrenzen sind, oder ob sie vielmehr beweisen, daß die Integration noch weit von dem gewünschten Ziel entfernt ist?

Die Heimatlosen der Sowjetunion

Jeder Sowjetbürger trägt einen Paß mit sich, in dem seine nationale Zugehörigkeit vermerkt ist. Die Gleichstellung aller Nationen, ihrer kulturellen und politischen Rechte, ist eine Basis des sowjetischen Systems. Einige Volksgruppen jedoch, selbst wenn sie dem Gesetz nach existieren, bilden doch keine mit anderen vergleichbaren Gruppen. Ihre ursprüngliche Heimat, der sie auch auf Grund des Passes zugeordnet wären, wird ihnen verweigert. Diese »Heimatlosen«, seit langem zum Schweigen verurteilt, zählen seit einigen Jahren zu den unzufriedensten Bürgern der Sowjetunion, weil das ihnen zugefügte Unrecht unerträglich geworden ist. Es sind dies die Tataren, die Deutschen und die Juden, völlig verschieden in ihrer Geschichte und ihrer Kultur, aber vereint in demselben Wunsch, eine komplette Volksgruppe zu werden, das heißt, eine eigene Heimat zu besitzen. Ihre Verärgerung zeigt sich auf verschiedene Weise. Die Tataren wollen in ihre Heimat auf die Krim zurückkehren. Die Deutschen und die Juden fühlen sich in der Sowjetunion nicht zu Hause und wollen auswandern. Was ist nun das Motiv einer so ernsten Äußerung der Unzufriedenheit, die die Betroffenen nicht zögern, sie auszusprechen, selbst auf Kosten ihrer materiellen Sicherheit und ihrer Freiheit?

Um zunächst von den Tataren zu sprechen: Die westliche Welt weiß nur wenig von ihnen. Man kennt sie nur von unscharfen Bildern und wenig zutreffenden Berichten. Man weiß, daß die Tataren in Taschkent demonstriert haben, ohne zu verstehen, warum. Man weiß, daß der General Grigorenko, ein Held des Zweiten Weltkrieges, um sie zu verteidigen, die sowjetische Justiz herausgefordert hat und in eine psychiatrische Klinik eingeliefert wurde[3]. Aber diese weit entfernten sporadischen Ereignisse tragen kaum zu einer besseren Kenntnis dieses Volkes bei, dessen Spuren die Sowjetstatistiken zu verwischen trachten. Der Ausdruck Tatare wird sowohl auf die Tataren von Kasan als aber auch auf die Tataren der Krim angewendet. Die ersteren besitzen eine eigene Autonome Republik, östlich von Moskau. Niemand außerhalb der Sowjetunion begreift aber richtig, warum die Tataren in Taschkent sich darüber beklagen, keine Heimat zu besitzen. Zur Verwirrung tragen noch die sowjetischen Volkszählungen bei, da sie nur eine einzige Rubrik Tataren[4] kennen, in der die beiden Gruppen unterschiedslos aufgeführt werden. So ergeben sie tatsächlich eine beträchtliche Volksgruppe von sechs Millionen Menschen (Volkszählung von 1970) und damit die fünftgrößte der Sowjetunion.

In Wirklichkeit aber unterscheiden sich diese beiden Gruppen durch Sprache und Kultur. Die Zahl der Krimtataren kann man nicht genau schätzen. Sie selbst sprechen von einer halben Million, wahrscheinlich sind es etwa 300000[5]. Die Sowjetführung hatte im Jahre 1921 die – jahrhundertealte – Existenz der Tataren auf der Krim[6] als eigene Volksgruppe und das Ende ihrer Beherrschung durch Rußland bestätigt. Sie erhielten eine Autonome Republik, die der RSFSR eingegliederte Republik der Krim. Dort konnten sie, obwohl sie nur eine Minderheit bildeten[7], sich durch 20 Jahre aller Rechte, die einer Nation zuerkannt werden, nämlich einer offiziellen Sprache, eigener Schulen und einer eigenen Kultur erfreuen[8]. Nach diesen Jahren, in denen die Tataren alle Benefizien anderer Volksgruppen – Privilegien und Säuberungen – genossen hatten, riß sie der Krieg plötzlich aus dem normalen Leben heraus und machte aus ihnen eine Nation, deren Schicksal außergewöhnlich hart war. Das Gebiet, in dem die Tataren lebten, war bis April 1944 von den Deutschen besetzt. Nach dem Abzug der Besatzungstruppen wurden sie in eine Liste der »kollaborierenden Völker«[9] aufgenommen, die sehr willkürlich von Stalin aufgestellt worden war. Es waren dies Volksgruppen, deren gesamte Bevölkerung für kollektiv schuldig erklärt wurde. Am 18. Mai 1944, nur sechs Tage, nachdem das Gebiet der Krim befreit worden war, wurde die gesamte tatarische Bevölkerung – einschließlich der Kinder und der Alten – innerhalb weniger Stunden nach Zentralasien – vor allem nach Usbekistan – dem Ural und nach Sibirien deportiert. Mehr als 200000 Menschen erlitten dieses Schicksal. Die Deportationen waren brutal und wurden offiziell und definitiv erst sehr spät bekanntgegeben. Am 25. Juli 1946 kündigte ein Dekret schließlich an, daß aus Gründen der Kollaboration der Bevölkerung mit den Deutschen die Republik der Krim (ebenso wie die ASSR der Tschetschenen und Inguschen) aufgelöst und ihre Bevölkerung »in anderen Gebieten der Sowjetunion untergebracht werde, wo sie Boden und Regierungshilfe erhält.«[10]

Während nun in ihren neuen Exilorten die Tataren unter ständiger Bewachung lebten, bemühte sich die Sowjetmacht alles zu tun, um auf der Krim jede Spur ihrer früheren Bewohner auszulöschen. Massenweise Einwanderung von russischen oder ukrainischen Siedlern, die Unterdrückung aller tatarischen Namen für Ortschaften, die systematische Zerstörung all ihrer Wohnorte, all das geschah, um eine spätere Rückkehr unmöglich zu machen. Bis zum Jahr 1956 teilten die Tataren dieses tragische Schicksal mit sechs anderen Völkern, die Stalin des Verrates angeklagt hatte. Nach 1956 blieben nur die Tataren von der Wiedergutmachung, die Chruschtschow einleitete, ausgeschlossen. Auf dem XX. Kongreß der KPdSU zählte Chruschtschow in der langen Liste der Verbrechen Stalins auch die Deportationen von 1944 auf. Aber in seiner Aufzählung der deportierten Völker unterließ er es, die Tataren zu erwähnen. Nun nahm ihr Schicksal einen ganz außergewöhnlichen Verlauf. Alle anderen deportierten Völker wurden rehabilitiert und bekamen im Januar 1957 sowohl ihre Gebiete als auch ihren nationalen Status zurück. Im Gegensatz dazu kamen die Tataren nur sehr beschränkt in den Genuß von Gnadenmaßnahmen, und diese geradezu unter Geheimhaltung.

Nach dem Tode Stalins im Jahre 1954 waren die Exilbedingungen für Kriegsveteranen und Partisanen der Tataren etwas gemildert worden. Ein Dekret vom 28. April 1956 verlieh allen Tataren einen normalen Status innerhalb ihres Wohngebietes. Einerseits wurde dieser Erlaß aber nicht veröffentlicht, andererseits aber bestimmte er, daß die Tataren ihre seinerzeit konfiszierten Güter nicht zurückerhalten und daß sie auch nicht auf die Krim zurückkehren dürften. Im übrigen hat die RSFSR das Ursprungsland der Tataren 1954[11] der Ukraine überlassen. So blieben die Tataren dazu verurteilt, an ihren damaligen Wohnorten zu bleiben (das Recht, sich überall in der UdSSR außer auf der Krim anzusiedeln, entsprach keineswegs ihren Wünschen), sie mußten weiterhin als isolierte Minderheit leben und besaßen nur geringe kulturelle Rechte[12]. Seit 1957 erscheint in Taschkent eine tatarische Zeitung[13]. Tatarische Schriftsteller können in ihrer Sprache schreiben, aber nur für ein begrenztes und sehr weit verstreutes Publikum. Schließlich gibt es noch eine Künstlergruppe, die das Recht hat aufzutreten.

In dem Augenblick, als in der Euphorie der Entstalinisierung und Rehabilitierung das tatarische Volk sich von allen vergessen fühlte und ausgeschlossen von den Veränderungen, die sich abzeichneten, wurde das tatsächliche Tatarenproblem geboren. Angesichts des sehr eingeschränkten und inoffiziellen Charakters der in ihrer Angelegenheit getroffenen Maßnahmen bleiben die Tataren ein schuldiges Volk. Ihr Problem ist vor allem, als Volksgruppe zu überleben. Seines Territoriums und seiner kulturellen Rechte beraubt, ist das tatarische Volk dazu verdammt, Schritt für Schritt mit seiner ethnischen und kulturellen Umgebung zu verschmelzen. Dies erklärt die Hartnäckigkeit, mit der diese kleine Gruppe sich auf den schwierigen Kampf gegen die Sowjetunion eingelassen hat. Was sie wollen, ist ihre politische Rehabilitierung und das Recht, auf die Krim zurückzukehren, aber auf eine Krim, die den Tataren zurückgegeben und von neuem als nationales Territorium errichtet wird, wo ihre Gemeinschaft sich aller Rechte, die mit einem solchen Status verbunden sind, erfreuen kann.

Der Kampf der Tataren um ihre Existenz hat legal im Jahre 1957 begonnen[14]. Damals war klargeworden, daß ihnen nichts von dem, was ihnen wichtig war, von selber zurückerstattet werden würde. Jedoch glaubte damals die gesamte Sowjetunion an die Macht von Petitionen, von Appellen an die Gerechtigkeit. War denn nicht das Schlagwort der Partei nach dem XX. Kongreß die Wiederherstellung der Legalität? Dies erklärt, warum die Forderungen der Tataren zunächst nicht an die Öffentlichkeit drangen. Besorgt, sich dem Gleichheitsprinzip, das die Führung proklamiert hatte, anzupassen, wandten sie sich in ihrer Angelegenheit direkt an die Spitze des Staates. Zwischen Juni 1957 und Oktober 1961 haben sie sechs Bittschriften mit jeweils 6000–25 000 Unterschriften an die Führung der Partei und an die verschiedensten Staatsinstanzen gerichtet[15]. Alle enthielten eine einzige Forderung: Gleichheit der Behandlung mit anderen deportierten Völkern, deren politische und nationale Rechte wiederhergestellt worden waren. Das Fehlen einer Antwort der Regierung auf diese kollektiven Bitten, die Unterdrückung ihrer aktivsten Elemente, die angeklagt wurden, »Rassenhaß« zu schüren, dies alles hat die Tataren dazu gebracht, nach neuen, wenn auch legalen Mitteln zu dieser Aktion[16], zu suchen.

Überzeugt, daß, um von der Sowjetführung gehört zu werden, es notwendig sei, sich ihr auch vorzustellen, entschlossen sich die Tataren im Jahre 1964, in der Hauptstadt eine Art von permanenter Delegation einzurichten; die Städte und Dörfer der Tataren wählten Repräsentanten, die, ausgerüstet mit einem formell in allem richtigen Mandat nach Moskau reisten. Die Kosten wurden kollektiv getragen. Ihr Auftrag lautete, im Namen ihrer Mandanten offiziell bei den Behörden vorzusprechen, ihnen die unterzeichneten Bittschriften zu überreichen und schließlich die Aufmerksamkeit der Medien zu erwecken. Es war dies ein verblüffender Vorgang in der Sowjetunion, wo die einzigen Möglichkeiten, politischen Willen auszudrücken, von der politischen Führung aus kontrolliert werden, aber dieses Vorgehen entsprach der Situation der Tataren. Da sie der politischen Rechte beraubt waren, verfügten sie auch über keine nationalen Repräsentanten. Niemand war in der Lage, sie als Volksgruppe zu vertreten. Aber ihr Vorgehen entsprach doch dem Geist der Zeit. Chruschtschow hatte 1961 die

Schaffung des »Staates des gesamten Volkes« verkündet und an seine Mitbürger appelliert, Initiative und Mitarbeit zu zeigen. Man debattierte damals in der Sowjetunion die Möglichkeiten, die Bürger am politischen Leben teilnehmen zu lassen. Man hatte die Komitees aller Arten vervielfacht. Indem die Tataren eine Initiative zu dieser Art des Zusammenschlusses ergriffen, konnten sie zu Recht glauben, sich in Übereinstimmung mit der herrschenden Strömung zu befinden[17]. Für den Augenblick wurden sie auch durch das offensichtliche Tauwetter ermutigt. Von 1965 bis 1966 schien der Oberste Sowjet der UdSSR, der Schützer der sozialistischen Gesetzlichkeit, aber auch Repräsentant der sowjetischen Bevölkerung, zumindest doch an ihnen interessiert zu sein. Die Vertreter der Tataren, bewaffnet mit ihren Mandaten und ihren Petitionen, wurden im August 1965 von Mikojan, dem damaligen Vorsitzenden des Präsidiums des Obersten Sowjet, empfangen; dann im März 1966 vom Sekretär des Präsidiums Georgadse. War dieser Empfang von Repräsentanten einer diskriminierten Nation durch Sowjetführer, die selbst nichtrussischen Nationen entstammten, nicht endlich ein Zeichen einer durchgreifenden Veränderung? Doch das scheinbare Wunder erwies sich bald als trügerisch. Daß die Tataren von den Kaukasiern empfangen worden waren, änderte nichts am Lauf der Dinge. Jedoch ist in diesem Zeitraum die Stärke der tatarischen Bewegung sehr eindrucksvoll. Die »Delegation« der Tataren umfaßte 125 Personen, als sich zu Beginn des Jahres 1966 Moskau auf den XXIII. Kongreß der KPdSU vorbereitet. Mehr als 15000 Briefe und Telegramme, alle unterschrieben, wurden an alle Verantwortlichen gesandt, von denen man vermutete, sie könnten etwas unternehmen. Schließlich wurde eine Petition verfaßt, die nicht weniger als 120000 Unterschriften trug und die dem Parteikongreß vorgelegt werden sollte. Die gesamte erwachsene Bevölkerung hatte unterschrieben. In der Sowjetunion der sechziger Jahre war es noch keineswegs üblich, solche Papiere zu unterzeichnen. Es war außergewöhnlich, daß sich eine ganze nationale Gruppe bereiterklärte, für ihre Rechte zu kämpfen. Georgadse beschwichtigte die Delegierten und versprach eine sofortige Prüfung der tatarischen Forderungen. Er unternahm aber nichts. Enttäuscht, aber keineswegs entmutigt, sammelten die Tataren innerhalb von drei Monaten (März bis Juni 1966) wiederum 115000 Unterschriften für eine neue Petition und sandten nahezu 20000 Botschaften und Telegramme nach Moskau, wohin sie auch neue Vertreter schickten, um die schon in Moskau installierte Delegation zu verstärken. Bis dahin hatte die Sowjetführung versucht, die Bewegung zu ignorieren und irgendwelche Auseinandersetzungen zu vermeiden. Vielleicht war die Tatsache, daß die Tataren so rasch imstande waren, sich zu organisieren, und daß so viele auch bereit waren, aktiv zu werden, der Anlaß, daß die Führung nun reagierte. Die Hotels von Moskau wurden aufgefordert, sie vor die Türe zu setzen. Am 26. Juni wurde eine zahlreiche Gruppe von Tataren, die gekommen war, um dem Zentralkomitee der KPdSU eine Petition zu überreichen, verhaftet und aus der Stadt ausgewiesen.

In Usbekistan kam es sogleich zu erregten Szenen. Demonstrationen folgten einander. An jeder Straßenecke, in den öffentlichen Gebäuden suchten die Tataren die Bevölkerung für ihre Sache zu gewinnen. Schließlich sind die einen wie die anderen Mohammedaner. Aber die Führung hatte den Weg der Härte gewählt. Der 18. Oktober war der 25. Jahrestag der Begründung der Krimrepublik. Die Tataren machten kein Geheimnis daraus, daß sie die Absicht hatten, diesen Jahrestag für ihre Sache auszunützen und die Demonstrationen zu vervielfachen, die Aufmerksamkeit erregen sollten. 1966 wußte man in der UdSSR noch nicht, daß man sich außerhalb der Grenzen der Sowjetunion Gehör verschaffen muß, um die Sowjetführung zum Nachgeben zu zwingen. Natürlich hatten die Schriftsteller schon begonnen, sich im Ausland eine Leserschaft und damit auch Schutz von außen zu verschaffen. Aber für eine Volksgruppe ging es immer noch darum, sich in Moskau Gehör zu verschaffen und von den Mitbürgern gehört und verstanden zu werden. Diese Kampagne im Inneren aber verhinderte die Sowjetmacht. In aller Eile ließ sie in das Strafgesetzbuch der SSR Usbekistan zwei Paragraphen aufnehmen, dazu bestimmt, die Verbreitung von Informationen und Dokumenten, die das Schicksal der Tataren zum Inhalt haben, zu verbieten und ebenso die Teilnahme an Versammlungen. Auf Grund dieser Paragraphen wurden nun Aktionen, die bisher dem Gesetz vollkommen entsprochen hatten, für illegal erklärt und der Weg zur Unterdrückung frei[18].

Trotz aller Unterdrückungsmaßnahmen, trotz aller Schwierigkeiten, denen sie bei ihrem Aufenthalt in Moskau begegneten, waren die Tataren in diesem Zeitraum immer noch zum Kampf bereit. Da die Gesetzmäßigkeit mehr und mehr eingeschränkt wurde, so begannen sie, den legalen Weg aufzugeben und sich spektakuläreren Methoden zuzuwenden, selbst wenn sie illegal waren. Obwohl man ihnen das Recht, in Hotels zu wohnen, genommen hatte, wurden die Tataren in Moskau doch immer zahlreicher. 1967 waren es schon 400, die laut verkündeten, sie würden auf dem Roten Platz eine Versammlung abhalten, um endlich gehört zu werden. Der Augenblick war gut gewählt. Moskau hatte sich dem Tourismus geöffnet, und die Fremdenverkehrssaison war in vollem Gange. Zum ersten Mal war den Tataren der Gedanke gekommen, die äußere Welt mit ihren Angelegenheiten zu befassen und eine Demonstration zu veranstalten, die die Ausländer sehen mußten. Das war ein sehr kluger Gedanke, denn die Sowjetführung, besorgt, die Kontrolle über die Situation in der Hand zu behalten, entschloß sich zu einem Kompromiß. Am 21. Juli 1967 fand eine Zusammenkunft im Kreml statt. Auf der einen Seite die mit der öffentlichen Ordnung Betrauten: Andropow, der Chef des KGB, Rudenko, der Generalstaatsanwalt der Sowjetunion, Schtschelokow, der Minister für die Aufrechterhaltung der Ordnung, und Georgadse, der ganz offensichtlich ein Spezialist des Tatarenproblems geworden war. Ihnen gegenüber die Tataren, die ihre Mitbürger vertraten, ausgerüstet mit Mandaten, die für den Sowjetstaat einerseits inakzeptabel waren, andererseits aber doch akzeptiert wurden. Im Verlauf dieser Zusammenkunft versprach Andropow die politische Rehabilitierung der tatarischen Nation, die Amnestie für jene, die strafrechtlich verfolgt worden waren. Aber hinsichtlich der Rückkehr auf die Krim zeigte er sich sehr reserviert. Die Wiederherstellung der Republik wurde nicht erwähnt. Andropow gab jedoch sein Wort, daß unverzüglich Maßnahmen ergriffen würden. Aber auch nach eineinhalb Monaten war noch immer nichts geschehen, und so fragten sich die Tataren, ob auch diese Zusammenkunft, wie die beiden vorhergehenden, nur zum Ziel hatte, sie hinzuhalten und neuen Vergeltungsmaßnahmen auszusetzen. In den letzten Augusttagen mochten die Tataren in Taschkent nahe dem Aufruhr sein. Unaufhörlich zerstreute die Polizei Demonstrationen und sperrte Leute ein, die der öffentlichen Unruhestiftung bezichtigt wurden.

Aber am 5. September erfuhren die Tataren, daß sie gesiegt hatten. Folgender Erlaß wurde veröffentlicht: »Nach der Befreiung der Krim wurde ungerechterweise die gesamte tatarische Bevölkerung der Krim der Kollaboration angeklagt, die aber tatsächlich nur das Verbrechen einiger weniger war. Diese Anklagen ohne jede Unterscheidung gegen alle Bürger tatarischer Nationalität, die auf der Krim lebten, werden nun aufgehoben, um so mehr, als seither eine neue Generation im politischen und beruflichen Leben[19] tätig ist.«

»Die Tataren, die auf der Krim lebten, sind nun in der usbekischen Republik und in anderen Republiken angesiedelt.«

Das Dekret gibt den Tataren alle Bürgerrechte: die Freiheit der Wahl des Wohnsitzes, die kulturellen Rechte. Bis auf einen Punkt haben sie ohne Zweifel erreicht, was sie wollten. Sie sind vom Verbrechen des Verrates reingewaschen und werden nun wieder ein mit anderen vergleichbares Volk. Aber sehr rasch wurde klar, daß hier die Grenze für ihre Befriedung war und daß sie doch keineswegs mit allen anderen Völkern der Sowjetunion auf gleicher Stufe standen. Ohne Zweifel rehabilitiert, aber ganz im geheimen: Nur die Zeitungen jener Republiken, in denen sie lebten, veröffentlichten das Dekret. Anderswo blieb es für lange Zeit unbekannt. Viel ernster aber war die Tatsache, daß das Dekret von 1967 der tatarischen Nation ihre kollektiven Rechte nicht wieder zurückgab. Ohne Zweifel konnten ihre Angehörigen gehen, wohin immer sie wollten (»innerhalb der Grenzen der Vorschriften hinsichtlich der Arbeit und der Pässe«, das heißt unter einer gewissen Kontrolle). Und zweifellos wurden ihnen auch einige kulturelle Rechte zurückgegeben. Die Freiheit, ihren Wohnsitz selbst zu wählen, hatten sie aber in Wirklichkeit schon seit 1956 und ebenso die eingeschränkten kulturellen Rechte, die an das Dekret von 1967 gebunden waren. Im Gegensatz dazu war in dem Text von der *tatarischen Nation* keine Rede, und auch eine eventuelle Wiederherstellung ihrer Republik war nicht erwähnt. Sie wurden als *Tataren, die auf der Krim gelebt hatten* bezeichnet. Das Dekret nahm die Bindung zwischen Volk und Boden nicht zur Kenntnis, obgleich dies doch eines der vier Kriterien war, welche die Definition einer Nation bildeten. Indem ihre einstige Existenz auf der Krim und ihre gegenwärtige Existenz in Zentralasien auf gleiche Ebene gesetzt wurden, deutete das Dekret an, daß sie sowohl aus Zentralasien wie von der Krim stammten. Für die Sowjetführung stand außer Frage, daß diese Einschränkungen, kompensiert durch die Rehabilitierung, nun den Schlußstrich unter das Kapitel Tataren ziehen sollte. Verschiedene öffentliche Versammlungen wurden unter der Ägide der Regierung und der Partei abgehalten, um von den Beteiligten Zustimmungserklärungen zu erhalten[20]. Ein interessanter, ja einzigartiger Vorgang (man hatte offenbar vergessen, 1957 von den anderen einstmals deportierten Völkern ähnliches zu verlangen). Jedenfalls ein Zeugnis dafür, wie peinlich diese Vorgänge den Führungsgremien waren, und für ihr Wissen, daß das Problem nach wie vor nicht gelöst war.

Seither sind zehn Jahre vergangen, in denen die Tataren ohne Unterbrechung immer wieder versucht haben, ihr Hauptziel, nämlich die Rückkehr auf die Krim, zu erreichen. Dazu verfolgten sie drei Wege. Der erste, der legale, bestand darin, die Sowjetbehörden mit großen Petitionen zu bombardieren, besonders mit solchen anläßlich von Gedenktagen, bei denen die Sowjetmacht den Erfolg ihrer Nationalitätenpolitik feiert. Der zweite Weg, an der Grenze des Legalen, verbindet die Forderungen der Tataren mit den Forderungen der demokratischen Bewegungen der Sowjetunion. Die Moskauer Dissidenten beschäftigen sich fast gar nicht mit den nationalen Bewegungen, aber seit 1970 haben sie sich der Tataren angenommen und deren Forderungen in ihr allgemeines Programm der Verteidigung der Menschenrechte aufgenommen[21]. Der letzte Weg führt jenseits der Legalität. Er ist freilich der von den Tataren am häufigsten benützte. Obwohl ihnen der Aufenthalt in ihrer Heimat verboten ist, so reisen sie dennoch dorthin. Nur wenigen Familien ist es bisher gelungen, durch den Dschungel von Verordnungen bezüglich der Aufenthaltsgenehmigungen zu dringen. Die meisten heimlichen Expeditionen haben aber zu einer gewaltsamen Rücksiedlung nach Zentralasien geführt. Diese Tataren haben das Risiko auf sich genommen, in ihrem Exilort alles zu verlieren, nur um einer ganz schwachen Hoffnung willen, auf der Krim Aufnahme zu finden[22]. Nachdem die Tataren den Kampf um die Rehabilitierung gewonnen haben, haben sie jenen um die Wiederherstellung eines normalen nationalen Lebens eindeutig verloren. Sie bleiben in Zentralasien Fremde, nicht weil ihre Umgebung sich weigert, sie zu akzeptieren – alles fördert dort ihre Aufnahme –, sondern weil sie selber auf den Traum des verlorenen Vaterlandes nicht verzichten wollen. Sie sind nun schon seit 35 Jahren im Exil. Eine neue Generation ist herangewachsen, die in den ersten Reihen im Kampf für die Rückkehr auf die Krim steht. Wie andere Völker in anderen Gegenden haben die Tataren sich entschlossen, Heimatlose zu bleiben und so lange zu revoltieren, bis man sie wieder in ihre Heimat ziehen läßt. Die sowjetische Führung möchte diese Herausforderung ignorieren und die Realität der Bindungen, die die Tataren mit der Krim verbindet, leugnen. Die offizielle These hinsichtlich dieses Volkes lautet, daß die Krim ursprünglich von Völkern verschiedenen ethnischen Ursprunges besiedelt war, unter denen sich auch die Tataren befanden. Den multiethnischen Charakter dieses Gebietes unterstreicht laut der Großen Sowjetischen Enzyklopädie der Umstand, daß, entgegen den allgemeinen Regeln der Benennung von nationalen Republiken, die ASSR der Krim einen geographischen Namen trug, statt des Namens einer Nation. Man kann das historische Recht der Tataren auf der Krim zu leben und ihre nationale Existenz nicht deutlicher leugnen. Warum nun eine solche Härte gegenüber einem so kleinen Volk! Tatsächlich sind es nicht die 300 000 Tataren, die die Sowjetunion beunruhigen; sondern es ist ein doppelter Nationalismus. Der tatarische Nationalismus hatte vor und nach der Revolution einen beträchtlichen Einfluß auf die mohammedanische Welt Rußlands. Die Tataren waren die Schöpfer der wichtigsten Ideen, die die mohammedanischen Völker Rußlands zur Revolution führten[23]. Stalin gelang es 1944, den von den Tataren besiedelten Raum zu verkleinern, indem er sie aus der Krim vertrieb. Seine Nachfolger haben nicht die Absicht, ihre Welt von neuem zu vergrößern. Sie kämpfen zugleich gegen den mohammedanischen Nationalismus, der durch eine Wiederherstellung der Republik der Krim verlorenes Terrain wiedergewinnen würde. Den 300 000 Tataren, die ihr Vaterland verloren haben, Gerechtigkeit angedeihen zu lassen, würde unter den gegenwärtigen Verhältnissen der UdSSR bedeuten, einen weiteren Stein in das Gebäude des triumphierenden und isolationistischen Nationalismus zu fügen, der gleichbedeutend mit dem turko-mohammedanischen Nationalismus ist.

Ganz anders ist der Fall der Deutschen in der Sowjetunion. Ihre kompakte Gruppe umfaßte noch 1970 etwa 1,8 Millionen[24]. Davon gehört ein kleiner Teil erst seit dem Zweiten Weltkrieg der Sowjetunion an. Aber im wesentlichen handelt es sich um die Abkömmlinge von Siedlern, die im 18. Jahrhundert nach Rußland geholt worden waren. Von 1924 bis 1941 besaßen die Deutschen eine Autonome Republik am Ufer der Wolga, von wo sie entsprechend einem Dekret vom 28. August 1941 deportiert wurden. Es handelte sich nicht darum, Kollaborateure zu deportieren, sondern vielmehr Sicherheitsmaßnahmen gegen ein Volk zu ergreifen, das zur Kollaboration hätte verführt werden können. Ihr Schicksal war vielleicht weniger verletzend als jenes der Tataren, aber es war nicht weniger dramatisch, denn Transferierung und Deportation hatten sich in der Praxis außerordentlich geähnelt. Einen Monat später wurde auch ihre Republik aufgelöst[25]. In den Jahren nach dem Krieg bestimmte ein äußerer Faktor weit eher als die eigentlichen Absichten der sowjetischen Führung ihr Schicksal: die Beziehungen mit der Bundesrepublik Deutschland. Als Adenauer im September 1955 nach Moskau kam, zeigte er sich um das Los seiner Landsleute besorgt. Am 13. Dezember 1955 gab ihnen ein Dekret, die Bürgerrechte zurück und ihre politischen und kulturellen Rechte wurden laufend vermehrt[26]. 1964, als Chruschtschow sich bemühte, die Beziehungen zwischen der Sowjetunion und der Bundesrepublik Deutschland zu verbessern, erließ er ein Dekret, das die Deutschen völlig rehabilitierte[27]. Aber wie im Fall der Tataren, bedeutete auch diese Rehabilitierung keine Wiederherstellung des nationalen Territoriums. Jedoch war die Sowjetführung bemüht, aus der Angelegenheit keinen Konfliktstoff zu machen. Sie betonte die wirtschaftlichen Notwendigkeiten und behauptete keineswegs, daß die Deutschen keine Nation seien[28]. Man bemühte sich den Deutschen die politischen und kulturellen Vorteile einer Nation zu geben, die mit anderen vergleichbar war, trotz des Fehlens eines territorialen Status[29]. Die Deutschen beharren auch nicht so sehr auf der Wiederherstellung ihrer Republik, weil sie in dieser Beziehung nicht einer Meinung sind[30]. Die Diaspora, in der die Deutschen leben, birgt aber eine ernste Gefahr in sich, die gerade die Vorkämpfer für die Rückkehr an die Wolga klar erkennen: nämlich trotz aller kulturellen Rechte die Drohung einer schrittweisen Assimilation. Die Deutschen sind in zwei starken Gruppen in Kasachstan angesiedelt (858 077 Personen, das sind 46% der Gesamtbevölkerung) und in der Russischen Republik, genauer gesagt in den Grenzterritorien (761 888 Menschen, oder 41%). Ferner gibt es noch zwei kleinere Gruppen in Kirgisien (89 834) und in Tadschikistan (31 712). Nur sehr wenige Deutsche, nämlich etwa 6%, leben wirklich über die ganze Sowjetunion verstreut. Trotz ihrer Umgruppierung und der ihnen eingeräumten kulturellen Möglichkeiten zeigt die Statistik doch den raschen Fortschritt der Assimilierung. 1926 hatten weniger als 5% der Deutschen erklärt, daß das Russische ihre Muttersprache sei. 1959 waren es schon 24% und 1970 32,7%[31]. Nur wenige nationale Gruppen haben in den elf Jahren, die die beiden jüngsten Volkszählungen trennen, einen so hohen Prozentsatz (8,7%) des Fortschreitens der Verbreitung der russischen Sprache registriert[32]. Im Gegenteil, wie wir gesehen haben, geht die Tendenz im Ganzen auf eine gewisse Konsolidierung der nationalen Sprachen in ihrem Status als Muttersprache hin[33]. Mehrere Gründe gibt es für diese besondere Entwicklung: die Tatsache, daß die Deutschen in großer Zahl in Kasachstan angesiedelt sind, in einem ländlichen Milieu, wo ihre Kinder kaum die Möglichkeit haben, Schulen zu besuchen, in denen Deutsch gelehrt wird. Ein anderer Grund ist die Emigration, die vor allem jene Elemente der Gemeinschaft, die am wenigsten assimiliert sind, betrifft. Dies ist in der Tat eines der Hauptcharakteristika der deutschen Gemeinschaft und der Probleme, die sie für die Sowjetführung darstellen. Im Verlaufe der sowjetisch-deutschen Beziehungen haben die regierenden Persönlichkeiten der Bundesrepublik sich ständig bemüht – wenn auch nur für jene Deutsche, die nach 1940, sei es durch die Kriegsereignisse, sei es durch die Verschiebung der Grenzen, in der UdSSR leben – das Recht, in ihr Vaterland zurückzukehren, zu erreichen[34]. Seit 1958 besteht zwischen der Sowjetunion und der Bundesrepublik ein allerdings noch nicht ratifiziertes Konsulatsabkommen, wonach das Prinzip der »Wiedervereinigung der Familien« auf jene Deutschen angewendet werden soll, die vor 1940 nicht Sowjetbürger waren, und ebenso auch auf ihre Nachkommen[35]. Das Auf und Ab der Beziehungen zwischen den beiden Ländern hat die Anwendung verzögert, aber die Ostpolitik des Kanzlers Brandt und sodann die Schlußakte von Helsinki haben diesem Prinzip neue Möglichkeiten gegeben. Von 1970 an hat die deutsche Auswanderung in den

Grenzen einer Wiedervereinigung der Familien begonnen. Bis 1977 hat die Haltung der Sowjets in diesem Punkt stärkere Toleranz gezeigt. Dies beweist auch folgende Tabelle.

Emigration der Deutschen aus der UdSSR von 1970–1976

Jahr	Zahl
1970	340
1971	1 100
1972	3 100
1973	4 400
1974	6 300
1975	5 800
1976	9 600

In sechs Jahren haben auf diese Weise mehr als 30000 Deutsche die Sowjetunion verlassen. Das deutsche Rote Kreuz hat geschätzt, daß zu Beginn der siebziger Jahre etwa 40000 Deutsche auswandern wollten und in der Lage waren, Familienmitglieder in Deutschland nachzuweisen. Vergleicht man damit die bereits stattgefundene Auswanderung, so könnte man eigentlich annehmen, daß sehr rasch alle Ausreisewilligen in ihr Heimatland zurückgekehrt sind und daß es in der Sowjetunion nunmehr kaum ein deutsches Problem gibt, vielmehr nur noch eine seit Jahrhunderten hier angesiedelte Gemeinschaft, die weiterbestehen wird und deren kulturelle Assimilierung sich auf gutem Wege befindet. Wahrscheinlich waren auch dies die Überlegungen der sowjetischen Führung, als sie sich bereiterklärte, die Grenzen für jene Deutschen zu öffnen, die in der Sowjetunion keine Wurzeln besaßen. Aber die Öffnung der Grenzen hat plötzlich einen Reflex der nationalen Identifizierung in einem Teil der deutschen Gemeinschaft erzeugt, die schon seit zwei Jahrhunderten auf russischem Boden lebt. Gruppen von Deutschen haben nun das Recht zur Auswanderung gefordert, und zwar nicht mehr mit Berufung auf Wiedervereinigung der Familien, sondern aus dem Grunde der »ethnischen Solidarität« mit dem deutschen Volk. So haben nun sowjetische Untertanen, Nachkommen von Siedlern, die seit zwei Jahrhunderten Rußland als ihr Vaterland ansahen und keinerlei Bindungen mehr mit Deutschland besaßen, eine in ferner Vergangenheit liegende Geschichte, Kultur und Sprache entdeckt, die ihre Wurzeln in einem ihnen unbekannten Land haben. Wie hoch die Zahl der Deutschen ist, die diese Forderungen stellen und auch öffentlich entsprechende Kundgebungen veranstalten[36], ist nicht genau feststellbar, aber einige deutsche Zeitungen haben die Zahl auf 300000 geschätzt[37]. Die Sowjetführung sieht sich daher einer ungewöhnlich schwierigen Situation gegenüber. Zuzugeben, daß ethnische Gruppen sich in der Sowjetunion als Fremde fühlen – obwohl sie im Zarenreich integriert waren[38] –, würde die Anerkennung des totalen Zusammenbruchs der Nationalitätenpolitik der Sowjets bedeuten. Es wäre auch eine Anerkennung der Dauerhaftigkeit ethnischer Bindungen zuungunsten der von dem gemeinsamen Leben geschaffenen Bindungen. Schließlich und endlich hieße das, daß jede Volksgruppe, die sich nicht mit der Sowjetunion identifiziert, das Recht besitzt, sie zu verlassen. Man sieht hier also, welche Bedeutung die Forderungen der Deutschen für die Sowjetunion haben. Schon wenden sich die Armenier der Diaspora in Amerika oder im Mittleren Osten zu und verlangen im Namen der familiären Bindungen, oder der ethnischen Solidarität, das Recht zur Auswanderung. Es besteht also die Gefahr, daß das Recht zur Emigration, das die Sowjetführung auf die Deutschen und auf die Juden beschränken wollte, nun allgemein gefordert werden wird. Um dies zu verhindern, bemühen sich die Sowjetführer, auch die Emigrationswünsche der Deutschen einzudämmen. Die Auswanderungswilligen werden durch administrative Schwierigkeiten abgeschreckt[39], und eine intensive Propaganda ist dazu bestimmt, diese Leute davon zu überzeugen, daß es ihnen nicht gelingen würde, sich an das Leben in Deutschland zu gewöhnen[40].

Andererseits kann die Sowjetführung die deutschen Wünsche nicht total unterdrücken. Die zahlenmäßige Bedeutung dieser Gruppe und auch ihre Konzentration sprechen für ein kluges Verhalten. Dies wird durch internationale Überlegungen noch bestärkt. Die Bundesrepublik ist für die Sowjetunion ein wertvoller Wirtschaftspartner[41]. Politisch hat Westdeutschland ein bedeutendes Gewicht für die Strategie der Sowjetunion[42]. Auch wenn die Sowjetunion gegenüber der Bundesrepublik sich rücksichtsvoll erweist, so befindet sie sich doch ihr gegenüber im Vorteil. Schon hat Bundeskanzler Schmidt in der Sorge, so vielen Deutschen als nur möglich die Chance zur Emigration zu bewahren, erkannt, daß diskrete Verhandlungen mehr Früchte bringen als lautstark formulierte Forderungen[43]. Deshalb hat er auch den vehementen Erklärungen Präsident Carters zugunsten der Menschenrechte und des Rechtes zur Auswanderung ein kluges Schweigen entgegengestellt und diese Haltung auch angesichts der Konferenz von Belgrad beibehalten.

Man sieht so das Dilemma, das die deutschen Forderungen für die sowjetische Regierung bedeuten. Nachzugeben, selbst in einem sehr beschränkten Sinn, trägt dazu bei, brennende Probleme der Außenpolitik zu lösen. Aber indem die Sowjetführung nachgibt, erkennt sie auch ihre Schwäche auf dem Gebiet der Nationalitäten an und öffnet das Tor für weit größere Forderungen. Es besteht dann die Gefahr einer Ansteckung mit der sehr kraftvollen Idee der nationalen Identität auf der Basis der reinen ethnisch-kulturellen Beziehungen. Ihr Umsichgreifen müßte die Solidarität im Inneren der Sowjetunion schwächen. Die Wiedererrichtung einer deutschen Republik scheint keine Lösung des Problemes zu bringen, denn, so wie die Dinge momentan stehen, könnte dies bedeuten, den Nationalismus jener Deutschen zu bestärken, die sich nicht assimilieren wollen. Es würde auch der Assimilierung, die in einem anderen Teil der deutschen Bevölkerung schon vorwärtsschreitet, entgegenwirken. Schließlich würde die Wiedererrichtung von nationalen Staaten im jetzigen Zeitpunkt, in dem die Sowjetunion im Begriffe ist, ein neues historisches Stadium zu erreichen, nämlich die Bildung des Sowjetvolkes, eben diese Entwicklung schwächen und leugnen, daß die Integration auf gutem Wege ist.

Im Gegensatz zu den Tataren und den Deutschen besitzen die Juden im Prinzip in der Sowjetunion ein nationales Territorium. Dennoch sind sie in der Sowjetunion Bürger einer ganz besonderen Art. Der Sowjetstaat hat ihnen in den zwanziger Jahren ein eigenes Territorium gegeben: die Autonome Region der Juden von Birobidschan, im Fernen Osten gelegen, unweit von China. Er hat ihnen auch – und dies ist logisch – eine eigene Nationalität verliehen, die auch in ihren Pässen aufscheint. Aber trotz der Anerkennung dieses nationalen Status hat der sowjetische Staat immer bestritten, daß die jüdische Gemeinschaft eine Nation sei[44]. Diese negative Haltung ist durch die Schaffung des Staates Israel noch weiter kompliziert worden, denn er stellte ja den Triumph der zionistischen Idee dar. In einer jüngst erschienenen Arbeit hat ein Spezialist der antizionistischen Propaganda folgende Unterscheidungen unterstrichen: Erstens, Jude im Sinne von Hebräer (Evrei auf russisch) als ethnische Kategorie. Zweitens, Jude (Judei) als religiöse Kategorie. Drittens, Zionist als politische Kategorie[45]. Für den Autor bedeutet Judaismus die Idee einer Weltgemeinschaft der Juden, einer globalen jüdischen Nation. Widerspiegelt nun nicht diese sowjetische jüdische Gemeinschaft, der ein nationaler Status zuerkannt worden ist, im kleinen dieses Modell und die von unseren Experten verdammte Verwirrung? Diese Gemeinschaft setzt sich aus zahlreichen voneinander völlig verschiedenen Gruppen zusammen. Auch ihre Vergangenheit und ihre Kultur gestattet nicht, sie zu einer einzigen Nation zusammenzufassen, es wäre denn, man würde sie auf das einzige abgelehnte Kriterium begründen, nämlich die Zugehörigkeit zur jüdischen Religion. Dies alles ist außerordentlich schwierig, besonders wenn man sich das

Los der jüdischen Gemeinschaft in der UdSSR vergegenwärtigt. Die Zahl ihrer Angehörigen ist außerordentlich schwierig einzuschätzen. Man spricht von 2 bis 3,5 Millionen, je nachdem, ob man sich auf eine Volkszählung oder auf andere Quellen bezieht[46]. Das wichtigste ist, daß von einer Volkszählung zur anderen die Anzahl der Sowjetbürger, die sich als Juden erklären, um 5% abgenommen hat, während die Gesamtbevölkerung der Sowjetunion um 16% angestiegen ist. Daraus kann man nicht den Schluß ziehen, daß, rechnet man die Auswanderung ein, die Zahl der Juden gleichgeblieben ist, sondern vielmehr die Zahl der Juden, die sich als solche erklären, zurückgeht. Muß man daraus folgern, daß das Nationalbewußtsein der Juden im Rückgang ist? Nimmt man die Sprache als Kriterium, so müßte man zu einer positiven Antwort gelangen. Bei der Volkszählung von 1897 haben noch 96,9% der russischen Juden das Jiddische als Muttersprache erklärt. 1926 betrug ihre Anzahl noch 70,4%. 1959 hatte sich die Lage total verändert. 17,9% der Juden sprachen noch Jiddisch als erste Sprache. Selbst wenn man Sprachvarianten einiger jüdischer Gemeinden hinzuzählt[47], so verwendeten doch nur 21,5% der Juden ihre eigene Sprache[48]. 1970 waren es nur mehr 17,7%, ein Rückgang um 3,8%. Man muß freilich 8,7% russisch sprechende Juden hinzuzählen, die sich zu einer guten Kenntnis des Jiddischen oder einer anderen jüdischen Sprache bekannt haben, das bedeutet also, daß 26,4% der Juden der UdSSR die sprachlichen Bindungen an die Kultur ihrer Herkunft bewahrt haben. Aber die Bedeutung dieser Zahlen muß unter dem Hinblick auf den Fortschritt der russischen Sprache gewertet werden. Die Zahl jener, die das Russische als Muttersprache betrachten, wuchs auf 78,2% an. 16,3% jener, die das Russische nicht als erste Sprache nennen, beherrschen es zumindest doch gut. Mit anderen Worten: 94,5% der Juden beherrschen Russisch gut, 28,8% unter ihnen beherrschen auch noch die eine oder andere Sprache der Sowjetunion[49]. In der Sowjetunion ist nun die Kenntnis der nationalen Sprache ein unbestreitbares Kriterium des Grades des nationalen Bewußtseins. Die geographische Verteilung der Juden, die Russisch sprechen und jener, die ihrer eigenen Sprache treu geblieben sind, beleuchtet die Gründe dieser Entwicklung. Das größte Ausmaß der sprachlichen Russifizierung ist unter den Juden in der RSFSR und in der Ukraine zu finden. Dagegen ist der Gebrauch des Jiddischen oder einer anderen von den Juden gesprochenen Sprache vor allem auf die baltischen Länder beschränkt (und im besonderen auf Litauen, wo 62% der Juden jiddisch sprechen) und ferner auf die jüdischen Gemeinschaften im Kaukasus (in Dagestan sprechen 87% Tati). In der RSFSR können sich nur 21,3% in ihrer eigenen Sprache (sei es als erste oder zweite Sprache) ausdrücken und in der Ukraine nur 20,3%.

Bestätigt nun die Religionsausübung – ein anderes Merkmal nationaler Identifizierung, auch wenn sie als solche von der Sowjetunion nicht anerkannt wird – die sprachlichen Tendenzen, oder kompensiert sie sie im Gegenteil? In einem Ende der sechziger Jahre verfaßten Artikel[50] hat Zwi Gitelman eine sehr pessimistische Meinung über die Lage der sowjetischen Juden ausgedrückt: »Die jüdische Religion nimmt vielleicht noch rascher als die anderen Religionen in der Sowjetunion ab.« Diese Behauptung stützte sich vor allem auf die konkreten Zahlen der religiösen jüdischen Gemeinden: nur sechzig Synagogen waren damals geöffnet. Es gab keine zentrale religiöse Organisation, die eine Zeitschrift, Gebetbücher oder die Bibel herausgegeben hätte. Es gab keine Möglichkeiten, Rabbiner auszubilden, und auch keine Möglichkeit für die Juden, koschere Nahrung, wie es das jüdische Gesetz vorschreibt, zu erhalten. Informationen aus jüngster Zeit[51] korrigieren dieses trübe Bild freilich einigermaßen. Heute dürften etwa neunzig Synagogen geöffnet sein[52], von denen 62 tatsächlich auch identifiziert worden sind. Aber wie immer man es nimmt, es handelt sich hier um lächerliche Zahlen bei einer Gemeinschaft, die mehr als drei Millionen Menschen umfaßt. Dies ist der Grund, warum die Experten so außerordentlich pessimistische Schätzungen anstellen hinsichtlich der Zahl der Juden, die wirklich noch ihre Religion ausüben[53]. So sehen also die Dinge aus: eine jüdische Gemeinschaft, die sich sprachlich sehr rasch russifiziert und ihren Glauben verliert, oder doch zumindest aufhört, ihn auszuüben. Unter diesen Umständen kann man wohl schließen, daß die Assimilierung der jüdischen Gemeinschaft in vollem Gange ist. Die Gründe hierfür sind durchaus verständlich. Die Juden leben in erster Linie in Städten[54], eine Umgebung, die unter allen Umständen die Assimilierung erleichtert. Es war die Politik der Sowjets in den dreißiger Jahren, die Juden aus ihren traditionellen Lebensräumen in die großen Städte umzusiedeln, die ihnen früher – unter dem Zaren – verschlossen waren. Indem man sie verstädterte, öffnete man ihnen auch die Möglichkeiten, Berufe zu ergreifen, die ihnen bis 1917 verboten waren – der Staatsapparat und die Partei, der Verwaltungsapparat, die Armee usw. Man forderte sie auf, als Antwort auf diese berufliche Veränderung die russische Kultur anzunehmen. Sie gerieten dadurch in einen Prozeß, den Annie Kriegel sehr zutreffend »die Russianisierung« nennt, der zugleich aber auch den Zugang zu der modernen Welt bedeutete[55]. Trotz der Grenzen dieser Russianisierung war eines ihrer Ergebnisse die Einfügung der Juden in ein geographisches und soziales Milieu, das die

Wiederentstehung geschlossener Gemeinschaften nicht begünstigte. Es ist bezeichnend, daß die Juden sich sprachlich am meisten in ihren neuen Siedlungsgebieten russifizierten und ihrer eigenen Sprache am treuesten in den alten Wohngebieten blieben. Schließlich ist es klar, daß die Kulturpolitik, die in bezug auf die Juden angewandt wurde, nicht dazu angetan war, ihre sprachliche Identität zu erhalten. Trotz ihres nationalen Status besitzen die Juden keine eigenen Schulen mehr, wie die anderen nationalen Gruppen, und es gibt auch in den von jüdischen Kindern besuchten sowjetischen Schulen keinerlei Unterricht in Jiddisch. In Birobidschan hat die Regierung unter dem Vorwand, daß nur eine sehr kleine Zahl von Juden in diesem Gebiet lebt[56], keinen Unterricht in der nationalen Sprache eingeführt. Außerdem wird betont, daß es auch keinerlei ausreichende Wünsche in dieser Richtung gibt. Da die Juden jene Volksgruppe sind, die in der Sowjetunion den höchsten Grad der Bildung erreicht[57], so geht daraus zugleich hervor, daß dieser außerordentlich hohe Grad von Ausbildung einen ebenso großen Grad von sprachlicher Russifizierung mit einschließt.

Diese Tatsachen, das Verschwinden der eigenen Sprache, das geringe Maß von Religionsausübung, haben einen westlichen Journalisten im Jahre 1962 dazu gebracht, folgende Schlußfolgerung zu ziehen[58]: »Jede Hoffnung auf eine Wiedererrichtung einer lebendigen jüdischen Gemeinschaft kann nur auf den Glauben, nicht aber auf die derzeitigen Realitäten gegründet sein.« Dennoch läßt sich, betrachtet man die nationale Situation, nicht verleugnen, daß es in der UdSSR ein jüdisches Problem gibt. Es ist sogar unübersehbar, daß dieses Problem an Gewicht zunimmt. Merkwürdigerweise gehen die sprachliche Russifizierung und das Verschwinden der Religion Hand in Hand mit einem Ansteigen einer jüdischen Bewegung, die vor allem durch die dringende Suche nach nationaler Identität und durch deren Wiederentdekkung charakterisiert ist. Diese jüdische Wiedergeburt zeigt sich auf dem Gebiet der zugelassenen Kultur, auf dem Gebiet des Hebräischen, das nicht zugelassen ist, auf jenem der Religion und auf dem Wunsch nach Auswanderung.

Auf dem offiziellen Gebiet der Kultur gibt es neue Initiativen, um den Juden ihre seit langem vergessene sprachliche und kulturelle Erbschaft wiederzugeben. Um hier voranzukommen, bedient sich die jüdische Gemeinschaft der Bibeltexte. Die Sowjetführung behauptet, daß niemand den Juden verbiete, falls sie dies wünschen, Jiddisch zu studieren. Und es scheint, daß die Juden der Sowjetunion im Begriff sind zu zeigen, daß sie gerade dies wollen. Müde, auf Zugständnisse auf diesem Gebiet zu warten, haben sie sich den wenigen eigenen Kulturorganen zugewandt, die sie besitzen[59]. Die Zeitung »Sovetish Heimland« ist teilweise in ein Unterrichtsorgan des Jiddischen verwandelt worden. Ein entsprechendes Alphabet und auch Teile einer Art von Lesebuch sind veröffentlicht worden[60]. Diese Zeitschrift wirkt auch als ein Koordinator des jüdischen kulturellen Lebens und veröffentlicht die besten Zeugnisse der heutigen jüdischen Kultur in der Sowjetunion. Sie ist bemüht, jüdische Literatur zu ermutigen und ihr ein entsprechendes Echo zu verschaffen. Sie koordiniert auch die künstlerischen Aktivitäten der Juden (ein jiddisches Theater in Moskau, verschiedene Theatergesellschaften, auch Amateure, sowie Orchester und Ausstellungen). Häufig werden die Grenzen der Legalität überschritten, besonders, soweit es sich um den Unterricht im Hebräischen handelt, das sich in einer sehr zwiespältigen Situation befindet, weil es nicht als Sprache der jüdischen Gemeinschaft in der UdSSR anerkannt wird. Ohne Zweifel wird Hebräisch in der Sowjetunion unterrichtet, aber es handelt sich da um einen spezialisierten Unterricht von hohem Niveau – orientalische Sprachen – und nicht um einen Unterricht nationalen Charakters. Da das Hebräische an die Religion gebunden ist, so scheint es sich hier um einen Versuch zu handeln, ein illegales[61] Unterrichtsnetz für Hebräisch aufzubauen. Die Juden hatten vergeblich versucht, im Dezember 1976 in Moskau ein Symposium über jüdische Kultur abzuhalten. Aus dem dafür erarbeiteten Material geht hervor, daß es gegenwärtig in der Sowjetunion mehrere Zentren für den Unterricht in Hebräisch gibt. Die jüdische Kultur wird auch von zwei inoffiziellen Organen getragen, eines heißt »Evrei v SSSR« (Juden in der UdSSR) und »Tarbut« (Kultur), die sich bemühen, die Juden mit ihrer Geschichte, ihrer Kultur und der jüdischen Kultur innerhalb der Sowjetunion sowie den Problemen der Auswanderung bekannt zu machen. Der Versuch, jene Konferenz abzuhalten, beweist die Entwicklung der kulturellen jüdischen Aktivitäten und den Wunsch, sie so gut wie mögich in den Rahmen der Sowjets einzufügen. Diese verbotene Konferenz, die weltweite Aufmerksamkeit auf sich gezogen hatte, hat noch ein anderes Problem aufgezeigt: den Willen der Juden, sich selbst wiederzufinden, ihre Identität zu definieren. Aber ohne mit der nichtjüdischen Welt zu brechen. Weil sie sehr hohe Bildung besitzen und weil sie beruflich auf hohem Niveau stehen, sind die Juden nicht bereit, sich in einen der Vergangenheit angehörenden Judaismus einschließen zu lassen. Sie suchen ihre Identität in der Sprache ihrer Vorfahren, nicht aber eine Sprache, die das Russische ersetzen soll. Es ist auch nicht unbedingt eine Rückkehr zum Glauben ihrer Väter, wenn sich in letzter Zeit immer häufiger viele junge Juden anläßlich der jüdischen Feste, besonders des Simchat-Torah, an den

Gebetsstätten versammeln. Zumeist ist es für sie der Wunsch, die eigene wahre Identität und die Zugehörigkeit zu einer eigenen Geschichte und einer eigenen Kultur wiederzufinden.

Die Emigration ist die spektakulärste Kundgebung der jüdischen Sache. Die Zahlen sind bekannt. Seit 1971, dem Jahr, in dem die Emigration zu einem Massenphänomen geworden ist, haben mehr als 100000 Juden die UdSSR verlassen, um nach Israel, zumindest als einer ersten Phase, auszureisen[62].

Betrachtet man Alter und Herkunft der Emigranten, so ist man durch zwei Feststellungen überrascht, die einander auf den ersten Blick zu widersprechen scheinen. Im Schnitt sind die Emigranten jünger als die jüdische Gemeinschaft in der Sowjetunion (zumindest soweit es die letzte Volkszählung dargelegt hat). Sie sind viel näher der russischen Bevölkerung als der jüdischen, was die Altersstruktur anbelangt[63]. Außerdem kommt die Emigration vor allem aus den baltischen Ländern und aus Georgien, wo die Juden weit weniger assimiliert sind, als aus dem Herzen Rußlands, das nur sehr wenige Emigranten beistellt. Der Widerspruch liegt darin, daß man glauben sollte, daß gerade die jüngeren Leute am besten assimiliert sind. Aber die Emigranten sind eben jung und kommen aus den am wenigsten assimilierten Gebieten. Daraus läßt sich aber nicht der Schluß ziehen, daß die Juden aus den zentralen Gebieten weniger den Wunsch haben, auszuwandern, oder daß dieser Wunsch nur dort zum Ausdruck kommt, wo die Anpassung am schlechtesten verwirklicht worden ist. Die Sowjetmacht praktiziert eine sehr selektive Politik hinsichtlich der Erlaubnis zur Auswanderung. Sie versucht systematisch, die Ausreise von Personen mit hoher Bildung und solchen, die sehr weitgehend russifiziert sind, zu verhindern. Die jüdische Auswanderung ist, angesichts der Schwierigkeiten und der Tragödien, die sie im allgemeinen begleiten[64] – eine Erscheinung, die nicht zu leicht genommen werden darf. Sie führt zu zwei Fragen: Was unterscheidet den Auswanderungswilligen von jenem, der bleiben will? Ist der Wille zur Auswanderung entscheidend für das Nationalbewußtsein? Auf diese Frage hat Zwi Gitelman versucht, in Befragungen sowjetischer Juden in Israel eine Antwort zu erhalten. Er ist dabei zu dem Schluß gekommen, daß es weder hinsichtlich der Sprache noch der Religion eine klare Unterscheidung zwischen den Emigranten und den in der UdSSR zurückgebliebenen Juden gibt. Auch die Emigranten hätten sich in das Leben in der Sowjetunion eingliedern können, doch empfanden sie ein tiefes Unbehagen angesichts des latenten Antisemitismus in der UdSSR[65]. In ihrer Mehrzahl hatten sie sich aber in jenem Land mehr oder weniger als Fremde gefühlt. Gitelman stellt abschließend bei den ausgewanderten Juden eine hohen Grad von Sozialisation fest, ganz abgesehen von den Motiven, die zu ihrer Auswanderung geführt haben, etwa Ablehnung des gesamten politischen Systems oder gewisser Aspekte desselben, national-jüdische Überlegungen oder auch materielle Gründe. Der nationale Gedanke oder auch der Wunsch, in einer jüdischen kulturellen Umgebung zu leben, spielte eine bedeutende, wenn auch keine ausschließliche Rolle. Um dies zu verstehen, genügt es festzustellen, daß 1975 fast 50% der Auswanderungswilligen nicht nach Israel gehen wollten[66]. Die sich in jüngster Zeit vergrößernde Zahl jener, die man in Israel die *Noschrims* nennt, bezeugt sichtlich eher einen systematischen Willen, auszuwandern, als ein fanatisches Nationalgefühl. Diese komplexen Tendenzen im Schoß der jüdischen Gemeinschaft sind tatsächlich nur ein Spiegelbild einer außergewöhnlichen Situation und Entwicklung in der Sowjetunion. Die Juden befinden sich dank ihrer hohen Bildung und ihrer Verstädterung in Lebensumständen, die ihre Assimilation sehr begünstigen. Trotz gewisser Diskriminierungen in beruflicher Hinsicht sind sie doch in den intellektuellen und sogar den politischen Sparten sehr gut repräsentiert. In diesem Zusammenhang ist interessant, daß 1976 294774 Juden Mitglieder der KPdSU waren, das sind 1,9% des gesamten Mitgliederstandes der Partei. Das bedeutete aber, daß mehr als 13,7% der jüdischen Gemeinschaft Parteimitglieder waren, mit anderen Worten, daß von allen Volksgruppen der UdSSR die Juden am besten in der Partei vertreten waren[67]. Auch Mischehen bedeuten ein starkes Instrument der Assimilierung. Man schätzt im allgemeinen, angesichts des Fehlens genauer Angaben, daß etwa 30% der Juden außerhalb ihrer Gemeinschaft heiraten und daß die Kinder sehr häufig bei der Wahl einer Nationalität jene des russischen Elternteils annehmen[68]. Doch diese von allen Juden akzeptierte kulturelle und soziale Integration scheint in zwei Richtungen zu führen. Einige assimilieren sich total, andere wieder wenden sich ihrem eigenen Volk, dessen Wertsystem und dessen Solidarität zu. Das erklärt auch, warum die Synagogen sich mit jungen Leuten füllen. Sie sind ein privilegierter Ort der Identifizierung mit dem Judentum.

Das Anwachsen des jüdischen Nationalgefühls, das in den letzten Jahren eine unbestreitbare Tatsache ist, bildet für die Sowjetmacht ein Problem. Diese Rückkehr zu den eigenen Wurzeln ist deshalb besonders dramatisch, weil sie eine Gemeinschaft betrifft, die sich schon seit zwei Dezennien auf dem Weg der Akkulturation zu befinden schien, das heißt der kulturellen Anpassung. Besonders dramatisch auch deshalb, weil es sich hier um den Teil der sowjetischen Bevölkerung mit dem höchsten Grad an Bildung und Urbanisierung handelt. Dramatisch schließlich auch deshalb, weil diese Entwicklung im Gegensatz zu allen bisherigen Erfahrungen über die Verbindung zwischen Modernisierung und Abschwächung des Nationalbewußtseins steht.

Die Wiedergeburt einer jüdischen Gemeinschaft scheint auf der Religion zu basieren. Handelt es sich hier wirklich um ein religiöses Phänomen im Rahmen einer allgemeinen Wiederbelebung des Religiösen innerhalb der sowjetischen Gesellschaft? Oder wird hier nur das Religiöse als Kriterium der nationalen Identifizierung benutzt? Sicherlich enthalten beide Hypothesen ein Körnchen Wahrheit. Einerseits ist es klar, daß in einem Klima der Suche nach Religion, das die Sowjetunion von heute charakterisiert, das Judentum nur aus eigener Kraft neu erstarken konnte; andererseits trägt der Fortschritt des Judentums dazu bei, das Interesse für Religion in der Sowjetunion zu vergrößern. Es ist aber fraglich, wie stark dieses Nationalbewußtsein der Juden tatsächlich ist. Annie Kriegel hat mit Recht angemerkt, daß die Politik Stalins in einem bestimmten Moment die Entwicklung der jüdischen Gemeinschaft in eine Sackgasse geführt hat. Darf man daraus ableiten, daß diese Diskriminierung der Juden, diese grundlegende Zweideutigkeit der sowjetischen Politik, die zwar einen legalen Status für die Juden schuf, aber ihnen die Rechte einer jüdischen Nation verweigerte, den Ursprung eines defensiven oder negativen Nationalismus bildete? Oder ist es so, daß im Zuge der Modernisierung eine Volksgruppe wieder zu ihren Besonderheiten zurückfindet und das alles in einer positiven Art mit der erworbenen Modernität kombiniert? Auch hier gibt es zwei Hypothesen als Antwort. Es ist klar, daß die kulturelle Diskriminierung der jüdischen Gemeinschaft zu der Suche nach ihrer wahren Identität führte. Anders behandelt als die anderen, haben die Juden würdevoll ihr Anderssein bekräftigt und nach den wahren Motiven gesucht. Aber dank einer hohen Bildung, die sie in die allgemeine Kultur integrierte, haben die Juden natürlich ihre eigenen Werte und die Hervorbringungen ihres eigenen Genies dieser Kultur vermittelt. Selbst wenn man das jüdische Nationalgefühl als einen bloß negativen Reflex betrachten wollte – und nichts rechtfertigt das –, so wäre doch die Realität dieses Nationalgefühls und seine ständige kraftvolle, öffentliche Betonung eine der Komponenten der heutigen sowjetischen Wirklichkeit. So wird bezeugt, daß auch eine ihres Territoriums und ihrer Kultur beraubte Gemeinschaft, die an einer totalen Assimilierung interessiert ist, doch eine Nation bleiben oder wieder werden kann. Das Nationalbewußtsein, das Gefühl, zu einer besonderen Gruppe zu gehören, sind nationale Kriterien, ohne Zweifel subjektiv ihrer Natur nach, aber ebenso kraftvoll wie die objektiven Faktoren (Territorium, Sprache), die die sowjetische Ideologie als die einzig entscheidenden Charakteristika der Nation betrachtet. Die Heimatlosen der UdSSR, Juden, Tataren oder Deutsche, zeigen alle auf verschiedenen Wegen, daß die Integration der Nationen in der Sowjetunion durch die Mißachtung der nationalen Rechte nicht begünstigt wird, daß diese Mißachtung in den verschiedensten Situationen nicht zur Resignation führt, sondern zu einer Selbstbestätigung und zu Konfrontationen.

Die Rebellen

Von allen Völkern der Sowjetunion haben wohl die Georgier ihren nationalen Charakter am besten bewahrt. Sie haben sich auch stets am offensten und am vehementesten aufgelehnt, wenn es darum ging, einen Angriff auf ihre althergebrachten Sitten abzuwehren. Die Kraft der georgischen Nation hat verschiedene Quellen. Vor allem der Zusammenhalt auf dem eigenen Boden: die 3 130 741 Georgier, die man 1970 in Georgien gezählt hat, stellen 66,8% der Totalbevölkerung der Republik dar. Sie sind auch der Hauptteil der gesamten georgischen Nation, deren Diaspora nur 3,5% beträgt. Eine lange Geschichte, eine Christianisierung, die schon im vierten Jahrhundert stattgefunden hat, und eine Unabhängigkeit, die stets bedroht war, haben eine Nation geschmiedet, die ihren Traditionen und ihrer Kultur leidenschaftlich anhängt. Das Nationalgefühl widerspiegelt sich in der sprachlichen Situation Georgiens. Alle Georgier, die in ihrer Republik leben, und 62% von jenen, die sich außerhalb befinden, sind ihrer Muttersprache treu geblieben. Ihr eigenständiges Leben wird durch den weitgehend nationalen Charakter der Ausbildung, den die Georgische Elite erfährt, verstärkt. Die Georgier befinden sich an der Spitze der Skala, was die Zahl der Studenten betrifft, die eine höhere Ausbildung erhalten[69]. Höchst bemerkenswerterweise wird auch der Unterricht an den höheren Schulen, ja sogar an den technischen Anstalten sehr häufig in Georgisch erteilt. Wenn man hinzufügt, daß die Georgier, zusammen mit den Armeniern, die einzigen sind, die sich ihre eigene Schrift erhalten haben, so versteht man, daß ihre nationale Elite gegen jeden Einfluß einer fremden Kultur gefeit ist. Seit 1972 vermehren sich die Hinweise auf eine ernste Krise zwischen Georgien und der Zentralsowjetmacht: latente Krise, Säuberungen, Aufflammen des Volkszornes, Terrorismus. Es ist eine Situation, die in der Sowjetunion verhältnismäßig selten ist.

Alles hat 1972 mit einer politischen Säuberung begonnen, deren

Vorwand die Korruption der führenden Persönlichkeiten war. Weder die Korruption noch die illegalen wirtschaftlichen Praktiken waren in Georgien irgend jemandem unbekannt und es gab niemand in der UdSSR, der davon nichts gewußt hätte. Sie hatten ihre Wurzeln in illegalen Praktiken, die in der UdSSR ganz allgemein verbreitet waren[70], in dem aufrührerischen Geist der Georgier und einer gewissen südlichen Phantasie. Im Frühjahr 1972 hatte das Zentralkomitee der KPdSU plötzlich erklärt, in Georgien laufe alles sehr schlecht, es gab ein Dekret heraus, das die Führer der Republik kritisierte[71]. Darauf folgte der Sturz des Ersten Sekretärs, Mjavanadse, eines tatsächlich sehr korrupten Mannes, und seine Ersetzung durch einen Mann, der vor allem Polizeierfahrung besaß, namens Schevarnadse, der sich auch sogleich auf die Unterdrückung der illegalen Praktiken warf. Trotz einer massiven Säuberung der politischen und wirtschaftlichen Kader schien der neue Erste Sekretär den Erwartungen des Zentralkomitees nicht genug entsprochen zu haben. Im Juni 1976 beglückwünschte ihn das ZK zwar zu seinen Bemühungen, stellte aber in einem neuen Dekret fest, daß noch sehr viel »zu tun bleibe, um die Kommunisten und Arbeiter politisch-ideologisch wieder aufzurichten«[72]. Zum selben Zeitpunkt erklärte K. Ketiladse, der Innenminister der Republik, daß die Korruption in allen ihren Formen weiterblühe[73]. Vier Jahre Untersuchungen, Kritiken, Säuberungen scheinen die georgische Szene so wenig geändert zu haben, daß im November 1976 das ZK der KP von Georgien eine zwei Tage dauernde Konferenz abhielt, um zu untersuchen, wie die Verwaltungsorgane an der Reinigung des Augiasstalles mitgewirkt hätten. Die Schlußfolgerungen aus diesen Beratungen hatten einen außerordentlich pessimistischen Ton. Die Organe der Verwaltung waren offenbar weit davon entfernt, einen entscheidenden Erfolg in »dem Kampf gegen das Verbrechen und zur Wiederherstellung der öffentlichen Ordnung«[74] errungen zu haben. Von Jahr zu Jahr wurden die Befürchtungen der Partei größer. Hatte es sich 1972 nur um »Korruption« gehandelt, so 1976 bereits um die »öffentliche Ordnung«. Im Februar 1977 schien diese Ordnung so sehr bedroht, daß das georgische ZK eine neuerliche Zusammenkunft von zwei Tagen veranstaltete, um eine Bilanz der Tätigkeit der Administration zu ziehen. Hier wurden alle herangezogen, die mit diesen Fragen befaßt waren: der Oberste Staatsanwalt der Republik, L. Talakvadse, der Innenminister Ketiladse, der Justizminister Tschutschanatschvili. Wie das vorhergehende Seminar dieses Typs wird auch dieses damit geschlossen, daß kein rechter Schwung bei der Wiederherstellung der Ordnung in Georgien bestehe und daß sowohl die Verwaltung als auch einzelne Personen an diesem Zustand schuldig seien[75]. Es ist interessant, daß selbst die Organe der Sicherheit und der Justiz der Kritik nicht entgangen sind, sondern der Nachsicht jenen gegenüber beschuldigt werden, die die öffentliche Ordnung stören[76].

Was rechtfertigt nun diese immer wiederholten Beschuldigungen einer illegalen Tätigkeit der Georgier? Ohne Zweifel ernsthafte Vorfälle. Der erste ereignete sich 1973. Am 9. Mai brannte das Opernhaus von Tbilissi ab. Wenn auch ein Brand an sich nichts Sensationelles ist, so verdient dieser doch einige Aufmerksamkeit durch die Sonderbarkeiten, die ihn begleiteten. Zunächst herrschte großes Schweigen um das Ereignis, das erst durch den Prozeß gegen sieben Brandstifter im Jahre 1977[77] gebrochen wurde. Der Prozeß erhielt eine außerordentlich große Publizität – ebenso groß wie verspätet – trotzdem wurde niemals erklärt, warum diese Leute den Brand gestiftet hatten[78], wer die Sache organisierte und welche Erklärung es für das Ganze gab. Die unbekannten Tatsachen in diesem Prozeß sind um so interessanter, als er zu einer Serie von drei Prozessen gehört, von denen zwei ein außerordentlich folgenschweres Ende hatten. Im ersten Prozeß war V. Ivanja angeklagt, wiederholt Bomben in öffentlichen Gebäuden gelegt zu haben. Er wurde zum Tod verurteilt. Zwar hielt es die Presse für richtig, über die Gründe, die Ivanja zum Terrorismus getrieben hatten[79], nichts auszusagen, aber in ganz Georgien breitete sich das Gerücht aus, daß er seine Attentate als Demonstrationen der Opposition gegen die Russifizierung seines Landes erklärt habe. Etwa zur gleichen Zeit beendeten zwei Todesurteile den Prozeß gegen eine »Gang« von Banditen und Rauschgiftsüchtigen, die einen Leutnant der Miliz getötet hatten. Auch hier wird eine einfache Erklärung gegeben: das Rauschgift, asoziales Verhalten und vor allem das Fehlen eines »guten Einflusses durch die Familie«[80]. Auf dem Hintergrund dieser drei Prozesse zeigt sich aber eine beunruhigende Realität Georgiens. Hier werden wirklich Polizisten getötet, hier legt man Sprengstoff in öffentliche Gebäude, man zündet die Oper an, weil sie direkt gegenüber dem Gebäude des Zentralkomitees steht. Es handelt sich nicht um einmalige Ereignisse, sondern um wiederholte Kundgebungen, die die Unruhe der Georgier ausdrücken, angesichts einer »antikorruptionistischen« Kampagne, die sie aber in Wirklichkeit nur als einen Vorwand betrachten, um die georgische Nation moralisch zu schwächen. Die Georgier sind überzeugt, daß alles nur geschieht, um eine Säuberung in der Führungsschichte zu erlauben, mit dem Ziel, neue Führungskräfte einzusetzen, die sich gegenüber der Zentralmacht gefälliger erweisen, natürlich können dies auch russische Kader sein. Wie solche Änderungen vor sich gehen, zeigt das Beispiel des Präsidenten des georgischen Obersten Sowjet. Im Januar 1976 wurde der Präsident Dsotsenidse, der das Amt seit 1959 innehatte, abgesetzt und durch seinen Landsmann Gilaschvili[81] ersetzt. Äußerlich eine normale Operation, denn der alte Präsident wurde zur gleichen Zeit[82] in das Präsidium der Akademie der Wissenschaften gewählt. Eine normale Operation, die nichtsdestoweniger einen Rückschlag in der sozialen Hierarchie für den einen und Aufstieg für den anderen bedeutete. Das Abnormale lag aber in der Tatsache, daß sich dieser Wechsel in einem allgemeinen Klima der Absetzungen und Ernennungen vollzog und knapp einen Monat nach der Session des Obersten Sowjets von Georgien, welcher Zeitpunkt wohl der beste für solche Veränderungen gewesen wäre. Betrachtet man die Biographie der beiden Männer, so scheint sie einige Erklärungen für das Geschehen zu geben. Dsotsenidse war der Prototyp des politischen nationalen Führers, dessen ganze Karriere sich in Georgien abgespielt hat. Gilaschvili ist weit mehr dem Zentrum verbunden und hat mehrere Jahre im Apparat des Zentralkomitees der KPdSU in Moskau gearbeitet, wo er im besonderen mit den Angelegenheiten der KP der Moldau befaßt war.

Finden die Georgier solche Veränderungen im Führungsapparat der Republik nur aufregend, so gibt es einen Bereich, der sie massiv mobilisiert, und das ist die Verteidigung ihrer sprachlichen Rechte. 1976 haben die georgischen Intellektuellen, wie wir schon an anderem Ort gehört haben, heftig gegen das Vordringen der Russifizierung protestiert. Die Verfassung hat ihnen die Gelegenheit zu einer Auseinandersetzung gegeben, aus der sie als Sieger hervorgegangen sind. Auch hier sind die Tatsachen einfach. Mitte April 1978 marschierte eine demonstrierende Menge durch die Straßen von Tbilissi. Es war eine große Kundgebung, so ernst, daß kurz danach der stellvertretende Direktor des KGB K. Piljugin seines Amtes enthoben wurde[83]. Der Grund für diese Stunden dauernden heftigen Demonstrationen waren Projekte, um den Status der georgischen Sprache zu schwächen. Ein Entwurf für eine neue republikanische Verfassung, veröffentlicht im März 1978, hatte jenen Artikel nicht enthalten, der in der vorangehenden Verfassung (Artikel 173) enthalten war und der ausdrücklich das Georgische als offizielle Sprache der Republik erklärte. Das Fehlen des Artikels im neuen Text betrachteten die Georgier als eine eindeutige Unterdrückung ihrer Rechte. Sie hatten den Tag, an dem die Autoritäten der Republik über die Verfassung diskutierten, gewählt, um in starker und massiver Form ihre Ablehnung des Projektes zu demonstrieren. Angesichts des öffentlichen Protests[84] zog die Sowjetmacht ihren Plan zurück und fügte in den endgültigen Text[85] den folgenden Absatz (Artikel 75) ein: »Die

Staatssprache der Sozialistischen Sowjetrepublik von Georgien ist das Georgische.« Als Sieger in diesem Verfassungskonflikt haben die Georgier in ihre Revolte auch ihre Nachbarn im Kaukasus mit hineingezogen, die wie sie nun eine offizielle Bestätigung ihrer sprachlichen Rechte erhalten haben. Dies hat besonderes Interesse für Aserbaidschan, wo, trotz beträchtlicher Anstrengungen, die russische Sprache auf allen Ebenen des Unterrichts einzuführen[86], die Bindung an die kulturelle Welt der Turkvölker doch sehr stark bleibt. Trotz der Verschiedenheiten in den Formen und dem Ausmaß des nationalen Zusammenhaltes bleibt der Kaukasus eine Bastion gegen die Integration. Und besonders den Georgiern ist alles recht, um diese Ablehnung der Integration zu demonstrieren: Terrorismus, Massendemonstrationen, aber auch durch den Sozialismus verbotene wirtschaftliche Praktiken[87], die Bindung an lokale Traditionen, sei es religiöser oder bloß volkstümlicher Art[88], und schließlich die Sabotage der offiziellen Anweisungen durch die Kader selbst[89].

Die »feindlichen Brüder«

Den »Heimatlosen« der Sowjetunion, den revoltierenden Georgiern, den schlecht integrierten Völkern ist gemeinsam ein hoher Grad an Bildung und die Zugehörigkeit zu einer Welt, die kulturell der slawischen völlig fremd ist. Eine Ausnahme bilden nur die Juden. Aber genügen die slawische Solidarität und ein sozial-kulturelles Niveau, das dem der Russen mehr oder weniger vergleichbar ist, um eine leichtere Assimilierung zu sichern? Die Entwicklung des ukrainischen Nationalismus läßt daran zweifeln. Dieser Nationalismus ist im Gegensatz zu jenem der Georgier in seinen gegenwärtigen Formen jüngeren Datums. Ohne Zweifel hatte die Revolution von 1917 einer nationalen Bewegung freie Bahn gegeben, die der Romantizismus des 19. Jahrhunderts ermutigt und geformt hatte. Aber 1917 blieb der Nationalismus eine Mischung aus verworrenen eigenen Ideen einer kleinen Intelligenzschicht und den vagen Hoffnungen einer hauptsächlich bäuerlichen Gesellschaft. Die Städte, bewohnt von einer weitgehend modernisierten Bevölkerung, waren dagegen für die russische Kultur gewonnen und sahen in den nationalen Bestrebungen nur einen Hemmschuh des Fortschritts der Gesellschaft. Dieses relative Fehlen eines nationalen Zusammenhaltes und die Politik der »Ukrainisierung«, die von der Sowjetmacht bis zu Beginn der dreißiger Jahre praktiziert wurde, haben zu einer fortschreitenden Integration der Ukraine in die Union beigetragen. Trotz der

Tragödien der Kollektivierung und des Krieges[90] hat die Ukraine Schritt für Schritt die Position eines privilegierten Partners der RSFSR in der Föderation angenommen, besonders nachdem 1954 Chruschtschow und danach Breschnew sich mit Leuten umgaben, die ihre Karriere in der Ukraine begonnen hatten und auf diese Weise nach und nach den Gipfel der Sowjetmacht ukrainisierten. Der »ältere Bruder« der Völker der Sowjetunion schien nun einen brillanten »jüngeren Bruder« zu besitzen, der ihm der Dimension, der gesellschaftlichen Struktur und vor allem der Kultur nach näher stand als die anderen Völker.

Ohne Zweifel bekam man Mitte der sechziger Jahre in der Ukraine auch Stimmen zu hören, die eine andere Meinung vertraten. Diese Stimmen sind deshalb so wichtig, weil es sich in ihrem Fall nicht darum handelte, eine Meinungsverschiedenheit mit der Sowjetmacht über allgemeine Probleme zu demonstrieren, sondern darum, in der Praxis und in der Theorie die grundlegende Frage nach der ukrainischen Nation zu stellen, nach ihren Wünschen und danach, was das ukrainische Wollen von dem Wollen der sowjetischen Führung trennte. Im Dezember 1965 wandte sich Iwan Dziuba, ein junger ukrainischer Schriftsteller, an zwei seiner berühmten.Landsleute (Pjotr Schelest, damals Erster Sekretär der KP der Ukraine und Mitglied des Präsidiums des ZK der KPdSU, und Wladimir Schtscherbitski, Vorsitzender des Ministerrates der Ukraine und Kandidat für das Präsidium des ZK der KPdSU[91]. Dziuba übersandte den beiden Spitzenfunktionären ein umfangreiches Memorandum mit dem Titel: »Internationalismus oder Russifizierung«[92]. Indem er die russische und ukrainische Geschichte Revue passieren ließ, zeigte Dziuba, daß sich die ukrainische Nation auf dem Wege zu ihrer Unterdrückung befinde, zugunsten eines Rußlands, das sich mit den Farben des Internationalismus tarnt. Einige Monate später, im Jahr 1966, wandte sich der ukrainische Journalist W. Schornowil[93] an den obersten Prokurator der Republik der Ukraine, nicht um über allgemeine Probleme der Nation zu diskutieren, sondern über das Schicksal jener, die behaupteten, im Namen der Nation zu sprechen und Respektierung ihrer Rechte forderten. Von da an sah sich die ukrainische Intelligenz heftigen Angriffen ausgesetzt.

Zu der Krise der Intellektuellen kam noch von 1972 an eine politische Krise hinzu. Der bekannteste Aspekt dieser Krise ist der Sturz von Pjotr Schelest im Jahre 1972, der in Kiew ebenso mächtig gewesen war wie in Moskau und der ohne jeden Zweifel ausgeschieden wurde, weil er den Versuch gemacht hatte, den politischen Apparat seines Vaterlandes zu reukrainisieren. Der Fall dieses Schelest ist sicherlich ein Beispiel für die jüngste Entwickung in der Ukraine und verdient deshalb einige Aufmerksamkeit[94]. Bis 1963, zu welchem Zeitpunkt Schelest an die Spitze der ukrainischen KP gelangt war, wo er Podgorny ersetzte, hatte er sich wie ein vollkommen assimilierter Ukrainer betragen. Dann jedoch setzte Schelest seine Autorität ein, um die Partei und ihren ukrainischen Aspekt zu entwickeln. Die Zahl der Aktivisten der ukrainischen KP stieg weit rascher an als jene der KPdSU. Dies gab der ukrainischen Parteiorganisation ein beträchtliches Gewicht innerhalb der Gesamtpartei. Darüber hinaus widersetzte sich Schelest sowohl der Entsendung von nichtukrainischen Führungskräften in die Ukraine wie auch der Entsendung ukrainischer Kader in andere Provinzen, ein Vorgang, den die Zentralmacht im Namen der Solidarität der Nationen und des Austausches der Erfahrungen außerordentlich befürwortete. Sicherlich kann man diese Haltung auch als einfachen Wunsch betrachten, sich eine politische Bastion und eine entsprechende Anhängerschaft zu sichern. Aber Schelest zeigte auch auf zwei anderen Gebieten deutlich eine eher ukrainische als sowjetische Tendenz. Auf dem Gebiet der Wirtschaft ließ er es zu, daß immer heftigere Kritik an der wirtschaftlichen Ausbeutung der Ukraine geübt und Protest gegen die Unterordnung der Interessen der Ukraine unter jene des »Fortschritts in Sibirien« erhoben wurde. Auf dem Gebiet der Kultur war er zwar nicht in der Lage, die Intellektuellen zu schützen, da sich das Unterrichtswesen rasch russifizierte; jedoch bestand er darauf, daß mehr Veröffentlichungen in ukrainischer Sprache erschienen. Jedoch hätte bis zum Jahr 1970 nichts Anlaß gegeben, in diesem guten Verwalter der Ukraine einen glühenden Nationalisten zu vermuten. Man stelle sich die Überraschung der Zentralmacht vor, als dieser kluge Mann plötzlich auf den Gedanken kam, ein Buch zu veröffentlichen, das sein Land verherrlichte. Im Zusammenhang mit den nationalen Spannungen in der Ukraine stellte er sich damit auf die Seite der wildesten Nationalisten. In diesem Werk mit dem Titel »Unsere sowjetische Ukraine«[95] erklärt Schelest zunächst einmal, daß die Ukraine ein »integrierender Teil der UdSSR« sei. Nach dieser Einleitung glorifiziert er aber Seite um Seite die Vergangenheit, die Kultur und die Entwicklung der Ukraine. Wie in Vergangenheit und Gegenwart müsse die Ukraine ein modernisierter Nationalstaat sein und bleiben. Über die These der dauernden Entwicklung der Nationen zur Verschmelzung hin – von den Führern der Sowjetunion stets wiederholt – verliert er kein Wort. Die Sowjetführung zog rasch die Schlüsse aus dieser spektakulären Entwicklung zum Nationalkommunismus, dessen Wiedererstehen in der Ukraine sie stets befürchtet hatte[96]. Schelest, der über einen machtvollen kommunistischen Parteiapparat verfügte, wurde von Moskau aus und nicht in Kiew seiner ukrainischen Funktion enthoben, so, als ob die Zentralmacht den Beweis führen wollte, daß in solchen Krisen die Entscheidung vom Zentrum getroffen wird[97]. Der Sturz von Schelest öffnete den Weg für scheinbar begrenzte Änderungen in der ukrainischen Führung, die aber definitiv dazu führten, daß die Ukraine einen Teil ihres privilegierten politischen Status verlor. Zwar ist der Nachfolger von Schelest, W. Schtscherbitski, eindeutig ein Ukrainer, aber der Posten des Zweiten Sekretärs der KPU ist einem Russen übertragen worden, obwohl ihn seit 1949 stets ein Ukrainer bekleidet hatte.

Ist nun die nationale Krise, die sich in der Ukraine seit der Mitte der sechziger Jahre entwickelt hat, das Zeichen für die Grenzen der Integration? Oder für einen verzweifelten Versuch, die Integration zu verlangsamen? Wenn auch die Krise offenkundig vorhanden ist, so ist doch die Zukunft weit weniger klar. Es ist bezeichnend, daß die besten Kenner der Ukraine über die künftige Entwicklung sehr verschiedene Urteile abgeben. Für einige scheint die Tatsache, der »Zweite große Bruder« zu sein und weitgehend an der Macht in der UdSSR und in den anderen Republiken teilzunehmen, eindeutig darauf zu verweisen, daß die Integration weitergehen wird. Andere im Gegensatz dazu halten die zunehmend ablehnende Haltung der Ukrainer für eine neue und nicht wieder rückgängig zu machende Tatsache der sowjetischen Geschichte. Bevor man ein Urteil fällt, muß man prüfen, welches die Elemente und die Forderungen sind, die den ukrainischen Nationalismus ausmachen. Die Forderungen sind klar. Es geht um den Schutz der kulturellen Rechte der Ukrainer, um die Ablehnung einer ethnischen Vermischungspolitik durch Wanderungsbewegungen und um den Willen zur totalen Unabhängigkeit. Aber diese letzte extremste Forderung ist praktisch undurchsetzbar. Dafür kämpfen die Ukrainer ohne zu zögern für ihre kulturellen Rechte. Sind sie in dieser Hinsicht bedroht? Wahrscheinlich ja, denn die Volkszählungen weisen einen Rückgang der ukrainischen Sprache auf. Ohne Zweifel ist das Ukrainische nach dem Russischen die am weitesten verbreitete Sprache, denn 37,5 Millionen Menschen sprechen sie und davon 34,9 Millionen als Muttersprache. Aber in der Republik der Ukraine ist die Zahl jener, die Ukrainisch sprechen, von 73% im Jahre 1959 auf 69% im Jahre 1970 gesunken, während sich die Zahl der Russisch Sprechenden erhöht hat. Die Gründe für diesen Rückgang liegen hauptsächlich bei der Schulpolitik der Sowjetmacht: im Prinzip wird in der Mehrheit der Schulen – 22000 von 27000 – Unterricht in ukrainischer Sprache erteilt und nur in weniger als 5000 in Russisch. Aber diese Situation, die für die ukrainische Sprache so günstig erscheint, wird durch verschiedene Tatsachen eingeschränkt; vor allem ist das Verhältnis zugunsten der ukrainischen Schulen zu Beginn der siebziger Jahre wesentlich schlechter als Ende der fünfziger Jahre. Die Zeit scheint für den russischen Unterricht zu arbeiten. Außerdem werden in diesen Angaben die Schulen in den Städten, wo es einen zehnjährigen Unterricht gibt und eine große Zahl von Schülern, in denselben Topf mit den ländlichen Schulen geworfen, wo die Unterrichtsdauer kürzer und die Zahl der Schüler kleiner ist. Darüber hinaus sind die städtischen Schulen häufiger russisch, während die ländlichen Schulen in der Mehrheit ukrainisch sind. Zählt man nach Schülern und nicht nach Schulen[98], dann hat die Entwicklung des Unterrichtswesens in der Ukraine ungefähr diesen Kurs eingeschlagen: 1955–1956 lernen 72% der Schüler in ukrainischer Sprache und 25,9% Russisch. 1964 ist der Unterricht in ukrainischer Sprache auf 70% gefallen und 1974 auf ungefähr 60%. Noch weitaus schlechter ist die Lage des Unterrichts an den höheren Schulen, weil dort der Unterricht ausschließlich auf russisch erteilt wird[99]. So scheinen die Ukrainer auf Grund dieser Beweislage mehr als andere Völker durch den Fortschritt des Russischen bedroht zu sein. Ein weiterer Grund ist die nahe Verwandtschaft der beiden Sprachen. Für ukrainische Eltern ist es außerordentlich verlockend, ihre Kinder auf russische Schulen zu schicken, da sie wissen, daß die Kenntnis des Russischen eine der unabdingbaren Voraussetzungen für einen sozialen Fortschritt, besonders für das Aufrücken zu wirklich führenden Posten ist. Zu den weiteren Gründen gehört: die Eltern wissen, daß auch ihre russifizierten Kinder ihnen keineswegs entfremdet sein werden und sie erwarten dürfen, daß die Kinder leicht vom Russischen auch wieder ins Ukrainische überwechseln. Die Rolle, die die Ukrainer außerhalb ihrer Republik spielen und die für sie ein Anlaß zu nationalem Stolz ist, trägt auch dazu bei, sie zum Studium des Russischen zu drängen. Diese Entwicklung erklärt, warum die ukrainische Intelligenz beunruhigt ist, sehen zu müssen, wie sich in der Republik eine Zweisprachigkeit ganz besonderer Art einnistet, wobei das Russische die Sprache der Städte, das Ukrainische die des Landes und der Folklore ist. Den Eliten stellt sich das Problem der fortschreitenden Reduktion der Kultur auf den Rang einer Subkultur, die sich nur noch in einer wenig intellektuellen Umgebung und in einigen handwerklichen und künstlerischen Produktionen zeigt.

Vielleicht ist es das Gefühl, auf sprachlichem Gebiet nur begrenzten Widerstand leisten zu können, das die Ukrainer dazu bringt, sich mit solchem Eifer auf die Verteidigung ihrer Geschichte zu verlegen. Das aber verleiht ihrem Nationalgefühl eine ethnisch-territoriale Dimension, die über die Grenzen der Sowjetunion hinausgeht. Dieses historische Interesse ist auch der Grund für die Konflikte mit der Zentralmacht, für die die Geschichte der Ukraine von der Vereinigung mit Rußland dominiert wird. Indem Stalin nach Kriegsende die Ukraine durch Gebiete, die Polen, Rumänien und der Tschechoslowakei weggenommen worden waren, vergrößerte, erwartete er möglicherweise dadurch die Verschmelzung der Ukraine mit Rußland zu betreiben. Aber diese territorialen Erwerbungen trugen ganz im Gegenteil nur zum Nationalismus bei. Die Katholiken etwa, die im Jahre 1945 an die Ukraine angeschlossen wurden, sind ein Agitationsferment und blicken nach wie vor nach jenen Ländern aus, von denen sie abgetrennt worden sind. Ganz allgemein gesprochen hat die westliche Ukraine die alten Konflikte mit Polen vergessen und zeigt eine ganz besondere Empfänglichkeit für alle »abweichlerischen« Strömungen, die Polen und die Tschechoslowakei bewegen. Die Vergrößerung der Ukraine hat neue Solidarität zwischen diesem Teil der UdSSR und dem sozialistischen Europa geschaffen, die der Sowjetmacht große Härte gegenüber allen Wünschen der Osteuropäer aufzwingt, sich von dem sowjetischen Modell des Sozialismus zu befreien. Hätte die Ukraine nicht mit solcher Aufmerksamkeit die Echos aus den benachbarten Ländern, mit denen sie historisch verbunden ist, verfolgt, so würde vielleicht Moskau den Prager Frühling nicht total verdammt haben.

Die Ukraine ist eindeutig die paradoxeste Nation der Sowjetunion. Sehr ähnlich Rußland in Größe und Interessen, befindet sie sich auf dem Wege zur Russifizierung und trägt eine Menge zum allgemeinen Funktionieren des Systems bei. Aber sie renationalisiert sich ebenso schnell, wie sie sich zu entnationalisieren scheint. Es erhebt sich sogar die Frage, ob nicht die ukrainische Elite einen ukrainischen Nationalismus entwickelt, selbst ohne die Unterstützung, die normalerweise eine nationale Sprache bietet. Die nahe Zukunft wird zeigen, ob es sich hier um eine neue Definition des Nationalgefühls handelt, begründet auf politische Integration und Modernisierung der Gesellschaft, oder aber um eine Assimilierung und die letzten Zuckungen eines sterbenden Nationalismus.

*

Was bedeuten diese Krisen, die von Zeit zu Zeit hier und dort in der Sowjetunion auftreten? Und was gibt es Gemeinsames zwischen der Weigerung einer Gemeinschaft, die gegen sie gerichtete Diskriminierung hinzunehmen, zwischen der Hoffnung von etwa 300 000 Menschen, ihren heimatlichen Boden wiederzugewinnen, dem präventiven

Terrorismus einer Nation, die bisher auf keines ihrer Rechte verzichtet hat, und der ehrgeizigen Entwicklung der zweiten Nation der UdSSR, die in den anderen Republiken der rechte Arm der Zentralmacht ist, aber gegen jede russische Einmischung bei sich selbst Protest erhebt?

Diese Krisen beweisen, daß die Sowjetunion keine total einige Familie ist, in der alle Differenzen bereits verschwunden sind und Heimatgefühl zu Boden und Kultur nichts mehr wären als Erinnerungen. Diese Krisen bezeugen, daß das *sowjetische Volk* immer noch ein Konglomerat von Völkern ist. Gemeinsam ist diesen Völkern verschiedener Größe und verschiedener Situation, daß sie sich in diesen Krisen ausdrücklich gegen die Zentralmacht wenden. Sie wenden sich an die Zentralmacht in dem Wunsch, ihre Hoffnungen durchzusetzen, und bemühen sich, die Führung entweder zu überzeugen oder einzuschüchtern. Diesen Krisen ist eindeutig gemeinsam, daß sie sich im Inneren des politischen Systems der Sowjetunion abspielen und daß sie der Terminologie und dem Inhalt nach in das sowjetische Bezugssystem gehören. Betreffen diese Krisen das gesamte System? Offensichtlich nicht. Hält man sich an die sichtbaren Faktoren – offene Demonstrationen der Unzufriedenheit –, dann ist es klar, daß ein bedeutender Teil der nichtrussischen Gesellschaft nicht erfaßt wird. Dies ist, so scheint es, der Fall in der mohammedanischen Gesellschaft, die zahlreich und dynamisch ist. Ist sie das stabilisierende Element des Systems, das für die hier aufgezeigten Krisen die Kompensation bildet? Oder verdeckt diese Stabilität nur eine latente Krise einer ganz anderen Dimension, die noch weit furchtbarer für den Zusammenhalt des Ganzen ist?

VII. KAPITEL

Religion und Nationalgefühl

Das Weiterbestehen des religiösen Gefühls in der Sowjetunion oder seine Wiedergeburt sind eine sozial-kulturelle Wirklichkeit, die ebenso von den sowjetischen Behörden wie von den äußeren Beobachtern erkannt wird. Für die Sowjetführung hat diese Realität zwei Aspekte. Einerseits rühmt sie sich dessen und betont nachdrücklich, daß es sich hier um das greifbare Zeichen einer offenen und demokratischen Haltung hinsichtlich aller Überzeugungen handelt[1]. Andererseits ist die Religiosität ein Grund zu tiefer Sorge. Schon sind die Spezialorgane für antireligiöse Propaganda mobilisiert worden[2]. Diese Spezialisten des Atheismus wurden angewiesen, ihre Aktion[3] zu intensivieren. Die Presse vervielfacht ihre Appelle zur Wachsamkeit. Hauptziel dieser Anstrengungen sind die Lehrer, die man daran erinnert, daß es erste Aufgabe der Schule ist, Kommunisten zu erziehen und den künftigen Sowjetbürgern rückschrittliche, gefährliche und antikommunistische Ideen, die die Religionen mit sich bringen[4], auszutreiben. Begnügten sich antireligiöse Publikationen der Vergangenheit damit, die Religion anzugreifen und ihr unvermeidliches Verschwinden vorauszusagen, so unterstreichen sie heute deren Fähigkeit zu überleben[5] und sich auch einer durch den Sozialismus[6] veränderten Gesellschaft anzupassen. Allmählich beginnt die Sowjetführung zur Kenntnis zu nehmen, daß die religiösen Rituale auch in einer Gesellschaft, in der ansonsten die Gleichförmigkeit vorherrscht, ihre Anziehungskraft besitzen. Sie erkennt auch an, daß in einer Gesellschaft, in der die Verstädterung zu einer erhöhten Kriminalität führt, die religiöse Moral sich neben der sozialistischen Moral einen Weg bahnt, ja sogar ihren Platz einnehmen kann[7].

Indessen sind die sowjetischen Analysen hinsichtlich dieser neu entdeckten Lebenskraft der Religion weder einheitlich noch ohne Nuancen. Sie neigen dazu, die Gläubigen in zwei Kategorien einzuteilen: die »Traditionalisten«, deren religiöse Gefühle auf die Kindheit zurückgehen, und die »Konvertiten«, die zur Religion durch freie Wahl gelangt sind[8]. In die erste Kategorie versetzen die Autoren natürlich die Gläubigen der Religionen, die die meisten Anhänger zählen: die Orthodoxen und auch die Mohammedaner. In die zweite Kategorie versetzen sie Gläubige von Religionen, die, gesehen unter dem historischen

Aspekt Rußlands, eine zweitrangige Rolle spielen, wie die Baptisten und die Katholiken. Ist nun diese Einteilung berechtigt? Man kann hier keine rasche Antwort geben, ohne sich mit den gesellschaftlich-religiösen Untersuchungen zu befassen, die in der Sowjetunion durchgeführt worden sind. Das wichtigste hier ist, welche Schlußfolgerungen die Sowjetmacht aus ihnen zieht. Der religiöse Glaube wird als eine Demonstration der Zuneigung zu einer mehr oder weniger gut verstandenen Tradition gesehen und von den Sowjets als eine Art Überbleibsel, als »Relikt« betrachtet. So wird die Tatsache des Wiederauflebens der Religionen, die im gesamten Raum der Sowjetunion festgestellt werden kann, auf das hartnäckige Weiterbestehen verworrener Überzeugungen reduziert, die ein ungenügender Fortschritt in der Erziehung erklärt. Zu dieser Auslegung kommt noch eine weitere hinzu, nämlich daß die Religion ein spezifisches Phänomen darstellt, dessen politische und nationale Auswirkungen nicht klar erfaßbar sind. Hier muß man nun Fragen stellen: Sind diese Religionen wirklich nichts als Überreste einer vorsozialistischen Vergangenheit, die der Vormarsch des Kommunismus und die Erziehung vernichten werden? Sind sie in ihrer gegenwärtigen Erscheinungsform der politischen Kultur der einzelnen Nationen fremd und auch fremd dem Nationalbewußtsein? Zwei sehr verschiedene Beispiele historischer und soziologischer Art drängen sich hier auf. Die Balten, von der europäischen Tradition geprägt und in ihrer Kultur und in ihrer Wirtschaft hoch entwickelt, zeigen in bestimmten Fällen eine außerordentliche Bindung an ihre Religion. Die mohammedanischen Völker der UdSSR dagegen, die der historischen Welt des Islam zugewandt und weniger verstädtert und weniger wirtschaftlich entwickelt sind, nehmen an einer religiösen Wiederbelebung teil, die vor allem die Unterschiedlichkeiten der Kulturpolitik in der UdSSR aufzeigt.

Katholizismus und nationale Identität

Wie immer in der Sowjetunion, ist es die Führung selbst, die es für notwendig hält, Phänomene aufzuzeigen, deren Existenz sie ansonsten abstreitet. Die Religion stirbt: Durch ein halbes Jahrhundert haben Generationen junger Sowjets in der Schule gelernt, Gott zum Tode zu verurteilen. Aber plötzlich zeigen sich die Behörden verwirrt und suchen nach Mitteln, die Institutionen des antireligiösen Kampfes zu verstärken, um die wachsende Flut der Gläubigen einzudämmen. So war z. B. 1975 in Litauen die Regierung bemüht, das »Museum des Atheismus« neu zu aktivieren, und hob die Notwendigkeit hervor, die militanten Atheisten zu mobilisieren, um gegen diese Religion zu kämpfen, die nicht und nicht sterben wollte[9]. Das Interessante liegt hier in der Gegenüberstellung widersprüchlicher Elemente. Da ist einmal der wohlbekannte Widerspruch einer Politik, die einerseits behauptet, daß der *Homo sovieticus* ein Atheist oder zumindest ein Areligiöser sei, die aber andererseits ständig beträchtliche Kräfte für den antireligiösen Kampf mobilisiert. Dazu tritt nun ein zweiter Widerspruch, der den ersten erst recht unterstreicht.

Untersuchungen stellen eine unbestreitbare Gleichgültigkeit, wenn nicht Feindseligkeit gegenüber den Religionen fest. So zeigt eine Untersuchung zu Beginn der siebziger Jahre in den Schulen Lettlands[10], daß die Schüler in der Mehrheit der Religion gleichgültig gegenüberstanden (56,2%). Nichtaktive Atheisten waren 17,1%, militante Atheisten 3,5%. Freilich ist jener Teil, den man schamhaft »Abergläubische« (21,1%) nennt, weit davon entfernt, vernachlässigbar zu sein. Dazu kommen dann noch 2,1% »Unentschiedene«, deren Weigerung, Stellung zu beziehen, annehmen läßt, daß es sich um Gläubige handelt, die nur Angst haben, ihren Glauben auch offen zu bekennen.

Ob nun 21 oder 23% der jungen Sowjetbürger Gläubige sind, rechtfertigt dies die ideologische Mobilisation, die man vor allem in Litauen beobachten kann? Hier gibt es noch einen anderen Faktor: In den baltischen Republiken besteht keineswegs eine einheitliche Einstellung zur Religion, vielmehr ist der höchste Grad an religiöser Aktivität in Litauen zu finden. Dies erfordert eine Untersuchung der Gründe für den Unterschied im Verhalten innerhalb einer sonst so homogenen Region.

In den baltischen Staaten sind alle großen christlichen Religionen vertreten. In Litauen besteht eine besondere Situation, dort herrscht der Katholizismus vor, während in Estland die Mehrheit Lutheraner sind und in Lettland, angesichts einer kompakten Gruppe von Lutheranern, der Katholizismus die Minderheit bildet[11]. Von diesen drei Ländern zeigt Litauen traditionell den höchsten Grad religiöser Einheitlichkeit. In Litauen hat auch die Religion eine wichtige Rolle bei der Formung der Nation gespielt. In diesen Ländern, in denen die Bekehrung zum Christentum zu Beginn des 13. Jahrhunderts eine freiwillige war, sah die Kirche ihre Aufgabe darin, eine nationale Elite heranzubilden, die sich vor allem dem Eindringen des Deutschen widersetzen konnte. In der Zeit der Zarenherrschaft kam es zum Konflikt zwischen der Politik der Russifizierung und der katholischen Kirche sowie deren pädagogischen Einrichtungen. Bedroht in ihrer kulturellen Integrität durch die Einheitsbestrebungen der Russen, entwickelte sich das Nationalbewußtsein der Litauer mit der Kirche als Mittelpunkt, die ja auch der Ursprung ihrer kulturellen Entwicklung war. Es erstaunt daher nicht, daß in den Jahren der Unabhängigkeit eine bedeutende katholische Partei entstand, die Christlich-demokratische Partei, die in allen politischen Kombinationen eine bedeutende Rolle spielte.

In den beiden anderen baltischen Staaten hat im Gegensatz dazu die Religion einen geringeren Stellenwert. Die evangelische Kirche war hier ein Instrument der deutschen Kultur, statt ein klares Nationalbewußtsein herbeizuführen. Der Angriff der Russifizierung richtet sich hier nicht gegen die eigentlich betroffenen Nationen, sondern gegen den kulturellen Einfluß und die Autorität der Deutsch-Balten. Die eingeborene Elite, weit davon entfernt, Widerstand zu leisten, spaltete sich sogleich, da sie nicht wußte, ob ihr Interesse in einer Verteidigung der deutschen Kultur gegen die russische Kultur lag, oder ob sie im Gegensatz dazu versuchen sollte, die Russifizierung zu benützen, um den deutschen Einfluß zugunsten einer nationalen Kultur zu schwächen. Schien Rußland für das katholische Litauen eine Bedrohung der nationalen kulturellen Integrität, schien es im Gegensatz dazu in Lettland und Estland ein möglicher Verbündeter für eine nationale autonome Entwicklung zu sein. Die Unabhängigkeit verstärkte noch diese Unterschiede in der Rolle der Kirchen. In Estland nahm die Christlich-demokratische Partei einen sehr untergeordneten Platz ein. In Lettland waren die politischen Parteien religiöser Richtung zahlreich, aber ihr Einfluß war nahezu Null, weil jede einzelne für sich viel zu schwach war. So erfolgte die Sowjetisierung der baltischen Staaten in einer sehr unterschiedlichen religiösen Situation und war auch von einer ebenso unterschiedlichen religiösen Politik begleitet. Die antireligiöse Propaganda war um so hartnäckiger, als der »verspätete« Eintritt dieser Republiken in die UdSSR, zumindest in den an das Baltikum angrenzenden Gebieten, die von 1917 bis 1945 geführte Kampagne zur Zerstörung der Religionen in Frage zu stellen schien. In Estland war die Stellung der orthodoxen Kirche etwas günstiger als die der anderen Kirchen. Sie verfügte über mehrere Pfarren, und sogar ein Kloster blieb offen[12]. Ebenso konnten in Litauen orthodoxe Kirchen in Vilnius (Wilna) und Kaunas weiterbestehen. Dagegen wurden die katholische Kirche unterdrückt, die Klöster verboten, die Gläubigen verfolgt und allein in Wilna 23 Kirchen geschlossen. Dieser Unterschied der Behandlung traf aber nicht nur auf die orthodoxe Kirche zu. Auch die lutherische Kirche hat daraus in einigen Fällen Nutzen gezogen. Besonders deutlich wird dies hinsichtlich des Nachwuchses an Priestern. In der ganzen Sowjetunion bestehen für das Theologiestudium große

Hindernisse. Aber die Zahl der Inskribenten an der Evangelischen Akademie in Riga, die für die Bedürfnisse der lutherischen Gemeinden Lettlands und Estlands sorgt, ist im Verhältnis (auch die Größen der Gemeinden eingerechnet) fünf bis sechsmal so hoch als die Zahl der Studenten, denen es erlaubt ist, das katholische Seminar in Kaunas zu besuchen. Daher befindet sich die katholische Kirche Litauens in einer besonders dramatischen Situation. 1974 bestanden noch 628 katholische Kirchen, aber in 554 gab es nur je einen einzigen Priester. Das Durchschnittsalter des Klerus betrug sechzig Jahre. In zehn Jahren ist die Zahl der Priester von 850 auf 759 gesunken, während gleichzeitig die Zahl der in den Ruhestand getretenen Geistlichen ständig wächst. Die besondere Härte der Behörden gegenüber den Katholiken erklärt sich ohne Zweifel ganz allgemein aus der antireligiösen Politik, aber im besonderen durch die Wichtigkeit der Religion in Litauen und durch die politische Bedeutung der Religionsausübung.

In Estland gibt es trotz eines gewissen Rückganges immer noch an die 450 000 Gläubige, etwa ein Drittel der Gesamtbevölkerung. Die Teilnahme dieser Gläubigen am religiösen Leben ist verschieden: ungefähr 12% der Kinder sind getauft, 2,5% der Ehen werden kirchlich geschlossen, aber nahezu die Hälfte aller Begräbnisse werden von der Kirche durchgeführt. Die relativ hohe Zahl der Konfirmationen (2000 im Jahr 1969) zeigt, daß die religiöse Praxis keineswegs nur eine Sache der Alten ist, keineswegs der Angst vor dem Tod entspringt, sondern auch die Jugend anzieht, die allerdings von der Sowjetführung mit guten Ratschlägen und Drohungen überhäuft wird[13]. 1972 hat eine Delegation des lutherischen Weltbundes eine Reise durch die baltischen Staaten unternommen und über eine Anzahl von offiziellen Informationen berichtet, die den Schluß zulassen, daß die Religionsausübung zunimmt, obwohl es weniger Kultstätten und Geistliche gibt[14].

Auch in Lettland sind die Auswirkungen der antireligiösen Politik der Sowjetmacht verhältnismäßig zweifelhaft. Die evangelische Gemeinde wird hier auf etwa 300 000 Personen geschätzt, das ist nicht allzu viel (kaum mehr als ein Zehntel der Totalbevölkerung), aber die Entwicklung der atheistischen Propaganda im Verlauf der letzten Jahre[15] bedeutet wohl, daß diese Gläubigen die Führung beunruhigen. Im übrigen sind hier die Anhänger der Baptisten politisch die aktivsten.

Ein wirkliches Problem stellt aber das katholische Litauen dar. Die Bindung der Litauer an ihre Religion ist eine Tatsache, die von den sowjetischen Behörden zugegeben und von allen religiösen litauischen Quellen bestätigt wird. Der Präsident des Rates für religiöse Angelegenheiten der Republik hat kürzlich bekräftigt, daß mindestens die

Hälfte der Litauer praktizierende Katholiken sind. Die Sakramente werden in einem Ausmaß empfangen, das in den anderen baltischen Ländern unbekannt ist (50% der Kinder sind getauft, 25% der Ehen werden kirchlich geschlossen, mehr als die Hälfte der Begräbnisse erfolgen durch die Kirche. 1974 hat man 18000 Firmungen gezählt). Diese Zahlen sind um so bemerkenswerter, als die Gesetzgebung in Litauen außerordentlich repressiv ist. Zu Anfang der sechziger Jahre hat der Oberste Sowjet der Republik eine Vielzahl von Dekreten herausgegeben, dazu bestimmt, die Religionsausübung der Jugend zu behindern und sie von den religiösen Autoritäten völlig zu isolieren[16].

Trotz dieser Einschränkungen muß die Führung anerkennen, daß der katholische Glaube unausrottbar scheint, selbst wenn man die Litauer aus ihrer Heimat reißt und sie in einem fremden Milieu isoliert. Dies gilt für die Litauer, die – freiwillig oder gezwungen – in Kasachstan angesiedelt worden sind und deren religiöses Verhalten sich in nichts von dem der Glaubensbrüder in Litauen unterscheidet[17].

Die Bindung der Litauer an ihre Religion zeigt sich auch im besonderen Verhalten auf dem Gebiet der Bevölkerungsbewegung. Von allen Völkern der westlichen Sowjetunion ist die Geburtenrate der Litauer die günstigste. Trotz der Kriegsverluste, der Überalterung der Bevölkerung und einer steigenden Sterblichkeitsrate, nimmt doch das Verhältnis *Kind:Frau* von 1970 an, verglichen mit 1959, leicht zu und ist jenem in den anderen baltischen Staaten, in Rußland, in der Ukraine und Weißrußland deutlich überlegen. Wenn die anderen europäischen Völker, mit Ausnahme der Russen, sich auf dem absteigenden Ast befinden, so ist die litauische Demographie durch eine relative Stabilität charakterisiert. Die feste Haltung der katholischen Hierarchie gegenüber dem Problem der Geburtenbeschränkung im Vergleich zu der nachsichtigen Haltung der anderen Kirchen ist sicher für diese besondere Situation in Litauen mit verantwortlich. Es ist auch nicht weiter erstaunlich, daß die katholische Kirche im politischen Leben als Sammlungspunkt der nationalen Wünsche gegenüber der zentralen Macht erscheint. Die Identifizierung Katholizismus und litauische Nation zieht sich klar durch alle kulturellen und politischen Manifestationen. Diese Identifizierung geht weitgehend auf die politische Rolle der Geistlichen zurück. Die Sowjetführung wirft ihnen auch vor, sie hätten massiv an dem bewaffneten Widerstand gegen die Sowjetunion in den vierziger Jahren teilgenommen[18].

Die regierungsfeindliche politische Aktivität in Litauen ist in großem Maß durch die Schwierigkeiten bedingt, die dem Katholizismus bereitet werden. Seit 1968 führen immer neue Petitionen, die aus dem

Schoße der Diözesen kommen, Beschwerde gegen restriktive Maßnahmen hinsichtlich der Religionspraxis, die von den Litauern als eine Verletzung der Verfassung betrachtet werden. Charakteristisch für diese Kampagne der Petitionen ist die breite Basis. 1968 bis 1974 sind mehr als dreißig derartige Appelle, die bis zu 17000 Unterschriften pro Petition trugen[19], erfolgt. Im Jahre 1974 schätzte man, daß mindestens die Hälfte der litauischen Priester ihre Unterschrift unter eine oder mehrere solche Protestaktionen gesetzt haben. Von 1970 bis 1971 nahm der Konflikt zwischen der Führung und den Gläubigen einen brutaleren Charakter an, als zwei Priester unter der Anklage verhaftet wurden, Kinder für die Erstkommunion vorbereitet zu haben. Im Verlauf des Prozesses gegen einen der Priester im Jahre 1971 kam es vor dem Gerichtsgebäude zu einer heftigen Demonstration von etwa eintausend Gläubigen. Im folgenden Jahr erregte die Selbstverbrennung eines jungen Studenten in Kaunas großes Aufsehen. Der junge Mann, Mitglied des Komsomol, hatte sich zum Priesterberuf hingezogen gefühlt. Er wollte gegen das Los seiner Kirche und seines Vaterlandes protestieren. Seine Selbstverbrennung löste Studentendemonstrationen von einem Ausmaß aus, wie sie die Sowjetunion bis dahin nicht gekannt hatte. Eine andere Folge war eine Vertiefung der religiösen Bewegung, in der sich nun mehr und mehr die Themen des Glaubens und der Nation vermengen. Dies zeigt sich auch in den aktiven Organisationen, wie der katholisch-litauischen Vereinigung, die trotz aller Verbote gebildet worden sind. Das wird ferner verdeutlicht durch die Berichte einer Untergrundzeitung, die 1972 entstanden ist und auch in den Westen gelangte[20]. Ausgehend von ausgesprochen religiösen Positionen – es protestierte gegen die Beschränkungen der Gewissensfreiheit –, widmet dieses Blatt seit 1973 immer mehr Raum den Klagen über eine Einschränkung der nationalen Rechte[21]. Aus den Seiten dieses Blattes gehen die Sorgen einer Gesellschaft hervor, die sich inmitten eines ständigen Prozesses der Entnationalisierung sieht (Diskriminierung der Gläubigen in den Schulen, gewaltsames Vordringen der russischen Sprache und Wirtschaftspolitik), man findet hier auch detaillierte Berichte über Verhaftungen, über Prozesse gegen Oppositionelle aller Richtungen (Religion, Verteidigung der Menschenrechte), man findet hier eine Liste nationaler Demonstrationen und der hierzu gewählten Gelegenheiten (sportliche Veranstaltungen oder Prozesse). Diese katholische Zeitung geht so weit, einem Film – Herkus Mata –, der zutiefst antiklerikal ist, Beifall zu spenden, weil sein Thema die Niederlage der deutschen Ordensritter im 13. Jahrhundert ist, und an einen der hervorragendsten Augenblicke in der Geschichte der Nation erinnert.

Man sieht also in den baltischen Staaten, wie stark die Bindung zwischen religiösem Gefühl und Nationalbewußtsein sein kann. Das starke kirchliche Leben in Litauen beleuchtet diese Bindung. Der Katholizismus, eine Religion der nationalen Bestärkung der Völker, die zwischen den Grenzen des protestantischen Deutschland und des orthodoxen Rußland leben, hat noch einmal ganz natürlicherweise die vereinigende Funktion für die Gemeinschaften übernommen, die ihm anhängen. Hier muß man auch vermerken, daß die beiden kommunistischen Länder, in denen sich das Nationalbewußtsein am stärksten in der Religion ausdrückt, nämlich Polen und Litauen, durch gemeinsame Geschichte verbunden sind und durch gemeinsamen Kampf um die Religion und die nationale Existenz.

Daß der Katholizismus mehr als der Protestantismus oder die Baptisten oder die Orthodoxie der Mittelpunkt des nationalen Protestes in den baltischen Ländern ist, erklärt sich auch durch die Geschichte und durch den Status der religiösen Gruppen innerhalb jedes Landes. So konnte die Orthodoxie für die Esten zu einer Annäherung an das russische Volk führen, das selbst den seit langem vergessenen Glauben nun wieder entdeckt hat. Jedenfalls trägt sie mehr zu den Unterschieden im estnischen Volk als zu dessen Einheit bei.

In der gesamten Sowjetunion zeigen die Baptisten einen unglaublich fanatischen Mut zur spirituellen Emanzipation gegenüber dem Regime, aber der Baptismus ist weit davon entfernt, das Nationalgefühl zu kristallisieren, er trägt vielmehr zu seiner Schwächung oder zu seiner Überwindung bei, denn der Baptismus sieht seine Stärke in der Tatsache, daß er eine übernationale Religion ist. Nur die evangelische Religion, weil sie Rußland völlig fremd ist, könnte vielleicht noch eine nationale Rolle spielen. Aber hier hat die Geschichte gezeigt, daß die Spaltung und der lokale Charakter der protestantischen Kirchen zwar in der Vergangenheit günstige Faktoren für ihr Überleben waren (die russische Regierung mußte in ihr keine ausländische Institution mit fremden Gläubigen wie im Katholizismus bekämpfen), aber eben dies könnte ihr heute einen schlechten Dienst leisten. Weniger von Rußland bekämpft, ist sie auch weniger zum Symbol des Kampfes gegen die nationale Unterdrückung geworden[22].

Jedoch haben die letzten Jahre auch in Estland und Lettland den Durchbruch einer Entwicklung mit sich gebracht: Niemand kann den Fortschritt der Religionen leugnen, aber niemand kann auch sagen, ob es sich hier um ein rein religiöses Phänomen handelt oder um den Versuch, verwurzelt in der nationalen Besonderheit, eine Antwort auf das Drängen der Sowjetmacht zur Integration zu geben. Schließlich weiß man nicht, ob dieser Fortschritt das Ergebnis eines Klimas nationaler Forderungen nach Wiedergutmachung ist, in dem die Bürger den Mut finden, Überzeugungen auszusprechen, die der offiziellen Ideologie nicht konform sind. Hier stellt sich in der Tat die Frage, ob das religiöse Phänomen in der Sowjetunion neu ist. Es handle sich um einen Überrest, versichert die Sowjetführung, und sie fügt hinzu: ein Überrest, der einen gewissen Eindruck hervorruft, weil ihm die Toleranz der Partei gestattet, viel Aufhebens zu machen. Freilich widersprechen diesen Argumenten die offiziellen Umfragen bei der baltischen Jugend, aber auch die Schwierigkeiten und Verfolgungen, denen die Gläubigen ausgesetzt sind. Jedoch bleibt die Frage, ob es sich hier um ein rein religiöses Phänomen, um eine Wiedergeburt des Christentums, oder auch eine politische Erscheinung handelt.

Der Islam – Bindemittel der politischen und sozialen Organisation

Das Weiterbestehen der Religionen ist für die Sowjetführung nur der Hinweis auf eine gewisse Schwäche, auf einen Rückstand der »politischen Modernisierung«. Dieses Argument, die Leugnung jeder politischen Bedeutung des »Überlebens« der Religionen, verwendet die Führung vor allem am anderen Ende der Sowjetunion, nämlich in den islamischen Randgebieten. Indem sie über die Fortdauer der Religionsausübung klagt, bestätigt sie, daß dies ganz allgemein in isolierten Gebieten der Fall ist (in entfernten ländlichen Regionen oder in den Dörfern des Kaukasus), wo das ideologische und soziale Modell des Sowjetstaates nur langsam durchdringt[23]. Aber indem die Sowjetführung die Tragweite des Phänomens des Islams verkleinert, räumt sie doch ein, daß er in gewissen Teilen der Bevölkerung überlebt. Sie teilt hier zur Erklärung die Gläubigen in drei Kategorien ein: die *Fanatiker*, die zwar wenig zahlreich sind, aber in der Gesellschaft eine echt islamische Ideologie immer wieder am Leben erhalten. Die *gewöhnlichen Gläubigen* und schließlich die *Unentschlossenen*[24]. Die Gegenüberstellung dieser drei Gruppen hat einiges Bezeichnendes. Die Unschlüssigen zu den Gläubigen zu rechnen, könnte bedeuten, letztendlich jedermann bis zu einem gewissen Grad als Anhänger der islamischen Religion zu erklären. Und man versteht diese extensive Definition um so besser, als der Islam im Gegensatz zu anderen Religionen sowohl ein religiöses wie ein soziales Denkgebäude ist, das alle Aspekte der Existenz eines Moslems erfaßt. Hier geht es um das eigentlich religiöse

Weltbild, das zu untersuchen ist, bevor wir uns der sozialen Seite der Religion zuwenden.

Man kann die Stärke des Islams nicht ebenso einschätzen wie jene einer christlichen Religion. Die traditionellen Kriterien, die Anzahl der Kultstätten, ihren Besuch und selbst die klare Antwort auf die Frage nach dem persönlichen Glauben sind ungenügende Indizien. Es ist offensichtlich, daß man sie durch andere Begriffe ersetzen muß, denn würde man diese Kriterien anwenden, so erhielte man ein ziemlich trauriges Bild des Islams in der Sowjetunion. Nur wenige Kultstätten sind geöffnet, verglichen mit der Masse von mehr als fünfzig Millionen Menschen mohammedanischer Herkunft. In der Sowjetunion sind offiziell etwa 200 Moscheen geöffnet, davon 146 in Zentralasien und in Kasachstan, 27 in Dagestan und in den Tschetschenenländern, 13 im tatarischen Gebiet[25]. Diese Verteilung steht zudem kaum im Verhältnis zur Größe der örtlichen islamischen Gemeinschaft. In Aserbaidschan dienen nur 16 Moscheen einer Bevölkerung von fast vier Millionen Menschen. In Kirgisien zählte man dafür Ende der sechziger Jahre 33 Moscheen für kaum eine Million Einwohner[26]. Hier handelt es sich aber nur um Ziffern über die offiziell geöffneten Kultstätten, die an sich keine besondere Bedeutung haben. In der Rechnung sind die nichtoffiziellen Kultstätten nicht enthalten, die es sowohl in Zentralasien wie auch im Kaukasus in großer Anzahl gibt. Das religiöse Leben des Islams in der Sowjetunion ist noch gekennzeichnet durch einen sehr schwachen Besuch der Moscheen und die Tatsache, daß hauptsächlich alte Menschen zu den Gläubigen gehören. Alle diese Informationen scheinen anzudeuten, daß der Islam in der Sowjetunion allmählich stirbt, zusammen mit der Generation, die noch nicht unter der sowjetischen Ideologie geformt worden ist. Andererseits widersprechen diesem Bild verschiedene Aussagen. Die soziologischen Untersuchungen, die in der Sowjetunion immer häufiger durchgeführt werden, zeigen, daß die islamische Gesellschaft ihrem Glauben verhaftet bleibt[27]. In einer sehr allgemeinen Form antworteten nahezu die Hälfte der Befragten, daß sie Gläubige seien[28].

Ein bestimmtes Beispiel beleuchtet diese Situation. In der Republik der Karakalpaken, die Usbekistan angeschlossen ist, zeigt eine Untersuchung, daß es 1972 nur 23% Männer und 20% Frauen gibt, die sich als Atheisten bezeichneten. Die anderen, das heißt 77% der männlichen und 80% der weiblichen Bevölkerung, teilten sich folgendermaßen auf: (Tabelle S. 244)

Grad der Gläubigkeit	Männer in %	Frauen in %
Überzeugte Gläubige	11,3	11,0
Gläubige aus Tradition	14,0	15,0
Unentschiedene	13,3	14,3
Ungläubige, die aber die islamischen Riten vollziehen	17,2	19,3
Ungläubige, die aber die islamischen Riten unter dem Einfluß ihrer Familien vollziehen	21,2	20,2

Im Norden des Kaukasus erklärten sich im Jahre 1974 nur 20% der Bevölkerung als Atheisten.

Aber auch hier vermitteln die Zahlen eine sehr komplexe Wirklichkeit. Die Fragesteller bewegten sich in einer mohammedanischen Umgebung. Sie waren derselben Herkunft wie die Befragten, bei denen sie aber trotzdem eine außerordentliche Zurückhaltung bei allen Antworten auf Fragen über ihren Glauben feststellen mußten. Sprachen sie aber, so gaben sie als Antwort oft nur einen Scherz oder ein Wortspiel. Die Frage: »Sind Sie Mohammedaner?« wurde meist mit einem entschiedenen »Ja« beantwortet. Auf die Zusatzfrage aber: »Sind Sie gläubig?« war die Antwort verschieden. In ländlichen Gegenden meist positiv, war sie das in städtischer Umgebung viel seltener und sehr selten unter den nationalen Eliten. Was ist das also für ein Islam, der zwar an die 50 Millionen Anhänger hat, von denen aber ein großer Teil nicht gläubig ist und eine Mehrheit ihn nicht ausübt? Dennoch ist die Gegenwart des Islams in allen mohammedanischen Republiken eine Tatsache. Man muß sich zuerst mit dem Islam als organisierter Religion befassen, bevor man eine Antwort auf den Widerspruch findet, daß jemand, der sich als Mohammedaner bekennt, nicht das geringste gemein hat mit jemandem, der sich als Christ bekennt. Davon ausgehend kann man vielleicht versuchen zu verstehen, was es für einen Sowjetbürger bedeutet, Mohammedaner zu sein.

Es gibt im Islam wie im Christentum verschiedene »Kirchen« und es sind auch in der Sowjetunion mehrere solcher »Kirchen« vorhanden. Die Mehrheit der Mohammedaner in der Sowjetunion gehört dem orthodoxen Islam der Sunna an. Man findet aber auch eine bedeutende Gruppe von Schiiten, die in sich wiederum geteilt ist, und auch Anhänger verschiedener kleinerer Sekten[29]. Doch im Gegensatz zu den Christen, die sich stets als Katholiken, Orthodoxe usw. definieren (kann man sich einen Litauer vorstellen, der sich nicht als Katholik erklärt?), werden die Mohammedaner der Sowjetunion niemals sagen, daß sie Sunniten oder Schiiten seien. Sie erklären vielmehr immer, Mohammedaner zu sein. Der Sinn dieser Antwort springt in die Augen. Der Islam in der UdSSR ist nicht ein Amalgan aus verschiedenen Religionen, sondern er ist vor allem eine einzige Gemeinschaft, die *Umma.* Orthodox oder nichtorthodox, jeder, der sich Mohammedaner nennt, ist Mitglied dieser Gemeinschaft der Gläubigen. Dieses Gefühl des Gemeinsamen, diese Integration in der Umma bildet einen grundlegenden Gegensatz zu der Verschiedenheit der christlichen Kirchen und auch zu den sehr persönlichen Beziehungen des Christen zu seiner Kirche, zumindest in der Sowjetunion. Die Organisation des Islam in der UdSSR bezeugt die Existenz dieser Gemeinsamkeit. Vier spirituelle Leitungen (Muftiate) beherrschen das Ganze. Das Muftiat von Ufa ist für die sunnitischen Mohammedaner im europäischen Rußland und Sibirien zuständig, jenes von Taschkent erfaßt die Sunniten Zentralasiens und Kasachstans, das von Buynaksk im Kaukasus ist für die Sunniten des nördlichen Kaukasus und von Dagestan zuständig. Schließlich lenkt das Muftiat von Baku sowohl Sunniten als auch Schiiten. Die Existenz einer religiös gemischten Leitung bezeugt die Verbindungen und nicht die Unterschiede (die natürlich trotzdem existieren) zwischen den beiden großen mohammedanischen Familien. Diese spirituellen Leitungen sind wie die verantwortlichen Autoritäten anderer Religionen, wie etwa das Patriarchat von Moskau, zur gleichen Zeit die Gesprächspartner der Sowjetmacht in religiösen Angelegenheiten und damit beauftragt, das religiöse Leben der Gläubigen zu ordnen. Die mächtigste dieser spirituellen Leitungen ist jene von Taschkent, denn ihr unterstehen die beiden mohammedanischen Universitäten der Sowjetunion, die *Medresseh Mir Arab* in Buchara und die *Baraq Khan* in Taschkent, wo die Würdenträger des Islams (ungefähr 50 pro Jahr) ausgebildet werden. Sie benützt – und das ist eine Groteske – die Druckerei der Parteizeitung *Qzyl Usbekistan* (Das rote Usbekistan), um den Koran zu drucken, den mohammedanischen Kalender und eine Publikation, die als Organ der Mohammedaner in der Sowjetunion dient, sowie eine Art von offizieller Zeitung der Gemeinschaft, die *»Mohammedaner des sowjetischen Orients«*, gedruckt in Usbekisch, Arabisch, Französisch, Englisch und Russisch. Schließlich ist der Mufti von Taschkent der hauptsächliche Verbindungsmann mit der äußeren mohammedanischen Welt. Er empfängt Delegationen ausländischer Mohammedaner, er spricht gegenüber der äußeren Welt im Namen der mohammedanischen sowjetischen Gemeinschaft.

Hier zeigt sich eine Zweideutigkeit in der Lage des Islams in der Sowjetunion. Der Sowjetstaat erkennt auf Grund seiner Ideologie nur die Existenz von gläubigen Individuen an. Diesen Gläubigen gestattet er ein religiöses Leben und auch Institutionen, wie die Muftiate. Aber diese Institutionen müssen den territorialen Administrationsbereichen entsprechen. In Wirklichkeit tun sie das nicht. Die Leitung von Taschkent etwa erstreckt sich auf das Gebiet des früheren Turkestan. Ebenso wie das orthodoxe Patriarchat ordnen sich die geistlichen Leitungen der Mohammedaner nicht den territorialen Einteilungen der Sowjets unter.

Eine zweite Besonderheit des Islam kompliziert die Situation weiter. Im Gegensatz zum Christentum, dessen Doktrin keinerlei Vermischung von Religion und weltlichem Gebiet fordert, vermengt der Islam als Doktrin diese beiden Domänen. Das Gesetz des Islams, wie es im Koran und in den Traditionen enthalten ist, fordert von den Gläubigen bestimmte Institutionen, die trotz der Vielfältigkeit der einzelnen nationalen Zivilisationen doch den gesamten mohammedanischen Raum charakterisieren. Diese Einrichtungen beherrschen das soziale Leben. Auch hier kann der Sowjetstaat mit seinem Bestreben nach Vereinheitlichung den besonderen Status der mohammedanischen Gemeinschaft nicht akzeptieren und hat schon in den ersten Jahren, in denen er an der Macht war, die Grundelemente dieser mohammedanischen Ordnung abgeschafft: nämlich das juristische System[30], die Gerichtsinstitutionen und die finanziellen Fundamente.

Besteht nun die islamische Religion, reduziert zu einer Religion der einzelnen und nicht einer Gemeinschaft, beraubt ihrer Institutionen und aus der weltlichen Sphäre ausgeschlossen, wirklich in dieser organisierten Form? Oder ist sie nur noch eine Illusion, ein Skelett, das mit dem letzten Gläubigen verschwinden wird?

Zahlreiche Tatsachen beweisen, daß eine so negative Hypothese hinsichtlich der Zukunft des Islams zwar vielleicht in der jüngsten Vergangenheit noch eine gewisse Wahrscheinlichkeit gehabt hätte, nunmehr aber keine Grundlage besitzt. Ganz im Gegenteil, der Islam erlebt in der Sowjetunion eine Wiedergeburt[31] unter neuen Bedingungen. Diese Wiedergeburt ist eine bewußte und gewollte und nicht nur ein Relikt. Die mohammedanische Hierarchie unterstützt und lenkt diese Entwicklung. Ihre Arbeit erstreckt sich in zwei Richtungen: die Ausübung des Islams zu erleichtern, indem man ihn an die Notwendigkeiten des modernen Lebens anpaßt, und dem Islam eine weltliche Kraft zurückzugeben, indem man ihn mit der sowjetischen Ideologie verschmilzt, die die Grundlage der sozialen und politischen Organisation der Sowjetunion ist.

Ist es schwieriger, in der sowjetischen Gesellschaft ein guter Mohammedaner zu sein als ein guter Christ? Durch die Pflichten, die der

Islam seinen Anhängern auferlegt, scheint er die Eingliederung in ein ihm feindliches soziales System sehr zu erschweren. Von fünf Verpflichtungen des Mohammedaners gehören zwei, nämlich das Beten des Glaubensbekenntnisses und das Almosengeben, völlig in das Privatleben. Die drei anderen, die fünf täglichen Gebete, das Fasten und die Pilgerfahrt nach Mekka, müssen aber zu einem Konflikt mit der Umwelt führen. Man kann zwar fünfmal pro Tag insgeheim beten, aber der Islam fordert von seinen Gläubigen ein Reinigungs- und Haltungsritual, das bei jedem Gebet den Verlauf ihrer Beschäftigung unterbricht. Außerdem sollte das Mittagsgebet am Freitag im Prinzip in der Moschee verrichtet werden. Der Sowjetstaat gestattet nicht, daß die sozialen Verpflichtungen wie Schule, Arbeit usw. durch Religionsausübung gestört werden. Die Freiheit des Gewissens bedeutet keineswegs das Recht, durch religiöse Übungen in die Aufgaben des Bürgers einzugreifen. Aus demselben Grund und wegen des »gestörten wirtschaftlichen Gleichgewichtes«, die es angeblich bewirkt, ist das Ramadan-Fasten von der Sowjetmacht stets auf das lebhafteste bekämpft worden. Was die Pilgerschaft nach Mekka anlangt, so ist es klar, daß die Moslems der Sowjetunion sie nicht unternehmen können. Unter diesen Umständen wird es verständlich, daß nur wenige Mohammedaner sich als ausübende Gläubige bezeichnen, daß nur wenige von ihnen die Moscheen besuchen. Aber die Schwierigkeiten, die Vorschriften des Islams genau zu befolgen, sind nicht nur für die Mohammedaner der UdSSR ein Problem. In allen mohammedanischen Ländern, die sich auf dem Weg der Modernisierung befinden, steht die strikte Beobachtung der Gebote des Islams im Widerspruch zu den Forderungen des täglichen Lebens und oft auch der Entwicklung. Häufig weicht der Islam auch vor der Modernisierung zurück, selbst ohne äußeren Druck.

In der Sowjetunion haben die mohammedanischen Autoritäten diese Frage nach einer langen Phase der Untätigkeit aufgegriffen und versucht, den Islam so weit zu reformieren, daß er im Rahmen des sowjetischen Lebens für jeden Gläubigen auch praktisch ausübbar ist. Außerdem versuchen sie, der mohammedanischen Gemeinschaft und deren Verpflichtungen einen modernen Inhalt zu geben.

Wie kann man in der Sowjetunion von heute Mohammedaner sein?

Auf diese Frage antworten die mohammedanischen Autoritäten: man kann es, indem man den Islam praktiziert. Im Rahmen seiner Möglichkeiten, muß man hinzufügen, nämlich, indem man fünfmal am Tag sein Gebet spricht und indem man am Freitag in die Moschee geht. Wenn aber die sozialen Verpflichtungen dem entgegenstehen, so kann der Gläubige seine Gebete auf ein einziges reduzieren und zwar in dem hierfür günstigsten Moment[32]. Diese verständnisvolle Haltung der mohammedanischen Autoritäten findet man auch in ihrer Stellung gegenüber dem Fasten. Da die Regierung in dieser Frage heftig opponiert, war den Gläubigen durch lange Zeit nichts anderes übrig geblieben, als entweder der Regierung Widerstand zu leisten, oder aber sich zu unterwerfen, was den Verzicht auf ihren Glauben bedeuten mochte. Die Lösung für dieses Dilemma liegt jedoch in einer Interpretation des Fastens, das den Geist und nicht den Buchstaben des Gebotes hervorhebt. Der Imam der Moschee Mirza Jussuf von Taschkent, P. Abdurrahimow, hat kürzlich angedeutet, was das Fasten sein sollte.

Das Fasten hat, so sagte er, zwei Ziele. Es soll jedem Mohammedaner gestatten, durch Selbstkasteiung über sich hinaus zu wachsen, aber es soll auch allen Mohammedanern gleichzeitig erlauben, wie immer ihre Lage auch ist, das gemeinsame Empfinden der Entbehrung, des Hungers, zu haben. Indem er auf die geistige Bedeutung der mohammedanischen Gebote hinweist, hat der Imam von Taschkent nichts unbedingt Neues gesagt. Er folgt den Überlegungen der Reformatoren Zentralasiens, die zu Beginn dieses Jahrhunderts versucht hatten, den Islam zu erneuern, um eine starke mohammedanische Gemeinschaft zu bilden, die imstande sein sollte, der russischen Herrschaft Widerstand zu leisten. Die sowjetische Zwangsherrschaft hat während der vergangenen Jahrzehnte die Würdenträger des Islams gezwungen, diese Erneuerungsideen aufzugeben und sich in einen formalistischen Islam zu flüchten, der zwar die Verfolgungen überdauerte, aber in der Tat zu einer Religion alter Leute wurde.

Der organisierte Islam erneuert sich gegenwärtig durch diese Gedanken und ist bemüht zu zeigen, daß zwar der Mohammedaner das Ritual als eine zu erfüllende Pflicht ansehen muß, aber daß die Art dieser Pflichterfüllung je nach den Umständen verschieden sein kann, besonders aus Gründen, die die politische Gesellschaft ihren Mitgliedern auferlegt. Die Ausnahmen vom Fasten, die traditionell bisher schon gewissen Kategorien von Individuen zuerkannt wurden – Kindern, Alten und Kranken –, sind heute auch auf die Arbeiter ausgedehnt worden[33]. Die religiöse Obrigkeit verlangt von ihnen wohl, daß sie innerhalb der Zeit des Ramadan einen bestimmten Tag wählen sollen, um zu fasten und sich dadurch der gläubigen Gemeinschaft anzuschließen. Sie können aber auch das Fasten durch eine besondere Anstrengung, sei es im religiösen Leben oder in ihrer Arbeitswelt, ersetzen[34]. Entscheidend ist, daß jener, der sich als Mohammedaner fühlt, auch die Absicht hat, an den Verpflichtungen der Gemeinschaft teilzunehmen.

Aus den Vorschriften, die die religiöse Obrigkeit nun für den Ramadan erlassen hat, sieht man den Sinn der von ihr verfolgten Politik. Sie wendet sich gleichermaßen an die Sowjetführung wie an die Gläubigen.

Sie will der Führung zeigen, daß die Ausübung des Islam nicht im Gegensatz zu den wirtschaftlichen Interessen des Sowjetstaates steht. Sie gebraucht für diesen Zweck sogar ganz besondere Argumente, indem sie die physischen Vorteile des Fastens hervorkehrt: »Es verbessert die Gesundheit; und es verringert die Gefahren gewisser Krankheiten, wie etwa des Krebs[35]«.

Aber die Bemühungen zielen vor allem auf die Gläubigen, die die religiösen Führer zu einer homogenen Gemeinschaft vereinigen wollen. In der Tat hat das sowjetische Regime die Welt des Islams geteilt – wie die anderer Religionen – und zwar in einen praktizierenden und einen nicht praktizierenden Teil. Die Bedeutung und der verpflichtende Charakter des mohammedanischen Rituals mußten – und das war ja auch gerade die Hoffnung der Sowjetautoritäten – diese Trennung noch vertiefen, bis zu einem Punkt, wo die praktizierenden Mohammedaner wie die Überlebenden einer der Sowjetunion völlig fremden, untergegangenen Welt erscheinen mußten. Bewußt dieses Risikos, haben die mohammedanischen geistlichen Führer sich bemüht, diese Kluft zu überwinden und eine Gemeinschaft des Islams wieder herzustellen, in der praktizierende wie nicht praktizierende Mohammedaner ihren Platz finden, indem sie von ihr im selben Geist, aber auf verschiedenen Wegen teilnehmen. Um dies zu erreichen, erklären sie deutlich, daß die einen wie die anderen Mohammedaner sind; die einen beobachten die Regeln des Islams, indem sie regelmäßig beten und fasten, während die anderen ihre Askese durch ihre Arbeit vollziehen. Die strengen Regeln des Islams sind hier keineswegs abgeschafft, sondern sollen dem Wiederaufbau der mohammedanischen Gemeinschaft helfen. Den geistlichen Autoritäten kommt es darauf an, den Gemeinschaftssinn zu stärken. Dazu sollen ihnen auch die Feiertage dienen, die das geistliche

Leben des Mohammedaners markieren. So ist das Ende das Ramadan, also das Ende des Fastens, eine Gelegenheit, bei der sowohl jene, die gefastet, wie auch jene, die ein normales Leben geführt haben, sich im Fest vereinigen. Diese Zeremonie des sogenannten *Iftar* soll zu einem Symbol der verschiedenen Haltungen werden. Die Sowjetmacht ist den Auswirkungen dieser Modernisierung des Islams gegenüber keineswegs blind. Man findet in der Presse der mohammedanischen Republiken zahlreiche Artikel zu diesem Thema. Es scheint, daß nicht nur das Solidaritätsgefühl der Mohammedaner gestärkt worden ist, »sondern, daß vor allem die Gläubigen immer stärker die nicht praktizierenden Moslems beeinflussen«[36].

Die besondere Bedeutung, die den Festtagen beigemessen wird, um die Gemeinschaft zusammenzuführen, erklärt, daß für die Mehrzahl dieser Feste der Versuch unternommen wurde, sie den Bedingungen des Sowjetlebens anzupassen. Das gilt z. B. für das Opferfest, *Kurban Bairam,* bei dem jeder Mohammedaner ein Tier opfern muß, um es dann an die Armen zu verschenken. Hier kollidiert das Ritual mit den wirtschaftlichen Interessen des Sowjetstaates, der eine massenweise Schlachtung von Tieren – selbst wenn sie zum sogenannten privaten Sektor gehören – zu religiösen Zwecken nicht gestatten kann. Nun sind aber die geistlichen Führer der Mohammedaner gerade an diesem Ritus besonders interessiert, weil er das Gefühl der Solidarität im Schoße der Gemeinschaft und des Opfers hervorhebt. Nun hatte 1945 die geistliche Leitung der Mohammedaner Zentralasiens, in dem Bewußtsein der politischen Einwände gegen eine solche Praxis, eine »Fetwa« herausgegeben, in der es hieß, daß das Opfer wünschenswert, aber nicht Pflicht sei. Doch stellte die sowjetische Führung nun fest, daß dieses Tieropfer, obwohl nicht Pflicht, doch in sehr großem Umfang praktiziert wurde. Darauf haben 1969 alle geistlichen Leitungen sich für eine Modifizierung der Praxis ausgesprochen und zwar sowohl um die Besorgnisse der Sowjetführung zu beschwichtigen, als auch um das Ritual trotz aller Angriffe zu erhalten. Nun kann in Hinkunft das Tieropfer durch eine Opfergabe im Wert des Tieres ersetzt werden. Dieses Opfer in Geld erhalten die Moscheen, die es entweder selbst verwenden oder weiterverteilen. So werden sowohl die sowjetischen Gesetze beachtet, als auch den Moscheen keineswegs unbedeutende Einkünfte verschafft. Eine andere Adaption, die nicht weniger nützlich für das Leben der Gemeinschaft ist, betrifft das *Mavlud*-Fest, das der Geburt des Propheten gedenkt. Es hat sich die Tradition entwickelt, dieses Fest in Privathäusern zu feiern. So entstand ein großer Unterschied zwischen der Zahl jener, die in der Moschee, und jenen, die an den viel zahlreicheren privaten Festen teilnahmen. Nun wurde 1968 die offizielle Zeremonie in der Hauptmoschee von Kasan »komplettiert« durch etwa achtzig private Feiern, bei denen man das Ritual (Gebet, Predigt und Lesungen aus dem Leben des Propheten) mit dem eigentlichen Fest verband. Ein sowjetischer Experte hat berechnet, daß in diesem einzelnen Fall unendlich mehr Predigten gehalten worden sind, als sonst während des ganzen Jahres in der Moschee[37].

Durch die Kombination der religiösen Zeremonie und des Festes, sowie durch die Anpassung an die Tageseinteilung des arbeitenden Sowjetbürgers haben die geistlichen Führer viele Mohammedaner zu den von ihnen organisierten Feierlichkeiten gezogen, deren Zahl in gar keinem Verhältnis zu jener steht, die sonst an den Zeremonien in den Moscheen teilgenommen hätten. Die Kombination hat auch den Vorteil, daß sie den völlig illegalen Charakter dieser religiösen Feierlichkeiten im privaten Milieu vermindert. Das wichtige ist, daß diese Feste stattfinden, daß sie eine große Zahl von Teilnehmern anziehen und daß die Sowjetführung sich angesichts dieser neuen Formen der Religionsausübung geradezu entwaffnet sieht.

Noch mehr als der Ramadan stellt die vorgeschriebene Pilgerfahrt die geistlichen Autoritäten vor eine nahezu unlösbare Aufgabe. Sie sind auf der Suche nach einer Haltung, die der Staat nicht kritisieren kann und die doch eine Entwicklung dieser Ausübung des Glaubens darstellt. Nur sehr selten wird sowjetischen Mohammedanern gestattet, sich nach den heiligen Stätten zu begeben. Meist handelt es sich dabei um Unternehmungen, die mehr den außenpolitischen Interessen der Sowjetunion dienen, als dem Respekt vor der Freiheit des Gewissens. Das ist übrigens kein spezifisch sowjetisches Problem, wenn es auch in der UdSSR besonders schlimm ist. Seit langer Zeit hat man in der Sowjetunion wie anderswo den Brauch gepflegt, die Wallfahrt per procura[38] durchzuführen, das heißt, sich bei der Pilgerfahrt von jemand anderem vertreten zu lassen. Auch hier versucht der sowjetische Islam auf vielerlei Wegen, die gesamte Gemeinschaft an einer besonders schwer zu erfüllenden Verpflichtung teilnehmen zu lassen. Die Pilgerfahrt nach Mekka ist die Gelegenheit für die mohammedanische Gemeinschaft der Sowjetunion, einen außergewöhnlichen Kontakt mit der gesamten mohammedanischen Welt aufzunehmen. Aus diesem Grund trachten die geistlichen Autoritäten die seltenen Möglichkeiten, diese Wallfahrt durchzuführen, für jene Mohammedaner zu nutzen, die durch ihre religiösen und sprachlichen Kenntnisse die Gemeinschaft am besten vertreten können. Natürlich erfüllen nur die Würdenträger des Islams diese Bedingungen völlig, und auch nur sie erhalten ausnahmsweise von der Sowjetmacht die Erlaubnis, sich in andere islamische Länder zu begeben. So treffen sich die Interessen des Sowjetstaates manchmal mit jenen der muselmanischen Gemeinschaft und erweisen sich als nützlich (man will der Dritten Welt zeigen, daß die Sowjetunion auch ein Land des Islam ist; das im Gegensatz zu dem, was sich in China ereignet, hier alle Rechte des Mohammedaners gesichert sind)[39]. Aber auch die einfachen Gläubigen sind von den Pilgerfahrten nicht völlig ausgeschlossen. Da die Reise nach Mekka unmöglich ist, hat man sie in der Sowjetunion – und es gibt dafür eine alte Tradition – durch Wallfahrten zu heiligen Orten lokaler Natur, die es zahlreich gibt, ersetzt. Der berühmteste solche Ort ist das Grab des Iassawi oder Schah i Zende. In dieser Frage sind übrigens die mohammedanischen Autoritäten verschiedener Ansicht. In Zentralasien gibt es viele solche Wallfahrten zu den Gräbern von Heiligen, die häufig die Form von großen Volksfesten annehmen[40]. Das Muftiat von Taschkent versucht nun, diese Praxis zugunsten einer spirituellen Interpretation der Pilgerfahrt einzuschränken. Im Kaukasus wiederum nimmt der Islam andere Formen an. Dort ist der Kult des Scheichs, ob lebend oder tot, sehr weit verbreitet und hat daher die Tendenz, die religiöse Gemeinschaft von allen äußeren Einflüssen zu isolieren[41]. An der Grenze der eigentlichen Religion und des Volksglaubens taucht noch ein anderes Phänomen auf, nämlich der Schamanismus[42].

Die Sowjets haben übrigens die Tendenz, alle mystischen Strömungen, ob organisiert oder nicht, als Schamanismus zu bezeichnen. Sie ordnen auch den Sufismus und alles, was ihnen Sorgen macht, hier ein. Angesichts der Unfähigkeit der religiösen Organisationen, alle Funktionen auszuüben, wenden sich die Mohammedaner häufig dem Sufi-Orden zu, so wie sich Christen radikalen Sekten anschließen. Es ist sowohl ein religiöses als auch ein sozial politisches Phänomen und irgendwie ein Äquivalent einer politischen Partei. Wir werden darauf noch zurückkommen.

Das Entscheidende hinsichtlich der Wallfahrt zu den geheiligten Orten ist, daß sich, den Wünschen der Sowjetmacht zum Trotz, regelmäßig große Menschenmengen ansammeln. Diese Kundgebungen bezeugen, daß die Religion aus der Domäne des individuellen Lebens, wohin sie die Sowjetideologie verbannt, stets ausbricht, um sich als Manifestation des kollektiven Bewußtseins darzustellen. Die geistlichen Führer betonen immer wieder, daß der Islam ein Synonym für die Gemeinschaft ist, für die Bemühungen einer kollektiven Erziehung. Sie versuchen auch, die Religion in den Rahmen der Sowjetmacht einzufügen, sie bemühen sich ferner, die für die Sowjetführung unannehmbaren Praktiken zu reformieren oder aufzuzeigen, daß manche mit den Interessen des Staates übereinstimmen. Das gilt zum Beispiel für den Heiligen Krieg, von dem in einer Predigt in der großen Moschee von Moskau gesagt wurde: »Der Islam verpflichtet uns zum Heiligen Krieg, das heißt, ein soziales Leben aufzubauen, das auf der Liebe, der Brüderlichkeit und der Sorge um alle begründet ist. Ein internationales Leben, das seine Basis im Frieden findet.«

Wenn man den Heiligen Krieg als persönlichen Kampf für das Glück aller erklärt, kann ihn die sowjetische Ideologie dann verdammen? Indem die mohammedanischen Führer den Beitrag der Erziehung und der Religionsausübung zum Bau einer Gesellschaft, die der Kommunismus nicht verleugnen kann, hervorheben, trachten sie, den Islam sozusagen zu legitimieren. Niemand kann noch sagen, ob diese sehr moderne Auffassung des Lebens des Mohammedaners die Religionsausübung bereichert hat. Sicherlich aber haben die geistlichen Führer den Sinn der *Umma*, das heißt der Gemeinschaft wiederhergestellt und allen bewußt gemacht. Indem sie die Solidarität der Mohammedaner jenseits der Beobachtung des Rituals und des echten oder nur äußerlichen Glaubens betonen, sprechen sie immer wieder von der Existenz eines *Lebensraumes des Islam* und führen jenen Sowjetbürger, der diesem Raum verbunden ist, in die islamische Gesellschaft zurück. Das moderne Gemeinschaftsgefühl begründet sich auf dem Gefühl der Zugehörigkeit zu einer gemeinsamen Welt. Die sowjetische Gesellschaft hält nur ein kollektives Bewußtsein für möglich, nämlich das kommunistische Bewußtsein, zu dessen Bildung alle sozialen Mittel der Mobilisierung angewandt werden. Auf einem tieferen Niveau und als Übergangsphase erkennen der sowjetische Staat und die Partei das Bestehen von nationalem Zugehörigkeitsgefühl an. Das Entstehen – jenseits der nationalen Gefühle – eines kollektiven mohammedanischen Bewußtseins, das eher einen pankulturellen als einen religiösen Inhalt hat, ist ein neues Phänomen in der UdSSR. Diese Entwicklung ist auch nicht rückgängig zu machen, weil sie nicht das Produkt eines intellektuellen Rückstandes ist. Im Gegenteil, die Entwicklung verläuft parallel zum intellektuellen Fortschritt. Doch diese Aktion des bewußtesten Teiles der mohammedanischen sowjetischen Welt geht über die Mobilisierung eines kollektiven Bewußtseins des Islam weit hinaus. Sie mündet nach und nach durch eine Anstrengung der Integration in der politischen Sphäre, und dies ist der originellste Aspekt des Versuches, den Islam zu modernisieren.

Der Islam, ein anderes Wertsystem in der Sowjetgesellschaft

Der erste Aspekt dieser politischen Integration ist die Versöhnung des Islam mit dem Kommunismus. Die Sowjetführung hat stets betont, daß nur die Ideologie, deren Träger sie ist – und die sich allen anderen Wertsystemen entgegenstellt –, legitim ist, weil sie mit dem historischen Interesse der Menschheit übereinstimmt. Die kommunistische Ideologie macht keine graduellen Unterschiede. Sie schließt alle übrigen aus. Es ist dieser Totalitarismus, den das zeitgenössische mohammedanische Denken zu schwächen versucht, indem es die Originalität des Kommunismus leugnet und aufzeigt, daß die Prinzipien des Islam und jene des Kommunismus bis zu einem gewissen Punkt miteinander im Einklang stehen.

Der Islam kann nämlich den Prinzipien der kommunistischen Ideologie nicht opponieren, weil er, wie der Kommunismus, aus einem Geist der Gerechtigkeit geformt worden ist, zumindest sagen das die verantwortlichen Mohammedaner in der UdSSR. N. Hasajew, ein religiöser Führer in Aserbaidschan, erklärte vor einem Kongreß sowjetischer Mohammedaner, der sich 1970 in Taschkent versammelte: »Wir können, ohne uns zu täuschen, kategorisch erklären, daß die kapitalistische Weltordnung, die auf Ungerechtigkeit und Ausbeutung aufgebaut ist, verschwinden wird und ersetzt werden muß durch eine sozialistische Ordnung, die auf gerechten Gesetzen aufbaut. Die göttlichen Gesetze sind in dieser Hinsicht ohne jede Zweideutigkeit. Die Gerechtigkeit wird in der Welt triumphieren[43].«

Im Inneren wie auch auf der internationalen Szene erfüllt die Sowjetunion, »die für den Frieden kämpft, weil der Krieg in der Ungerechtigkeit wurzelt« (»der Islam kämpft ebenfalls für den Frieden und die Gerechtigkeit[44]«) eine Aufgabe, die vom Ideal des Islam als entscheidend proklamiert wird. Was trennt also den Islam vom Kommunismus? Man wäre versucht, hier einfach an eine Ausnützung des Islam und seiner Führung durch die Sowjetmacht zu glauben. Man könnte denken, daß es als nützlich erscheint, in einer noch differenzierten Gesellschaft den Islam in den Umkreis der offiziellen Ideologie einzubeziehen. Aber das hieße, die sowjetische Wirklichkeit und die Argumentation der Mohammedaner zu übersehen. Die sowjetische Wirklichkeit ist ein mono-ideologisches und mono-organisatorisches System, in dem sich der Islam und nicht der Kommunismus verteidigen muß. Den Islam zu benützen, hieße, seine Existenz und seine Wirkung auf die

Massen anzuerkennen. Jeder Dialog der offiziellen Ideologie mit anderen Ideologien wäre aber ein Rückschlag für die erste. Die Initiative liegt daher nicht im Interesse des Kommunismus, sondern in jenem des Islam, der durch sie seinen Platz in einem mono-ideologischen Zusammenhang finden kann, der sich zu einem Wettstreit der Ideologie verwandelt. Dieser Konkurrenzaspekt wird besonders im Licht der von den Mohammedanern vorgebrachten Argumente deutlich. Sie sind es, die anerkennen, daß Islam und Kommunismus miteinander leben können, aber es muß das ein hierarchisiertes Zusammenleben sein, in dem der Islam einen privilegierten Platz erhält. Auf der Konferenz der Mohammedaner in Taschkent 1970 wurde folgendes erklärt: »Die Sowjetführer glauben zwar weder an Gott noch an seinen Propheten, aber sie wenden die Gesetze an, die Gott gegeben und sein Prophet erklärt hat[45].« Und weiter heißt es: »Ich bewundere das Genie des Propheten, der die sozialen Prinzipien des Sozialismus verkündet hat. Ich bin glücklich, daß eine große Anzahl der sozialistischen Prinzipien nichts anderes ist als die Verwirklichung der Weisungen Mohammeds[46].«

Der Sinn dieser Ausführungen ist klar. Der Sozialismus ist für die Mohammedaner annehmbar, weil er ihre eigenen Ziele verfolgt. Interessant ist hier die Interpretation des Kommunismus durch den libyschen Revolutionsführer Gadhaffi, der glaubt, daß Marx auf Grund seiner Geschichtskenntnisse sich durch die Vorschriften des Islam inspirieren habe lassen und daß in eben diesem Maß, als er inspiriert war, der Marxismus auch für den Mohammedaner annehmbar sei[47]. Kann man sagen, daß Gadhaffi Marx glorifiziert, wenn er ihn kaltblütig zur Erbschaft des Islam zählt? Diese Verwandschaft zwischen dem unnachgiebigen und militanten Islam des libyschen Führers und dem Modernismus der mohammedanischen Würdenträger der Sowjetunion sollte uns auch überlegen lassen, welchen Sinn ihre Aktion hat. Die sowjetischen Behörden täuschen sich nicht, wenn sie die Gefahren hervorheben, die dieser Modernismus in sich birgt und gegen den die antireligiöse Propaganda wirkungslos bleibt[48].

Nachdem die mohammedanischen Führer die Übereinstimmung zwischen Islam und Kommunismus betont haben und die Existenzberechtigung und das Wirken des Islam in einer kommunistischen Gesellschaft bekräftigen, gehen sie noch um ein gutes Stück weiter in dem Versuch, den Islam zu einem aktiven Element der neuen Gesellschaft zu machen. Sie verlangen von den Mohammedanern, gläubig oder nicht gläubig, am sozialen Leben teilzunehmen; nicht als einfache Bürger, sondern eben als Mohammedaner. Das Organ des Muftiats von Taschkent läßt über diesen Punkt keinen Zweifel: »Die Gläubigen, die gute Mohammedaner sind, müssen an dem Aufbau eines neuen Lebens und einer neuen Gesellschaft in ihrem eigenen Lande teilnehmen.«

Die mohammedanische Führung predigt nicht nur den Erwachsenen die Teilnahme an sozialen Organisationen, sondern – und dies ist ein entscheidender Aspekt ihrer Haltung – auch die Teilnahme von Kindern und Heranwachsenden, die mohammedanisch erzogen worden sind, an Organisationen, deren Aufgabe es ist, sie zu sozialisieren. Diese Haltung ist aus vielen Gründen interessant, vor allem, weil sie im Gegensatz zu der Haltung anderer Gruppen von Gläubigen steht, vor allem der Baptisten, die sich bemühen, die Jugend von den kommunistischen Organisationen fernzuhalten und die Unvereinbarkeit einer christlichen Erziehung mit dem Sozialisationsprozeß, wie man ihn in der UdSSR versteht, ausdrücklich betonen. Die Mohammedaner erklären unumwunden ihre Gegnerschaft zu dieser Haltung und meinen: »Unsere Kinder sollen Pioniere, Komsomolzen und Parteimitglieder werden. Schließlich sollen sie führende Positionen erhalten.«

Der zweite interessante Aspekt ist die Klarsichtigkeit hinsichtlich des Sozialisationsprozesses. Die mohammedanischen Führer haben verstanden, welche Bedeutung das Sowjetsystem der Eingliederung in die Gesellschaft in der Kindheit und von da an einer ständigen Sozialisation des Individuums beimißt. Sie wollen also keineswegs im Abseits bleiben, sondern vielmehr am sozialen Leben der Gemeinschaft teilnehmen und zwar in allen gesellschaftlich relevanten Organisationen.

Diese Politik der »Teilnahme« ist aber dazu bestimmt, nicht nur Bürger wie alle anderen in die sozialen Organisationen zu integrieren, sondern vielmehr die Mohammedaner, die ganz ausdrücklich als Moslems hier eintreten und für ihre eigene Gemeinschaft Zeugnis ablegen.

Sehr interessant ist zu sehen, wie die Sowjetmacht selbst dieses Problem sieht. Verfolgt man die Tageszeitungen der mohammedanischen Republiken oder die auf religiöse Probleme spezialisierten Veröffentlichungen und zieht man schließlich die unzähligen, diesem Thema gewidmeten Konferenzen als Grundlage der Überlegungen heran, so gelangt man zu einer verblüffenden Feststellung. Die Zeit, in der die Sowjetführer religiöse Kundgebungen mit Ruhe oder Verärgerung als eine Angelegenheit der Vergangenheit, die sich bald totgelaufen haben werde, betrachteten, ist vorbei. Allen Analysen entsprechend müssen die Verantwortlichen des Kommunismus zugeben, daß der Islam ein Problem nicht der Vergangenheit, sondern der Gegenwart und der Zukunft ist, daß er außerdem in der Art, wie er sich entwickelt, eine tatsächliche Gefahr für die Zukunft der sowjetischen Gesellschaft, als einer Gesellschaft auf dem Wege der Integration, bedeutet.

Zwei weitere Tatsachen müssen die sowjetischen Behörden aufschrecken. Die erste ist, daß die Jugend sich keineswegs aus dieser religiösen Erneuerung ausschließt, und die zweite, daß die modernen Eliten, wenn auch nicht gerade aktive Elemente, so doch zumindest passive Komplizen sind.

In der sowjetischen Presse wird immer wieder das Thema der »Verirrungen« der Jugend angeschlagen, und man kann die Gefühle der Führenden verstehen, wenn man bedenkt, wie stark die Einflüsse sind, denen die Jugend ausgesetzt ist und wie vieler Kontrolle sie unterworfen wird. Man muß sich erinnern, daß es keinen Moment im Leben des Kindes und des Heranwachsenden gibt, der neutral wäre, was nämlich die Erziehung anbelangt. Die Familie ist von der frühesten Kindheit an zu einer Erziehung im Sinne des Kommunismus angehalten. Sobald das Kind in die Schule geht, nehmen sich die gesellschaftlichen Organisationen seiner an. Die »Oktobristen« für die ganz kleinen, dann die Pioniere, die Komsomolzen, die es sich zur Aufgabe gemacht haben, den neuen Menschen der kommunistischen Gesellschaft heranzubilden. Zu diesem dichten Netz, das das Denken in die richtige Bahn lenken soll, kommt noch eine Gesetzgebung, dazu bestimmt, der Kindheit jeden Einfluß fernzuhalten, der nicht mit der Propaganda des Systems übereinstimmt. Kinder dürfen an religiösen Zeremonien nicht teilnehmen. Kollektiver Religionsunterricht ist unmöglich. Man rechnet damit, daß die ständige Überwachung durch ihre eigenen Kinder[49], die Eltern daran hindern wird, sich selbst um die religiöse Erziehung zu kümmern. Welchem Ziel dienen diese Verbote? Man kann in den Zeitungen lesen, daß die Sowjetbürger die Gewissensfreiheit im falschen Sinne interpretieren, nicht nur Kinder und Halbwüchsige religiös erziehen, sondern auch diese selbst an der Verbreitung von Ideen und Texten religiöser Art teilhaben lassen[50]. Im besten Falle verhält sich die Jugend gleichgültig, nicht in bezug auf die Religion, sondern auf die antireligiöse Haltung, die die Erziehung ihnen beibringen soll. Sie wollen die »negativen und gefährlichen« Aspekte der Religion nicht sehen, sind aber zugleich bereit, deren Einflüsse auf sich wirken zu lassen[51]. Dieser ständige und wahrscheinlich wachsende Einfluß im familiären Milieu auf die Jugend geht schon so weit, daß in manchen Fällen es bereits als eine außergewöhnliche Tat gefeiert wird, wenn ein Mitglied des Komsomol auf die Religionsausübung verzichtet[52]. Es hat den Anschein, als ob das Verbot der Teilnahme der Jugendlichen an religiösen Zeremonien in der mohammedanischen Gesellschaft absichtlich ignoriert wird. Diese Mißachtung der sowjetischen Vorschriften geht oft sehr weit, besonders in den schiitischen Gemeinden, wenn es um das Fest der Aschura[53] geht (dabei wird in spektakulärer Weise der Kampf von Hussain und Jasid sowie das Martyrium von Hussain wiederaufgeführt. An der Vorstellung nehmen die Kinder teil)[54]. Dies alles beunruhigt die offiziellen Beobachter: Der Einfluß des Islam auf die Kindheit, der Einfluß seiner Traditionen auf die Gestaltung intellektueller Vorbilder, ja sogar auf die Spiele der Kinder. So ersetzen z. B. die Schüler mohammedanischer Herkunft die klassischen Schlachten häufig durch Darstellungen aus der mohammedanischen Geschichte, z. B. der Aschura, die sie mit einer Tradition und Werten erfüllen, die jener der sie umgebenden Gesellschaft völlig fremd sind[55]. Jedoch ist es gerade das Hauptziel der mohammedanischen Führer, die Jugend zu gewinnen, und das hat nach Meinung der Sowjetführer nicht das geringste mehr mit einer Religion zu tun, die in den letzten Zügen liegt[56]. Wenn der Islam nun auch zur Religion der Jugend wird, so ist die gesamte erzieherische Aktion der Sowjetführung, die ganze Arbeit der sozialen Veränderung in Frage gestellt. Wer ist für diese Situation verantwortlich? Zweifellos die islamischen Führer, aber in erster Linie die örtlichen Eliten, also jene, die das sowjetische Regime ausgebildet und ideologisch geformt hat, damit sie zu der Verwandlung, zur Modernisierung der ganzen Gesellschaft, deren Produkt sie sind, beitragen. Überall wird die »ideologische Schwäche« dieser Eliten, ihre schweigende Zustimmung zu einem Weltbild sichtbar, das zu verändern ihre Aufgabe gewesen wäre. Partei, Komsomolzen und die staatliche Verwaltung beugen sich dem Aktivismus der offiziellen oder heimlichen Geistlichen, wenn sie nicht sogar an deren Aktivität teilnehmen[57].

Die erste Reaktion der Sowjetführung auf diese Situation ist die Feststellung von der Lebenskraft des Islam. Man sieht zwar genau die Tatsachen, aber die Reaktion darauf ist erstaunlich langsam und unsicher. Die Vervielfachung der Appelle, eine wirksamere atheistische Propaganda zu entfalten, scheint eher eine Zuflucht zu Beschwörungen als eine realistische Betrachtung der Tatsachen zu sein. Da wird zugleich behauptet, daß die Eliten dem Fortschritt des Islam gegenüber gleichgültig bleiben, daß sie durch ihr Schweigen zu seinem Fortschritt beitragen und daß sie gegen diesen Fortschritt kämpfen sollen. Professionelle Propagandisten nichtmohammedanischer Herkunft in dieses Milieu zu schicken, hieße die Gefahr heraufzubeschwören, die ganze Gemeinschaft gegen diese als untragbare Einmischung der Zentralmacht empfundene Aktion in Aufruhr zu versetzen. Dadurch würde man mit Sicherheit einen Mißerfolg erzielen. Die Unfähigkeit der Machthaber, geeignete Gegenmaßnahmen zu ergreifen, geht deutlich aus der Schwäche der Propagandathemen hervor. Dies gilt auch für den

Streit um den Ramadan; es ist schwierig, dieses große Fasten mit der Begründung wirtschaftlicher Schwierigkeiten zu verbieten, da die geistlichen Autoritäten der Moslems die Arbeiter von der Einhaltung des Fastens befreit haben. Warum also diese negative Einstellung zum Ramadan? In den zahlreichen Artikeln, die jeweils, wenn sich der Ramadan nähert, zu diesem Thema geschrieben werden und in denen sein reaktionärer Charakter[58] angeprangert wird, klingt seit neuestem ein anderer Ton an. Da wird behauptet, der Ramadan sollte verboten werden, weil es sich nicht um ein wirklich mohammedanisches Fest handle, sondern um einen vorislamischen arabischen Brauch, der erst später vom Islam übernommen worden ist. So könnte auch das Gebet bei einer sich bietenden Gelegenheit als eine magische Praxis erklärt werden, ererbt aus einer vorislamischen Vergangenheit[59]. In derselben Art greift die sowjetische Propaganda auch die Verehrung der Heiligen an, indem sie sie als einen Überrest primitiver Kulte und im völligen Gegensatz zum Monotheismus denunziert[60]. Es ist dabei unbestreitbar, daß manche Praktiken in der mohammedanischen Gesellschaft der Sowjetunion Überreste von präislamischen Kulten sind. Es ist aber erstaunlich zu sehen, daß die Sowjetpropaganda nun zum Vorkämpfer eines puristischen Islam wird und den Kult der Heiligen im Namen des Monotheismus verurteilt. Genügt also der Atheismus als rationelle Kritik jeder Religion in der UdSSR nicht mehr, um Generationen, die im sozialistischen Geist erzogen worden sind, zu überzeugen? Ein anderes Argument der Propagandisten ist nicht weniger lächerlich. Da beruft man sich, um den Ramadan zu bekämpfen, auf Weisungen des Großmufti von Tunis, oder auch auf einen ägyptischen Mufti, der in den sechziger Jahren erklärt hat, die Notwendigkeiten des wirtschaftlichen Lebens könnten dazu führen, das Fasten einzuschränken.

Das sind erstaunliche, aber auch aus vielerlei Gründen gefährliche Argumente. Indem die Sowjetmacht die Lehre des Islam zu Hilfe ruft, erkennt sie eigentlich an, daß ihre eigene Ideologie nicht mehr ausreicht, um mit dem Problem der Entwicklung des Islam in einer sich verändernden Welt fertig zu werden? Die Bezugnahme auf den Islam im Ausland bedeutet auch ferner die Unterstreichung, daß es eine eigene Welt des Islam gibt, jenseits der Grenzen der Sowjetunion. Damit trägt man aber gerade zur mohammedanischen Solidarität bei, wobei die Sowjetführung mit Besorgnis feststellt, daß einer der bedeutendsten Faktoren für die Lebenskraft des Islam in der UdSSR eben die Nähe anderer mohammedanischer Staaten ist[61]. Doch gibt es eine Erklärung für diese unkluge, zögernde Haltung. Die sowjetischen Verantwortlichen haben den Umfang des Problems des Islam eindeutig erkannt. Sie wissen, daß seine Kraft vor allem darin liegt, daß hier Religion und Nationalbewußtsein unentwirrbar miteinander verbunden sind. Es geht hier also nicht nur um den religiösen Glauben, sondern auch bereits um Wünsche und Empfindungen, die auf politischer Ebene liegen.

Der Kommunismus als Nebenprodukt des Islam

Nachdem der Kommunismus jahrzehntelang behauptet hatte, daß die Religion ihre Wurzeln nur in sozialen Problemen habe – ein Mittel zur Unterdrückung, verwendet von den Mächtigen gegen die Enterbten und »Opium fürs Volk«, das sich der Klassensolidarität noch nicht bewußt war –, räumt sie heute ein, daß die nationalen Grundlagen des Islam möglicherweise sein Fortdauern erklären. Dies ist zweifellos keine Anerkennung des religiösen Charakters gewisser Kulturen.

Der Islam wird stets als negativer Teil der Geschichte der Völker dargestellt, die er, gemeinsam mit dem Zarismus, unterdrückt hat. Sein Charakter wird als fundamental reaktionär erklärt, er habe sich anderen Zivilisationen, die den Fortschritt brachten, verschlossen, wie etwa der europäischen Zivilisation[62]. Dies sind die Hauptargumente der sowjetischen Haltung in bezug auf den Islam, zumindest innerhalb der Grenzen der Sowjetunion. Die Sowjetführung greift den Islam an und betont, daß er für die heutige Welt völlig unzureichend sei. Zur gleichen Zeit aber hat sie entdeckt, daß der Islam und seine Würdenträger die Macht besitzen, an die historische Tradition und ein Nationalgefühl zu appellieren. »Der mohammedanische Klerus idealisiert die historische Vergangenheit der Völker des Orients. Er stellt die Anziehungskraft, die die Geschichte auf die Völker ausübt, in Rechnung. Er sucht der Rolle der religiösen Organisationen und des Islam im Leben dieser Völker eine größere Bedeutung zu geben. Außerdem stellt er die Dinge so dar, als ob der Islam die Verkörperung der nationalen Besonderheiten der Völker des Sowjetischen Ostens und ihres Gemeinschaftslebens gewesen sei und sie immer noch verkörpere[63].«

Hier wird tatsächlich das Problem bei der Wurzel gepackt. Die Geistlichen des Islam haben zwei Eisen im Feuer. Einmal den Appell an das Nationalgefühl, zum anderen Mal den Appell an das ausgesprochen islamische Gemeinschaftsgefühl. Im Organ des Muftiats von Taschkent »*Die Mohammedaner des sowjetischen Orients*« gibt es eine Rubrik mit dem Titel: »Nationale und religiöse Traditionen und Bräuche«. In dieser Rubrik findet sich alles, was aus den Bereichen des Nationalen und des Religiösen miteinander in Verbindung steht, und hier findet man auch tatsächlich so ziemlich alle Aspekte des gesellschaftlichen Lebens. Es sind die religiösen und nationalen Bindungen, die alle jene zum Islam ziehen, die sich noch ihrer Volksgemeinschaft verbunden fühlen, für die noch das Zelebrieren der religiösen Feste ein Mittel ist, ihre Bindung zu ihren Landsleuten auszudrücken. Die sowjetischen Machthaber haben festgestellt, daß das Nationalbewußtsein sich auch in religiösen Formen ausdrücken kann. Es ist ihnen auch klar geworden, daß die Bindung an den Islam ein Mittel ist, um sich besser innerhalb der Volksgruppe, der man entstammt, zu verwurzeln. Sie haben ferner begriffen, daß die Verantwortlichen des Islam ihr gesamtes Handeln auf diese Tatsachen begründen. Nun müssen sie auch noch einräumen, daß die Verschmelzung des Nationalen und des Religiösen zu einer Vereinheitlichung des Verhaltens der Gläubigen führt, ob es sich nun um Mohammedaner handelt, die in der Diaspora oder aber in geschlossenen großen Gruppen leben. Untersuchungen bei den Tataren haben ergeben, daß deren seinerzeitige kollektive Bekehrung zum Islam für sie die Bedeutung eines nationalen Ereignisses hat, das auch alljährlich von Gläubigen wie von Nichtgläubigen im Rahmen eines großen nationalen Festes gefeiert wird[64].

Anklage wird gegen die Konsequenzen der »Nationalisierung« des Islam erhoben, obgleich die Analytiker behaupten, die Tragweite sei begrenzt. Alles, so erklären sie, fördere hier ein Gefühl nationaler aber auch mohammedanischer Besonderheit. Dies aber schade den Beziehungen zwischen den Nationen und dem Integrationsprozeß, weil das nationale Verhalten ermutigt wird. Zu der Zahl dieser spezifischen Verhaltensweisen muß man auch das demographische Verhalten rechnen, das ungeachtet der veränderten Lebensbedingungen doch traditionell verhaftet bleibt[65]. Die Schwächung des religiösen Bewußtseins wird durch die Integration des mohammedanischen Religionsunterrichtes in die nationale Tradition kompensiert. Die Langsamkeit in der Veränderung des sozialen Bewußtseins der Mohammedaner der Sowjetunion, für die ihr demographisches Verhalten in erster Linie den Beweis erbringt, resultiert daraus[66].

Eine andere Konsequenz ist, daß »nach und nach sich bei einigen eine negative Haltung hinsichtlich der Werte der sowjetischen Gesellschaft bildet«. Um dem abzuhelfen, beauftragten die sowjetischen Machthaber Fachleute, entsprechende Analysen und Untersuchungen anzustellen, um herauszufinden, was an der Lebensweise, den Überzeugungen und dem Verhalten vielleicht akzeptiert werden könnte, weil es wirklich national ist (das heißt folkloristisch), und was religiös und unzweifelhaft mit nationalen Werten verbunden ist. Diese der anti-islamischen Propaganda gegebene neue Richtung verrät die Verwirrung der Sowjetmacht gegenüber einem Phänomen, das sie nicht erfassen kann. Sie ist nun gezwungen, nicht mehr eine offensive Haltung einzunehmen, sondern, indem sie in die Defensive übergeht, das was ihr als *kleineres Übel* erscheint, zu wählen. Die als rein national erklärten Traditionen hervorzuheben und zu betonen, daß sie unabhängig von der Religion sind, bedeutet das Risiko, eben dadurch den mohammedanischen Nationalismus, der ohnehin schon stark genug ist, noch zu fördern. Wäre dies wirklich ein Heilmittel? Und welche noch größere Gefahr würde man sich damit einhandeln? Um dies zu verstehen, muß man zu der Position zurückkehren, die von den islamischen Führern verteidigt wird, um zu sehen, wo sie mündet und wie groß ihre Tragweite ist.

Ohne Zweifel setzen die mohammedanischen Führer das Nationalgefühl ein, um den Islam am Leben zu erhalten und ihm eine möglichst große Zahl an Gläubigen zu verschaffen. Aber die Bedeutung des Ausdrucks *national* bedeutet nicht dasselbe, wenn ihn Mohammedaner verwenden oder Nichtmohammedaner. Für die Mohammedaner leben die einzelnen Nationen miteinander in einer großen, umfassenden Gemeinschaft, die der Islam bildet. Die ganze mühsam vollbrachte Arbeit der Sowjets seit 1920, der Versuch, die panislamische Solidarität zu zerstören, indem man die Verschiedenheit der Nationen und Kulturen bestärkte und die Identifizierung mit der großen Gemeinschaft durch eine Identifizierung mit kleinen Gemeinschaften ersetzte, ist durch die Aktion der Mohammedaner in Frage gestellt worden. Die Wiederherstellung einer *Umma*, in der alle Platz nebeneinander finden, ob sie nun Mohammedaner sind, weil sie gläubig sind oder weil sie sich als Mitglieder der Gemeinschaft betrachten, ist inzwischen zu einer Wirklichkeit in der Sowjetwelt geworden. Die Sowjetspezialisten sagen mit gutem Grund, daß die mohammedanische Hierarchie sich nicht um das Los der Nationen, sondern um das Los der mohammedanischen Gruppe kümmert. Sie haben aber unrecht in ihrer restriktiven Interpretation der Nation, weil sie vergessen, daß sich die Nation auch durch das eigene Gefühl eines jeden Individuums, das ihr angehört, definiert. Und die Mohammedaner besitzen ohne Zweifel ein Gefühl der Zugehörigkeit zu einer »mohammedanischen Nation«, selbst wenn dies eine Kategorie ist, die in die marxistischen Ideen nicht hineinpaßt. Es ist richtig, daß der Islam seinen Gläubigen ein tiefes Gefühl ihrer Besonderheit[67] mitteilt und das Gefühl, Mitglied einer Gemeinschaft zu sein, die von der Gemeinschaft der Nichtmohammedaner getrennt ist. Die Sowjetexperten haben unrecht, wenn sie behaupten, daß es sich hier um ein religiöses Gefühl handelt. In Wirklichkeit ist es ein sozial-politisches Empfinden und eine nationale Angelegenheit.

Aber die Aktion der mohammedanischen Hierarchie kann nicht nur auf eine bloße Ermutigung für panmohammedanische Tendenzen und die Konsolidierung eines mohammedanischen Nationalgefühls zurückgeführt werden. Sie hat auch unmittelbar eine politische Bedeutung. Sie ist eine Variante des von Stalin zerstörten Nationalkommunismus, der nun aus der Asche wieder aufersteht und aus der Lehre der Vergangenheit seinen Vorteil zieht. Der Nationalkommunismus der zwanziger Jahre war von Kommunisten geformt worden, die aus dem mohammedanischen Milieu hervorgegangen waren. In erster Linie gehörte dazu Sultan Galiew. Dieser hatte versucht, das Problem der mohammedanischen Völker innerhalb des bolschewikischen Rußlands zu lösen, indem er für die Schaffung revolutionärer Parallelorganisationen eintrat, die deren Kultur und deren Anliegen angepaßt waren. Der Monolithismus der Bolschewiken, ihr Monopolanspruch auf die Macht und ihre Ideen ließen diesen Versuch scheitern. Sein Sturz lehrte allen Nationalkommunisten (oder Nationalisten, die das kommunistische Alibi benutzten), daß der Kommunismus an der Macht niemals parallele Organisationen oder Konkurrenzideologien duldet, selbst wenn sie nur nationale Varianten der kommunistischen Ideologie sind. Was kann man aber nun gegen die Teilnahme, die von der mohammedanischen Führung gepredigt wird, tun, wenn alle politischen und sozialen Organisationen von Bürgern überschwemmt werden, die sich als Mohammedaner erklären? Werden sie dann nicht allmählich in mohammedanische Organisationen umgewandelt? Und kann man den Usbeken und den Aseris verbieten, aktiv in den Parteiinstitutionen zu arbeiten? Kann man eine Kontrolle einführen, die alle jene ausschließt oder säubert, die sich in den Organisationen zwar als Mohammedaner aber als Nichtgläubige bekennen? Das sowjetische Gleichgewicht ist auf der gleichen Teilnahme aller an den gesellschaftlichen Institutionen begründet. Wie also jene ausschließen, die ganz offensichtlich keinem der sowjetischen Gesetze zuwiderhandeln? Da ein Zugehörigkeitsgefühl zu einer nationalen Gemeinschaft vollkommen legal ist, so muß auch das Zugehörigkeitsgefühl zu der umfassenden Gemeinschaft des Islam ebenso völlig legal sein, solange dadurch nicht propagandistische oder panislamische Absichten ausgedrückt werden. Zweifellos geht es nicht darum, soziale Organisationen in andere Institutionen umzuwandeln, aber ihr Inhalt kann sich radikal wandeln. Hier ist das Grundproblem, mit dem die Sowjetmacht im islamischen Milieu zu tun hat. Hier ist die Umkehrung des kulturellen Kompromisses, den Lenin und Stalin erarbeitet haben, um die nationale Frage zu lösen. Für diese war der Kompromiß klar. Die Kultur der Sowjetvölker verstanden sie im Sinne der politischen Kultur, die *national in der Form* und *sozialistisch im Wesen* war. Was man aber nun bei den Mohammedanern findet, ist eine tiefgehende Verwandlung der nationalen Kulturen, der globalen politischen Kultur und der Ideologie. Überall nationalisiert sich in steigendem Maße die Kultur. Sie saugt sich mit nationalen Ideen voll und stößt das, was sozialistisch ist, an den Rand zurück, bis zu einem Grad, wo der *Inhalt* in die *Form* verwandelt wird. Im Verlauf dieser Veränderungen und um jeder Kritik entgegenzutreten, wird alles, was sozialistisch ist, hervorgehoben. Aber dies ist nichts anderes als eine geschickte Tarnung. Es kann das für die politischen und sozialen Institutionen mohammedanischer Staaten gelten, die dem Sozialismus der Form nach durchaus treu sind, der aber dem Inhalt nach vollkommen verändert wurde. Eine solche Entwicklung kündigt sich bereits für die Ideologien an. Man betont die Verträglichkeit des Islams und des Kommunismus, indem man aber aus dem Kommunismus ein historisches Nebenprodukt des Islam macht, reduziert die mohammedanische Hierarchie den Sozialismus einigermaßen. Auch der kulturelle Kompromiß sollte nicht auf die Dauer bestehen, sondern sollte vielmehr in einem totalen Sieg des Sozialismus über die erhalten gebliebenen nationalen Elemente münden. In dieser ungleichen Ehe der sozialistischen und der nationalen Werte hat sich in einer von den Befürwortern des Kompromisses unerwarteten Weise der zweite als der stärkere erwiesen. Die mohammedanische Religion hat zu dieser Entwicklung beigetragen, weil sie, wie alle Religionen in der Sowjetunion, die einzige Organisation außerhalb des Kaders der offiziellen Ideologie darstellt und den einzigen Ort sowohl physischer wie spiritueller Art, wo ein Zusammenfinden möglich ist: Die einzige organisierte Struktur, die über Mittel verfügt, um mit ihren Mitgliedern in Kommunikation zu treten.

*

Der Katholizismus der Litauer, der Islam an der südlichen Peripherie der Sowjetunion befinden sich, nimmt man alles nur in allem, in sehr ähnlicher Situation. Die Religionen, die mit der Geschichte der betreffenden Völker eng verbunden sind, ziehen ihre tatsächliche Kraft aus der historischen Vergangenheit und aus der Fähigkeit, die stets vorhandenen nationalen Wünsche zu verkörpern. Man sieht jedoch, was das katholische Litauen von den mohammedanischen Ländern trennt. Den Litauern verhilft ihre Religion, besser zu überdauern, als ihre

Nachbarn in Estland und Lettland. Sie vereint ihre Wünsche, sammelt sie, aber hier endet ihre Rolle. Die Geschichte, die religiöse Gemeinsamkeit weisen Litauen nach Polen. Aber von dort, wo man weiß, wie schwer es ist, das Gleichgewicht mit der UdSSR aufrechtzuerhalten, darf es keine Hilfe in einem Kampf erwarten, der darum geht, die Besonderheit der litauischen Nation zu bewahren.

Ganz anders steht es um die Gemeinschaft der Mohammedaner in der Sowjetunion. Ihre Zahl, ihre demographische Dynamik, ihre geographische Lage an den Grenzen einer Welt, in der die UdSSR Rivale des Westens ist, all dies trägt zu den Sorgen der Sowjetmacht vor Änderungen des Kurses bei. Zugleich ist sie aber auch vor radikalen Lösungen gewarnt und dazu gezwungen, mit Klugheit vorzugehen. Das Gleichgewicht der internationalen Beziehungen räumt dem litauischen Nationalismus und seinem spezifischen Gewicht in der Sowjetunion nur noch eine begrenzte Dauer ein. Andererseits zwingt die Außenpolitik die Sowjetunion mit ihren Mohammedanern zu rechnen, sie zufriedenzustellen und sie eventuell zu benützen. Die Religion hat in Litauen keine Gesellschaft geschaffen, die von der übrigen Bevölkerung der Sowjetunion völlig verschieden wäre. Der Islam dagegen ist für die Sowjetführung beunruhigend, weil er nicht nur eine globale Gemeinschaft bildet, sondern auch sich solidarisch mit der mohammedanischen Welt und als Teil dieser großen Gemeinschaft, jenseits der Grenzen der Sowjetunion, fühlt. Dies ist für die Sowjets beunruhigend.

Der Islam ist im Begriff, eine Gesellschaft zu schaffen, deren Charakteristika, deren Verhalten, deren Werte von der sowjetischen Gesellschaft eindeutig verschieden sind. Selbst wenn die Sowjetmacht die politische Verhaltensweise der mohammedanischen Hierarchie kontrollieren kann, was angesichts des organisierten und totalitären Charakters des politischen Systems der Sowjets durchaus möglich ist, so muß sie sich immer noch mit einem anderen umfangreichen Problem auseinandersetzen, nämlich jenem einer Gesellschaft, die intellektuell und wirtschaftlich verändert ist und wo Erziehung und Urbanisierung, weit davon entfernt, die dieser Gesellschaft eigene politische Kultur auszurotten, vielmehr noch zu ihrer Verstärkung beizutragen scheinen. Hinter dem *Homo sovieticus* zeichnet sich schon der *Homo islamicus* ab.

VIII. KAPITEL

Der Homo islamicus in der sowjetischen Gesellschaft

»In dem halben Jahrhundert seit dem Bestehen der Sowjetunion hat sich eine sozialistische sowjetische Kultur gebildet und entwickelt, die in ihrem Geist und ihrem Inhalt einzigartig ist. Diese Kultur hat in sich die kostbarsten Züge und Traditionen der Kulturen und Sitten aller Völker unseres Vaterlandes aufgenommen. Jede der nationalen sowjetischen Kulturen nährt sich nicht nur aus dem, was ihr zu eigen ist, sondern sie nimmt auch an dem spirituellen Reichtum der anderen Brüdervölker zur gleichen Zeit teil, indem sie auf diese einen wohltuenden und bereichernden Einfluß ausübt.«

Indem Leonid Breschnew auf diese Weise die Sowjetkultur[1] definierte, nahm er als gegeben an, daß in der Sowjetgesellschaft, in der es verschiedene Kulturformen gibt, sich Kontakte zwischen den Menschen und Gruppen entwickeln, die der Tagesrealität entsprechen. Ohne Zweifel reißen in einer modernen Gesellschaft die Urbanisierung, die Entwicklung des Verkehrs und der Medien und schließlich die Erziehung Schranken nieder und modifizieren und vereinheitlichen zutiefst das Denken. Aber ungeachtet der Tatsachen des modernen Lebens, die in der Sowjetunion bestehen wie anderswo, und trotz aller dauernden Anstrengungen des politischen Systems, die interethnischen Kontakte zu vermehren und die Unterschiede in einer *sowjetischen politischen Kultur*[2] zum Verschmelzen zu bringen, scheint es doch klar, daß zumindest in dem von den Mohammedanern bevölkerten Raum die Anstrengungen zur Veränderung des Denkens sich mit einer sozial-kulturellen Wirklichkeit stoßen, die schwer zu überwinden ist. Die zähe Fortdauer einer besonderen Kultur, verbunden mit dem Islam, zeigt sich auf dem Gebiet der interethnischen Beziehungen, im Privatleben und auch in den Beziehungen des einzelnen zu seiner politischen Umwelt.

Die Weigerung, außerhalb der eigenen Gruppe zu heiraten

Ist die Endogamie nur einfach das Produkt eines hohen Grades von Nationalgefühl? Oder ist sie auch in der Hauptsache das Resultat jeweiliger Umstände, wie etwa des sozialen Status und der Möglichkeit, auch in anderen nationalen Gruppen einen eventuellen Partner zu finden? Im allgemeinen läßt sich in der Sowjetunion eine Verbindung zwischen Endogamie und Nationalgefühl nicht feststellen. Es ist aber unmöglich, das Problem der Mischehen nicht im Zusammenhang mit dem nationalen Verhalten zu sehen. Und zwar, weil die Sowjetmacht gehofft hatte, daß durch die Mischehen es auch zu einer Verschmelzung der Völker kommen werde. Mischehen werden als Argument benutzt, um den Fortschritt eines übernationalen Bewußtseins zu beweisen[3].

Die jüngsten Arbeiten sowjetischer Soziologen zeigen, daß die Sowjetbürger zwar bisweilen außerhalb ihrer Volksgruppe heiraten, es jedoch in diesem Punkt keinerlei Ähnlichkeit im Verhalten aller Volksgruppen gibt. Eine Untersuchung von Heiraten, die im Jahre 1969 in allen Republiken mit Ausnahme der RSFSR geschlossen worden sind, zeigen hinsichtlich des Ausmaßes der Endogamie, daß man hier drei Gruppen bilden kann: jene Nationen, die nahezu total endogam sind: Kirgisen (95,4%), Kasachen (93,6%), Turkmenen (90,7%), Aseris (89,8%), Usbeken (86,2%), Georgier (80,5%). Dann Völker, die eher zur Endogamie neigen: Esten (78,8%), Tadschiken (77,3%), Litauer (68,2%), Moldauer (62,0%), Letten (61,4%). Und schließlich eine letzte Gruppe, in der gemischte Ehen die nationalen Ehen überwiegen: Weißrussen (39%), Ukrainer (34,3%), Armenier (33,4%)[4].

Im Heiratsverhalten sind also ähnliche Unterschiede wie im Sprachgebrauch vorhanden. Die Völker Zentralasiens und des Kaukasus – ausgenommen die Tadschiken und Armenier – gehören zu einer fast völlig endogamen Gruppe. Woran liegt das? Am Mangel günstiger Gelegenheiten oder an kulturellen Gründen? Muß man die Tadschiken als Vorläufer betrachten, oder muß man sich mit ihnen näher beschäftigen, um zu erkennen, wer wen heiratet und dadurch die Bedeutung des bei ihnen auftretenden exogamen Verhaltens zu erklären? 1962 hat Abramzon, ein Pionier der Soziologie der interethnischen Beziehungen, eine wichtige Studie über dieses Thema veröffentlicht[5], indem er auf drei Charakteristika gemischter Ehen hinwies: Die Ehen zwischen Mohammedanern und Nichtmohammedanern, die vor der Revolution in Zentralasien die Ausnahme von der Regel waren, bleiben auch weiterhin Ausnahmen, weil sie gegen die gewichtigen sozial-religiösen Traditionen verstoßen. Wenn solche Ehen stattfinden, so handelt es sich fast stets um die Heirat eines Moslems (im Sinne einer Herkunft aus einer mohammedanischen Nationalität) mit einer Frau, die Nichtmohammedanerin ist, während die Mädchen mohammedanischer Herkunft sich nahezu niemals außerhalb ihrer Gruppe verheiraten. Schließlich vermerkte Abramzon, daß in zahlreichen Fällen diese Ehen (die meist im städtischen Milieu stattfinden) in der Familie des mohammedanischen Ehepartners auf ausgesprochene Feindseligkeit stoßen[6].

Innerhalb von 15 Jahren hat sich die sowjetische Gesellschaft verändert. Aber alles weist darauf hin, daß die Feststellungen Abramzons auch die heutige Situation richtig wiedergeben. Eine verhältnismäßig aktuelle Umfrage über Mischehen in Dagestan (ein sowjetischer Autor meint, die Ergebnisse seien auf ganz Zentralasien anwendbar)[7], zeigt, wie es heute mit den Eheproblemen steht. Machatschkala, Hauptstadt von Dagestan, zählte 1959 32% Dagestanis, 51% Russen und einige andere Nationalitäten. Hier liegt also eine Situation vor, die für Mischehen besonders günstig ist: ein städtisches Lebensmilieu, eine zahlreiche russische Gemeinde. Die Untersuchung[8] umfaßte zehn Jahre von 1958 bis 1968. Mehrere Punkte lassen sich aus ihr erkennen. Erstens eine ungewöhnliche Stabilität in der Zahl der Mischehen (25,2% 1958, 25% 1968). Zweitens wird als Mischehe sowohl die Heirat zwischen Mohammedaner und Nichtmohammedaner betrachtet, als auch zwischen Angehörigen zweier nationaler Gruppen, die eine kulturelle Verwandtschaft besitzen. In Machatschkala betreffen rund 50% der Mischehen nicht die Dagestanis und nur ein Viertel der Heiraten vereinigt Dagestanis, mit Nichtmohammedanern (Russen oder Ukrainer). Bei den gemischten Paaren ist der Anteil an dagestanischen Frauen sehr gering (obwohl er sich etwas vergrößert). Und die Mehrzahl der mit Russen verheirateten Frauen trägt auch russische Vornamen: dies läßt darauf schließen, daß sie selbst aus Mischehen stammen. Schließlich ist es auch bezeichnend, daß der größte Teil der Scheidungen jene Gruppe von Dagestanis betrifft, die russische Frauen geheiratet haben.

Eine andere Untersuchung in der Hauptstadt von Tadschikistan, Duschambe, fördert Hinweise zutage, die völlig mit den Thesen von Abramzon und der Situation im Kaukasus[9] übereinstimmen. Auch in Duschambe ist die Situation für gemischte Ehen vorteilhaft (108 236 Russen neben 43 008 Tadschiken und 23 178 Usbeken). Der Autor hat versucht zu ermessen, inwieweit die Wahrscheinlichkeit von Ehen zwischen verschiedenen Gruppen mit der Realität übereinstimmt. Die Ergebnisse sind überraschend. Im Fall der Ehe zwischen Tadschiken und

Usbeken ist die Kurve der wahrscheinlichen Ehen und jene der wirklichen Ehen nahezu völlig gleich. Im Fall der Ehen zwischen Usbeken und Usbeken ist die Kurve der wirklichen Ehen etwas höher als jene der wahrscheinlichen Ehen, aber sie unterscheidet sich etwas weniger als im Fall der Ehen zwischen Tadschiken. Schließlich im Fall der Ehen zwischen Russen und Tadschiken oder Usbeken ist die Kurve der wirklichen Ehen weit unter jener der wahrscheinlichen Ehen gelegen.

Man kann daraus schließen, daß es bei den Tadschiken eine beträchtliche und steigende Neigung[10] dazu gibt, im eigenen Stamm zu heiraten. Selbst unter den günstigsten Bedingungen für Kontakte mit anderen Gemeinschaften (in der Hauptstadt des Landes, wo sich der höchstentwickelte und sprachlich weit fortgeschrittenste Teil der Bevölkerung befindet). Diese Arbeit zeigt auch, daß man der offeneren Haltung der Tadschiken zur Heirat außerhalb der eigenen Volksgruppe keine allzu große Bedeutung beimessen muß, weil viele dieser Ehen mit Usbeken eingegangen werden. Auch bei den Kirgisen zeigen solche Untersuchungen, daß sich das Verhältnis zwischen Kirgisen und Europäern in der Zeit von 1927 bis 1968 kaum geändert hat. Bei den Mischehen sind es in zwei Dritteln der Fälle Kirgisen mit anderen Mohammedanern[11]. Es zeigt sich, daß kirgisische Frauen überhaupt keine Nichtmohammedaner heiraten[12].

Um welches Gebiet und um welche Volksgruppe es sich auch handelt, es stellt sich immer wieder eine Homogenität des Raumes und eine Kontinuität im Verhalten aller mohammedanischen Völker der UdSSR heraus. Die Soziologen, die die günstigen Faktoren für eine Exogamie suchen, haben als solche die Urbanisierung, den multinationalen Charakter des Gebietes, das Ausmaß der Erziehung und im besonderen der weiblichen Erziehung hervorgehoben. Vergleicht man die Situation der verschiedenen Völker der Sowjetunion, so stellt man fest, daß die in der Minorität befindlichen Kasachen in ihrer Republik wahrscheinlich die endogamsten sind. Hinsichtlich der Urbanisierung stehen die Aseris mit den Ukrainern und den Weißrussen auf gleicher Ebene. Schließlich ist der intellektuelle Fortschritt in den mohammedanischen Republiken sehr rasch, und auch die Unterschiede im Bildungsniveau zwischen Männern und Frauen haben sich, wenn auch nicht so schnell, aber doch in einer sehr spürbaren Weise, verringert[13].

Mehrere Untersuchungen haben schließlich ergeben, daß der Großteil der Volksgruppen sich Mischehen im Prinzip nicht abgeneigt[14] zeigt und es Unterschiede in ihrer Einstellung nur im Zusammenhang mit der Religion gibt. Einerseits also eine offenkundige Zustimmung zur Mischehe, auf der anderen Seite, in den mohammedanischen Randgebieten, die gegenteilige Erscheinung. Dort werden Mischehen, ob auf dem Lande oder in der Stadt, nur sehr selten geschlossen und dann nur nach einem starren Schema, nämlich Verbindung eines mohammedanischen Mannes mit einer nichtmohammedanischen Frau. Jedenfalls ist die Mischehe dort unabhängig von den sozialen Umständen.

Hier stellt sich ein anderes Problem. Selbst wenn die Mischehen nur gering an Zahl sind, öffnen sie doch den Weg für einen neuen Typ der Gesellschaft, der durch diese Vermischung gekennzeichnet ist. Man findet eine Antwort darauf, wenn man die Nationalitätswahl der Kinder untersucht, die aus solchen Ehen hervorgegangen sind. Mit 16 Jahren, zu dem Zeitpunkt, in dem man einen Paß erhält, hat jeder Sowjetbürger die Möglichkeit, seine Nationalität zu wählen, und dies ist im besonderen der Fall bei Kindern, deren Eltern verschiedene Nationalitäten besitzen. Nun hat man festgestellt, daß die Wahl der jungen Leute[15] genauen Regeln gehorcht. Wenn ein Mohammedaner eine Nichtmohammedanerin heiratet, dann nimmt in der Mehrheit der Fälle das Kind die Nationalität des Vaters an. Ganz allgemein wird bei den Mohammedanern, welcher sozialen Schicht man auch angehört und wie immer auch das Niveau der Ausbildung ist, die Nationalität des Vaters als dominant betrachtet[16]. Jedoch in den seltenen Fällen, in denen eine dagestanische Frau einen Mann geheiratet hat, der aus einer nichtmohammedanischen Volksgruppe stammt, ist von den Kindern die Nationalität der Mutter in 87,5% der Fälle gewählt worden[17]. Bei den Ehen zwischen Russen und Nichtmohammedanern (Ukrainer, Juden usw.) wurde die russische Nationalität dagegen bevorzugt. Ein letzter Fall betrifft gemischte Ehen zwischen Mohammedanern (Usbeken, Tadschiken): hier haben die Kinder die Tendenz, die Nationalität der Republik zu wählen, in der sie leben. Dies zeigt klar, daß die gemischten Ehen zwischen Nichtmohammedanern den Weg für Veränderungen im nationalen Bewußtsein öffnen. Sobald es sich aber um Moslems handelt, sind die gemischten Ehen keineswegs eine Öffnung zu einer Welt, die außerhalb des Islam liegt. Dies bedeutet aber nicht, daß diese Ehen ohne jeden Einfluß auf die Kinder wären. Der Einfluß zeigt sich vor allem in der Sprache. Handelt es sich um eine Mischehe zwischen Russen oder Ukrainern und Mohammedanern, so ist die Sprache der Familie stets das Russische. Außerdem erhalten die Kinder häufig russische Vornamen (die Mädchen häufiger als die Knaben) und, falls man ihnen einen nichtrussischen Vornamen gegeben hat, so wird meist noch ein zweiter europäischer Vorname hinzugefügt[18]. Die sowjetischen Behörden schätzen also zu Recht, daß die Mischehen auf die Dauer die Nationen aus dem Gleichgewicht bringen können. Sie haben aber lange Zeit den Widerstand der nationalen Gesellschaften gegenüber solchen Ehen unterschätzt und ihren Willen, sich ihre ganz besondere soziale und kulturelle Welt zu bewahren.

Der Zusammenhalt der Gruppe durch die Lebensweise

Wenn die Mohammedaner sich gegenüber Mischehen mit Nichtmohammedanern ablehnend verhalten, so wohl auch deshalb, weil sie eifersüchtig ihre Lebensweise bewahren wollen. Im Familienleben zeigt sich die traditionelle Lebenshaltung am stärksten. Die drei wichtigsten Augenblicke, die Geburt, die Hochzeit und der Tod sind auch Teil dieser Traditionen. Bei diesen Gelegenheiten erinnern sich die Menschen am ehesten an die Sitten, die ihre Völker durch die Jahrhunderte geübt haben. Der Respekt vor den Volksbräuchen vergrößert sich im selben Maß, in dem sich das Menschenleben seinem Ende nähert. Das mit der Geburt verbundene Brauchtum ist jedoch zum Teil auf dem Aussterbeetat, weil die Kinder mehr und mehr in Spitälern zur Welt kommen, wo es schwierig ist, diese Traditionen aufrechtzuerhalten, die sogar häufig den Regeln der Hygiene widersprechen. Jedoch hat die Hälfte der in Städten lebenden Tataren bei der Befragung über diesen Punkt erklärt, daß sie das Ritual, das an die Geburt eines Kindes gebunden ist, einhält[19]. Aber in einem Fall wird die Tradition des Islam (obwohl dies gar nicht zu den strengen Verpflichtungen gehört) in der gesamten mohammedanischen Völkergruppe eingehalten: in jenem der Beschneidung. Sämtliche Untersuchungen zeigen, daß auch im gesamten Raum der Sowjetunion – wie immer die Haltung gegenüber der Religion ist, ohne Unterschied des Milieus, ob städtisch oder ländlich und ohne Unterschied im Niveau der Erziehung und der sozialen Stellung – praktisch alle männlichen Kinder beschnitten werden. Die sowjetischen Soziologen sind zu dem Schluß gekommen, daß die Beibehaltung dieses Brauches eine Demonstration der Zugehörigkeit zu einer kulturellen Gemeinschaft ist. Die Beschneidung hat in der Sowjetunion eine klare Bedeutung, nämlich, daß der junge Mohammedaner der globalen Gemeinschaft, der *Umma* angehört, die ihn mit allen Gläubigen und mit der Welt des Islam vereinigt *(Dar ul Islam)*. Hierher gehört auch die Wahl des Vornamens, bei der die religiöse Tradition weiterhin eine wichtige Rolle spielt. So lehnen die Schiiten nach wie vor gewisse Vornamen wie Omar, Osman und Aischa ab und nehmen gegenüber Trägern dieses Namens eine feindselige Haltung ein[20]. Ein anderer Brauch wird ebenfalls in der gesamten mohammedanischen Welt eingehalten: dem Kind einen zweiten Vornamen zu geben, um die Aufmerksamkeit der Dämonen abzulenken und sie durch die doppelte Identität zu täuschen.

Die Heirat ist mehr noch als die Geburt, weil sie sich im privaten Milieu abspielt, für den Mohammedaner eine Gelegenheit, seine Treue zu den Bräuchen seiner Väter zu demonstrieren. Auch hier sind die Antworten der in Städten lebenden Tataren außerordentlich informativ: nur 37% halten die Hochzeitsbräuche nicht ein[21]. In mehrfacher Hinsicht hat dieses Problem die Sowjetmacht beunruhigt: Zunächst der religiöse Charakter der Hochzeiten überhaupt. Als das Sowjetregime sehen mußte, daß sich aus Gründen der Eheschließung immer mehr junge Leute der Kirche zuwandten, begann man darüber nachzudenken, was der Grund für die steigende Zahl religiöser Hochzeiten sei. Das Regime kam darauf, daß offensichtlich der wenig attraktive, dafür aber höchst bürokratische Charakter ziviler Eheschließungen schuld war. Um den Zug zu den Kirchen zu bekämpfen, wurden in der Sowjetunion prunkvolle Hochzeitspaläste gebaut und den Zivilheiraten große Feierlichkeit verliehen. So ist aus der einfachen Registrierung ehelicher Verbindungen, die lange Zeit vorherrschte, nun nach und nach ein großes ziviles Fest geworden. Es scheint aber, daß das nichts geholfen hat. Die religiösen Ehezeremonien haben ihre Anziehungskraft behalten. Häufig gibt es nach der zivilen Zeremonie eine zweite, bei der der Mullah die religiösen Riten zelebriert[22]. Ohne Zweifel, so wird versichert, ist das ein nicht allgemein verbreitetes Phänomen, und wo es sich findet, ist es das Resultat des Einflusses alter Leute, die mehr oder weniger allein noch am religiösen Leben interessiert sind. Es scheint jedoch, daß in der mohammedanischen Gesellschaft häufig Kinder, die zivilen Ehen entspringen, nicht als legitim betrachtet werden[23].

Noch größere Aufmerksamkeit als die religiöse Heirat selbst verdient aber die Fortdauer mit der Heirat verbundenen Brauchtums. Dies ist um so bemerkenswerter, als zwar auf Grund der Gewissensfreiheit die religiöse Hochzeit gefeiert werden darf, aber gewisse diesbezügliche Bräuche aus wirtschaftlichen oder sozialen Gründen auf das strengste verboten sind. So ist es z. B. verboten, daß noch nicht geschlechtsreife Mädchen oder aber Mädchen gegen ihren Willen verheiratet werden. Auch Bräuche wie Raub und Freikauf der Braut, die aus der feudalen Zeit stammen, sind verboten. Aber trotz aller Gesetze sind immer noch Heiraten nicht geschlechtsreifer Mädchen und solche, wo die Eltern gegen den Willen ihrer Töchter die Heirat abgeschlossen haben, durchaus an der Tagesordnung. Solche Sitten finden sich sogar in Kreisen, die der Sowjetführung sehr nahestehen[24]. Der Brauch des *Kalym* (Freikauf der Braut) scheint nicht nur noch sehr häufig zu sein[25], sondern erfolgt sogar nach Tarifen, die allen bekannt sind. In der Mitte der sechziger Jahre schätzte das ZK der usbekischen KP den Kalym auf »fünfhundert Rubel, zweihundert Kilo Mehl, achtzig Kilo Reis, zwei Schafe und neun Kleider«. Im ganzen kostete es zwei- bis dreitausend Rubel, wollte man eine Frau bekommen[26]. Im Fall einer unvollständigen Zahlung mußte die Braut ihrer Familie zurückgegeben werden[27]. Der Brautraub hielt sich ebenfalls noch, freilich nur in der Form einer kurzen symbolischen Handlung[28].

Zu diesen in der ganzen mohammedanischen Gemeinschaft verbreiteten Traditionen muß man noch andere lokale Variationen des *Adat* (Gewohnheitsrecht) hinzurechnen, die im ganzen Kaukasus noch im Schwange sind. Es handelt sich um komplizierte Zeremonien der Übergabe der Braut an die Eltern ihres künftigen Mannes. Diese Zeremonien unterstreichen die Treue zum Islam – so muß die Braut mit dem Gesicht nach Mekka beten. Darüber hinaus gibt es noch bei zahlreichen Völkern die Regel der Exogamie, das heißt, daß man nicht innerhalb des eigenen Stammes heiratet, und auch das *Levirat*[29] (die Verpflichtung, die Witwe des verstorbenen Bruders zu heiraten). Rund um die Heirat bestehen religiöse und viele weltliche Bräuche, Verbote und Gebote, die sowohl zu den Traditionen des orthodoxen Islam als auch zu dem Brauchtum *(Adat)* und den Stammesbindungen der Vergangenheit gehören. Auf alle Fälle ist die Hochzeit eine Gelegenheit für die Völker mohammedanischen Ursprungs, ihre tiefe Verbundenheit mit ihren Traditionen zu zeigen und ebenso ihre souveräne Mißachtung der Gesetze und Prinzipien der Sowjets. Wie die Beschneidung gibt auch die Hochzeit Anlaß zu großen Festlichkeiten, die wirtschaftliche Vorgänge erfordern, die von der Regierung nicht gewünscht werden; so z. B. das Schlachten von Tieren. Es handelt sich zwar manchmal um Tiere aus Privatbesitz, aber häufig wird angesichts des Ausmaßes des Freudenfestes ganz ohne Scham das Vieh des Kollektivs verwendet, um die mohammedanischen Zeremonien zu verschönern. Was diesen Mißbrauch öffentlichen Gutes noch verschlimmert, ist, daß sowohl bei Beschneidungen als auch bei Hochzeiten die Zeremonien sich stets in der Gegenwart der örtlichen Autoritäten abspielen.

Wenn alle Ereignisse, die entscheidend für das Leben des Menschen sind, Anlaß geben, die Zugehörigkeit zu einer besonderen kulturellen Welt zu demonstrieren, dann ist es der Tod, der die Bindungen zwischen dem Individuum und der Tradition am allerstärksten erkennen läßt. Die Zahl der Tataren, (wiederum jene im städtischen Milieu), die sich im Augenblick des Todes nicht an die mohammedanischen Bräuche halten, fällt auf 23%[30]. Hätte man diese Frage in Zentralasien gestellt, oder Land und Stadt gemischt, so wäre dieser Prozentsatz wohl noch viel niedriger ausgefallen. Ein sowjetischer Autor[31] schrieb: »Es kann geschehen, daß Menschen verschiedener Nationalität zusammen in einer gemeinsamen Familie gelebt haben... aber nach ihrem Tod stellt sich heraus, daß sie nicht auf demselben Friedhof beerdigt werden können. Ihre letzte Reise wird solcherart zur Demonstration ihrer eigenen Religion und ihrer nationalen Besonderheit.«

Angesichts des Todes zögert niemand, sich zu seiner Verschiedenheit zu bekennen. 1972 starb der Direktor des pädagogischen Instituts von Taschkent. Die Behörden beschlossen, ihn auf einem Friedhof zu begraben, wo auch schon andere offizielle Persönlichkeiten ruhen, und ihm ein Staatsbegräbnis zu geben. Aber hier begann sofort der Konflikt. Die Familie lehnte diesen Prunk und diese Ehren ab, die einem Mann zugedacht waren, der wahrscheinlich, wenn man seine Funktionen bedenkt, sein Leben als guter Kommunist verbracht hatte. Man begrub ihn dann auf dem mohammedanischen Friedhof und gab ihm ein mohammedanisches Begräbnis[32].

Besonderheit drückt sich in der Beibehaltung sehr kostspieliger Begräbnisriten aus[33], die aber Gelegenheit für die Gemeinde geben, sich im Zeichen ihrer sozial-religiösen Traditionen zu versammeln. Auch Gedenkfeiern für die Toten finden statt, die der islamische Klerus mit viel Geschick zu vervielfachen versteht[34]. Die Sowjetführung greift diese Bräuche an, indem sie die beträchtlichen Kosten hervorhebt: Sie ist sich der integrierenden Funktion dieser Zeremonien vollkommen bewußt, gerade dies erregt am meisten ihre Besorgnis. Auch hier ist das für sie schmerzhafteste Phänomen der Zusammenhalt einer Gemeinde, deren zahlreiche Mitglieder sich keineswegs als Gläubige bekennen, für die aber die Bräuche des Familienlebens eine religiöse Bedeutung haben[35].

Ganz allgemein weiß die Sowjetführung sehr wohl, daß die mohammedanische Gesellschaft ihre eigene Welt der Feste und der wichtigen Termine hat. Ein amerikanischer Journalist, der zu Beginn der siebziger Jahre am Vorabend des Gedenktages der Oktoberrevolution Usbeken fragte, was denn nun das wichtigste Fest in der UdSSR sei, erhielt unfehlbar darauf die Antwort: »Das Ende des Ramadan«[36]. Dies erklärt die besondere Aufmerksamkeit, die die Sowjetführung den Festen der mohammedanischen Gesellschaft widmet und ihre diesbezügliche Haltungsänderung.

Ein neuer Inhalt für traditionelle Feste

Mehrere Jahrzehnte lang wurden in der Sowjetunion alle Feste und Bräuche religiöser Art systematisch angeprangert. Die Ereignisse, die das Privatleben dominierten, wurden verweltlicht, die religiösen Festlichkeiten verboten, oder es wurde doch zumindest von ihnen eindringlich abgeraten. Auch die gesellschaftlichen Bräuche, die diese Feste mit sich brachten, so etwa das Essen zu Ehren der Toten und ähnliches, wurden untersagt, weil es sich dabei um Zeichen der Bindung an »feudale Traditionen« handle. Es gelang zwar den Behörden nicht, diese Traditionen wirklich zu unterdrücken, aber sie hofften doch, daß der Fortschritt sie verdrängen werde und daß sie im großen und ganzen doch nichts seien als Folklore.

Doch hat seit Beginn der sechziger Jahre die Arbeit von Ethnologen und Soziologen der Sowjetführung die Kenntnis gebracht, daß das, was sie bisher mit leichter Hand als »Relikt« behandelte, in Wirklichkeit eine Ganzheit von Verhaltensweisen und Treuebeweisen war, die eine ganze Gesellschaft zusammenschweißt. 1960 wurde eine allrussische Konferenz organisiert, um über die Sowjetfeste und über die Mittel zu diskutieren, die Relikte der Religion zum Verschwinden zu bringen. Im März 1964 wurden Spezialisten zu einer neuen Konferenz nach Moskau berufen, um dort über diese immer größer werdende Sorge[37] zu diskutieren. Die Bilanz dieses Treffens erbrachte das Eingeständnis der Führung, daß die sowjetischen Feste – ob politisch oder privat – wenig Erfolg hatten. Um Erfolg in der Bekämpfung traditioneller Feste zu erzielen, müßten zwei Wege beschritten werden: Erstens, den sowjetischen Festen mehr Schwung zu verleihen. Zweitens zu versuchen, den traditionellen Festen sowjetische Feste aufzupfropfen, um sie ihres national-religiösen Inhaltes zu berauben und ihnen statt dessen einen sowjetischen Sinn zu geben.

Richtige sowjetische Feste, wie etwa die feierliche Registrierung der Neugeborenen, zu veranstalten, ist Aufgabe der sozialen Organisationen (in diesem Fall etwa des Komsomol). So versammelten sich etwa in Samarkand im dortigen Kulturpalast unter der Ägide der sozialen Organisationen und der Dienststellen des Staates die Familienangehörigen, die geladenen Gäste, die »Heldenmütter«, und andere Persönlichkeiten der Kommunistischen Partei. Diese Zeremonie sollte rund um das Neugeborene alles vereinen, was in der sowjetischen Gesellschaft Rang und Namen hat[38]. Wo konnte eine Familie sonst ein so reiches Zeremoniell und eine so schmeichelhafte Versammlung von prominenten Leuten finden? Aber trotz dieser Bemühungen, die verschiedensten Lebensabschnitte zu erfassen – Ausgabe des Passes, Einrücken zur Armee, Heirat, Berufsleben – und trotz der systematischen Einschaltung der sozialen Organisationen in den Ablauf, stellte man dennoch in der Bevölkerung eine ungebrochene Bindung an die traditionellen Festlichkeiten fest. Dies brachte die Behörden dazu, zu versuchen, das althergebrachte, in der mohammedanischen Gesellschaft verwurzelte Ritual umzufunktionieren und in die Gesamtheit der sowjetischen Kultur einzugliedern.

Da es ebenso unmöglich ist, die Einwohner Zentralasiens von der Feier des mohammedanischen Neujahrs abzuhalten, hat die Sowjetführung eingeräumt, daß der *Nauruz* entsprechend gefeiert wird, sich aber bemüht, daraus »das Fest des Frühlings und der Bauern« zu machen und dieses Ereignis mit gesellschaftlichen Aktivitäten zu verbinden, um seinen eigentlichen Inhalt zu verändern[39]. Ein anderes Beispiel für diese Aufpfropfung auf mohammedanische Feste ist eine Zeremonie zur Ehrung der Alten. Seit altersher maßen die zentralasiatischen Völker dem 63. Geburtstag eine besondere Bedeutung zu. Mohammedaner, die dieses Alter erreichten – es ist das Alter des Propheten bei seinem Tod – luden eine große Gesellschaft ein. An das religiöse Fest, in dessen Verlauf aus dem Koran vorgelesen wurde, schloß sich ein Bankett und die Verteilung von Geschenken an. Nun wurden die sozialen Organisationen aufgefordert, diesen Termin zu wählen, um zivile Ereignisse zu feiern, etwa den Abgang in die Rente, oder die Verleihung einer Auszeichnung. Es spielt dabei keine Rolle, daß das Rentenalter gar nicht so hoch ist, wesentlich ist dabei, den *Paigamber Edschi* zu einer Zeremonie ohne jeden religiösen Inhalt zu machen und in eine Reihe von Festen einzufügen, die in der gesamten Sowjetunion die gleichen Ereignisse markieren[40].

Haben diese Bemühungen, sich die nationalen Traditionen anzueignen, viel Erfolg? Wahrscheinlich nicht. Viele Hinweise zeigen, daß die Aufpfropfung schlecht ankommt[41]: Die mohammedanischen Feste existieren neben den sowjetischen Festen weiter. Manchmal sieht man auch in einem neuen sowjetischen Fest Traditionen auferstehen, die man schon ausgerottet geglaubt hatte. So geschieht es etwa bei den Festessen, die den Ziviltrauungen in Usbekistan folgen, daß die Braut ihr Gesicht verhüllt. Welchen Zweck hat es da, »Häuser des Glücks« zu bauen[42]? Was für einen Sinn hat die Mobilisierung der sozialen Organisationen und der ganzen politischen Kader, wie es seit zehn Jahren geschieht, wenn all dies nur dazu führt, die eigenständigen weltlichen Traditionen festzuschreiben unter dem falschen Etikett, ihr Inhalt sei nun sowjetisch geworden? Der alte Kompromiß zwischen der nationalen Form und dem sozialistischen Inhalt ist immer noch an der Tagesordnung, trotz des intellektuellen Fortschritts der gesamten Gesellschaft.

Ein besonderes Modell der sozialen Organisation

Einer der wesentlichen Aspekte des Fortschrittes in der mohammedanischen Gesellschaft ist die Erziehung und Ausbildung der Frau. Die Sowjetführung hat gerade darauf bestanden, weil sie weiß, daß die soziale Veränderung unmöglich ist, solange nicht die Frauen an ihr teilnehmen. Ganz besonders in einer Gesellschaft, die eine entscheidende Bedeutung der Sozialisation der Kindheit zumißt. Äußerlich hat das Sowjetregime mit Erfolg die mohammedanische Frau aus ihrem traditionellen Status herausgerissen und durch Studium und Beruf in das soziale Leben eingegliedert. Viele Frauen leisten Lohnarbeit, und nahezu die Hälfte der örtlichen Sowjets in Zentralasien war 1975 aus Frauen zusammengesetzt[43].

Hinter diesen Statistiken, die nur einen beschränkten Aspekt zeigen, steht aber eine andere Wirklichkeit, denn häufig geben die Mädchen in Zentralasien ihre Studien im Verlauf der Sekundärausbildung auf. Dieser verfrühte Schulabgang ist ebenso für scheinbar modern denkende Familien mit hohem Bildungsgrad typisch wie natürlich für Familien mit geringem Bildungsstand. Der Widerstand aus dem mohammedanischen Milieu, die Frauen in das Berufsleben integrieren zu lassen, bleibt beachtlich. Die hohe Geburtenrate, die man vorfindet, ist teilweise ein Ergebnis der Tatsache, daß hier das Leben der Frau noch völlig der Familie geweiht ist. Die Sowjetmacht hatte zuvor versucht, die Frauen mit Gewalt aus ihrem Familienmilieu herauszureißen. Nun beginnt sie sich mit den mohammedanischen Vorurteilen abzufinden. In den landwirtschaftlichen Betrieben trachtet man, Ehepaare nicht zu trennen, vor allem nicht Frauen mit fremden Männern zusammenarbeiten zu lassen. Die Organisationen, die die Frauen sozialisieren sollen – vor allem Frauenklubs –, sind für Männer geschlossen, um nicht irgendwelche feindselige Reaktionen heraufzubeschwören[44].

Die mohammedanische Gesellschaft bleibt, allem Anschein zum Trotz, beherrscht von den Männern. Und einer der merkwürdigsten Aspekte ist aber, daß diese Gesellschaft von Organisationen beherrscht wird, die sich völlig außerhalb des politischen Systems befinden und sich ihm auch entziehen. Die Sowjetmacht hat alle diese Organisationen an der Peripherie des orthodoxen Islam in die sehr bequeme Kategorie der Schamanen eingeordnet. Ohne Zweifel gibt es diese Schamanen – halb Zauberer, halb Naturheiler – noch auf dem flachen Land, wo ihre Heilmittel ihnen eine beträchtliche Zahl von Anhängern zuführen, die häufig genug an der offiziellen Medizin verzweifelt sind. Vor allem aber suchen sterile Frauen bei den Schamanen Hilfe. Die Sterilität wird bei den mohammedanischen Völkern für eine richtiggehende Verfluchung gehalten, und Heilmittel für sie sind im wesentlichen mehr übernatürlicher als medizinischer Art.

Aber hinter dem Ausdruck Schamane, hinter den Anklagen magischer Praktiken verbirgt sich eine ganz andere Realität, die eine Arbeit über die vorislamischen Religionen und Riten in Zentralasien aufzeigt[45]. In einigen Kapiteln dieses Sammelwerkes wird hier auf die *Bruderschaften* hingewiesen. Einer der Autoren betont, daß Glauben und Praktiken dieser Art heute noch bestehen. Was sich also hinter den Schamanen verbirgt, die man lächerlich zu machen versucht, ist in Wirklichkeit das Überleben der sufitischen Bruderschaften, der *Tariquat*, deren Existenz heute auch von sowjetischen Forschern bestätigt wird[46]. Aus diesen Quellen weiß man, daß zwei *Tariqats* in der Sowjetunion existieren: der Orden der Naqshbandis und der Orden der Qadyris. Sowjetische Untersuchungen geben eine Idee von der Ausdehnung dieses Phänomens im Kauskasus, wo die sufitischen Orden stets einen außerordentlichen Erfolg gehabt haben. Wenn man den Autoren Glauben schenkt – und es wäre nicht begreiflich, warum sie sich anstrengen sollten, die Bedeutung dieser Bruderschaften zu übertreiben –, so sind mehr als die Hälfte der Gläubigen im Nordkaukasus Mitglieder einer dieser Bruderschaften. Wenn wir in Betracht ziehen, daß mehr als die Hälfte der Bewohner dieser Region sich als Gläubige bekennt und es hier mehr als zwei Millionen Einwohner gibt, kann man daraus ableiten, daß zumindest eine halbe Million der Mohammedaner des Nordkaukasus Mitglieder des Tariqats sind[47]. Man sieht hier schon, wie ernst die ganze Angelegenheit ist. Die Tariqats sind Geheimgesellschaften, in die man nur durch Initiation gelangen kann und in denen es eine außerordentlich strenge Disziplin und Hierarchie gibt. Hinsichtlich Zentralasiens verfügt man über keine Zahlen, aber die Informationen lassen annehmen, daß sich der Sufismus auch dort entwickelt.

Hier handelt es sich nicht allein um ein religiöses Problem. Der sowjetische Staat erlaubt nur autorisierte und deklarierte gesellschaftliche Organisationen, die alle zur Sozialisation des Bürgers und zu seiner Indoktrinierung mit der sowjetisch-kommunistischen Ideologie beizutragen haben. Mit einer halben Million von Anhängern – Repräsentanten der bestausgebildeten Schichten, die Jugend und die Frauen sind am zahlreichsten – bilden die Tariqats im Kaukasus tatsächlich eine *Massenorganisation*, die dem sowjetischen System und seiner Ideologie völlig fremd ist. Die Tariqats sind ein Instrument der Sozialisierung, das mit den offiziell anerkannten gesellschaftlichen Organisationen im Wettstreit steht. Das ihnen innewohnende autoritäre System findet wahrscheinlich mindestens ebenso viel wenn nicht sogar mehr Gehör in der sie umgebenden Gesellschaft als die offiziellen Organisationen. Ihre Aktivitäten sind zwar geistlicher Natur, aber sie sind doch auch weltlich. Es ist klar, daß dort, wo die Tariqats existieren, die wahre Autorität in der gesellschaftlichen Gruppe von ihnen ausgeübt wird. Das Problem der Autorität in der mohammedanischen Gesellschaft ist auch ansonsten ein allgemeines Problem. Die Sowjetführung hat längst erkennen müssen, daß die von ihr errichteten Strukturen – Oberste Sowjets, Partei usw. – gegenüber den traditionellen Autoritäten der mohammedanischen Gesellschaft und vor allem aber gegenüber den *Alten* eine außerordentlich schwierige Position haben. Es liegen Beweise vor, daß wichtige Entscheidungen außerhalb des Kreises der offiziellen Führung, nämlich von Räten der weisen Greise getroffen worden sind. Die *Aksakal* (Weiße Bärte) setzen z. B. die Höhe des *Kalym* (Kaufpreis für die Braut) fest und unterwerfen die Gemeinschaft ihren Entscheidungen. Auch hier hat die Sowjetmacht, nachdem sie eine Zeitlang dagegen angekämpft hat, sich schließlich der Tradition gefügt und die Existenz dieser Räte der Alten, die in ganz Zentralasien bestehen, zugestanden[48]. Sie gibt vor, deren Aktivität auf die Erteilung von Ratschlägen beschränkt zu haben, aber die moralische Autorität dieser Räte überschreitet bei weitem diesen Rahmen. Groß ist die Zahl der Konfliktfälle, die von diesen Räten geregelt werden. Man akzeptiert ihr Urteil, weil die mohammedanische Gesellschaft an die Klugheit des Alters und des Mannes glaubt. Die Gleichheit der Geschlechter, die »überlegene Weisheit der Partei« haben gegenüber dieser traditionellen Autorität nur geringes Gewicht.

Wenn man weiß, wie wenig gemischte Ehen es gibt, wenn man weiß, welchen Einfluß die Traditionen nach wie vor auf allen Gebieten besitzen, wenn man das Ausmaß des Einflusses dieser Autoritäten, die dem Sowjetsystem so völlig fremd sind, kennt, versteht man, daß die mohammedanische Gesellschaft einen zusammenhängenden Block bildet, der sich von der übrigen Sowjetunion unterscheidet.

Diese sozio-kulturelle Homogenität besteht weiter, trotz der erzieherischen Bemühungen auf allen Ebenen, die sich auf die Bestätigung der gemeinsamen Züge der sowjetischen Gesellschaft konzentrieren und die in ihrem Schoße bestehenden Differenzen in ihrer Bedeutung zu verkleinern suchen. In dieser Hinsicht ist das Vorgehen der Medien und dessen Auswirkungen ein sehr interessantes Problem.

Ein sowjetischer Autor bemerkte[49]: »In den letzten zehn Jahren sind Presse, Radio und Fernsehen mehr und mehr dazu benutzt worden, die ideologisch-politische Vorstellung der Sowjetbürger herauszubilden. Ferner ist die Aufmerksamkeit auf die Entwicklung des Internationalismus (das heißt auf die Schwächung des Nationalbewußtseins) hingelenkt worden.« Dieser Autor bezieht sich auf eine vergleichende Studie des Inhaltes russischer Zeitungen der Kommunistischen Parteien der Moldau-Republik, Georgiens und Usbekistans[50].

Der Autor hat den Inhalt (Artikel, Informationen, Studien) im Hinblick auf die wirtschaftliche Zusammenarbeit zwischen den Völkerschaften der UdSSR und die kulturelle Kooperation studiert. Er kommt auf Grund dieser Arbeit zu verschiedenen Feststellungen. Dabei verwendet er, wenn es sich um Wirtschaft und Kultur handelt, den Ausdruck *national* wesentlich seltener als den Ausdruck *republikanisch*. Die Tendenz dieser Blätter geht dahin, den Leser davon zu informieren, welche Rolle seine Republiken innerhalb der Wirtschaft der benachbarten Länder spielen und es wird von Bemühungn um die Schaffung einer überregionalen Wirtschaft berichtet. In Usbekistan wird die Hilfe hervorgehoben, die die Republik von außen erhält, um damit seine Abhängigkeit von der Sowjetunion herzustellen. Ebenso gilt dies für die kulturellen Fragen, wo es auch immer wieder darum geht, die Abhängigkeit von der Sowjetunion hervorzuheben.

Das Beharren auf dieser Abhängigkeit der Usbeken – auch im Vergleich zu anderen Völkern der Sowjetunion –, sowohl kulturell wie wirtschaftlich, und an einer ausgesprochenen Unterlegenheit gegenüber Moldauern und Georgiern, nennt der Autor die »internationalistische Erziehung des Lesers«[51]. Die Medien werden eingesetzt, um den Usbeken und damit allen mohammedanischen Völkern zu zeigen, daß sie von ihren eigenen wirtschaftlichen und kulturellen Mitteln nicht leben könnten. Dies ist aus zwei Gründen bemerkenswert: zunächst durch den Umfang, aber auch durch die Wirkungslosigkeit. Die Entwicklung in Zentralasien und im mohammedanischen Kaukasus bezeugt, daß gegenüber solchem Druck eine große Unempfindlichkeit besteht und eine erstaunliche Fähigkeit, die Eigenpersönlichkeit der Volksgruppe zu bewahren.

*

In der UdSSR existiert eine mohammedanische Gemeinschaft, vereint durch die Bindungen der Geschichte, der Kultur und der Tradition. Der *Homo islamicus*, ob er in Dagestan oder in Taschkent auftritt, in der Stadt oder auf dem Land, stellt ein ernstes Problem für die Sowjetführung dar. Dieser *Homo islamicus* hat tatsächlich mehr als ein halbes Jahrhundert Kulturrevolution hinter sich, die dazu bestimmt ist, den *Homo sovieticus* zu schaffen. Er ist durch die gleichmacherische Mühle der Schulen und der Jugendorganisationen schon hindurchgegangen. Als kleines Kind war er »Oktobrist«, dann hat er stolz das rote Tuch der Pioniere getragen und hier die Grundlagen einer sozialistischen Moral erlernt. Und nun, da er in das Erwachsenenalter eingetreten ist, entdeckt dieser Bürger, in den die Sowjetführung so viel investiert hat, plötzlich die privilegierte Autorität des Vaters und der Alten, die verspotteten Traditionen und die beherrschende Solidarität der nationalen kulturellen Gruppe, zu der er wieder gehört.

Die Lebensweise des *Homo islamicus* und seine Traditionen sind häufig, aber nicht immer, religiösen Ursprungs. In Zentralasien und im Kaukasus sind einander die Zivilisationen gefolgt, überlagerten sich die Kulte, große Religionen und Traditionen prägten stets ihre bewegte Geschichte. Der Islam hat viele der Strömungen, die ihm vorangegangen sind, in sich aufgenommen. Dieser Synkretismus zeigt sich wieder in der Vielfalt und in der Kraft der Traditionen, die heute zutage treten. Welche Rolle spielt es aber, ob die Bräuche nun heidnischen oder mohammedanischen Ursprungs sind? Seit langer Zeit sind sie in eine Kultur eingeschmolzen, die von allen Völkern dieser Gebiete als der ihnen gemeinsame Besitz angesehen wird. Diese Kultur trennt die Moslems von jenen, die nicht zu ihrem religiösen Universum gehören.

Der *Homo islamicus* ist kein Gegner. Er will kein Gegner des Sowjetsystems sein, das er nicht einmal kritisiert. Er bezeugt nur einfach durch seine Existenz, durch seine Anwesenheit überall dort, wo die mohammedanische Kultur existiert, daß das Sowjetvolk zumindest aus zwei Komponenten besteht: den Sowjetmenschen und den sowjetischen Mohammedanern. Er bezeugt, daß der menschliche Prototyp, den die sozialistische Gesellschaft heranziehen will, nicht existiert oder doch noch nicht überall existiert. Er bezeugt ferner, daß es verhältnismäßig einfach ist – zu Bedingungen, die eben ihren Preis haben – die Struktur einer Gesellschaft zu ändern, aber daß es im Gegensatz dazu unendlich viel schwieriger ist, den Geist zu ändern. Der Widerstand der religiösen und materiellen Kultur der Mohammedaner führt in das auf Einheitlichkeit begründete sowjetische System ein Element des unbestreitbaren Pluralismus ein. Aber kann dieses System sich damit zufriedengeben? Dieses System, das niemals auch nur bereit war, die Konkurrenz einer anderen Ideologie oder einer anderen Organisation zu dulden? Ohne auch nur angegriffen zu werden, sieht hier das sowjetische System neben sich das Fortbestehen und die Weiterentwicklung eines anderen sozialen Systems, das auf einer anderen Ideologie basiert. Und dieses konkurrenzierende System schart mehr als ein Fünftel der Sowjetbevölkerung um sich. Daher kann man es wirklich nicht mehr in die Kategorie der ethnographischen Kuriositäten einreihen.

Schlußfolgerung

Die politische Szene der Sowjetunion ist vor allem durch die Verschiedenheit der Volksgruppen und durch die Intensität der nationalen Gefühle charakterisiert. In dieser Hinsicht hat die Nationalitätenpolitik der Sowjetführung einen durchschlagenden Erfolg und einen ebenso durchschlagenden Mißerfolg erzielt. Einen Erfolg, weil sich in seiner Anfangszeit das Regime das Ziel steckte, die Entfaltung der Nationen, Nationalitäten und sogar der kleinsten Volksgruppen zu fördern, damit sich in dieser gewährten Freiheit das nationale Wollen erschöpfen sollte. Alles bezeugt, daß diese Entfaltung auch wirklich eingetreten ist. Aber die Sowjets haben auch einen Mißerfolg davongetragen, denn die zweite Etappe des kommunistischen Projekts sah das Verschwinden der nationalen Unterschiede vor und die Verschmelzung der einzelnen Völker in einer historisch neuen und überlegenen Gemeinschaft: dem *sowjetischen Volk*. Es bedeutet wenig, daß die Sowjetführer behaupten, dieses sowjetische Volk existiere. Ihre wiederholten Beteuerungen erinnern an Beschwörungsformeln. Man kann eine soziale Wirklichkeit nicht durch Worte verändern. Die Wirklichkeit, das sind die *Nationen*, die sich höchst kraftvoll behaupten. Keine Magie wird sie zugunsten eines sowjetischen Volkes zum Verschwinden bringen. Man ist hier mit der Zwiespältigkeit der sowjetischen Idee von der Nation konfrontiert. Das Sowjetregime hat in sein Nationalitäten-Programm zwei Vorstellungen von der Nation vermischt, die weit davon entfernt sind, identisch zu sein[1]. Eine Vorstellung ist seit langer Zeit in der westeuropäischen Gesellschaft im Schwange und läßt sich in der Formel von Renan zusammenfassen: »Die Nation ist der Wille, zusammen zu leben.« Dieses Konzept sieht im Mittelpunkt das Individuum und dessen freiwillige Zugehörigkeit zu einer nationalen Gemeinschaft. Eine andere Definition stammt aus Osteuropa, wo die ethnischen Grenzen schwierig festzulegen sind. Es ist eine eher soziologische Vorstellung und fordert von einer Nation bestimmte ständig vorhandene Elemente, in erster Linie sprachliche und kulturelle Voraussetzungen. In der sowjetischen Vorstellung sollten diese beiden Begriffe einander folgen. Das sogenannte osteuropäische Konzept hat nur in der ersten Etappe vorgeherrscht, in der die Nationen nach präzisen Bedingungen festgestellt und angeregt wurden, sich zu entwickeln und zu stärken. Danach aber brachte wiederum die Etappe der Integration der Völker die westliche Konzeption zu Ehren. Hier gehen die Ideen der Führung und der

Geführten auseinander. Für die Führer der UdSSR war die Annahme einer modernen Konzeption von der Nation Teil der Modernisierung. In einer gewissen Art dachten sie mit Karl Deutsch und anderen Theoretikern der Integration, daß die Modernisierung das Nationalbewußtsein verändern werde. Tatsächlich aber haben die sowjetischen Nationen an der Vorstellung von der Permanenz der Nation festgehalten, in der die Unantastbarkeit und der Charakter einer Volksgruppe den Vorrang vor dem individuellen Bewußtsein hat. Für sie ist die Nation eine Tatsache, die die politischen Projekte und Veränderungen der Umwelt überdauert.

Das Interessante an dem sich entwickelnden nationalen Konflikt ist, daß er mit der Modernisierung der Gesellschaft verbunden ist. In fast allen Volksgruppen sind die einer fortschreitenden Integration der Völker günstigen Elemente vorhanden, wenn auch vielleicht in verschiedenem Grad: Die wirtschaftliche Gleichberechtigung der Nationen, die Urbanisierung, die fortschreitende Angleichung des kulturellen Niveaus, die allmähliche aber unbestreitbare Durchdringung mit einer gemeinsamen Sprache und in einigen Fällen auch durch eine kulturelle Assimilation. Bemerkenswert ist aber, daß, weit davon entfernt, der Integration das Tor zu öffnen, diese Modernisierung den Rahmen für einen Nationalismus abgibt, der sich stärker und bewußter als bisher kundtut.

Ohne Zweifel haben die Nationalgefühle nicht in der gesamten UdSSR die gleiche Kraft und gleiche Tragweite. Man kann sie vereinfachend in drei Gruppen einteilen: Die erste Gruppe umfaßt die nationalen Gemeinschaften, die die Tendenz hatten, schwächer zu werden und die sich klarerweise auf dem Wege der Assimilation befinden oder doch assimilierbar sind. Hier finden sich viele der kleinen ethnischen Gruppen, vor allem auch jene, die verloren in den Weiten Sibiriens zum Rang lebensfähiger Nationalitäten erhoben und auch mit den Attributen einer nationalen Existenz, wie einer Sprache und einer Kultur, ausgestattet wurden. Die rasche Verringerung der Zahl der Nationen von einer Volkszählung zur anderen bezeugt den Fortschritt der Assimilierung dieser Gemeinschaften an die dynamischeren Nationen. Man kann vielleicht in dieselbe Kategorie auch die weißrussische Nation einordnen, obgleich sie in manchen Augenblicken der sowjetischen Geschichte Tendenzen zur Eigenständigkeit gezeigt hat. Doch Weißrußland ist künstlich erzeugt, seine Sprache hat keine historische Berechtigung. Diese Republik ist, in ihrem Bemühen sich von Polen und Litauen abzugrenzen, Rußland sehr nahegerückt und daher mehr als andere dem russischen Einfluß unterworfen.

In der zweiten Gruppe faßt man die Nationen zusammen, die zwar in hohem Grad nationales Bewußtsein haben, aber durch die Umstände zur Schwächung, ja zur Auslöschung verdammt sind. Das ist der Fall bei den baltischen Völkern und vor allem den Esten und Letten. Trotz der Stärke ihrer nationalen Gefühle und trotz aller historischen und kulturellen Unterschiede gegenüber den anderen Nationen der Sowjetunion sind diese Völker doch auf dem Wege zwar nicht der Assimilierung, aber des Aussterbens. Das mögliche Verschwinden von Nationen, die eine so starke Persönlichkeit besitzen, ist eine historische Tragödie, die jeder Balte bewußt spürt und die doch scheinbar niemand verhindern kann. Ungeachtet des ihnen drohenden Schicksals scheinen die baltischen Völker nicht einmal imstande zu sein, darauf durch eine Entwicklung einer baltischen Solidarität zu reagieren. Jedes dieser Völker schwächt sich noch dadurch, daß es sich in seinem Partikularismus isoliert und von den anderen Nationen der Region abkapselt. Diese Isolierung, dieser Rückzug auf sich selbst vergrößert die außerordentliche Verwundbarkeit des Baltikums, das in allen anderen Rücksichten der modernste und von äußeren Einflüssen am stärksten geprägte, der am wenigsten sowjetische Teil der Sowjetunion ist. Doch kann all dies nicht den Marsch der Balten in Richtung auf die Vernichtung ihrer Nationen verlangsamen.

Ebenfalls ihrer nationalen Existenz bewußt, aber eines entgegengesetzten Schicksals sicher ist die dritte Gruppe, die Völker Kaukasiens und Zentralasiens, sowie in einem etwas geringeren Ausmaß auch die Ukraine. In Zentralasien und im Kaukasus sichern das Nationalbewußtsein und der bevölkerungspolitische Dynamismus diesen Völkern einen bedeutenden und stets größer werdenden Platz in der Familie der Sowjetvölker.

Angesichts dieser Vielfalt von Situationen, drängt sich noch eine Bemerkung auf hinsichtlich des Unterschiedes zwischen *Nation* und *Kulturraum*. Die Sowjetunion ist das Manöverfeld der Nationen, die sich lebhaft und begierig zeigen, ihre eigenständige Existenz fortzusetzen. Aber unter diesen Völkern gibt es die übernationale Gruppe der Mohammedaner, die ebenfalls lautstark ihre Besonderheit verkündet. So entfernen wir uns geradewegs von dem Modell des multinationalen Staates, das die kommunistischen Führer 1917 aufgestellt haben, um die Probleme des Zusammenlebens verschiedener Volksgruppen zu lösen. Der *Kulturraum*, die Kulturgemeinschaft, sie hat die Sowjetführung niemals gewollt und vielmehr systematisch daran gearbeitet, sie zu zerschlagen. Die Wiedererstehung dieser Kulturgemeinschaft ist eine der fundamentalen Tatsachen in der Entwicklung der Sowjetunion bis zum Ende des Jahrhunderts. Sie gibt dem Nationalitätenproblem eine außergewöhnliche Schwerkraft und Tragweite.

Die Bekräftigung des nationalen Wollens nimmt in der Sowjetunion einen ganz besonderen Charakter an, den man hier hervorheben muß. Es handelt sich nicht um eine völkische Opposition, die unbeschränkt kundgetan wird und dazu bestimmt ist, die Unabhängigkeit der betreffenden Gruppe zu sichern. Der Nationalismus entwickelt sich in der Sowjetunion in dem ganz besonderen Rahmen der sowjetischen Ideologie und ihrer Institutionen. Darum wäre es vergeblich, nach Unabhängigkeitsbewegungen der Volksgruppen zu suchen. Innerhalb dieser Gesellschaft und im Rahmen eben ihrer Ideale sucht jede Nation sich besser zu organisieren und ihr Überleben zu sichern. Was die Nationen unter den verschiedensten Formen fordern, ist nicht die Zerstörung des bestehenden Systems, sondern die Erweiterung ihrer nationalen Privilegien und der Vorteile, die sie für sich im Inneren des Systems erringen können. Die genaue Anwendung des föderativen Systems – die wirkliche Autonomie im Schoße jeder Republik, die Teilnahme auf einer Basis der Gleichheit aller Republiken an den Entscheidungen auf dem Unionsniveau – ist das Ziel, das jede Nation zu erreichen sucht.

Die Nationen wollen den politischen Rahmen des sowjetischen Systems des Föderalismus erstarren lassen und im Inneren dieses Rahmens die eigenen Kompetenzen so erweitern, daß das nationale Niveau zur hauptsächlichsten Ebene des ganzen Systems wird. Wenn es zu einem Konflikt zwischen dieser statischen Auffassung vom Föderalismus und den transformatorischen Vorstellungen der Sowjetführung kommt, so deshalb, weil diese den Föderalismus und das Überleben der Nationen nur als eine formelle und vorübergehende Konzession betrachtet. Alle sind sich dieses Mißverständnisses bewußt, aber die Völker verstehen es auszunützen, indem sie die Realisierung des Konzepts des Zusammenlebens fordern, das ihnen zu Beginn des sowjetischen Regimes vorgeschlagen worden ist. Schließlich erscheint ihre Position leichter haltbar zu sein als die der Sowjetführung. Indem sich die Nationen auf eine oft verkündete und in der Verfassung niedergelegte Ideologie berufen, gelingt es ihnen hie und da, der Führung ihre Vorstellungen aufzuzwingen und sie in ihren Versuchen, zum zweiten Stadium in der Auslöschung der Nationen überzugehen, zu einem Rückzug zu veranlassen. Man hat dafür gute Beispiele. Die Wiedereinsetzung des Prinzips der Nationen auf territorialer Basis in die sowjetische Verfassung von 1977 war bereits ein solcher Rückzug und stellte ein charakteristisches Nachgeben in dem Unterfangen zum Ausbau einer sozialistischen Nation dar. Leonid Breschnew hat in seiner Darlegung der Verfassung ganz offen zugegeben, daß das Problem der Unterdrükkung der Nationalstaaten der UdSSR sich stellt, aber er hat auch betont, es sei noch zu früh, in dieses Stadium überzugehen[2]. Zu früh, weil diese Veränderung nicht dem sozialen Bewußtsein in den verschiedenen nationalen Territorien entspricht. Im übrigen hält man, indem man einen territorialen Rahmen erhält, auch die Bindungen aufrecht, in denen sich der Nationalismus entwickeln kann. Wenn die Weißrussen unter so wenig günstigen Bedingungen sich in gewissem Ausmaß ein Nationalgefühl erhalten haben, so doch wohl deshalb, weil sie nun als Nation existieren. Es ist das irgendwie die Quadratur des Kreises.

Den Sowjets gelingt es nicht, die Nationalstaaten abzuschaffen, weil die Völker nicht bereit sind, die damit verbundene politische und kulturelle Integration zu akzeptieren. Aber die Aufrechterhaltung des nationalen Status gestattet dem Nationalismus, sich zu stärken und zu wachsen. Die Sowjetmacht wiederholt zwar endlos, wie notwendig eine gemeinsame Sprache für den Fortschritt des Internationalismus in der UdSSR ist, sie mußte aber den Rückzug vor dem Willen der Völker des Kaukasus antreten, die auf einem privilegierten Platz in ihren Verfassungen für ihre Sprachen bestanden.

Eigenständige Mentalität und Loyalität der Volksgruppen, die das Sowjetsystem auch stillschweigend anerkennt, sind durch eine Art des Ausdruckes charakterisiert, der sehr widersprüchlich ist und den Beobachter in die Irre führt. Manchmal nehmen sie starre, konservative Haltungen ein, die mehr die Hinneigung zur Vergangenheit als zu einer lebendigen Zukunft vermuten lassen. Dies ist auch die, allerdings oberflächliche, Erklärung, die man für den Erfolg der *Tariqats* in Zentralasien und im Kaukasus gibt, ebenso für das geradezu fanatische Beharren auf gewissen sozialen Bräuchen. Eine rasche Analyse – und diese wird in der Sowjetunion von den politischen Funktionären, nicht aber von den Wissenschaftlern angestellt – führt dazu, in solchen Manifestationen »Überreste« zu sehen, die bald verschwinden werden. Die vorsichtigeren Gelehrten können dazu differenzieren, was hier reine Nostalgie ist und dem Wunsch entspricht, sich entschieden mit seiner Gruppe zu identifizieren und den Weg zu einer möglichen Verschmelzung in der globalen Gesellschaft zu verrammeln. Man muß aber feststellen, daß diese nationalen Kundgebungen, die hier so rasch als Relikte abqualifiziert werden, keineswegs das ganze Bild darstellen. Es gibt darüber hinaus auch einen offen zur Schau getragenen Nationalismus, vor allem in den sowjetischen Eliten, der sich auch in einer städtischen Gesellschaft bemerkbar macht und das Problem des rationalen Lebens in ganz modernen Ausdrücken erstellt: die wirtschaftliche

Priorität und kulturelle Entfaltung. Die Sowjetführung kann vielleicht Traditionalisten kurzweg abtun und sie in das Gebiet bloßer Volkstumpflege verweisen. Wie sich aber gegenüber Führungskräften verhalten, die sie selbst gebildet hat und die mit der egalitären Ideologie der Sowjets ausgestattet, unermüdlich die Anwendung des Parteiprogrammes, wie Lenin es definiert hat, fordern?

Dieser moderne Aspekt des Nationalismus und seine Verteidigung durch den am meisten fortgeschrittenen Teil der sowjetischen Bevölkerung macht der Sowjetführung am meisten zu schaffen und zwingt sie, mit neuer Aufmerksamkeit ein Problem zu studieren, das, so hatte sie geglaubt, längst geregelt hätte sein müssen. Es ist bezeichnend, daß im selben Augenblick, in dem die Führer der Sowjetunion triumphal die Geburt des sowjetischen Volkes ankündigen, die Konferenzen und Untersuchungen über das Nationalitäten-Problem einen beachtlichen Umfang annehmen. Die Akademie der Wissenschaften der UdSSR besitzt seit Ende der sechziger Jahre eine eigens auf nationale Probleme spezialisierte Körperschaft. Diese blieb zwar durch mehrere Jahre hindurch eher unbeachtet, scheint aber seit 1976 der Mittelpunkt der Überlegungen und Untersuchungen zu werden. Der XXV. Parteikongreß hat an die sowjetischen Ethnographen appelliert, sich mit dem ethnischen Prozeß innerhalb der UdSSR zu befassen[3]. Im Dezember 1976 hat eine Konferenz über nationale Fragen in Tallinn[4] versucht, den Umfang der Ratlosigkeit und der Widersprüche in den sowjetischen Auffassungen zu diesem Problem zu umreißen. Einerseits beharrte der Vizepräsident der Akademie der Wissenschaften, Fedosejew, auf der Integration der Nationen und auf der Errichtung einer allsowjetischen Kultur, in der die russische Sprache als das entscheidende Kommunikationsmittel gesehen wird. Andererseits aber hat ein anderer Wissenschaftler, J. Bromlei, dessen Arbeiten auf diesem Gebiet die interethnischen Beziehungen außerordentlich gut beleuchtet haben, sehr vorsichtig seinen Tribut der These der Integration geleistet (»das sowjetische Volk«, »die sowjetische Kultur«, »das sowjetische Bewußtsein«). Er hat aber zugleich betont, daß »die spirituellen Kulturen der Völker der Sowjetunion eine nationale Färbung in einem bedeutsamen Ausmaß beibehalten«. Mehr noch, er hat unterstrichen, daß die ethnischen Besonderheiten, auch wenn sie sich häufig in der Sprache manifestieren, von ihr unabhängig sein können. Die Idee eines Nationalcharakters, eine Vorstellung, die Lenin immer heftig zurückgewiesen hat, besitzt dennoch gegenwärtig in der Sowjetunion leidenschaftliche Anhänger[5]. Sie trachten die Komplexität der vielerlei Elemente nachzuweisen, die ein Nationalbewußtsein formen. Sie stellen die spirituellen Elemente in den Vordergrund, die völlig unabhängig von der sozial-ökonomischen Umwelt, ja selbst von der Zugehörigkeit zu einer bestimmten Sprache sind. Die Heftigkeit, mit der um diese Thesen gekämpft wird, zeigt die Schwierigkeiten, die die Diskussion dieser Probleme umgibt.

Es handelt sich nicht mehr um Auseinandersetzungen darüber, ob sich das Nationalitätenproblem in der UdSSR, dem Land des fortgeschrittenen Sozialismus, stellt oder nicht. Es ist vielmehr klar, daß sich das Problem stellt, und zwar mit aller Gewalt. Um was es geht, ist die Natur dieses Phänomens selbst, mit dem sich die Sowjetführung konfrontiert sieht. Sie glaubt zu wissen, was eine Nation ausmacht und wie sie sich verändert. Aber die Entwicklung der Nationen und die Demonstration ihres Bestehens wie ihrer Wünsche in der UdSSR zeigen, daß die Tatsache der nationalen Existenz unbestreitbar ist und sich nur schwierig in eine genaue Kategorie klassifizieren läßt. Die politische Anthropologie hat lange Zeit darin eine soziale Manifestation sehen wollen, die, in einem ganz allgemeinen Sinn der Sozialproblematik verknüpft, sich innerhalb dieses Rahmens entwickelt. Was jedoch in der Sowjetunion vorgeht, läßt vermuten, daß die Tatsache einer nationalen Existenz und die Beziehungen zwischen den Nationen auf einer eigenen historischen Ebene liegen, die als Besonderheit betrachtet werden muß.

Was macht denn das Nationalbewußtsein aus? Was bringt denn ein Individuum dazu, sich mit einer Volksgruppe zu identifizieren? Die sowjetische Gesellschaft bezeugt, daß die Zahl der möglichen Antworten groß ist. Da ist zunächst einmal ohne Zweifel die Sprache. Aber die Juden, die zum größten Teil weder Jiddisch noch Hebräisch sondern Russisch sprechen, identifizieren sich mehr und mehr als Juden. Wie soll man erklären, daß es in Dagestan, wo das Vordringen des Russischen zum Schaden einiger nationaler Sprachen unbestreitbar ist, parallel zu einer gewissen kulturellen Russifizierung das Anwachsen eines Nationalgefühles gibt, das sich in den sozialen Organisationen der Bevölkerungen dieses Gebietes bemerkbar macht. Die Dagestanis sind keineswegs Gegenstand irgendwelcher Diskriminierungen, aber sie betonen doch ihre Unterschiedlichkeit. In Dagestan sind es die russifizierten Eliten, die die Annahme des Arabischen als gemeinsame Sprache an Stelle des Russischen fordern, weil, wie sie sagen, das Arabische das »Latein des Ostens« ist. Für gewisse Völker ist es die Religion und nicht die Sprache, die den gemeinsamen Nenner bildet. Die Kalmücken waren durch lange Zeit nach Sibirien deportiert und befinden sich in ihrem eigenen nationalen Gebiet in der Minderheit, was dazu führt, daß sie einem verstärkten Einfluß des Russischen ausgesetzt sind. Dennoch bekennen sie sich als Buddhisten und betonen alles besonders, was sie von ihrer Umgebung unterscheidet. Die Religion stellt zweifellos eines der stärksten Identifizierungselemente dar, aber ihr Inhalt ist natürlich von einer Nation zur anderen nicht derselbe. Das Heidentum der Maris und der Tscheremissen und die Kulte, die damit verbunden sind, oder der Buddhismus der Kalmücken haben natürlich Glaubensvorstellungen zum Inhalt. Andererseits ist die Solidarität der Mohammedaner ein viel nuancierteres Faktum. Sie hat eine doppelte Bedeutung. Zum einen tritt die türkische Solidarität als Quelle eines Panturkismus hervor, der sich deutlich abzeichnet. Die andere Bedeutung: die mohammedanische Solidarität umfaßt alle, die zur Kulturwelt des Islam gehören. Innerhalb dieser beiden Loyalitäten erweist sich die Treue zur Sprache als die weniger wichtige. In dieser Hinsicht ist bedeutsam, daß die nationalen Forderungen der Krimtataren oder der »Meschkiten-Türken«[6] von der russischen Intelligenz weit mehr Unterstützung erhalten, als von ihren Brüdern in Zentralasien. Für die mohammedanischen Völker hat es nicht viel Sinn, für eine in jeder Hinsicht seit Jahrhunderten verlorene Krim in den Kampf zu ziehen, während doch die türkische oder mohammedanische Nation der wirkliche Existenzrahmen der Tataren und der Meschkiten ist. Aber welche Sprache immer eine Volksgruppe spricht, welche Identifizierungselemente bei ihr im Vordergrund stehen, es wird sich eine Feststellung aufdrängen: die Identifizierung mit der Nation ist unendlich viel bewußter geworden, als es früher der Fall war, und zwar, weil sie vom Fortschritt getragen wird. Man neigt manchmal dazu – die Sowjetführung ermutigt dies – zu glauben, daß das Nationalbewußtsein ein Relikt der Vergangenheit ist, weil es eine Sache der Alten und der weniger Gebildeten sei. Dies aber heißt, das Problem völlig verfälschen. Es ist wahr, daß die alten Leute und jene, die nur eine unvollständige Erziehung erhalten haben, vor allem auch auf dem flachen Lande, aus Gewohnheit und auch aus Trägheit die nationale Nostalgie kultivieren. Aber neben diesen abtretenden Generationen steigen die sehr gut ausgebildeten Generationen empor, die – auch dank der sowjetischen Politik – breiten Zugang zu ihrer eigenen Kultur und ihrer Geschichte haben und zu all dem, was ihnen erlaubt, sich bewußt mit ihrer Nation zu identifizieren. Diese Kenntnis der eigenen Nation hatten die alten Generationen nicht. Um den Unterschied zu begreifen, genügt es, die Fülle von Publikationen in Rechnung zu ziehen (Zeitungen, Zeitschriften und Bücher), die in jeder Republik herausgegeben werden, und einmal die Titel zu betrachten. Alles, was in der Vergangenheit den Ruhm jedes Volkes der Sowjetunion im Bereich der Kultur ausgemacht hat, wird nun gedruckt. Hier ist es nicht mehr nur eine kleine Elite, die dieses Erbe besitzt, heute ist es vielmehr jedem zugänglich. Dies ist eines der unbestreitbaren Verdienste des Sowjetsystems, das durch den XX. Kongreß und dessen vitalisierende Tendenzen in Sachen der Nationen noch vergrößert worden ist. Ein gefährliches Verdienst, denn jede Nation bemüht sich immer eifriger, ihre Erbschaft kennenzulernen, mit der sie sich nun identifizieren kann.

Die Suche nach dem eigenen Erbteil jeder Gruppe hat bei den Turkvölkern sogar einen bestimmten Namen erhalten, den *Mirasismus*, (von *Miras:* Erbteil). Gerade weil das Nationalgefühl in der Vergangenheit und der Kultur seine Quelle hat, weil es sich um sie organisiert, kann man verstehen, was die schon auf dem Weg zur Integration befindlichen Völker von jenen unterscheidet, die auch die Sowjetmacht als anders akzeptiert. Die historische Gewichtung macht den Unterschied aus. Jene, die eine Vergangenheit haben – Geschichte und Kultur, selbst wenn die Kultur eine eher begrenzte ist –, können sich auf sie stützen, um dadurch ihre Existenz zu bestätigen. Sie können, selbst wenn sie geschwächt sind, wenn sie gewisser essentieller Attribute wie der eigenen Sprache beraubt sind, doch immer noch an diese Vergangenheit appellieren, um zu überleben und wiedergeboren zu werden. Aber wenn es an Geschichte mangelt, dann sind die Nationen völlig von ihrer Umgebung abhängig. Sie verändern sich mit ihr, sie besitzen keine eigene Position, die ihnen Rückhalt geben würde. Marx, der unter anderem die Rolle der wirtschaftlichen und sozialen Faktoren in der Entwicklung der Nationen außerordentlich überschätzt hat, hatte jedoch in einem anderen Punkt vollkommen recht, nämlich, daß es zwischen den sogenannten historischen Nationen und den Nationen ohne Geschichte nichts Gemeinsames gibt. Klarerweise haben die ersteren ihre eigene Dynamik, die zweiten fügen sich in die allgemeine Dynamik der menschlichen Gesellschaften ein, die sie umgeben.

Auch die russische Nation entzieht sich der Tendenz zur Betonung der Identität nicht. Sie ist nicht nur, durch ihre Sprache, das Instrument des Internationalismus und Schmelztiegel einer neuen Gesellschaft. Seit dem Beginn der Sowjetherrschaft haben manche Züge der historischen Tradition und der Kultur der Russen sich der sowjetischen Variante des Marxismus eingeprägt. Gegenwärtig entwickelt sich der russische Nationalismus in zwei entgegengesetzte Richtungen. Die eine wird durch einen defensiven Nationalismus charakterisiert und bedeutet eine Rückkehr zu panslawischen Ideen und zur Orthodoxie. Besorgt über den Aufstieg der orientalischen Nationen und angesichts einer Ideologie, die sie ihres historisch kulturellen Erbes beraubt, hat sich ein Teil der russischen Bevölkerung, und zwar die Intellektuellsten, den eigenen Werten wieder zugewandt[7]. Andererseits trachtet die Sowjetmacht im Bewußtsein des schwachen Echos einer internationalistischen Ideologie, zu der in der politischen Tradition Rußlands aus der vorrevolutionären Zeit verankerten Idee des russischen Volkes als Zivilisator und Beschützer zurückzukehren: der »ältere Bruder« der anderen Völker der UdSSR. Es ist kein Zufall, wenn im Verlauf von wenigen Monaten zwei führende Nationalkommunisten dieses Konzept hervorgehoben haben, das darin besteht, daß in der allgemeinen Gleichheit der sowjetischen Völker eben das russische Volk doch das gleichere ist[8].

Wie das sowjetische Volk, so entspringt auch der »ältere Bruder« mehr den Wünschen als der Realität. Das russische Volk ist ohne jeden Zweifel der ältere Bruder jener Völker, die es assimilieren kann. Für die anderen ist es ein Partner, nicht ein Führer. Aber die Wiedererweckung dieses älteren Bruders ist Zeuge für die Ungeduld und die Verwirrung der Machthaber. Angesichts des Problems der Nationen wenden sie sich den widersprüchlichsten Ideen zu. Wie soll das sowjetische Volk – eine homogene Gemeinschaft, die Schritt für Schritt die brüderliche Familie der Völker der UdSSR ersetzen soll – mit der Idee eines »älteren Bruders« leben? Wie soll man den »älteren Bruder« und das Gleichheitsprinzip auf einen Nenner bringen?

Das Wiedererscheinen des »älteren Bruders«, den die Revolution zum Verschwinden verdammt hatte, führt zu der Frage, welchen Weg schließlich die Sowjetunion seit 1917 definitiv eingeschlagen hat. Der Zarismus war gegen Ende des 19. Jahrhunderts auf dem Wege zu einer raschen Modernisierung. Das einzige Gebiet, auf dem er unfähig war, irgendwelche Erneuerungen zu bringen oder Antworten auf die Fragen zu finden, die sich in großer Zahl stellten, war das Gebiet der Beziehungen zu den verschiedenen Nationen, die in den russischen Grenzen lebten. Die Verwundbarkeit des Zarenreiches im Krieg wurde durch die Verwundbarkeit der Randgebiete und den raschen Abfall des Kolonialreiches noch verzehnfacht. In sechzig Jahren hat das sowjetische Regime beträchtliche Veränderungen der Gesellschaft herbeigeführt. Von allen Problemen, mit denen sich die Sowjetführung herumschlagen muß, ist das dringendste und das am schwierigsten zu bewältigende das Problem der Nationen. Wie das Zarenreich, dessen Nachfolger es ist, scheint auch der Sowjetstaat unfähig, aus der nationalen Sackgasse herauszufinden.

Anmerkungen

Bei der Schreibung der russischen, ukrainischen usw. Namen wurde die im französischen Original gewählte Form beibehalten, weil es sich vielfach um Literaturangaben für in Frankreich, USA oder England erschienene Werke oder Übersetzungen handelt, die in der im Deutschen üblichen Schreibweise nicht auffindbar wären. (Beispiel: CH = Sch, Z = S, V = W, Kh = Ch, Sh = Sch, J = Sch; die Endsilbe »ev« wird im Deutschen häufig »ow« geschrieben)

EINLEITUNG

1 1926 waren es 194; 1959 126 und zur Zeit sind es 91.

2 Der Paß eines Sowjetbürgers gibt sowohl die *Staatsbürgerschaft* (sowjetisch) als auch die *Nationalität* (russisch, usbekisch, etc.) an.

I. KAPITEL

1 Zu Lenin und den Bolschewiken, siehe H. B. DAVIS, *Nationalism and Socialism – Marxist and Labor Theories of Nationalism to 1917*, New York 1967 und H. CARRERE D'ENCAUSSE, »Unité prolétarienne et diversité nationale – Lenine et la théorie de l'autodétermination«, *Revue francaise de science politique*, Band XXI, Nr. 2, April 1971, S. 221–256.

2 *Pervyi s'ezd narodov vostoka Baku*, 1–8 sentiabr' 1920, Petrograd 1920, S. 31–179 und *Jizn' natsional' nostei*, Nr. 46 (54), 20–12–1919 und 47 (55) 27–12–1919.

3 F. CONTE, *Christian Rakovski – 1873–1941*, Paris 1975, Band I, S. 212–217.

4 Stalin schrieb 1913: »Der Marxismus und die nationale und koloniale Frage« (siehe Stalin in *Sotschinenija*, Band II, S. 290–367) auf Wunsch Lenins. Sofort nach der Revolution wurde er Kommissar für nationale Fragen.

5 R. PIPES, *The Formation of the Soviet Union*, Cambridge, Mass. 1954 und E. H. CARR, *The Bolshevic Revolution* – Harmondsworth 1966, Band I, S. 292 bis 368.

6 R. TUCKER, *Stalin as Revolutionnary*, New York 1973, S. 250–252.

7 Siehe M. LEWIN, *Le Dernier Combat de Lénine*, Paris 1967, S. 145–146.

8 Ibid., S. 55–74.

9 Ibid., S. 146–150.

10 Das Problem lag für die Georgier in der Tatsache, daß sie aufgefordert wurden, der Föderation nicht direkt, wie die Ukraine, beizutreten, sondern im Verband mit den Armeniern und Aseris (Aserbaidschanern) als *kaukasische Föderation*. Sie weigerten sich, diese Auslöschung ihrer staatlichen Existenz zu akzeptieren.

11 (Stalin plante die *Autonomisierung*); Siehe die Aufsätze Lenins in *Polnoe Sobranie Sotchinenii*, Band XLX, S. 211 bis 213, 356 und 559.

12 Zur rechtlichen Organisation des Sowjetstaates, siehe H. CARRERE D'ENCAUSSE, »*Bolchevisme et Nation*«, S. 222.

13 Der Begriff *Korenizatsiia* und das Programm tauchen auf dem X. Kongreß 1921 wieder auf, *KPSS, v rezoliutsiiakh i recheniakh;* Band II, Moskau 1970, S. 252.

14 Zum Programm der Kulturrevolution der 20er Jahre und seiner Durchführung siehe V. A. KUMANEV, *Revoliutsia i prosvetchenie mass;* Moskau 1973, S. 148–183. Außerdem enthalten die geschichtlichen Werke einer jeden Republik einen kulturellen Teil, der es ermöglicht, eine Bilanz aufzustellen: vor allem Ts. P. KALANDADSE, *Kul'turnaia revoliutsia v Gruzii,* Tbilissi 1963, S. 15. Zu den kulturellen Einrichtungen, siehe I. GROCHEW, *Istoritcheskii opyt KPSS po osuchtchestvleniiu Leninskoi natsional'noi politiki,* Moskau 1967, S. 99–100.

15 P. A. AZIMOV und Ju. D. DECHERIEV, *Sovetskii opyt razvitiia natsional'nykh kul'tur na base rodnykh iazykov,* Moskau 1972, S. 9.

16 a.a.O., S. 10.

17 S. L. GUTHIER, »The Bielorussians: National Identification and Assimilation 1897–1970«, *Soviet Studies,* 1. Januar 1977, S. 52–53; N. VAKAR hat in *Bielorussia, the Making of a Nation,* Cambridge, Mass. 1956, S. 75–92, auf unwiderlegbare Weise die Probleme des Übergangs der einheimischen Sprachen zu einer Schriftsprache dargelegt.

18 Zur Rolle der Gelehrten, siehe *Mladopismenye iazyki narodov* S.S.S.R., Moskau–Leningrad 1959, S. 4. Zur Übertreibung in der »Zuteilung« von Sprachen an sehr kleine Volksgruppen, siehe KUMANEV, op. cit., S. 189.

19 E. und S. DUNN, »The Transformation of Economy and Culture in the Soviet North«, *Arctic Anthropology,* 1963–1, Nr. 2, S. 2, KUMANEV, op. cit., S. 189.

20 Zur Verbindung zwischen Sprache und Kulturraum, siehe KUMANEV, op. cit., S. 183.

21 A. BENNIGSEN, in *Soviet Nationality Problems,* (Ed. Allworth), Columbia University Press 1971, S. 178–179.

22 *Torjestvo Leninskoi natsional'noi politiki,* Moskau 1963, S. 291–292, wo V. Kostomarow die allgemeine Konzeption der stalinistischen Idee der »Zonensprachen« und des linguistischen Kompromisses erörtert.

23 Dies ist sehr bedeutsam für den mohammedanischen Raum, dessen Institutionen, die einem eigenen Wertsystem angehören, abgeschafft werden.

24 GUTHIER, art. cit., S. 27.

25 *Bol'chevik* 4, 1935, S. 24–26, über die nationale Krise in Weißrußland 1933.

26 Über die Basmatschis, siehe J. CASTAGNE, *Les Basmatchis – le mouvement national des indigènes d'Asie centrale,* Paris 1925, 88 Seiten, und OBSERVER (Jeyoun Bey Haji Beyli), *The Asiatic Review,* London, 27 (92) 1931, S. 682–692, über F. K. Hodjaev: CARRERE D'ENCAUSSE, in *Central Asia, a Century of Russian Rule,* Columbia University Press 1967, S. 252ff.

27 Diese Hierarchie scheint in den Kapiteln VIII und IX der Verfassung von 1936 auf; siehe vor allem Artikel 70, 84–86.

28 KHANSUVAROV, *Latinizatsiia, orudie leninskoi natsional'noi politiki,* Moskau 1932, 38 Seiten. Die Latinisierung war voller Widersprüche; vor der Revolution waren die Kalmücken, die eine sehr komplizierte mongolische Schrift hatten, im Begriff, sich die zyrillische anzueignen, sie verwendeten sie bis 1929, als das Lateinische vorgeschrieben wurde; a.a.O., S. 26.

29 L. ZAK und M. ISAEV, »Problemy posmennosti narodov v kul'turnoi revoliutsii«, *Voprosy Istorii,*„ 1966, S. 13 ff., über den Wechsel zum Zyrillischen.

30 Siehe LOWELL TILLET, *The Great Friendship,* Chapel Hill 1969, 322 S.

31 Zu dieser Evolution, siehe PACHUKANIS, »Mejdunarodnoe Pravo« in *Entsiklopedia gosudarstva i prava,* Moskau 1925, Band II, S. 875 ff.; PACHUKANIS, *Otcherki po mejdunarodnomu pravu,* Moskau 1935, S. 14–15, 20, 78; und KOJEVNIKOV, *Sovetskoe gosudarstvo i mejdunarodnoe pravo,* 1917–1947, Moskau 1948, S. 32 (Kontinuität des Staates), S. 180 (Gebiet).

32 K. F. SHTEPPA, *Russian Historians and the Soviet State,* New Brunswick 1962, S. 133 ff.; A. POPOV, in *Protiv antimarksistkoi kontseptsii M. N. Polrovskogo,* Moskau 1940, Band II, S. 320 ff.

33 Interessanterweise wird diese Theorie 1977 von E. SCHEVARNADSE in »Internatsionalistkoe vospitanie mass«, *Kommunist* Nr. 13, September 1977, wiederaufgenommen (S. 46–47). SCHEVARNADSE weist selbst den Gedanken eines »kleineren Übels« zurück, da er (S. 46) schreibt, »das Übel ist ein Übel, unabhängig ob es größer oder kleiner sei, der Ausdruck ›kleinstes‹ ändert letztendlich nichts. Deshalb sollten wir besser auf diesen Ausdruck verzichten«.

34 R. PORTAL, bespricht in *Russes et Ukrainiens,* Paris 1970, S. 118–126, die Tragweite des Abkommens und die Rolle B. Chmelnitskis.

35 Zu diesem Problem siehe H. CARRERE D'ENCAUSSE, *L'Union soviétique de Lénine à Staline,* Paris 1972, S. 309–328.

36 a.a.O., S. 329–351.

37 R. CONQUEST, *The Nation Killers – Soviet Deportation of Nationalities,* London 1970, 222 Seiten, und A. M. NEKRICH, *The Punished Peoples,* New York 1978, 248 Seiten.

38 Rede von Stalin in *Pravda* (25. Mai 1945) und F. BARGHOORN »Stalinism and the Russian Cultural Heritage«, *Review of Politics,* Band XIV, Nr. 2, April 1952, S. 179–203.

39 *Bakinskii Rabotchii* vom 8. Juli 1950.

40 A. BENNIGSEN, »The Crisis of the Turkic National Epics, 1951–1952, Local Nationalism or Internationalism«, *Canadian Slavonic Papers,* Band XVII, 2 und 3, 1975, S. 463–475.

41 Die historische Zeitschrift *Voprosy Istorii* hat nach dem XX. Kongreß eine Konferenz von 600 Historikern organisiert, um die bisher gültigen »chauvinistischen Konzeptionen« zu revidieren.

42 Siehe in *Voprosy Istorii,* Dezember 1956, die gesamte Debatte vom November 1956.
43 M. LAVIGNE, *Les Economies socialistes soviétiques et européennes,* Paris 1970, S. 54–58.
44 Zur Evolution der republikanischen Rechte *Sovetskii narod, novaia istoritcheskaia obchtchnost,* Moskau 1975, S. 349–350, ist wegen seiner Kürze interessant.
45 Siehe die Erklärung, die im selben Werk auf S. 355 dafür gegeben wird und die Existenz der »außenpolitischen Erwägungen« betont.
46 Diese Besorgnis wird in wesentlich deutlicheren Worten von den Führern der mohammedanischen Republiken in der theoretischen Zeitschrift der Partei ausgedrückt werden, siehe *Kommunist,* Oktober 1959, S. 39–53 (Artikel von RASCHIDOV) und a.a.O., Dezember 1959, S. 30–44, (Artikel von DJANDILDIN).
47 *Programma Kommunistitcheskoi Partii Sovetskogo Soiuza* (Proekt), Moskau 1961, kündigt von der ersten Seite an das Verschwinden der sozialen Klassen an.
48 *XXII s'ezd Kommunistitcheskoi Partii Sovetskogo Soiuza,* Moskau 1961, S. 362–402.
49 a.a.O. und KALTCHAKIAN, »O natsii«, *Voprosy Istorii,* Juni 1966, S. 24 und 43.
50 Zu diesem Konzept zwei kürzlich erschienene Werke: *Natsional'nye otnocheniia v razvitom sotsialistitcheskom obchtchestve,* Moskau 1977, 385 Seiten, und *Sovetskii narod,* op. cit., S. 520.

II. KAPITEL

1 *Izvestia,* 22. Juli 1978, S. 3 (die Zahlen stammen vom 1. Juli 1978).
2 B. KERBLAY, *La Société soviétique contemporaine,* Paris 1977, S. 30.
3 Wir haben im ganzen Kapitel die Ergebnisse der Volkszählungen von 1897, 1959 und 1970 (siehe Bibliographie) und das Werk von LORIMER, *The Population of the Soviet Union,* Genf 1946, S. 289, verwendet.
4 Zusammengestellt nach LORIMER und den Ergebnissen der Volkszählungen.
5 M. MAKSUDOW »Pertes subies par la population de l'URSS., 1918–1958«, *Cahiers du monde russe et soviétique,* 3 – 1977, S. 223–266; und LORIMER, op. cit., S. 133–137.
6 MAKSUDOW, art. cit., S. 228–232. Die Zahl von 26 Millionen wird vom sowjetischen Volkswirt Strumilin angegeben. B. KERBLAY, op. cit., S. 31, unterstreicht, daß die Menschenverluste laut Strumilin einem Volkseinkommen von sieben Jahren gleichkommen.
7 B. KERBLAY, op. cit., S. 32 und MAKSUDOW, art. cit., S. 227–245.
8 Op. cit., S. 32.
9 Wenn man MAKSUDOW, art. cit., S. 243–244 und LORIMER (1914–1926) sowie V.V. POKHCHICHEVSKI *Geografia naseleniia* SSSR, Moskau 1971, S. 34 (Verluste des Zweiten Weltkriegs) nebeneinander-

stellt, erhält man eine Verlustziffer, die zwischen 40 und 60 Millionen variiert.

10 *Bolchaia Sovetskaia Entsiklopedia, Ejegodnik,* 1977, S. 13.

11 *Naselenie SSSR, Spravotchnik,* Moskau 1974, S. 21.

12 a.a.O., S. 9.

13 Der Anstieg wird noch offensichtlicher, wenn man ihn über mehrere Jahre verfolgt. *Vestnik Statistiki* gibt im Dezember 1973 auf S. 71 folgende Sterbeziffern an.

1937–1940: 17,9%	1951–1955: 9,1%	1955–1960: 7,5%
1961–1965: 7,2%	1966–1970: 7,8%	1971–1972: 8,4%

Man muß die Grippeepidemien von 1957, 1959 und 1962 berücksichtigen, ohne die die Sterbeziffer dieser Jahre noch niedriger gewesen wäre.

14 Laut BOLDYREV, *Itogi perepisi naseleniia SSSR,* Moskau 1974, S. 18, lauteten die Voraussagen der Zentraldirektion für Statistik am Anfang der 60er Jahre folgendermaßen: 1970: 248 Millionen; 1975: 263 Millionen; 1980: 280 Millionen.

15 *Naselenie SSSR,* op. cit., S. 28.

16 a.a.O., S. 29.

17 I. BELOV, *Affaires d'habitude,* Paris 1969, S. 282, aus dem Russischen von J. CATHALA.

18 BOLDYREV, op. cit., S. 18.

19 V. S. KOZLOV, *Natsional'nosti SSSR,* Moskau 1975, S. 62.

20 R. A. LEWIS, R. H. ROWLAND, R. S. CLEM, *Nationality and Population Change in Russia and the U.S.S.R.,* New York 1976, S. 278.

21 *Naselenie S.S.S.R.,* op. cit., S. 56.

22 Bei einer Konferenz 1975 in Moskau über die demographischen Tendenzen seit der Volkszählung stellte ein Referent fest, daß im Zentral-Tschernoziom, wo die Geburtenziffer unter dem nationalen Durchschnitt liegt, ein kontinuierlicher demographischer Rückgang erfolgt. Es handelt sich um ein ländliches Gebiet. Siehe *Voprosy Ekonomiki,* August 1975, S. 149–152.

23 Für die Zeit von 1959–1970, *Demografitcheskoe razvitie Ukrainskoi S.S.R.,* Kiew 1977, S. 12–16; für die Zeit des Zarenreiches: RACHIN, *Naselenie Rossii za sto let,* Moskau 1956, S. 217–218, und LORIMER, op. cit., S. 81.

24 LORIMER und RACHIN, a.a.O.

25 RACHIN, op. cit., S. 101–167–168–176–188, und Tönu PARMING in *Nationality Group Survival in Multi-Ethnic States,* New York 1977, S. 33 bis 40.

26 A. NOVE und J. NEWTH in *Les Juifs en Union soviétique depuis 1917,* Paris 1971, S. 198.

27 LEWIS, ROWLAND, CLEM, op. cit., S. 301.

28 NOVE und NEWTH, art. cit., S. 179.

29 KOZLOV, op. cit., S. 220.

30 *Vestnik Statistiki,* Dezember 1973, S. 79.

31 LEWIS, ROWLAND, CLEM, op. cit., S. 223–238.

32 Quelle: G. A. BONDARSKAIA, *Rojdaemost' v S.S.S.R.*, Moskau 1977, S. 96.
33 KOZLOV, op. cit., S. 144.
34 BOLDYREV, op. cit., S. 27.
35 *Naselenie S.S.S.R.*, op. cit., S. 90–93.
36 Die folgenden Tabellen sind nach den Volkszählungen zusammengestellt: *Itogi, 1959* und *Itogi, 1970*, Band IV.
37 BONDARSKAIA in *Rojdaemost': Sbornik statei*, Moskau 1976, S. 106–107. Und vom selben Autor *Rojdaemost' v S.S.S.R.*, op. cit., S. 43–45.
38 BONDARSKAIA, *Rojdaemost' v S.S.S.R.*, op. cit., S. 121–122.
39 BOLDYREV, op. cit., S. 9–10, und BORISOV, *Perspektivy rojdaemosti*, Moskau 1976, S. 74.
40 Tabelle, anhand von *Rojdaemost'* aufgestellt: *Sbornik statei*, op. cit., S. 87 bis 93.
41 V. A. BELOVA, *Tchislo detei v Semie*, Moskau 1975, S. 151.
42 V. A. BELOVA, op. cit., S. 127, gibt Vergleichsangaben über die Wünsche bezüglich der Kinderzahl von Frauen auf dem Land und in der Stadt.
43 Op. cit., S. 107.
44 BONDARSKAIA, *Rojdaemost' v S.S.S.R.*, op. cit., S. 58.
45 a.a.O., S. 93.
46 a.a.O., S. 101. Siehe auch die Schlußfolgerungen von BORISOV, op. cit., S. 219–233.
47 M. FESHBACH, *Prospects for Massive Out-Migrations from Central Asia during the next Decade*, Washington 1977, Arbeitsunterlagen, S. 23.
48 Op. cit., S. 38.

III. KAPITEL

1 Für das gesamte Kapitel stammen die statistischen Daten aus der Volkszählung von 1970 und besonders von Band VII, der den Volksmigrationen gewidmet ist; bezüglich obiger Zahlen siehe B. KERBLAY, *La Société soviétique con temporaine*, S. 33–34.
2 FESHBACH und S. RAPAWY, »Soviet Population and Manpower, Trends and Policies«, *U.S. Congress – Joint Economic Committee*, Oktober 1976, S. 131.
3 FESHBACH, »The Structure and Composition of the Soviet Industrial Labor Force«, Konferenzunterlagen, *Nato Colloquium 1978*, S. 6. Siehe eine kürzliche sowjetische Analyse zu diesem Punkt: V. KOSTAKOV, *Trudovye resursy piatiletki*, Moskau 1976, S. 7 und 8.
4 M. FESHBACH, »The Structure and Composition...«, Text zitiert auf S. 6.
5 M. B. MAZANOVA, *Territorial'nye proportsii narodnogo khoziaistva S.S.S.R.*, Moskau 1974, S. 63–67 und 194.
6 V. F. PAVLENKO, *Territorial'noe planirovanie v S.S.S.R.*, Moskau 1976, S. 254.

7 M. FESHBACH und S. RAPAWY, »Labor Constraints in the Five Years Plan«, *U.S. Congress – Joint Economic Committee,* Juni 1973, S. 497–501. Siehe auch über die Verbindung zwischen Bedarf an Arbeitskraft und sowjetischer Erziehung: K. NOJKO et al. *Educational Planning in the U.S.S.R.*, Paris, Unesco 1968, S. 256.
8 FESHBACH, RAPAWY, *U.S. Congress 1976,* op. cit., S. 128.
9 M. LANTSEV, *Sotsial'noe obespetchenie v S.S.S.R. – Ekonomitcheskii aspekt,* Moskau 1974, S. 137.
10 FESHBACH, RAPAWY, *U.S. Congress 1976,* op. cit., S. 128.
11 a.a.O., S. 146.
12 Dieser Gedanke wird mit Nuancen von PEREVEDENTSEV in *Komsomol'skaia Pravda,* 28. Januar 1976, und J. A. ZAIONTCHKOVSKAIA, D. M. ZAKHARINA »Problemy obespetcheniia Sibiri rabotchei siloi« in *Problemy razvitiia vostotchnyh raionov* S.S.S.R., Moskau 1971, S. 50ff. verfochten.
13 V. I. PEREVEDENTSEV, *Metody Izutcheniia Migratsii naseleniia,* Moskau 1975, S. 43 bis 51.
14 *Narodonaselenie stran mira,* Moskau 1974, S. 403.
15 Zusammengestellt nach dem Band VII der Volkszählung, Tabelle 2, S. 8.
16 a.a.O., Tabelle 18, S. 158 bis 163.
17 *Vsesojuznaia perepis naseleniia 1970 goda* (G. M. Maximov, Hrsg.), Moskau 1976, S. 200.
18 S. BRUK, »Natsionalnost i iazyk v perepisi naseleniia 1970 g.«, *Vestnik Statistiki* V, 1972, S. 42 bis 54.
19 3359000 für das Jahr 1959, 3344000 im Jahr 1970.
20 *Naselenie S.S.S.R.*, Moskau 1974, S. 90–91, und *Uroven' obrazovania, natsional'nyj sostav,* 1959, Moskau 1960, S. 14–15.
21 *Naselenie S.S.S.R.*, op. cit., S. 90–91.
22 Aufgestellt nach KOZLOV, *Natsional'nosti S.S.S.R.*, op. cit., S. 124.
23 a.a.O.
24 B. S. KHOREV und V. M. MOISEENKO, *Sdvigi v razmechtchenie naseleniia S.S.S.R.*, Moskau 1976, S. 56.
25 Graphik nach den Angaben von *Narodnoe khoziaistvo* v 1974, Moskau 1975, S. 9, und *Naselenie S.S.S.R.* v 1973 g., Moskau 1975, S. 14–25.
26 FESHBACH, RAPAWY, *U.S. Congress 1976,* op. cit., S. 125.
27 a.a.O.
28 a.a.O.
29 Op. cit., S. 22.
30 *Migratzionnaia podvijnost'naseleniia v S.S.S.R.*, Moskau 1974, S. 58–59.
31 a.a.O., S. 55.
32 *Narodonaselenie i ekonomika,* Moskau 1967, S. 104.
33 *Narodnoe khoziaistvo S.S.S.R. v 1970 g.*, S. 300.
34 R. A. LEWIS, R. H. ROWLAND, R. S. CLEM in *Nationality and Population Change in Russia and the U.S.S.R.*, New York 1976, S. 356.
35 *Narodnoe khoziaistvo S.S.S.R.* v 1970 g., S. 348.

36 MAZANOVA stellt in *Territorial'nye proportsii narodnoe khoziaistvo* S.S.S.R., Moskau 1974, S. 171f., klar und deutlich das Problem einer notwendigen Wiederherstellung des wirtschaftlichen Gleichgewichts dar.
37 M. FESHBACH, *Prospects for massive Out-Migration from Central Asia during the next Decade,* Washington 1977 (zitiert), S. 6 und 7.
38 a.a.O. und MAZANOVA, S. 65–67.
39 *Migratsionnaia podviznost',* op. cit., S. 16ff.
40 A. V. TOPILIN, *Territorial'noe pereraspredelenie trudovykh resursov v S.S.S.R.,* Moskau 1975, S. 3.
41 a.a.O., S. 129.
42 a.a.O., S. 124.
43 a.a.O., S. 128 und *Demografitcheskie aspekty zaniatnosti,* Moskau 1975, S. 94–103, über die Nutzung von Studentenkommandos.
44 FESHBACH, RAPAWY, *U.S. Congress 1976,* S. 129, und F. LEVCIK, *Migration und Ausländerbeschäftigung in den RGW-Ländern und ihre Probleme,* Nr. 32, Dezember 1975, S. 14.
45 *New York Times,* 19. Dezember 1973.
46 FESHBACH, RAPAWY, *U.S. Congress 1976,* S. 129–130. Siehe auch FESHBACH, RAPAWY, *U.S. Congress 1973,* S. 503.
47 Siehe unten, VI. Kapitel.
48 *Sobranie postalnovlenii pravitel'stva S.S.S.R.,* 13, 1973, S. 266–280.
49 *Sovetskaia Torgovlia,* September 1977, S. 27–33, hat pro Wirtschaftsregion den Teil der Einkäufe (ohne Lebensmittel) angegeben, die als Richtungsweiser für den Lebensstandard dienen (in %). Durchschnittswert in der UdSSR: 46,42%; RSFSR: 43,84%; Ukraine: 49,14%; Weißrußland: 47,45%; baltische Republiken: 49,04%; Zentralasien: 52,43%; Kasachstan: 47,63%; Kaukasus: 50,64%; Moldau: 56,31%.
50 G. SCHREDER, wird von FESHBACH in *Prospects for massive Out-Migration,* op. cit., S. 3, zitiert.
51 FESHBACH, *Prospects for massive Out-Migrations*... a.a.O., S. 3 und 4.
52 E. WÄDEKIN, »Income Distribution in Soviet Agriculture«, *Soviet Studies I,* Januar 1975, S. 327, Tabelle S. 13.
53 a.a.O., S. 11.
54 GREY HODNETT in *Soviet Politics and Society in the 1970's,* H. W. MORTON und R. L. TÖKES (Hrsg.), New York 1974, S. 93: GREY HODNETT nimmt die Kolchosarbeiter Usbekistans als Beispiel und beruft sich auf eine sowjetische Studie.
55 Über den Alkoholkonsum in der UdSSR, siehe W. TREML, *Production and Consumption of Alcoholic Beverage in the U.S.S.R.,* Duke Un., 1974, 52 Seiten.
56 B. KERBLAY, *La Société soviétique contemporaine,* op. cit., S. 86.

IV. KAPITEL

1 Russischer Text, veröffentlicht in Politizdat, Moskau 1977, 62 Seiten. Deutscher Text veröffentlicht u.a. im Archiv der Gegenwart 1977, S. 21388 ff.

2 Vor allem Artikel aus: *Voprosy Istorii,* Nr. 3, 1967, S. 82–96; Juli 1967, S. 87–104; Februar 1968, S. 83–91; *Voprosy Filosofii,* Nr. 9, 1967, S. 26–36; Februar 1969, S. 26–31; *Kommunist Tatarii,* Nr. 1, 1967, S. 12–18; *Kommunist Uzbekistana,* Nr. 8, 1968, S. 72–79. Ein gutes Resümee über die Debatte in HODNETT, »What's a Nation«, *Problems of Communism,* September–Oktober 1967, S. 2–14.

3 Siehe auch *Das Programm der KPdSU,* russische Ausgabe Moskau 1976, S. 113.

4 Der Artikel 75 der Verfassung widerspricht dem Artikel 72 etwas, indem er bestätigt, daß das »Territorium der UdSSR eine Einheit bildet und die Territorien der Unionsrepubliken einschließt.«

5 *Kommunist,* Nr. 15, Oktober 1977, S. 5–20.

6 Siehe Artikel 1 der Verfassung und den Kommentar L. Breschnjews zu dem Projekt, *Pravda,* 5. Juni 1977.

7 Siehe Artikel 13 der Verfassung von 1936 und Artikel 70 der Verfassung von 1974.

8 *Kommunist,* op7 cit., S. 10–11.

9 Siehe die Reaktion Usmanows, Vorsitzender des Ministerrates der tatarischen ASSR, bezüglich der Lebensfähigkeit des föderativen Systems, *Pravda,* 24. Juni 1977.

10 Im Unionssowjet werden die Abgeordneten in Wahlkreisen mit je 300000 Einwohnern gewählt (1936). In der neuen Verfassung wird die Zahl der Einwohner pro Wahlkreis nicht präzisiert. Im Sowjet der Nationalitäten verfügen die SSR über je 32 Abgeordnete, die ASSR über 11, das autonome Gebiet über 5 und der autonome (nationale) Distrikt über 1.

11 Der Oberste Sowjet tagt normalerweise zweimal im Jahr für zwei oder drei Tage, also cirka eine Woche pro Jahr.

12 M. RYWKIN, *Russia in Central Asia,* New York 1963, S. 125 und 130. BILINSKY gibt die präziseste Analyse der Situation des K. G. B. in »The Rulers and the Ruled«, *Problems of Communism,* September–Oktober 1967, S. 22.

13 Artikel 18 a und b: *Sbornik zakonov S.S.S.R. i ukazov presidium a verkhovnogo soveta* 1938–1967, Moskau 1968, Band I, S. 138–139.

14 *Handbook of Major Soviet Nationalities,* M.I.T., 1975, S. 30.

15 Entscheidung des Präsidiums des Obersten Sowjet der UdSSR, Radio Moskau, 17. August 1976.

16 Es ist kein Zufall, daß die *Pravda Vostoka* (Usbekistan), einige Tage vor Ankündigung dieser Änderung, am 7. August 1976, S. 2 und 3, zwei Artikel über die Dringlichkeit des Arbeitsproblems und die Notwendigkeit einer Lösung veröffentlicht. Bis zu diesem Zeitpunkt war G. Lomonossov, der Präsident des neuen Staatskomitees, zweiter Sekretär der KP Usbekistans.

17 Dasselbe Ungleichgewicht kennzeichnet auch den Rechtsbereich; dies wurde während der Diskussion um die neue Verfassung deutlich; die Republiken versuchten, die Nominierung der republikanischen Staatsanwälte in ihren Kompetenzbereich zu bringen. Siehe *Izvestia* vom 24. und 30. August 1977, *Kommunist Tadjikistana*, 31. August 1977.

18 R. C. TUCKER, *Stalin as Revolutionary*, New York 1973, S. 151.

19 Außer in der RSFSR.

20 »K.P.S.S. v tsifrakh«, *Partiinaia jizn'*, Oktober 1976, S. 16.

21 Tabelle erstellt nach *Partiinaia jizn'* Nr. 1, 1962, S. 44; Nr. 19, 1967, S. 14 und Nr. 10, 1976, S. 16.

22 H. RIGHBY, *Communist Party Membership in U.S.S.R.* (1917–1967), Columbia University Press 1967, S. 375.

23 *Sotsialnyi sostav* VKP (b), S. 117.

24 *Partiinaia jizn'*, Oktober 1976, S. 16, und *Narodnoe khoziaistvo*, 1973, S. 35–38.

25 *Sovetskaia Latvia*, 16. Februar 1977; es ist bemerkenswert, daß bei dieser Konferenz N. S. Perun anwesend war, der für Organisationsprobleme im ZK der KPdSU zuständig ist, und der an allen Versammlungen dieser Art in den Republiken Anfang der 70er Jahre teilgenommen zu haben scheint. Siehe auch *Ejegodnik Bol'choi Sovetskoi Entsiklopedii*, 1976, S. 1.

26 *Bakinskii Rabotchii*, 30. Januar 1976. Über die KP Aserbaidschans im allgemeinen, siehe *Kommunistitcheskaia Partiia Azerbaidjana v tsifrakh*, Baku 1970, 160 Seiten.

27 Einige Anzeichen sprechen dafür, daß diese Kluft auch in der Ukraine existiert: *Pravda Ukrainy*, 11. Februar 1976 und in Moldau: *Sovetskaia Moldavia*, 30. Januar 1976.

28 Siehe die Zusammensetzung des Zentralkomitees auf dem XXV. Kongreß.

29 Zu diesem Punkt, siehe A. NOVE, »Y a-t-il une classe dirigeante en U.R.S.S.?«, *Revue des etudes comparatives Est-Ouest*, Band VI, Nr. 4, 1975, S. 5–44. Siehe auch M. VOSLENSKY, *Nomenklatura*, Wien–München 1980.

30 Über die Gesamtheit des Problems, siehe die sehr informative Studie von Y. BILINSKY, »The Rulers and the Ruled«, art. cit., S. 16–27.

31 Dies gilt für I. Naidek am Ende der 50er Jahre, der im Jahrbuch des Obersten Sowjet für 1958 einfach Sekretär genannt wird, während ihn das Lokalorgan der Partei, *Pravda Ukrainy*, am 27. Dezember 1957 als Zweiten Sekretär bezeichnete. Zitiert von J. H. MILLER, »Cadre Policy in Nationality Areas«, *Soviet Studies* XXIV, Nr. 1, Januar 1977, S. 3–36.

32 a.a.O., S. 7.

33 J. HOUGH, *The Soviet Prefects*, Cambridge, Mass. 1969, S. 173.

34 MILLER, art. cit.

35 a.a.O., Tabelle S. 12.

36 Dies galt erst ab 1956 für Weißrußland. Die A.S.S.R. Abchasiens erhält 1955 einen russischen Zweiten Sekretär.

37 R. SULLIVAN, »The Ukrainians«, *Problems of Communism,* September–Oktober 1967, S. 52–53.
38 *Prawda* vom 3. März 1972 und 30. September 1972.
39 Siehe den Erlaß des Zentralkomitees der KPdSU, das die Handlungsweise der Partei von Tbilissi kritisiert, *Prawda* vom 3. März 1972.
40 »V tsentral'nom komitete K.P.S.S.«, *Prawda,* 27. Juni 1976, und *Zaria Vostoka* vom 4. November 1976; 24. Dezember 1976; 16. Februar 1977.
41 *Kommunist* (Erivan) vom 1. Februar 1975; 15. März 1975 und 23. Mai 1975.
42 RYWKIN, op. cit., S. 127 und MILLER, art. cit., S. 27.
43 MILLER, art. cit., S. 29.
44 *Sovetskaia Estonia,* 12. Februar 1971.
45 »The Rulers and the Ruled«, art. cit., S. 21–22.
46 *Voina i revoliutsia,* Mai 1927, S. 114–115.
47 A. BENNIGSEN und C. QUELQUEJAY, *Les Mouvements nationaux chez les musulmans de Russie: le sultangalievisme au Tatarstan,* Paris 1960, S. 118–119.
48 Colonel P. RTICHTCHEV, »Leninskaia natsional'naia politika i stroitel'stvo sovetskikh voorujenykh sil«, *Voennyi Istoritcheskii Jurnal,* Juni 1974, S. 4–5.
49 G. HAUPT und J. J. MARIE, *Les Bolcheviks par eux mêmes,* Paris 1969, S. 200–212.
50 I. DZIUBA, *Internationalism or Russification?* London 1968, S. 136, Anmerkung 2.
51 a.a.O., Anmerkung 3.
52 BENNIGSEN, QUELQUEJAY, op. cit., S. 167.
53 RTICHTCHEV, art. cit., S. 6.
54 M. V. FRUNZE, *Isbrannye proizvedeniia,* Moskau 1957, Band II, S. 269–270.
55 RTICHTCHEV, art. cit., S. 7.
56 RTICHTCHEV, art. cit., S. 8 und LEPECHKIN (und andere), *Kurs sovetskogo gosudarstvennogo Prava,* Moskau 1962, 2. Teil, S. 157.
57 Über die Rolle des Russischen in der Armee: *Zaria Vostoka,* 24. Oktober 1976, S. 2, (über die Konferenz von Tbilissi vom 20.–22. Oktober 1976).
58 BRENEV, *Opiatidesiatiletii soiuza sovetskikh sotsialistitcheskikh respublik,* Moskau 1972, S. 23.
59 RTICHTCHEV, art. cit., S. 9.
60 H. GOLDHABER, *The Soviet Soldier,* 1975, S. 28.
61 M. FESHBACH und S. RAPAWY, »Soviet Population and Manpower Trends and Policy«, *U.S. Congress, Joint Economic Committee,* op. cit., S. 149.
62 RTICHTCHEV, art. cit., S. 7.
63 Zitiert von T. RAKOWSKA-HARMSTONE (»Sur l'armée et les nationalités«, *Conference paper,* unveröffentlicht), die die folgenden ethno-soziologischen Daten erstellt hat.

64 Wenn auch viele Ukrainer in der Militärhierarchie vertreten sind, so scheinen sie vorwiegend außerhalb der Ukraine zu dienen; so ist der Kommandant des militärischen Bezirks von Kiew, Ivan Gerassimov, ein Russe, der 1977 übrigens ins Politbüro aufgenommen wurde.

65 RAKOWSKA-HARMSTONE, op. cit.

66 I. DZIUBA, *Internationalism or Russification,* op. cit., S. 137.

67 *Razvitie natsional'nogo dvuiazitchiia,* Moskau 1976, vor allem S. 30.

68 *Krasnaia Zvezda,* 15. April 1971; 10. Dezember 1972; 3. April 1974; 29. September 1974; 31. März 1976 und 26. September 1976, etc. Es gibt noch viele Beispiele für die Kritik an den »Freistellungsskandalen«.

V. KAPITEL

1 Ohne auf Stalin und seine Nationentheorie zurückzugreifen, muß man feststellen, daß die zeitgenössischen Schriftsteller ständig die Bedeutung der Sprache für die Definition der Nation hervorheben. Siehe V. I. KOZLOV, *Natsional'nosti S.S.S.R.,* Moskau 1975, S. 207.

2 Die Nationalsprache wird in der großen sowjetischen Enzyklopädie definiert: *Bol'chaia Sovetskaia Entsiklopedia.* 3. ed., Band XVII, 1974, S. 374.

3 Siehe oben IV. Kapitel, Fußnote 1.

4 Diese Hierarchie erscheint in *Sovetskii Narod, Novaia istoritcheskaia obchtchnost liude,* Moskau 1975, S. 450. Das Werk wurde von der Akademie der Wissenschaften herausgegeben und kann als offizielle Quelle betrachtet werden.

5 *Razvitie natsional'no russkogo, dvuiazitchia,* Moskau 1976, S. 8.

6 LENIN, *Polnoe,* Band XXIV, S. 295: »Wir sind dafür, daß jeder Bewohner Rußlands die russische Sprache erlernen kann. Aber was wir nicht wollen, das ist der Zwang.«

7 Ende der 40er Jahre schätzte ein Kirgise, daß ca. 25% der kirgisischen Sprache aus russischen Worten bestanden.

8 Aufgestellt nach der Tabelle von KOZLOV, op. cit., oben, S. 211–212.

9 Davon 4541000 Ukrainer, 1733000 Juden, 1212000 Weißrussen, 392000 Deutsche. Siehe KOZLOV, op. cit., S. 218.

10 Unter den vielen Werken, die der Zweisprachigkeit gewidmet sind, sowie den konkreten Aspekten ihrer Entwicklung, siehe Iu. DECHERIEV, *Razvitie Natsional'no-russkogo dvuiazitchiia,* 368 Seiten, und die Arbeiten von S. BRUK und M. GUBOGLO in *Sovetskaia Etnografiia,* Nr. 4 und 5, 1975, die versuchten, die Lehren aus der Volkszählung zu ziehen.

11 *Narodnoe Khoziaistvo,* 1972, S. 32.

12 In der tatarischen ASSR sind 54,8% Tataren zweisprachig und 65,5% außerhalb der Republik. 74,1% der Tataren leben in der Diaspora. Siehe *Itogi 1970,* Band IV, Tabelle 20 und 144. Die Tataren bilden übrigens ein beliebtes Objekt vieler soziologischer Studien.

13 Die Änderung ist gering (0,3%), aber sie steht im Gegensatz zum Fortschritt der weißrussischen Migrationen (plus 2%).

14 *Zaria Vostoka*, 8. Mai 1971.

15 Dies zeigt sich deutlich, um vergleichbare Situationen als Beispiel zu nehmen, in der baltischen Gruppe. Die Esten, die am wenigsten Russisch sprechen, sind dagegen die urbanisiertesten, 55,1% gegen 52,7% der Letten und 46,7% der Litauer. Diese Prozentsätze gelten für die ganze Volksgruppe, nicht für die jeweilige Republik. Wenn man den Prozentsatz pro Republik nimmt, steht Estland bezüglich der Urbanisation an erster Stelle (66%), dann Lettland an 3. Stelle (64%), Litauen an 7. Stelle (53%). Siehe *Narodnoe Khoziaistvo*, 1972, S. 499.

16 S. GUTHIER, »The Bielorussians: National Identification and Assimilation 1897–1970«, *Soviet Studies*, Band XXIV, Januar 1977, Nr. 1, S. 59.

17 Y. BILINSKY hat eine hervorragende Darstellung der Änderungen in der Erziehungspolitik der Nationalitäten veröffentlicht, »Education of the Non-Russian Peoples in the U.S.S.R., 1917–1967«, *Slavic Review*, Band 27, Nr. 3 (1968), S. 411–437.

18 Es handelt sich hier um Artikel 19 des Gesetzes von 1958. Über diese Reform siehe Y. BILINSKY »The Soviet Education Laws of 1958–1959 and Soviet Nationality Policy«, *Soviet Studies*, Band XIV, Nr. 2, 1962, S. 138–157.

19 V. MALANTCHUK, »Dvi Kontseptsii mynduloho i suchasnoho Ukrayiny«, langer Artikel, veröffentlicht 1972 in einer ukrainischen Zeitung und von R. SZPORLUK in *Major Soviet Nationalities*, S. 35–36, zitiert.

20 Jan ZAPRUDNIK, ebenda, S. 61, zitiert die Lehrpläne für Russisch und Weißrussisch, wie sie in der *Zeitschrift für Professoren* Weißrußlands am 8. April 1970 veröffentlicht wurden.

21 In Weißrußland werden große Anstrengungen gemacht, um eine abgeschlossene Sekundarausbildung allgemein einzuführen. Der Oberste Sowjet Weißrußlands nahm am 23. Juni 1972 ein Gesetz an, das ein Programm für die nächste Zukunft vorsieht.

22 Zum Zeitpunkt der Volkszählung besuchten 27% der Schüler Stadtschulen, siehe *Narodnoe obrazovanie*, 1971, S. 644.

23 *Ekonomika Litvy*, 1970, S. 358. In Litauen ist Polnisch eine Unterrichtssprache: vier Prozent der Schüler besuchen polnische Schulen.

24 A. DANILOV, »Mnogonatsional'naia chkola R.S.F.S.R. – praktitcheskoe voplochtchnie Leninskoi natsional'noi politiki«, *Narodnoe obrazovanie*, Dezember 1972, S. 23.

25 *Narodnoe obrazovanie*, 1971, S. 196.

26 *Utchistel'skaia gazeta*, 18. August 1972.

27 Dies gilt für Aserbaidschan, aber diese Verordnung hilft nichts, da die Aseris, vor allem die Mädchen, oft nach acht Jahren oder früher von der Schule abgehen. *Bakinskii rabotchii*, 5. November 1972, gibt an, daß etwa 23% die Schule vor Abschluß einer achtjährigen Ausbildung verlassen (die achtjährige Schulausbildung ist Pflicht).

28 *Kommunist Tadjikistana* (1. und 2. Juni 1973) betont, daß die Kenntnisse der russischen Sprache zwar nicht obligatorisch, aber doch wünschenswert seien.

29 B. SILVER, »The Status of National Minority Languages in Soviet Education: an Assessment of Recent Changes«, *Soviet Studies XXVI,* Band 1, 1974, S. 28–41.

30 a.a.O., S. 33.

31 Nach den Daten der Tabelle, die von Brian SILVER aufgestellt wurde, a.a.O. Die 0 gibt die Existenz einer vorschulischen Ausbildung in der Nationalsprache an.

32 Es ist interessant, daß diese Daten der Tabelle von Brian SILVER aus höchst offizieller Quelle stammen, da sie von A. DANILOV, dem Erziehungsminister der RSFSR, herrühren, der sie im Dezember 1972 in *Narodnoe Obrazovanie* auf S. 23 veröffentlichte.

33 KOZLOV, op. cit., S. 219–220. Die entsprechenden Daten für 1970 liegen nicht vor, aber man kann annehmen, daß es kaum eine Änderung gegeben hat.

34 Art. cit., S. 37.

35 So A. BENNIGSEN und B. SILVER auf dem Kolloquium über die Nationalitäten, das in Chicago im März 1977 gehalten wurde.

36 So hat die estnische Presse zum Beispiel den anfänglich verwendeten russischen Ausdruck für Mondrakete, *Lunokhod,* schrittweise durch einen Ausdruck eigener Schöpfung, *Kuukulgur,* ersetzt. Zitiert von Rein TAAGEVERA in *Soviet Major Nationalities,* op. cit., S. 80.

37 Der Kongreß war kurz von *Zaria Vostoka* am 24. April 1976 erwähnt worden. Dschaparidse war vom III. Plenum des Zentralkomitees der KP Georgiens angegriffen worden. Siehe *Zaria Vostoka* vom 25. und 27. Juli 1976.

38 *Zaria Vostoka,* 25. August 1976.

39 *Zaria Vostoka,* 27. Juli 1976.

40 Dieses Experiment, das in der Internatsschule von Zugid erfolgte, wurde vom Unterrichtsminister Georgiens in *Utchitel'skaia gazeta* vom 10. Januar 1976 erörtert.

41 *Pravda Vostoka,* 24. Januar 1976.

42 *Pravda Vostoka,* 9. Dezember 1975: in einem Artikel mit dem Titel »Zweite Muttersprache« liest man: »Russisch war und wird die zweite Muttersprache aller Nationen und Nationalitäten der UdSSR sein.« *Kommunist* (Erivan), 13. November 1976, *Turkmenskaia Iskra,* 21. Januar 1976, etc.

43 *Pravda Vostoka,* 21. und 24. Oktober 1975.

44 *Sovet Mektebe,* Januar 1970, S. 33.

45 a.a.O. und *Kazan Utlary,* April 1973, S. 164–169.

46 Bezüglich der ersten Konferenz siehe *Sovet Mektebe,* Juli 1973, S. 25; bezüglich der zweiten, a.a.O., Juni 1875, S. 17–19.

47 1974 gab es in der tatarischen Republik 1571 Sprachen- und Literaturprofessoren, davon hatten 62% ein Universitätsdiplom, 20% eine unvollständige Universitätsausbildung und 18% kein Universitätsstudium. Diesbezüglich siehe auch *Sovet Mektebe,* Juni 1975, S. 17–19.

48 *Sovet Mektebe,* Januar 1972, S. 5; Januar 1973, S. 16; August 1975, S. 7.

49 *Sovetskaia Rossiia,* 16. August 1975.

50 *Sovetskaia Estonia,* 30. November 1976.

51 *Nationality Group Survival in Multiethnic States,* op. cit., S. 108–109.

52 Die zaristische Regierung, die keine präzise Doktrin bezüglich der Russifizierung hatte, legte auf die Tataren wegen deren historischer Rolle und wegen ihres Einflusses auf Zentralasien großen Wert. Die orthodoxen Missionare haben systematisch an der Christianisierung (und dadurch Russifizierung) des tatarischen Gebietes gearbeitet.

53 Diese Überlegung ist auf den Arbeiten von Uriel WEINREICH begründet: *Languages in Contact: Findings and Problems,* Den Haag 1950, S. 94, zitiert von B. SILVER, art. cit., S. 35.

VI. KAPITEL

1 Krisen erschüttern seit einigen Jahren die meisten sowjetischen Nationen. Einige davon hängen jedoch eng mit dem Kampf um die Menschenrechte, die Demokratisierung des sowjetischen Systems etc. zusammen. Hier werden nur spezifische Krisen, deren Basis das nationale Problem ist, erwähnt. Die verschiedenen Gruppen, die gebildet wurden, um die Einhaltung der Abkommen von Helsinki zu überwachen, werden hier nicht behandelt. Ebenso werden die Balten hier nicht erwähnt.

2 Siehe vor allem die Resolution des Zentralkomitees der KPdSU vom 21. Februar 1972 »*O podgotovke k 50-letii obrazovania soiuza sovetskikh sotsialistitcheskikh republik*«, Moskau 1972, S. 17, und die Rede von Breschnew am 21. Dezember 1972 im Kreml »*O piatidesiatiletii soiuza sovetskikh sotsialistitcheskikh respublik*«, Moskau 1973, S. 19.

3 Am 17. März 1968 hat General GRIGORENKO, anläßlich des 72. Geburtstages des Schriftstellers A. KOSTERIN, in Moskau Partei für die Tataren ergriffen. Im Mai 1969 wurde er in Taschkent verhaftet.

4 5931000 im Jahr 1970 gegenüber 4968000 elf Jahre früher. *Itogi...,* 1970, Band IV.

5 Diese Zahl wurde von den Tataren in einer Petition an den Obersten Sowjet der UdSSR im Juli 1972 angegeben. Zitiert im *Handbook of Soviet Major Nationalities,* M.I.T., 1975, S. 390. Man weiß, daß sie 1897 188000 zählten.

6 Sie geht bis ins XIII. Jahrhundert zurück. Im XV. Jahrhundert wurde ein unabhängiges tatarisches Khanat auf der Krim errichtet, das sich Rußland bis zu seiner Annexion durch Katharina II., 1783, widersetzte. Siehe A. FISCHER, *The Russian Annexion of the Crimea,* 1772–1783, Cambridge 1970. 180 Seiten.

7 Sie repräsentieren zu diesem Zeitpunkt 25% der Bevölkerung der Republik, die bei der Volkszählung 1926 714000 umfaßt.

8 Die tatarische Sprache ist eine der russischen Sprache gleichgestellte, offizielle Sprache.

9 Sieben Völker wurden der Kollaboration beschuldigt. Tschetschenen, Inguschen, Karatschen, Balkaren, Kalmücken, Krimtataren. Die Wolgadeutschen waren ab 1941 deportiert worden. Im ganzen eine Million Menschen.

10 Erlaß in der *Izvestia*, 26. Juni 1946.

11 Entscheidung vom 19. Februar 1954.

12 Trotz dieser Veröffentlichungen steht im Band II der klassischen Veröffentlichung der Akademie der Wissenschaften über die Sprachen der sowjetischen Völker, erschienen 1966, daß Tatarisch (die Sprache der Krimtataren), eine »nicht geschriebene« Sprache sei.

13 *Lenin Bayragi* (Die Fahne Lenins).

14 Die Autonomen Gebiete der deportierten kaukasischen Völker wurden im Januar 1957 wiedererrichtet.

15 Die Tataren haben auf dem XXII. Kongreß eine Petition mit 25000 Unterschriften präsentiert.

16 Der erste bekannte Tatarenprozeß fand 1961 statt.

17 Zwischen 1964 und 1968 wurden 4000 tatarische Delegierte von ihren Landsleuten nach Moskau entsandt.

18 Artikel 191–4 (Verbreitung von Verleumdungen der Sowjetmacht), 191–6 (Organisation oder Beteiligung an Handlungen, die die öffentliche Ordnung stören).

19 *Pravda Vostoka*, 9. September 1967.

20 *Pravda Vostoka*, 16. September 1967.

21 Im Mai 1971 haben SACHAROV und TSCHALIDSE die sowjetischen Behörden mit der Frage nach dem Schicksal der Tataren konfrontiert (im Namen des Komitees für Menschenrechte).

22 1967 haben von den 6000 Tataren, die sich auf das Abenteuer, sich wieder auf der Krim anzusiedeln, einließen, drei Ledige und zwei Familien das Recht der Ansiedlung erhalten.

23 A. BENNIGSEN und C. QUELQUEJAY, *Les Mouvements nationaux chez les musulmans de Russie: le sultangalievisme au Tatarstan*, Paris 1960, 260 Seiten.

24 *Itogi*... 1970, Band IV.

25 Außer der ASSR wurden auch noch die 17 deutschen Nationalen Bezirke (6 in der RSFSR, 1 in Aserbaidschan, 1 in Georgien und 9 in der Ukraine) abgeschafft. Die Deportation betraf 800000 Personen, davon lebten 400000 in der Republik.

26 Die Deutschen sind berechtigt, ihre Delegierten in die lokalen Sowjets zu wählen. Ab 1957 erscheint *Neues Leben* (eine Wochenzeitschrift mit 300000 Auflage) neuerlich in Moskau; deutsche Programme werden ab 1956 in Radio Moskau gesendet, in Kirgisien ab 1962. Seit 1957 können in Schulen, die von mindestens zehn deutschen Schülern besucht werden,

die Eltern die Einführung des Deutschunterrichts verlangen.

27 *Vedomosti verkhovnogo soveta S.S.S.R.*, 28. Dezember 1964.

28 Mikojan, der am 7. Juni 1965 eine Delegation Deutscher empfing, gab zu, daß die Wiedererrichtung eines Nationalen Gebietes die beste Lösung wäre, aber daß die Urbarmachung des Neulandes ohne deutsche Mitarbeit zum Scheitern verurteilt wäre.

29 Drei Deutsche wurden 1970 in den Obersten Sowjet gewählt, einer wurde Minister für die Nahrungsmittelindustrie der UdSSR. Die Repräsentanz der Deutschen entspricht in allen lokalen Sowjets ihrer Zahl.

30 Die Wiedererrichtung des Nationalen Territoriums wird vor allem von jenen verlangt, die dort lebten. Dagegen sind die Deutschen, die im Gebiet um das Schwarze Meer lebten, eher an der Ausreisemöglichkeit interessiert.

31 Zahlen aus drei Volkszählungen, von *Sovetskii Kazakhstan,* 1971, S. 25–26, vervollständigt.

32 Siehe *Narodnoe Khoziaistvo Tadjikistanskoi,* S.S.R., 1970, S. 293, wo man sieht, daß die deutschsprechenden Deutschen Tadschikistans von 88,7% (1959) auf 81,4% (1970) fallen.

33 Siehe die Entwicklung in Tadschikistan: Anstieg von 99,3% (1959) auf 99,4% (1970); in der gesamten Republik steigt der Prozentsatz jener, die ihre Muttersprache sprechen, von 96,7% (1959) auf 97,2% (1970).

34 In den 50er Jahren gab das Deutsche Rote Kreuz an, daß 43 000 deutsche Familien in der Sowjetunion von der Klausel der Familienzusammenführung profitieren könnten.

35 1965 wurde dieser Vertrag durch ein Abkommen in Wien zwischen dem Deutschen und dem Sowjetischen Roten Kreuz vervollständigt. Als Folge kehrten 1966 984 und 1967 836 Deutsche nach Deutschland zurück. Aber 1968 schien diese Bewegung zu stocken.

36 Die *New York Times* vom 9. März 1977 berichtete von einer Kundgebung der Deutschen auf dem Roten Platz; dies war die erste Demonstration auf diesem Platz seit 1968.

37 *Nordwest Zeitung,* 20. Mai 1977.

38 Das zaristische Regime hatte im Gegensatz zu Stalin die Deutschen weder umgesiedelt noch während des Ersten Weltkrieges sie unter besondere Aufsicht gestellt, da sie als loyale Untertanen angesehen wurden. Und sie stellten auch tatsächlich kein Sicherheitsrisiko dar.

39 *Nordwest Zeitung,* 20. Mai 1977. Siehe auch den Brief A. Sacharovs an Bundespräsident Scheel und Kanzler Schmidt, *Frankfurter Neue Presse,* 22. Februar 1978.

40 *Sovetskaia Kirgizia,* 13. Mai 1977.

41 In Deutschland wie in der UdSSR wird vermieden, in der Öffentlichkeit hervorzuheben, daß zwischen der Wirtschaftspolitik und den Ausreisen nach Deutschland ein Zusammenhang besteht.

42 Diese Verbindung wird klar, wenn man feststellt, daß 1972, drei Wochen vor den allgemeinen Wahlen in Deutschland, 2000 Deutsche ihr Ausreisevisum erhielten. Ebenso im Wahljahr 1976.

43 »Weltpolitik mit Fanfarenstößen«, *Die Zeit,* 4. März 1977 oder auch »Predigt oder Politik«, *Die Zeit,* 8. Juli 1977.

44 Zur Haltung der Bolschewiken empfiehlt es sich, die Studie Annie KRIEGELS »La question juive en Union soviétique« zu lesen in *Les Juifs en Union soviétique,* Nr. 23, Juli 1976, S. 14 bis 28.

45 M. S. BELENSKI, *Judaism* (2. Auflage), Moskau 1974, S. 323.

46 2150707 bei der Volkszählung. *Itogi,* 1970, Band IV, S. 9–19. Aber die Volkszählung gibt Zahlen an, die von anderen sowjetischen Quellen bestritten werden. *Atlas narodov mira,* 1964, S. 158, gibt 2,5 Millionen an, während die Volkszählung von 1959 nur 2268000 zählte. A. KRIEGEL glaubt auf Grund vieler Quellen, daß die Wahrheit zwischen 2,4 und 3,4 Millionen liegt.

47 So Tati, das Krim-Jüdische usw.

48 *Itogi...* 1959, S. 184–188.

49 *Itogi...* 1970, Band IV, S. 20; *Narodnoe khoziaistvo,* 1972, S. 32.

50 Z. GITELMAN, »The Jews«, *Problems of communism,* September–Oktober 1967, S. 92–102.

51 L. HIRSZOWICZ, »Jewish Cultural Life in the U.S.S.R. – a Survey«, *Soviet Jewish Affairs,* Band VII, Nr. 2, 1977, S. 11.

52 Dazu kommen noch einige Minyan (Gebetsversammlung im Heim eines Gläubigen). Siehe auch über die Zahl der geöffneten Kultstätten in der UdSSR A. YODFAT, »Jewish religious Communities in the U.S.S.R.«, *Soviet Jewish Affairs,* Band II, 1971, S. 61–67.

53 Laut HIRSZOWICZ, art. cit., S. 11, ist die Zahl der praktizierenden Juden viel höher als die offiziellen sowjetischen Schätzungen angeben (1976: 56000); Z. GITELMAN stellt in einer Untersuchung bei aus der Sowjetunion nach Israel emigrierten Juden fest, daß sich 9% der Auswanderer als religiös erklären. »Soviet Political Culture: Insights from Jewish Emigrees«, *Soviet Studies,* Oktober 1977, S. 549.

54 Die Juden haben in der UdSSR den höchsten Verstädterungsgrad: 78,5%. Von 1897 bis 1970 erfuhren sie die spektakulärste Evolution, und bei jeder Volkszählung waren sie hinsichtlich des Urbanisationsgrades an der Spitze der nationalen Gruppen.

55 Art. cit., S. 19; über das schwierige Problem der *Russianisierung,* der *Russifizierung* und der *Assimilierung,* siehe die Analyse von A. KRIEGEL, die wir schon zitiert haben.

56 11542 Juden 1970 gegen 14269 im Jahr 1959. Zur Zeit sprechen nur 1970 jiddisch. *Narodnoe Khoziaistvo,* 1972, S. 32; *Itogi...* 1959, S. 184–188; *Itogi...* 1970, Band IV, S. 76.

57 Die Volkszählung liefert keine allgemeinen Statistiken bezüglich der Erziehung der Juden, aber Statistiken für die jeweilige Republik. So ist der Bildungsgrad der Juden in der RSFSR achtmal höher als jener der Russen. Siehe *Itogi...* 1970, Band IV, S. 405–449.

58 H. SALISBURY wird von HIRSZOWICZ in art. cit., S. 4, zitiert.

59 In der UdSSR existieren zwei jüdische Zeitungen: das *Sovetich Heimland*

(Die sowjetische Heimat), herausgegeben in Moskau (seit 1961), mit einer Auflage von 25 000 Exemplaren. Der Herausgeber ist Aron Vergelis; außerdem gibt es in Birobidschan den *Birobidschaner Stern,* mit 12 000 Exemplaren pro Auflage; er erscheint 260mal im Jahr. Im Gegensatz zum *Sovetich Heimland,* das sich als Organ für die jüdische Gemeinschaft versteht, ist der *Birobidschaner Stern,* wie die meisten lokalen Zeitungen, nur eine Übersetzung eines regionalen russischen Organs in die nationale Sprache.

60 HIRSZOWICZ, op. cit., S. 13.

61 1971 haben Juden versucht, Hebräischunterricht – der gesetzlich erlaubt ist – abzuhalten und dadurch eine legale Existenz zu erlangen. Nach einiger Zeit des Zögerns und widersprüchlichen Entscheidungen wurde Ende 1972 der private Hebräischunterricht verboten, weil durch ihn den sowjetischen Interessen widersprechende Lehren verbreitet würden. Ferner technische Vorwände angeführt.

62 Die Emigration verzeichnete bis 1973 eine ansteigende Kurve und fiel danach kraß ab. 1967: 480 Auswanderer; 1968: 231; 1969: 3019; 1970: 999; 1971: 12832; 1972: 31652; 1973: 33477; 1974: 17373; 1975: 8531; 1976: 7274 (Zahlen des israelischen Ministeriums für Integration der Einwanderer, von Z. GITELMAN zit. S. 545). Diese Zahlen sind niedriger als die Auswanderungszahlen, aber viele Juden gehen nicht nach Israel, daher sind die Zahlen der Ankömmlinge in Wien deutlich höher. Annie KRIEGEL, *Le Figaro,* 16. Januar 1978, schätzt die jüdische Emigration seit 1968 auf 150 000. Laut W. FRANKEL, *The Times,* 12. Mai 1977, sind seit 1968 135 000 Juden emigriert.

63 1972 waren 71% der Emigranten jünger als 45 und 50% jünger als 30 Jahre. Dagegen machten die Juden, die jünger als 30 sind, in der RSFSR 26% der Gemeinschaft aus.

64 Zur Zahl der Probleme, die die Juden schon haben, kommt noch hinzu, daß sie durch die Ausreise in außerordentliche finanzielle Schwierigkeiten gestürzt werden. Die Kosten für ein Visum wurden 1976 auf 300 Rubel herabgesetzt. Die Juden müssen aber 500 Rubel zusätzlich bezahlen, um die sowjetische Staatsbürgerschaft ablegen zu können. Die Solidarität der internationalen jüdischen Gemeinde ermöglicht ihnen, diese Schwierigkeiten zu meistern. Dagegen muß jeder Ausreisewillige gewisse Probleme allein lösen, wie zum Beispiel den Verlust der Arbeitsstelle, der häufig dem Antrag auf ein Visum folgt; noch schlimmer ist es, wenn das Visum nicht bewilligt wird; man wird zu einem *otkaznik* gestempelt (Ausgestoßener aus der sowjetischen Gemeinschaft).

65 Die deutlichste Form des Antisemitismus ist der Antizionismus, der den Charakter einer richtigen Pressekampagne angenommen hat, und zwar zu dem Zeitpunkt, in dem sich die Emigrationswünsche massiv bemerkbar machten. Siehe J. FRANKEL, *The Antizionist Press Campaigns in the U.S.S.R. 1969–1971, Political Implication,* Research paper, Hebrew University of Jerusalem, 1972, 62 Seiten.

66 *The Times*, 12. Mai 1977; siehe auch D. HARRIS, »A Note on the Problem of the NOSHRIMS«, *Soviet Jewish Affairs*, Februar 1976, S. 104–114.

67 Hierbei handelt es sich um offizielle Zahlen der Parteizeitung der KPdSU, *Partiinaia jiz'n*, Nr. 10, 1976, S. 16.

68 *Literaturnaia Gazeta*, 24. Januar 1973.

69 73 von 1000 Personen über 10 Jahren haben eine höhere Ausbildung erhalten. Der sowjetische Durchschnitt liegt bei 42 auf 1000, der russische bei 44, die niedrigsten Zahlen verzeichnen die Moldauer und die Tadschiken: 29 auf 1000, *Itogi*, 1970, Band III (Erziehung), S. 6 bis 30.

70 Über die illegalen Praktiken in der Wirtschaft, siehe A. KATSENELINBOIGEN, »Coloured Markets in the Soviet Union«, *Soviet Studies*, Band XXIX, Januar 1977, Nr. 1, S. 67–85.

71 *Pravda*, 3. März 1972.

72 *Pravda*, 27. Juni 1976.

73 *Trud*, 5. Juni 1976.

74 *Zaria Vostoka*, 4. November 1976; selbe Kritiken in *Zaria Vostoka*, 24. Dezember 1976.

75 *Zaria Vostoka*, 16. Februar 1977.

76 *Zaria Vostoka*, 4. November 1976; siehe in derselben Zeitschrift vom 24. Dezember 1976 das Beharren auf dem Gewicht und dem Prestige der Miliz. Siehe auch *Zaria Vostoka*, 11. November 1975.

77 *Zaria Vostoka*, 8. Februar 1977 und 16./17. Februar 1977.

78 Die offizielle Version lautet, daß jemand ihnen 50000 Rubel dafür bezahlt habe, aber es scheint, daß sich das Gericht kaum darum gekümmert hat, wer ihnen das Geld gab, um das Opernhaus in Brand zu stecken. Übrigens haben die Angeklagten ihre Geständnisse im Prozeß widerrufen und erklärt, daß sie ihnen gewaltsam abgepreßt worden seien.

79 *Zaria Vostoka*, 3. März 1977.

80 *Zaria Vostoka*, 8. Februar 1977.

81 *Zaria Vostoka*, 10. Januar 1976.

82 *Zaria Vostoka*, 9. Januar 1976.

83 *Zaria Vostoka*, Mai 1978.

84 Die Zahl bezüglich der Demonstranten schwankt. Die inoffiziellen georgischen Quellen geben ca. 30000 an, die *New York Times* ca. 20000, *International Herald Tribune*, 5. Mai 1978, 5000. Welche Zahl auch stimmen mag, sie hat in der politischen Situation der UdSSR auf jeden Fall große Bedeutung, die das Demonstrationsrecht in die Zuständigkeit der sozialen Organisationen fällt. Vgl. *Archiv der Gegenwart* 1978, S. 21717 A.

85 Veröffentlicht in *Zaria Vostoka* am 16. April 1978. Deutsche Übersetzung in Auszügen in *Archiv der Gegenwart* 1979, S. 22411 f.

86 *Utchitel'skaia Gazeta*, 18. Juli 1972, und *Bakinski Rabotchii*, 4. und 6. Januar 1973.

87 Bestechungsgelder werden oft als Relikte im Sozialisierungsprozeß dargestellt. Siehe ständige Angriffe auf Schmiergeldnehmer in Aserbaidschan, *Bakinski Rabotchii*, 11. Februar 1972, 11. Dezember 1976, etc.

88 In Georgien sind die Behörden sehr darauf bedacht, alle Traditionen, die den Partikularismus stärken, auszurotten. Siehe zum Beispiel *Zaria Vostoka* vom 4. November 1972, 27. April 1973 und 27. Oktober 1976; in Aserbaidschan, *Pravda*, 26. Juni 1972.

89 Dies geht klar aus der Rede des Ersten Sekretärs der KP Armeniens, Karen Demirtschian, vor dem Plenum des ZK im Dezember 1974, veröffentlicht in *Kommunist* (Erivan) am 2. Februar 1975, hervor. Siehe auch die Kritiken Demirtschians an den politischen armenischen Kadern im *Kommunist* (Erivan), 21. Januar 1976; über die Säuberungsaktion in Armenien siehe *Kommunist* von 10. Januar 1975, 1. Februar 1975, 28. Februar 1975, 23. Mai 1975, etc.

90 J. A. ARMSTRONG, *»Ukrainian Nationalism 1939–1945«*, New York 1955, S. 14–32. Das Buch erhellt die dramatischen Beziehungen zwischen Sowjets und Ukrainern.

91 Das Politbüro des ZK der KPdSU war auf dem XIX. Kongreß (1952) in das Präsidium umgewandelt worden. Auf dem XXIII. Kongreß 1966 wird es wieder zum Politbüro.

92 I. DZIUBA, *Internationalism or Russification?*, London 1968, 239 Seiten.

93 *The Chornovil Papers*, New York 1968, 246 Seiten.

94 Ich danke für alles, was den Fall Schelest betrifft, Y. BILINSKY von der Universität Delaware, dessen genaue Analyse mir während unserer Gespräche an der Universität von Chicago ermöglicht hat, sehr viel über die Ukraine und die nationalen Probleme zu erfahren.

95 *Ukraina nacha radianska*, Kiew 1970, 58 Seiten.

96 Der ukrainische Nationalkommunismus bestand schon zu Beginn der sowjetischen Herrschaft. Zu seinem besseren Verständnis dient ein Pamphlet, das 1919 von zwei Ukrainern – V. CHAKHRAI und S. MAZLAKH – mit dem Titel *Do Khyyli*, geschrieben wurde. Es wurde in englisch unter dem Titel »On the Current Situation in the Ukraine«, Ann Arbor 1970, herausgegeben, 220 Seiten.

97 Y. BILINSKY, »Politics, Purge and Dissent in the Ukraine since the Fall of Chelest«, in I. KAMENETSKY, Hrsg., *Nationalism and Human Rights: Processes of Modernization in the U.S.S.R.*, Littleton, Colorado 1977, S. 168–185.

98 *Narodnoe obrazovanie*, März 1974, S. 9. Hinweis, dank Y. BILINSKY und DZIUBA, op. cit., S. 157.

99 DZIUBA, a.a.O., und BILINSKY, »The Communist Party of Ukraine after 1966«, in P. POTYCHNYI, *Ukraine in the Seventies*, Oakville, Ontario

VII. KAPITEL

1 Dies wurde zum Beispiel vom Vorsitzenden des Ministerrates der UdSSR als Antwort »auf die westlichen Kritiken bezüglich der Gewissensfreiheit« bestätigt. In einem Artikel mit dem Titel »Sovetskii zakon i svoboda sovesti«, *Izvestia*, 31. Januar 1976, S. 5.

2 *Nauka i Religiia* vermittelt einen Gesamtüberblick über die offiziellen Reaktionen zur religiösen Frage.

3 So wurde Anfang 1974 während einer Konferenz über den wissenschaftlichen *Atheismus*, die in Moskau die größten Fachmänner dieses Gebietes versammelte, eine Bilanz der Untersuchungen (Institutionen, Aktivitäten, Veröffentlichungen) erstellt. Siehe »Koordinatsiia ateistitcheskoi raboty: opyt, perspektivy«, *Nauka i Religiia*, August 1974, S. 21–27.

4 Siehe zum Beispiel den langen Leitartikel von *Kazakhstanskaia Pravda*, 24. April 1976, S. 1: »Ateistitcheskoie vospitanie chkol'nikov.«

5 a.a.O.

6 Ein gutes Beispiel für eine besorgte und sophistischere Haltung hinsichtlich des religiösen Faktors geht aus dem Werk von V. I. VOSOVITCH, *Nautchnyi ateizm o religioznoi psikhologii*, Moskau 1975, 134 Seiten, hervor.

7 V. MASLINKOV »Vechtchi nesovmenstnye«, in *Znamia Iunosti*, 28. November 1975, S. 3.

8 F. PROTASOV und D. UGRINOVITCH, »Issledovanie religioznosti naselenija i ateisticheskoe vospitanie«, *Polititcheskoe Samoobrazovanie*, 1975, S. 109–116.

9 Yu. KASPERAVICIUS, »Muzli idet k liudiam«, *Sovetskaia Litva*, 20. Mai 1974, S. 4, kündigt die Herausgabe einer Fachzeitschrift an, *Informatsia – metodika;* ein Organ des Museums für Atheismus von Litauen; es handelt sich um die erste Veröffentlichung, die das Problem der konkreten militanten Arbeit der atheistischen Museen in den verschiedenen Republiken aufgreift. Siehe auch: A. MARTULIS, »Tiesa yra tikviena-Ave Vita«, *Komjaunimo Tiesa*, 20. Mai 1975, S. 2, der detailliert und an Hand eines Modells die Aktivitäten des litauischen Vereins *Ave Vita*, zur Verbreitung des Atheismus und der atheistischen Erziehung, zeigt.

10 J. GAILUMS, »Zinotniski ateistisko va i antereligisko?«, *Skolotaje Avize*, 7. April 1976, S. 3.

11 Die genauesten Statistiken gehen auf die Unabhängigkeitsperiode zurück. Man schätzt, daß die 30er Jahre als Verständnisbasis für die heutige Situation genommen werden können. Nach *The Baltic States*, London, Oxford, Un. Press, 1938, S. 38, sieht die konfessionelle Verteilung im Baltikum folgendermaßen aus: Estland: 78% Lutheraner; 19% Orthodoxe; 1% Juden. Lettland: 57% Lutheraner; 24% Katholiken; 9% Orthodoxe; 5% Altgläubige; 5% Juden. Litauen: 81% Katholiken; 9% Lutheraner; 3% Orthodoxe; 1% Juden.

12 *A Case Study of a Soviet Republic: The Estonian S.S.R.* (T. Parming und E. Järvesoo Hrsg.), Boulder, Colo., Vestview Press, 1978, S. 376–453.

13 *Nationality Group Survival in Multi-ethnic States*, E. Allworth (Hrsg.), S. 169. Diese Zahlen basieren auf sowjetischen Informationen.

14 Vom lutheranischen Weltbund veröffentlichtes Dokument »Lutheran world federation President visits Lutherans in U.S.S.R.«, *Religion in Communist Dominated Areas*, 11, Nr. 7–9, Juli–September 1972, S. 130–131.

Es ist auch bemerkenswert, daß das Durchschnittsalter der Studenten der lutherischen Akademie in Tallinn 1972 wesentlich niedriger war, als im vorhergehenden Jahrzehnt.

15 Zur Zeit arbeiten etwa 3000 »Propagandisten« auf dem Land und in den Fabriken. 36 Universitäten für »Wissenschaftlichen Atheismus« nahmen 1975 in der gesamten Republik 3500 Studenten auf.

16 Die wichtigsten Bestimmungen sind die Ergänzungen des Artikels 142 des Strafgesetzbuches der Republik, die vom Obersten Sowjet am 12. Mai angenommen wurden, und damit die Liste der »Handlungen, die den Artikel 143 verletzen«, komplettieren (über die Trennung von Kirche und Staat), sowie die zusätzlichen Erlasse von 1968 und 1969. All diese Maßnahmen haben zum Ziel, die religiösen Aktivitäten der Jugendlichen zu verhindern, vor allem die Vorbereitungen auf die Konfirmation.

17 *Kazakhstanskaia Pravda*, 27. August 1972.

18 *Nationality Group Survival,* op. cit., S. 175.

19 Bezüglich der Unterschriftenzahl, die normalerweise unter eine Petition gesetzt wird, siehe die Arbeit von V. KRASIN im Kolloquium von Venedig, August 1975 (nicht veröffentlichtes Arbeitsdokument).

20 Dieses Organ, mit dem Titel *Lituvos Kataliky Baznycios Kronika* (Chronik der katholischen Kirche Litauens) hat von 1972–1977 24 Hefte herausgegeben.

21 In Nummer 24 wird gegen das Verbot, die Nationaltrachten bei religiösen Zeremonien zu tragen, protestiert. Darüber hinaus findet man in dieser Nummer ein Gebet für »die litauische Heimat«. Heft 6 enthält die Feststellung, daß die nationale Geschichte in der Schule zu wenig behandelt wird. In Nummer 20 von 1975 wird vor allem der Druck geschildert, den die Sowjetmacht zugunsten eines allgemeinen Unterrichts in Russisch in den Schulen ausübt.

22 Das Symbol für ein solches Band sind die Persönlichkeiten der großen litauischen Schriftsteller Antanas Baranauskas (1835–1902) und Maironis (1862–1932), die in der nationalen Bewegung des 19. Jahrhunderts eine entscheidende Rolle gespielt haben; sie waren, wie viele ihresgleichen, Geistliche.

23 Kh. KHALIAROV, »Partiinye organizatsii i bor'ba s religioznymi perejitkami«, *Polititcheskoe Samoobrazovanie,* Juni 1975, S. 74–78.

24 a.a.O.

25 Die Erfassung der Gläubigen ist zur Zeit sehr schwach, dies ist um so verwunderlicher, als sie vor der Revolution sehr stark war. 1917 waren 26 000 Moscheen im russischen Zarenreich geöffnet, und es gab 45 000 Geistliche, d.h. einer für 700 bis 1000 Mohammedaner. *Jizn' natsional'nostei,* 14. Dezember 1921.

26 K. I. KOICHUMANOV, »Nekotorye osobennosti ateistitcheskoi propagandy v Kirghizii«, *Voprosy Istorii partii Kirghizii,* 1969, S. 340–341.

27 S. M. ABRAMZON, *Kirghizia i eë etnogenetitcheskie i istoriko-kul'turnyie sviazi.* Leningrad, S. 302ff.

28 *Soviet Major Nationalities,* op. cit., S. 244 (S. 70, 71); J. BAZARBAEV, *Sekularizatsiia naseleniia sotsialistitcheskoi karakalpakii,* Nukus 1973, S. 61 und U. G. PIVOVAROV, *Na etapakh sotsialistitcheskogo issledovaniia Gruzii,* 1974, S. 158ff.

29 Die sowjetischen Sunniten spalten sich in zwei Gruppen. Der Großteil gehört dem Hanafitenritus an, während bei den Dagestanern der Schafeitenritus vorherrscht. Die Schiiten unterscheiden sich von den Sunniten darin, daß sie als Nachfolger des Propheten nur dessen Schwiegersohn Ali anerkennen. Auch hier gibt es in der UdSSR Unterschiede. Die meisten Schiiten gehören zum Zweig der »Zwölfer« (die Nachfolge ist durch das Verschwinden des zwölften Imam unterbrochen), aber es gibt auch Ismaeli, die die Autorität des Aga Khan anerkennen.

30 Man wird jedoch sehen, daß dieses System im russischen Reich nicht einheitlich war. Die meisten Mohammedaner berufen sich zwar auf das mohammedanische Gesetz *Schariat,* aber in einigen islamischen Gebieten gilt das Gewohnheitsrecht (*Adat*).

31 Diese Bemerkung findet man sowohl in soziologischen als auch ideologischen sowjetischen Arbeiten sehr oft. So wird in einer Analyse des religiösen Verhaltens in der tatarischen A.S.S.R. die Entwicklung der religiösen Aktivitäten der tatarischen Gemeinschaft hervorgehoben.
O nautchnom ateizme iateistitcheskom vospitanie dlia partiinogo aktiva i organizatorov ateistitcheskoi raboty, Moskau 1974, 287 Seiten, siehe S. 72–75.

32 P. MAVLIUTOV, »Molitva«, *Nauka i religia,* Oktober 1976, S. 60.

33 Predigt, gehalten von N. Kutbedinov (Imam), in der Moschee Allan von Taschkent, zitiert von N. ACHIROV, *Evoljutsia Islama v S.S.S.R.,* Moskau 1972, S. 135.

34 Predigt, gehalten von Mufti Ahmed Bozgaziev, in der Hauptmoschee von Baku (13. Dezember 1968).
a.a.O., S. 135–136.

35 ACHIROV, op. cit.

36 *Kommunist Tadjikistana,* 4. September 1976, S. 3. Titel des Artikels: »Er fastet nicht, aber...«

37 ACHIROV, op. cit., S. 143 und R. MAVLIUTOV, G. KERIMOV, »Mavlud«, *Nauka i religiia,* Februar 1976, S. 66–67.

38 M. GAUDEFROY-DEMOMBYNES, *Les Institutions musulmanes,* Paris 1966, S. 91, stellt fest, daß der *Hadj* in diesem Fall nur für denjenigen gilt, der jemand beauftragt, ihn an seiner Stelle zu unternehmen. In der Praxis haben aber offenbar die mohammedanischen Obrigkeiten festgelegt, daß jene wenigen Pilger, die ausreisen können, im Namen aller Glaubensbrüder wallfahrten.

39 Am 21. März 1969 hat Ismail Satiev, der Stellvertreter des Mufti von Taschkent, als er aus Mekka zurückkam, dieses Problem zum Thema seiner Predigt in der Hauptmoschee von Moskau gemacht. ACHIROV, op. cit., S. 144.

Siehe auch in *Izvestia*, vom 20. Mai 1976, den Artikel über den Besuch des Ministers für Religionsangelegenheiten Jordaniens, der von einer Delegation mohammedanischer Würdenträger begleitet wurde, und über ihren Empfang bei der geistlichen Leitung der Mohammedaner des europäischen Rußlands und Sibiriens durch Mufti Abdul Bori Isaev.

40 SNESAREV, »Chamany i Sviatye«. *Nauka i religiia*, Dezember 1976, S. 31–36.

41 In *Nauka i Religiia*, Juli 1976, S. 41–43, wo S. Umarov systematisch die Entwicklung und die Wirkungen des Heiligenkults auf die kollektive Mentalität bespricht. Es handelte sich ursprünglich nicht nur um vereinzelte Bewegungen, sondern auch um »mächtige Volksbewegungen«. Zu Zentralasien, siehe G. SNESAREV, »Chamany i sviatye«, art. cit., vor allem S. 31.

42 V. N. BASILOV, »Tachmat Bola«, *Sovetskaia Etnografiia*, Mai 1975, S. 112–124; V. N. BASILOV, »Chamany Segodnia«, in *Nauka i Religiia*, April 1976, S. 52, zählt mehrere Quellen auf und gibt die Ausbreitung des Phänomens an.

43 In *Musulmani Sovetskogo Vostoka*, März 1970, S. 35.

44 a.a.O.

45 Rede von Mufti Ahmed Habibullah Bosgasjew, Stellvertreter des Mufti von Transkaukasus, a.a.O.

46 Rede von M. Hasajewe in Taschkent, Oktober 1970, a.a.O.

47 Antwort, die während einer Pressekonferenz der Zeitung *Le Monde* in Paris gegeben wurde. Sonst (siehe D. CHIGAEV) »Islam i Sovremennost«, *Agitator*, Oktober 1975, S. 47–48. Diese Tendenz macht sich übrigens in allen Regionen bemerkbar. Siehe N. KRASNIKOV, »Posle pomestnoge sobora«, *Nauka i Religiia*, Dezember 1975, S. 38–40, der bei den Orthodoxen dieselben Züge feststellt. *Kazakhstanskaia Pravda*, 24. April 1976, S. 1, stellt die Schwierigkeiten der Weiterentwicklung der Lehren des Atheismus unter den herrschenden Bedingungen fest.

48 H. CARRERE D'ENCAUSSE, »Politische Sozialisation in der U.S.S.R. – Unter besonderer Berücksichtigung der nichtrussischen Nationalitäten«, in *Erziehungs- und Sozialisierungsprobleme in der Sowjetunion, der DDR und Polen*, Hannover (O. Anweiler, Hrsg.), 1978. Zur Verantwortung der Eltern auf dem Gebiet der religiösen Erziehung, siehe *Moskovskii Komsomolets*, 11. Juni 1976 und 11. August 1976. Diese Artikel rufen die Lehrer auf, den ungünstigen Einfluß der Familien zu bekämpfen und zu überwachen. *Natchal'naia Chkola*, September 1975, S. 25–30, macht bezüglich einer Verstärkung der Kontrolle der religiösen Erziehung zu Hause Vorschläge und regt vor allem an, daß die Lehrer eine »Tageszeitung«, gründen sollten, die alle Informationen und Fakten hinsichtlich des »gläubigen Kindes« verbreitet.

49 *Sovetskaia Kirgiziia*, 17. Juni 1976, S. 4.

50 *Kommunist Tadjikistane*, 13. Dezember 1974, S. 2.

51 Siehe *Komsomol'skaia Pravda*, 4. September 1975, S. 2, über die Dauerhaftigkeit der Religion in Dagestan.

52 Gedenken an das Martyrium Hussains, ältester Sohn Alis, Schwiegersohn des Propheten, 680 in Kerbela.

53 Diese Gedenkfeierart wurde in Turkmenien, Aserbaidschan und Georgien ab 1929 ausdrücklich verboten. Siehe R. MAVLIUTOV und G. KERIMOV »Aschura« in *Nauka i Religiia,* Dezember 1975, S. 42; N. ACHIROV, »Islam i natsional'nye otnocheniia«, *Nauka i Religiia,* Februar 1974, S. 35.

54 »Aschura«, art. cit., S. 40: der Autor bemerkt, wie sehr diese Art von Spielen die mohammedanischen Kinder in ihrer Eigenheit bestärkt und sie in ihrem historischen Milieu isoliert.

55 N. ACHIROV, »Islam i natsional'nye otnocheniia«, *Nauka i Religiia,* Dezember 1973, S. 46.

56 Kh. KHALIAROV, »Partiinye organizatsii i borba s religioznymi perejitkami«, *Polititcheskoe Samoobrazovanie,* Juni 1975, S. 74–78. Siehe *Komsomol'skaia Pravda,* 4. September 1975, die berichtet, wie schnell eine Frau, vor kurzem noch aktives Komsomolmitglied, zu den mohammedanischen Bräuchen übergeht; *Nauka i Religiia,* Januar 1976, S. 2, über die Situation in Usbekistan: »Die Religion bildet eine Barriere zwischen den Jugendlichen der verschiedenen Nationalitäten.« Im selben Organ, November 1976, S. 2–9; *Turkmenskaia Iskra,* 23. November 1976, S. 3 und *Pravda,* 1. Juni 1976, geben an, daß das Problem während der letzten Plenarsitzung des ZK der Partei Turkmeniens diskutiert wurde. *Kommunist Tadjikistana,* 7. Juli 1976, S. 2, stellt fest, daß die Organe der Partei und des Staates den Islam und seine Praktiken akzeptieren.

57 Zu diesem Punkt wurde im *Kommunist Tughi,* ein Organ in uigurischer Sprache, am 27. September 1975 ein sehr informativer Artikel veröffentlicht. In diesem Artikel wird näher ausgeführt, daß während des Monats des Ramadan, im Bezirk von Talgir, vom Bezirkskomitee der Partei eine spezielle Kommission von 15 Leuten eingesetzt wurde, die mit den bereits bestehenden Propagandaorganisationen und Agitationsgruppen im Kampf gegen die Religionsausübung zusammenarbeiten sollten. Hierbei handelt es sich eindeutig um die Bekämpfung der Einhaltung der jeweiligen Regeln des Ramadan.

58 *Kommunist Tughi,* 23. September 1975.

59 *Karamannyi Slovar'ateista,* Moskau 1975, S. 159.

60 *Islam va hazirgi zäman,* Taschkent 1972.

61 KHALIAROV, art. cit.

62 N. ACHIROV, »Islam i natsional'nye otnocheniia«, *Nauka i Religiia,* Dezember 1973, S. 43–44.

63 a.a.O., S. 41.

64 a.a.O., S. 46.

65 BONDAREVSKAIA, *Rojdaemost',* op. cit., S. 114 und VAGABOV, *Islam i jenchtchina,* Moskau 1968, S. 38.

66 ACHIROV, »Islam i natsional'nye otnocheniia«, *Nauka i Religiia,* Februar 1974, S. 37.

67 A. BENNIGSEN und C. QUELQUEJAY, *Les Mouvements nationaux chez les musulmans de Russie: le Sultangalievisme au Tatarstan*, op. cit. Es ist interessant, daß nach Jahrzehnten des Schweigens jetzt eine regelrechte Angriffsserie gegen Sultan Galiev vonstatten geht, vor allem von: *Tatarstan Kommunisty*, Januar 1975, S. 67. Es ist bemerkenswert, daß Sultan Galiev, im Gegensatz zu seinen besten Schülern, dem Usbeken Faizullah Khodjaev, der 1966 rehabilitiert wurde und dem Kasachen Ryskulov, der zwei Jahre früher rehabilitiert worden war, selbst eine politische »Unperson« bleibt.

VIII. KAPITEL

1 BREJNEV, *Thèses pour le cinquantenaire de l'U.R.S.S.*, op. cit., S. 21.

2 Über die Kulturpolitik und die Verwendung des Konzepts der Kultur in der politischen Anthropologie, siehe TUCKER, »Culture, Political Culture and Communist Society«, *Political Science Quarterly*, II, Juni 1973, S. 170–190.

3 A. KHARTCHEV, *Brak i Sem'ia v S.S.S.R.*, Moskau 1964, und *Sovetskaia Kirgizia*, 14. Oktober 1976; Der Autor stellt bezüglich der Mischehen fest, daß »der Internationalismus eine Überzeugung und eine Verhaltensnorm geworden ist« (S. 3).

4 L. TCHUIKO, *Braki i razvody*, Moskau 1975, S. 76.

5 S. M. ABRAMZON, »Otrajenie problemy sblijenii natsii na semeinoby-tovom uklade narodov Srednei Azii i Kazakhstana«, *Sovetskaia Etnografia*, März 1962, S. 18–34.

6 KHARTCHEV, op. cit., S. 195, bestätigt diese Feindlichkeit.

7 V. KOZLOV, *Natsional'nosti S.S.S.R.*, Moskau 1975, schreibt auf S. 243: »Für Zentralasien verfügt man nicht über ähnliches Material, aber anhand der verfügbaren Daten scheint die Situation jener des Kaukasus in vielen Punkten vergleichbar.«

8 Ju. EVSTINGEEV, »Natsional'nye smechannye braki v makhatchkale«, *Sovetskaia Etnografiia*, April 1971, S. 80–85.

9 A. KOZENKO und L. MONOGAROVA, »Statistitcheskoe izutchenie pokazatelei odno natsional'noi i smechannoi bratchnosti v Duchnanbe«, *Sovetskaia Etnografiia*, Juni 1971, S. 112–118.

10 a.a.O., S. 113.

11 N. BORZYKH, »Rasprostranenie mejnatsional'nykh brakov v respublikakh Srednei Azii i Kazakhstana v 1930 khgodakh«, *Sovetskaia Etnografiia*, April 1970, S. 94–95.

12 A. I. ISMAILOV, »Nekotorye aspekty razvitiia mejnatsional'nykh brakov v S.S.S.R.,« *Izvestia Akademii Nauk Kirgizskoi S.S.R.*, April 1972, S. 87.

13 M. DJUNUSOV, »O nekotorykh natsional'nykh osobenostiakh obraza jizni v usloviiakh sotsializma«, *Sotsiologitcheskie issledovania*, Februar 1975, Tabelle 1, S. 65, zum Vergleich der Urbanisation; S. 68 zur Erziehung.

14 L. M. DROBIJEVA, »Sotsial'no-kul'turnye osobennosti litchnosti i natsional'nye ustanovki«, *Sovetskaia Etnografiia*, März 1971, S. 3–15.

15 G. A. SERGUEEVA und Ia. S. SMIRNOVA, »K voprosu o natsional'nom samoznanii gorodskoi molodejy«, *Sovetskaia Etnografiia,* April 1971, S. 86–92; und EVSTINGEEV, art. cit., S. 84.

16 *Sovetskaia Etnografiia,* März 1976, S. 45, berichtet über die Resultate einer Untersuchung der Kasantataren in einem Industriemilieu, in dem Migrationen häufig sind.

17 EVSTINGEEV, art. cit., S. 84.

18 Siehe SERGUEEVA und SMIRNOVA, art. cit., zum Verhalten angesichts der allgemeinen interethnischen Kontakte. Siehe auch L. M. DROBIJEVA, »Sotsial'no-kul'turnye osobennosti litchnosti i natsional'nye ustanovki«, *Sovetskaia Etnografiia,* März 1971, S. 3–15.

19 G. V. STAROVOITOVA, »K issledovaniiu etnopsikhologii gorodskikh tatar«, *Sovetskaia Etnografiia,* März 1976, S. 53.

20 *Nauka i Religiia,* Dezember 1975, S. 42, *Turkmenskaia Iskra,* 14. Juli 1976, vertritt die Meinung, man sollte aufhören, den Kindern Namen mit religiöser Bedeutung zu geben.

21 STAROVOITOVA, art. cit., S. 53.

22 *Literaturnia gazeta,* 17. November 1976, S. 11 und R. Kh. KEREITOV »Novye tcherty v svadebnom obriade kubanskikh nogaitsev«, *Sovetskaia Etnografiia,* März 1973, S. 85.

23 KEREITOV, a.a.O.

24 *Literaturnaia Gazeta,* 28. Mai 1975, S. 12. Zu den Heiraten von nichtgeschlechtsreifen Mädchen, siehe auch *Turkmenskaia Iskra,* 14. Juli 1976.

25 *Nauka i Religiia,* August 1975, S. 92; *Turkmenskaia Iskra,* 14. 7. 1976, S. 2.

26 O. UMURZAKOVA, *Zakonomernosti sblijeniia byta i traditsii sotsialistitcheskikh natsii,* Taschkent 1971, S. 209. *Sovetskaia Rossiia,* 9. Oktober 1976, S. 4, gibt an, daß in Dagestan für *Kalym* 2000 Rubel gezahlt werden.

27 UMURZAKOVA, op. cit., S. 210.

28 KEREITOV, op. cit., S. 89.

29 a.a.O., S. 88.

30 STAROVOITOVA, art. cit., S. 54.

31 ACHIROV, »Islam i natsional'nye otnocheniia«, *Nauka i Religiia,* Februar 1974, S. 35.

32 H. SMITH, in *New York Times,* 22. November 1972.

33 UMURZAKOVA, op. cit., S. 204.

34 ACHIROV, art. cit.

35 Siehe *Sem'ia i semeinye obriady u narodo v Srednei Azii i Kazakhstana,* Moskau 1977, 272 Seiten.

36 H. SMITH, art. cit.

37 UMURZAKOVA, op. cit., S. 218.

38 N. P. LOBATCHEVA, *Formirovanie novoi obriadnosti Uzbekov,* Moskau 1975, S. 80–81. Derselbe Autor hatte in *Sovetskaia Etnografiia,* März 1973, S. 14–24, einen Artikel veröffentlicht.

39 UMURZAKOVA, op. cit., S. 173.

40 a.a.O., S. 130.

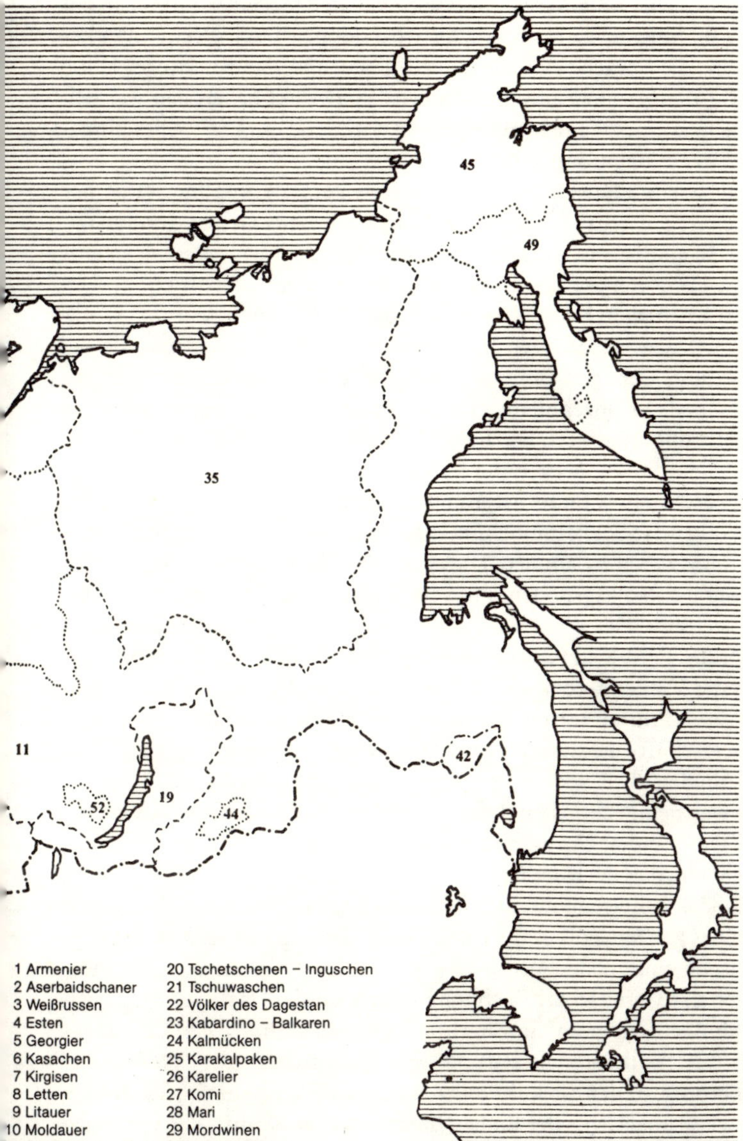

Demographie der sowjetischen Bevölkerung, Geburtenrate ‰

Stand 1940

Stand 1960

Grafik I

41 LOBATCHEVA, in *Voprosy Etnografii,* Februar 1967, S. 20.

42 Ein kürzlich erschienenes Werk gibt unfreiwillig eine Vorstellung von den widersprüchlichen Ergebnissen dieser Politik: Kh. ESBERGENOV und T. ATAMURATOV, *Traditsii i ikh preobrazovanie v gorodskom bytu Karakalpakov,* Nukus 1975, 211 Seiten.

43 Zu den sowjetischen Frauen und dem Berufsleben, siehe »Jenchtchiny v S.S.S.R«, *Vestnik statistiki,* 1975. Über die Frauen als Abgeordnete in Zentralasien, *Pravda,* 21. Juni 1975. In den republikanischen Editionen von *Narodnoe Khoziaistvo* liegen detaillierte Informationen über die berufliche Situation der Frau in den Republiken vor.

44 G. P. VASILIEVA, »Jenchtchiny respublik Srednei Azii i Kazakhstana i ikh rol' v preobrazovanie byta sel'skogo naseleniia«, *Sovetskaia Etnografiia,* Juni 1975, S. 26.

45 V. N. BASILOV, »Tachmat Bola«, *Sovetskaia Etnografiia,* Mai 1975, S. 112–124 und »Chamany segodnia«, *Nauka i Religiia,* April 1976, S. 52; G. SNESAREV, »Chamany i sviatye v Srednei Azii«, *Nauka i Religiia,* Dezember 1976, S. 31–35.

46 G. SNESAREV, V. BASILOV, ed., *Domusul'manskie verovaniiai obriady v Srednei Azii,* Moskau 1975, 340 Seiten.

47 Über dieses Problem und die Quellen, siehe A. BENNIGSEN, C. LEMERCIER-QUELQUEJAY, »Muslim religious Conservatism and Dissent in U.S.S.R.«, *Religion in Communist Lands* (Erscheinen angekündigt).

48 VASILIEVA, art. cit., S. 26.

49 V. K. MAL'KOVA, »Primenenie kontent-analiza dlia izutchenia sotrudnitchestva sovetskikh narodov«, *Sovetskaia Etnografiia,* Mai 1977, S. 71 bis 80.

50 Es handelt sich um *Sovetskaia Moldavia* für die Moldau, *Zaria Vostoka* für Georgien und *Pravda Vostoka* für Usbekistan.

51 MAL'KOVA, art. cit., S. 75.

SCHLUSSFOLGERUNG

1 Eine andere, sehr gute Möglichkeit, um das Nationenproblem anzugehen, ist von E. KEDOURIE, in *Nationalism,* London 1960, erarbeitet worden. Wir haben sie hier nicht ausgeführt, da es auf die sowjetische Evolution nicht anwendbar ist.

2 *Kommunist,* Nr. 15, Oktober 1977, S. 10.

3 *Sovetskaia Etnografiia,* März 1976, S. 3–9.

4 *Sovetskaia Estonia,* 30. November 1976.

5 Siehe das Werk von N. DJANDIL'DIN, *Priroda natsional'noi psikhologii,* Alma-Ata 1971 und seine Kritik in *Sovetskaia Etnografiia,* Februar 1973, S. 69–83; siehe auch den Artikel von S. GURVITCH, »Sovremennye napravleniia etnitcheskikh protsessov v S.S.S.R.«, *Sovetskaia Etnografiia,* April 1972, S. 16–34.

6 Die Meschkiten, eine kleine mohammedanische Gruppe, uneinheitlicher

Herkunft, aus dem Süden Georgiens (150000), sind 1944 ebenfalls deportiert worden; ihr Schicksal ist weniger bekannt als das der Tataren.

7 Über die generelle Evolution der russischen Ideologie sollte man die Studie von M. AGURSKY »The Soviet Legitimacy Crisis and its International Implications« lesen. Ein Bericht, der der Konferenz von Chicago »What is Communism« 1977 vorgelegt wurde, 95 Seiten.

8 Siehe auch den Artikel von E. CHEVARNADZE, »Internatsionalistitcheskoe vospitanie mass«, *Kommunist,* Nr. 13, September 1977, S. 45–46.

Bibliographie

(Dieses Verzeichnis nimmt nicht erneut alle zitierten Titel auf, sondern umfaßt nur die wichtigsten in der Sowjetunion und im Westen veröffentlichten und hier verwendeten Titel.)

I. BEVÖLKERUNGSPROBLEME

Ja. BOGARSKII, *Naselenie S.S.S.R. za 400 let. XVI–XX* (die Bevölkerung der UdSSR seit vier Jahrhunderten), Moskau 1973, 159 Seiten.

V. A. BORISOV, *Perspektivy rojdaemosti* (Die Geburtenperspektiven), Moskau 1976, 274 Seiten.

S. DUNN, E. DUNN, *Introduction to Soviet Etnography,* Berkeley 1974, 2 Bände, 362 und 363 Seiten.

TSENTRAL'NOE STATISTITCHESKOE UPRAVLENIE PRI SOVETE MINISTROV S.S.S.R., *Itogi vsesoiuznoi perepisi naseleniia 1959 goda,* (Ergebnisse der Volkszählung in der Sowjetunion 1959), Moskau 1962–1963, 16 Bände.

Itogi vsesoiuznoi perepisi naseleniia 1970 goda (Ergebnisse der Volkszählung der sowjetischen Bevölkerung von 1970), 7 Bände, Moskau, *Statistika,* 1972–1974.

V. I. KOZLOV, *Dinamika tchislenosti narodov – metodologiia issledovaniia i osnovnye faktory* (Die Bevölkerungsdynamik der Völker – Untersuchungsmethode und wesentliche Faktoren), Moskau 1969, 408 Seiten.

V. I. KOZLOV, *Natsional'nosti S.S.S.R.* (Die Nationalitäten der UdSSR), Moskau 1975, 262 Seiten.

R. A. LEWIS, R. H. ROWLAND, R. S. CLEM, *Nationality and Population Change in Russia and the U.S.S.R; an Evaluation of Census Data, 1897–1970,* New York 1976, 456 Seiten.

F. LORIMER, *The Population of the Soviet Union: History and Prospects*, Genf 1946, 289 Seiten.

Narodnoe Khoziaistro S. S. S. R. v. 1959 g (Die Volkswirtschaft der UdSSR im Jahr 1959), Moskau 1960 (Statistisches Jahrbuch).

Narodnoe Khoziaistvo S.S.S.R. v 1961 g. (Die Volkswirtschaft der UdSSR im Jahr 1961), Moskau 1962.

Narodnoe Khoziaistvo S.S.S.R. v 1970 g., (Die Volkswirtschaft der UdSSR im Jahr 1970), Moskau 1971.

Narodnoe Khoziaistvo S.S.S.R. v 1972 (Die Volkswirtschaft der UdSSR im Jahr 1972), Moskau 1973.

Narodnoe Khoziaistvo S.S.S.R. 1922–1972 – Iubileinyi statistitcheskii ejegognik (Statistisches Jubiläums-Jahrbuch), Moskau 1972.

Naselenie S.S.S.R. – Spravotchnik (Die Bevölkerung der UdSSR – Ein Führer), Moskau 1974, 191 Seiten.

PEREVEDENTSEV, *Metody izutcheniia migrastii naseleniia* (Die Untersuchungsmethoden der Bevölkerungsmigrationen), Moskau 1974, 231 Seiten.

V. V. POKCHICHEVSKI, *Geografiia naseleniia S.S.S.R.* (Bevölkerungsgeographie der UdSSR), Moskau 1971.

A. RACHIN, *Naselenie Rossii za sto let 1811–1913* (Die russische Bevölkerung von 1811 bis 1913), Moskau 1956, 352 Seiten.

G. A. SLESAREV, *Metodologiia sotsiologitcheskogo issledovaniia problem narodonaseleniia S.S.S.R.* (Methodik der soziologischen Untersuchung der Bevölkerungsprobleme in der UdSSR), Moskau 1965, 160 Seiten.

S.S.S.R. – Administrativo-territorial'noe delenie soiuznikh respublik – 1971 (Die UdSSR – Die administrativ-territoriale Gliederung der föderierten Republiken – 1971), Moskau 1971, 688 Seiten.

S. TOKAREV, *Etnografiia narodov S.S.S.R. – Istoritcheskie osnovy byta i kul'tury* (Ethnographie der Völker der UdSSR – Die historischen Grundlagen der Lebensweise und der Kultur), Moskau 1958, 615 Seiten.

II. NATIONALE PROBLEME

E. ALLWORTH (ed), *Soviet Nationality Problems*, New York 1971, 296 Seiten.

E. ALLWORTH (ed), *Nationality Group Survival in Multi-ethnic States*, Shifting support pattern in the Soviet Baltic region, New York 1977, 299 Seiten.

Iu. ARUTIUNIAN, L. M. DROBIJEVA, O. I. CHARATAN, *Sotsial'noe i natsional'noe: opyt etnosotsiologitcheskikh issledovanii po materialam tatarskoi A.S.S.R.* (Das Soziale und das Nationale – Ethno-soziologische Forschungen auf Grund des Materials der tatarischen Republik), Moskau 1973, 330 Seiten.

F. BARGHOORN, *Soviet Russian Nationalism*, New York 1956, XII, 330 Seiten.

A. BENNIGSEN, C. LEMERCIER-QUELQUEJAY, *L'Islam en Union sovietique* (Der Islam in der Sowjetunion), 1968, 264 Seiten.

H. CARRERE D'ENCAUSSE, *Bolchevisme et Nation* (Bolschewismus und Nation), Paris 1979.

R. CONQUEST, *The Nation Killers – Soviet Deportation of Nationalities,* London 1970, 222 Seiten.

Iu. D. DECHERIEV, *Razvitie obchtchestvennykh funktsii literaturnykh iazykov* (Die Weiterentwicklung der sozialen Funktionen der Schriftsprachen), Moskau 1976, 430 Seiten.

Directory of Soviet Officials, Union Republics, Band III, Washington, Central Intelligence Agency, Mai 1975.

E. GOLDHAGEN, (ed), *Ethnic Minorities in the Soviet Union,* New York 1968, (kollektive Sammlung).

KARPOV (Hrsg.), *Razvitie sotsialistitcheskoi kultury v soiuznykh respublikakh* (Die Entwicklung der sozialistischen Kultur in den Unionsrepubliken), Moskau 1962, 610 Seiten.

Z. KATZ, (ed), *Handbook of Major Soviet Nationalities,* New York–London 1975, 481 Seiten.

B. KERBLAY, *La Societé soviétique contemporaine* (Die derzeitige sowjetische Gesellschaft), Paris 1977, 304 Seiten.

R. PIPES, *The Formation of the Soviet Union – Communism and Nationalism 1917–1923,* Cambridge, Mass., 1954, 355 Seiten.

Sovetskii norod - novaia istoritcheskaia obchtchnost - liudei - stanovlenie i razvitie (Das sowjetische Volk – eine neue menschliche Gemeinschaft) – A. N. S.S.S.R., Moskau 1975, 519 Seiten.

M. SUJIDOV, G. DEMAKOV, *Vliianie podvijnosti naseleniia na sblijenie natsii* (Der Einfluß der Bevölkerungsbewegung auf die Annäherung der Nationen), Alma-Ata 1974, 199 Seiten.

S.S.S.R. – *Velikoe Sodrujestvo narodov-bratiev* (Die UdSSR, eine große Gemeinschaft von Brudervölkern), Moskau 1972, 332 Seiten.

O. P. UMURZAKOVA, *Zakonomernosti sblijeniia byta i traditsisotsialistitcheskikh natsii* (Die Gesetzmäßigkeiten der Annäherung der Sitten und Traditionen der sozialistischen Nationen), Taschkent 1971, 239 Seiten.

A. K. VALIEV, *Sovetskaia natsional'naia intelligentsia i ee sotsial'naia rol'* (Die nationale sowjetische Intelligenz und ihre soziale Rolle), Taschkent 1969, 228 Seiten.

Verzeichnis der Karten und Grafiken

Inhaltsverzeichnis

Ergänzung

Die Volkszählung von 1979 in der UdSSR ergab folgende für dieses Buch relevanten Ergebnisse (veröffentlicht in Pravda vom 22. 4. 1979, S. 4):

Die Bevölkerung der UdSSR betrug Anfang 1979 262 442 000, was einem jährlichen Wachstum von 0,92% entspricht (siehe Tabelle auf S. 57). Die Bevölkerungszahlen der einzelnen Unionsrepubliken betrugen (in Klammern das Wachstum in Prozenten gegenüber 1970): RSFSR 137 552 000 (6), Ukraine 49 757 000 (6), Weißrußland 9 559 000 (6), Usbekistan 15 391 000 (30), Kasachstan 14 658 000 (13), Georgien 5 016 000 (7), Aserbaidschan 6 028 000 (18), Litauen 3 399 000 (9), Moldau 3 948 000 (11), Lettland 2 521 000 (7), Kirgisien 3 529 000 (20), Tadschikistan 3 801 000 (31), Armenien 3 031 000 (22), Turkmenien 2 759 000 (28) und Estland 1 466 000 (8) (siehe Tabelle auf S. 64).

Die städtische Bevölkerung betrug Anfang 1979 (in Prozenten der Gesamtbevölkerung): UdSSR 62, RSFSR 69, Ukraine 61, Weißrußland 55, Usbekistan 41, Kasachstan 54, Georgien 52, Aserbaidschan 53, Lettland 68, Moldau 39, Litauen 61, Kirgisien 39, Tadschikistan 35, Armenien 66, Turkmenien 48 und Estland 70 (siehe Tabelle auf S. 65).

Die auf Seite 62 erwähnten pessimistischen Schätzungen der sowjetischen Demographen für die Bevölkerungszahlen des Jahres 2000 wurden durch die Volkszählung von 1979 bestätigt. In den neun Jahren zwischen den beiden Volkszählungen von 1970 und 1979 stieg die Bevölkerung lediglich um 20 722 000 Einwohner oder um 8,6%. Das waren um 10 Mill. weniger als die Berechnungen vorsahen (vgl. B. Ts. Urlanis: Problemy dinamiki naseleniie SSSR, Moskau 1974, S. 320). Demgegenüber stieg die Bevölkerung in den 11 Jahren zwischen den Volkszählungen von 1959 und 1970 um 32,9 Mill. oder 15,8%.